토마스 아퀴나스 신학대전 32

신앙(Ⅱ)

박 승 찬 옮김

제2부 제2편
제8문 - 제16문

신학대전 32
신앙(II)

2022년 11월 18일 교회인가(원주교구)
2022년 12월 15일 1판 2쇄 발행

간행위원 | 손희송 주교 정의채 몬시뇰 이재룡 신부(위원장)
　　　　 안소근 수녀 윤주현 신부 이상섭 교수 정현석 교수
　　　　 박승찬 교수 이경상 신부 임경헌 박사 조동원 신부

지은이 | 토마스 아퀴나스
옮긴이 | 박승찬
펴낸이 | 이재룡
펴낸곳 | 한국성토마스연구소

우편주소 | 25244 강원도 횡성군 우천면 경강로산전7길 28-53
전화번호 | 033) 344-1238
전자우편 | stik2019@naver.com
홈페이지 | http://www.stik.or.kr
출판등록 | 제2018-000003호 2018년 6월 19일
인쇄제작 | 오엘북스

ⓒ 한국성토마스연구소

보급 | 한국출판협동조합
전화 | 02) 716-5616

값 32,000원

ISBN 979-11-978446-8-3   94160
ISBN 979-11-969208-0-7(세트)   94160

Summa Theologiae, vol.32
by St. Thomas Aquinas
Korean translation copyright ⓒ 2022 by St. Thomas Institute in Korea
All rights reserved
Published by St. Thomas Institute in Korea

이 책은 저작권법에 따라 보호를 받는 저작물이므로 무단전재와 복제를 금지하며, 이 책의 내용 전부 또는 일부를 이용하려면 반드시 저작권자인 한국성토마스연구소의 서면 동의를 받아야 합니다.

토마스 아퀴나스 신학대전 32

신앙(II)

S. Thomae Aquinatis
SUMMA THEOLOGIAE

박 승 찬 옮김

제2부 제2편
제8문 - 제16문

한국성토마스연구소

차 례

성 요한 바오로 2세 교황의 격려와 축복의 말씀 / ix

교황 레오 13세의 회칙 발췌문 / xiv

성 요한 바오로 2세 교황의 회칙 발췌문 / xvii

『신학대전』 완간을 꿈꾸며 / xxii

『신학대전』 간행계획 / xxv

일러두기 / xxvii

일반 약어표 / xxxi

성 토마스 작품 약어표 / xxxiii

'신앙(II)' 입문 / xxxviii

제8문 통찰의 선물에 대하여 / 3
   제1절 통찰은 성령의 선물인가? / 5
   제2절 통찰의 선물은 신앙과 동시에 존재할 수 있는가? / 13
   제3절 선물로 제공되는 통찰은 사변적이기만 한가
        또는 실천적이기도 한가? / 17
   제4절 통찰의 선물은 은총을 지닌 모든 이에게 내재하는가? / 23
   제5절 통찰의 선물은 하느님을 기쁘시게 만드는 은총을 지니지 못한
        이들에게서도 발견되는가? / 29
   제6절 통찰의 선물은 다른 선물들로부터 구별되는가? / 35
   제7절 통찰의 선물은 여섯째 참행복, 즉 '마음이 깨끗한 사람들!
        그들은 하느님을 뵐 것이다'에 상응하는가? / 43
   제8절 열매들 안에서 신앙은 통찰의 선물에 상응하는가? / 49

제9문 지식의 선물에 대하여 / 55
제1절 지식은 선물인가? / 55
제2절 지식의 선물은 신적인 것에 관한 것인가? / 63
제3절 선물로서 제시된 지식은 실천적 지식인가? / 71
제4절 지식의 선물은 셋째 참행복, 즉 '슬퍼하는 사람들! 그들은 위로를 받을 것이다'에 상응하는가? / 75

제10문 불신앙 일반에 대하여 / 83
제1절 불신앙은 죄인가? / 85
제2절 불신앙은 주체 안에 있는 것처럼 지성 안에 있는가? / 93
제3절 불신앙은 가장 큰 죄인가? / 97
제4절 비신자의 모든 행위가 죄인가? / 105
제5절 다수의 불신앙의 종이 존재하는가? / 111
제6절 이교도와 미신자의 불신앙이 다른 이들보다 더 무거운가? / 119
제7절 비신자들과 공적으로 토론해야만 하는가? / 125
제8절 비신자들은 신앙으로 강요되어야 하는가? / 131
제9절 비신자들과 교제할 수 있는가? / 141
제10절 비신자들이 신자들 위에서 감독권이나 지휘권을 가질 수 있는가? / 147
제11절 비신자들의 전례는 용인되어야 하는가? / 159
제12절 유다인들과 다른 비신자들의 아이들은 부모가 싫어하는데도 세례를 받아야 하는가? / 165

제11문 이단에 대하여 / 177
제1절 이단은 불신앙의 한 종인가? / 177
제2절 이단은 고유하게 신앙에 속하는 것들에 관련되는가? / 185

제3절 이단은 용인되어야만 하는가? / 195
　제4절 이단으로부터 되돌아온 자들은 교회에 의해서
　　　　받아들여져야 하는가? / 201

제12문 배교에 대하여 / 211
　제1절 배교는 불신앙에 속하는가? / 211
　제2절 신앙으로부터의 배교 때문에 제후는 아랫사람들에 대한 지휘권을
　　　　상실해서, 그들이 더 이상 그에게 복종할 의무가 없는가? / 219

제13문 독성의 죄 일반에 대하여 / 227
　제1절 독성은 신앙 고백에 반대되는가? / 227
　제2절 독성은 항상 사죄인가? / 233
　제3절 독성의 죄는 가장 큰 죄인가? / 239
　제4절 단죄된 자들은 독성을 범하는가? / 243

제14문 성령을 거스르는 독성에 대하여 / 249
　제1절 성령을 거스르는 죄는 어떤 악의로부터 오는 죄와 동일한가? / 249
　제2절 성령을 거스르는 죄의 여섯 가지 종(種)은 적절하게 지정되었는가? / 259
　제3절 성령을 거스르는 죄는 용서받을 수 없는가? / 269
　제4절 인간은 처음으로 성령을 거슬러 죄를 지을 수 있는가? / 277

제15문 정신의 맹목과 감각의 우둔함에 대하여 / 287
　제1절 정신의 맹목은 죄인가? / 287
　제2절 감각의 우둔함은 정신의 맹목과는 다른 죄인가? / 293
　제3절 정신의 맹목과 감각의 우둔함은 육적인 죄로부터 발생하는가? / 299

제16문 신앙, 지식, 통찰에 관련된 계명에 대하여 / 307
  제1절 신앙에 관한 계명이 구약 안에 주어졌어야 하는가? / 307
  제2절 옛 법 안에 지식과 통찰에 속하는 계명들이 적절하게
      전수되었는가? / 317

주제 색인 / 326

인명 색인 / 350

고전작품 색인 / 352

성경 색인 / 354

FROM THE VATICAN

April 26, 1994

Dear Father Tjeng,*

His Holiness Pope John Paul II was indeed pleased to learn that a Korean translation of the *Summa Theologiae* of Saint Thomas of Aquinas is being published. He warmly encourages you and your collaborators in this enterprise, which will lead not only to a better knowledge of the teachings and method of the one whom Pope Leo XIII called "inter Scholasticos Doctores, omnium princeps et magister"(Leo XIII, *Aeterni Patris*, No. 22), but also to a most fruitful encounter between Christian philosophy and theology and the intellectual traditions of Korea.

Only recently, His Holiness referred to the unique place of Saint Thomas in the history of thought by stating that "the philosophical and theological synthesis which he elaborated is a solid, lasting possession for the Church and humanity"(*Great Prayer*, 16 March 1994, No. 6). That synthesis flows from the principle that there is a profound and inescapable harmony between the truths of reason and

---

* The Reverend Paul Tjeng Eui-Chai

성 요한 바오로 2세 교황의 격려와 축복의 말씀

친애하는 정의채 바오로 신부님,

교황 요한 바오로 2세 성하께서는 성 토마스 아퀴나스의 『신학대전』이 한국어로 번역·출판되고 있다는 소식을 들으시고 매우 기뻐하십니다. 이 작업에 참여하는 이들을 따뜻한 마음으로 격려하십니다. 이 작업은 교황 레오 13세 성하께서 "스콜라 학자들의 수장(首長)이며 스승"(레오 13세, 『영원하신 아버지』, 22항)이라고 부르신 성 토마스의 가르침과 방법에 대해 보다 깊은 이해를 하게 할 뿐만 아니라 그리스도교의 철학과 신학이 한국의 전통 사상과 만나 매우 풍요로운 결실을 맺게 할 것입니다.

교황 성하께서는 최근에도 "성 토마스가 집대성한 철학적·신학적 종합은 교회와 온 인류의 건실하고 항구한 자산입니다."(『위대한 기도』 1994년 3월 16일, 6항)라고 하시어, 사상사에 있어 성 토마스가 차지하는 독보적인 위치를 확인하셨습니다. 성 토마스가 이룩한 종합은 이성의 진리와 신앙의 진리 사이에는 근본적이고 불가피한 조화가 존재한다는 원리로부터 비롯됩니다.(제8차 국제 토마스 회의에서의 말씀 : 1980년 9월 13일, 2항 참조)

those of faith.(cf. *Address to Eighth International Thomistic Congress* : 13 September 1980, No. 2)

The heart of Saint Thomas' reflection is man's relationship to God, his Creator and Lord. He sees man as proceeding from creative divine wisdom and returning to the Father on the basis of an elevation of the human intellect and will, through the grace of Christ's redemptive love. Indeed, he defines man as "the horizon of creation in which heaven and earth join, like a link between time and eternity, like a synthesis of creation."(Ibid., No. 5)

For Saint Thomas, true philosophy should faithfully mirror the order of things themselves, otherwise it ends by being reduced to an arbitrary subjective opinion. "This realistic and historical method, fundamentally optimistic and open, makes St. Thomas not only the 'Doctor Communis Ecclesiae', as Paul VI calls him in his beautiful Letter *Lumen Ecclesiae*, but the 'Doctor Humanitatis', because he is always ready and disposed to receive the human values of all cultures."(Ibid., No. 4) Is this approach itself not a solid point of contact with the great philosophical systems of the East and a sure promise of a very fruitful dialogue between the intellectual traditions of East and West? Such a dialogue in turn is the obligatory path of the progress of human culture, as well as a requisite for a deeper inculturation of Christianity among the peoples of the vast continent of Asia.

성 토마스 사상의 핵심은 인간이 자신의 창조자이며 주님이신 하느님과 인간이 맺고 있는 관계입니다. 성 토마스는 인간을 하느님의 창조적 지혜에서 출발하여, 인간 자신의 지성과 의지를 고양(高揚)시키는 그리스도의 구원적 사랑의 은총에 힘입어 아버지께로 다시 돌아가는 존재로 봅니다. 바로 그렇기 때문에 성 토마스는 "인간을 하늘과 땅이 만나는 창조의 지평, 시간과 영원의 연결고리, 또는 창조의 종합"으로 정의합니다.(같은 곳, 5항)

사실 성 토마스가 보기에 참다운 철학이란 실재 자체의 질서를 성실하게 반영하여야 합니다. 만일 그렇지 못하다면 철학이란 한낱 인위적인 주관적 견해로 전락하고 말 것입니다. "근본적으로 낙관적이고 개방적이며, 실재주의적이고 역사적인 이 방법은, 바오로 6세 성하께서 『교회의 빛』이라는 아름다운 서한에서 그를 지칭한 것처럼, 성 토마스를 '교회의 보편적 스승'일 뿐만 아니라 '인류의 스승'이 되게 해 줍니다. 그것은 성 토마스가 언제나 모든 문화 속에 포함되어 있는 인간적 가치들을 받아들일 준비가 되어 있기 때문입니다."(같은 곳, 4항) 이러한 그의 입장이야말로 동양의 위대한 철학 체계들과의 만남을 가능케 하는 건실한 기반이자, 동(東)과 서(西)의 지성적 전통 사이의 창조적 교류를 약속하는 것이 아니고 무엇이겠습니까? 그리고 이와 같은 교류는 인류 문화가 발전해 가야 할 도정(道程)임과 동시에 아시아라는 방대한 대륙에 사는 민족들에게 그리스도교가 더 깊이 토착화되기 위한 필수조건인 것입니다.

교황 성하께서는 현재 진행되고 있는 번역 작업을 그런 숭고한 목적

His Holiness values the present translation as an important contribution to these lofty goals. He invokes an abundance of divine blessings upon the authors, publishers and readers of this masterpiece of Christian philosophy and theology.

With good wishes, I am

Sincerely yours in Christ,

Card. Angelo Sodano

Cardinal Angelo Sodano
Secretary of State

을 달성하는 데 기여하는 중요한 작업으로 평가하고 계십니다. 교황 성하께서는 그리스도교 철학과 신학에 관한 이 위대한 걸작을 번역하는 이와 출판하는 이와 읽는 이 모두에게 주님의 풍성한 축복이 내리기를 기도드리십니다.

1994년 4월 26일

그리스도 안에서 만사형통하시기를 빌며,
바티칸국 국무성 장관
추기경 안젤로 소다노

교황 레오 13세의 회칙 발췌문

『영원하신 아버지』(Aeterni Patris, 1879)

[1879년 8월 4일에 반포된 이 회칙의 원제목은 『가톨릭 학교들에서 성 토마스 데 아퀴노의 정신에 따라 교육되어야 하는 그리스도교 철학에 관하여』(*De philosophia christiana ad mentem sancti Thomae Aquinatis Doctoris Angelici in scholis catholicis instauranda*)이다.]

30. 그러므로 더할 나위 없이 타당한 이유를 가지고 상당수의 철학자들이 철학을 쇄신하기 위해서는 토마스 데 아퀴노의 놀라운 가르침을 그 순수한 광채 속에서 회복시켜야 한다고 믿고 헌신적으로 투신하였습니다.

그리고 저에게, 이 '천사적 박사'라는 수원(水源)으로부터 영구히 풍부하게 흘러넘치는 가장 순수한 지혜의 강물을 온 세계 젊은이들에게 넉넉하게 마시게 하는 일보다 더 소중하고 바람직한 일은 없다는 점을 모든 이에게 확실하게 일러두는 바입니다.

32. 그리고 신앙에서 멀어져서 가톨릭교회의 가르침을 미워하는 사람들 가운데 상당수는 오직 이성만을 유일한 스승이며 안내자로 삼는다고 선언하고 있습니다. 가톨릭 신앙으로써 그들을 치유하고 은총으로 돌아오게 하려면, 하느님의 초자연적 도우심 다음으로는 교부들과 스콜라 학자들의 건전한 가르침보다 더 적절한 것은 없습니다. 이들은

신앙의 튼튼한 토대, 그 신적인 기원, 그 확실한 진리, 그 증명 논거, 인류에게 가능해진 은혜, 그리고 이성과의 완전한 조화 등을 증명하였고, 또 너무도 명료하고 강력했기 때문에, 주저하는 자들과 허풍떠는 자들까지도 회심시키기에 충분했습니다.

타락한 이론들의 해악 때문에 우리가 모두 목격하고 있듯이 매우 심각한 위험에 노출되어 있는 가정과 시민사회조차도, 만일 대학과 학교들에서 교회의 가르침에 가장 일치되는 건전한 교육이 시행되기만 했더라면 분명 훨씬 더 평온하고 확실한 기반 위에 서 있을 수 있었을 것입니다. 우리는 바로 이런 가장 건전한 가르침을 토마스 데 아퀴노의 작품들 속에서 발견합니다. 왜냐하면 오늘날 방종으로 변형되고 있는 자유의 진정한 본성, 법칙과 그 힘, 자명한 원리들의 영역, 더 높은 권위에 대한 마땅한 복종, 인간 상호간의 사랑 등에 대한 토마스의 가르침들은 사회질서의 평온과 대중의 안녕에 위험하기 짝이 없는 새로운 법의 원리들을 전복시킬 수 있는 대단히 강력하고 꺾일 수 없는 힘을 지니고 있기 때문입니다.

36. 특별히 신중한 분별력을 가지고 그대들[전 세계 주교들]이 뽑은 스승들[신학교와 가톨릭 대학교 교수들]은 자기 제자들의 정신이 성 토마스 데 아퀴노의 가르침으로 관통될 수 있도록 깊은 노력을 기울여야 하며, 그의 가르침이 다른 모든 이론에 견주어 얼마나 튼튼하고 월등한지를 분명히 해야 합니다. 그대들이 설립한 (또는 설립할) 학부들은 그의 가르침을 해설하고 옹호하며 흔한 오류들을 논박하는 데 활용할 수 있어야 합니다.

그리고 그대들은 정통 가르침 대신에 이런저런 허풍떠는 이론들에

말려들거나, 진정한 가르침 대신에 타락한 이론들에 현혹되지 않도록 성 토마스의 지혜가 그 원천으로부터, 또는 적어도 뛰어난 지성들의 확실하고 한결같은 판단에 따르면 그 원천에서 흘러나와 아직도 맑고 투명하게 흐르는 저 강물들로부터 탐구될 수 있도록 조처해야 합니다. 그리고 같은 원천에서 나왔다고들 말하기는 하지만 실제로는 이질적이고 해로운 저 시냇물에서 젊은이들의 정신을 멀리 떼어놓도록 최선의 노력을 기울여야 합니다.

성 요한 바오로 2세 교황의 회칙 발췌문

『신앙과 이성』(*Fides et Ratio*, 1998)

43. 이 오랜 발전 과정에서 성 토마스 데 아퀴노(St. Thomas de Aquino)는 특별한 자리를 차지하고 있습니다. 그것은 그가 가르친 내용 때문만이 아니라 당대의 아랍 사상과 유다교 사상과 나눈 대화 때문입니다. 그리스도교 사상가들이 고대 철학, 특히 아리스토텔레스의 보화들을 재발견하고 있던 시대에, 성 토마스는 신앙과 이성 사이의 조화에 영예로운 자리를 배정한 위대한 공로를 가지고 있습니다. 이성의 빛과 신앙의 빛은 둘 다 하느님에게서 오는 것이고, 따라서 양자 사이에는 어떠한 모순도 있을 수 없다고 그는 논증하고 있습니다.

더욱 근본적으로, 토마스는 철학의 일차적 관심사인 자연(natura)이 하느님의 계시를 이해하는 데 적극적으로 기여할 수 있다는 것을 인정합니다. 따라서 신앙은 이성을 두려워할 필요가 없고, 오히려 이성을 추구하고 그것에 대해서 신뢰를 가지고 있습니다. 은총이 자연에 의존하고 자연을 완성시키듯이, 신앙은 이성에 의존하고 이성을 완성합니다. 신앙을 통해서 조명받을 때, 이성은 죄의 불복종 때문에 오는 연약성과 한계로부터 해방되어, 삼위일체 하느님에 대한 지식으로 고양되는 데 요구되는 힘을 얻게 됩니다. 비록 신앙의 초자연적인 성격을 강조하기는 했지만, 이 '천사적 박사'(Doctor Angelicus)는 신앙이 지니고 있는 합리적 성격의 중요성을 간과하지 않았습니다. 참으로 그는 이 이해 가능성의 깊이를 천착해 들어가 그 의미를 밝혀낼 수 있었습니다. 신앙은 어떤 의미에서 일종의 '사고 훈련'(exercitium cogitationis)입니다. 그리고 인간 이성은, 어쨌든 자유롭게 심사숙고해서 내리는 선택으로 얻어지는 신앙의 내용들에 동의한다고 해서, 무효화되는 것도 아니고 그 품위가 손상되는 것도 아닙니다.

바로 그렇기 때문에 교회는 한결같이 성 토마스를 사고의 스승이며 올바른 신학자의 전형으로 추천해온 것입니다. 이 점에 관해서 저는 선임자인 하느님의 종 교황 바오로 6세께서 천사적 박사의 서거 700주년[1974년]의 기회에 하신 말씀을 상기하고 싶습니다. "의심할 바 없이, 토마스는 진리에의 용기, 새로운 문제들을 직면할 때의 정신의 자유, 그리고 그리스도교가 세속 철학이나 편견으로 감염되는 것을 허용하지 않는 사람들의 지적 정직성 등을 최고도로 소유하고 있었습니다. 따라서 그는 그리스도교 사상사 속에서 언제나 새로운 철학과 보편적 문화에 이르는 길의 선구자로 남아 있습니다. 그가 찬란한 예언자적 통찰력으로 신앙과 이성 사이의 새로운 만남에서 제시한 요점과 해결의 씨앗은 세계의 세속성(saecularitas)과 복음의 근본성 사이의 화해였고, 따라서 세상과 그 가치들을 부정하려는 자연스럽지 못한 경향을 피하면서도 동시에 초자연적 질서의 숭고하고 준엄한 요구들로써 신앙을 지킬 수 있었습니다."

44. 성 토마스의 또 하나의 위대한 통찰은, 지식이 지혜로 성장해 가게 되는 과정에서 성령의 역할을 깊이 깨닫고 있었다는 사실입니다. 그의 『신학대전』(Summa Theologiae)의 앞머리에서 아퀴나스는, 성령의 선물로서 천상의 것들에 대한 지식으로의 통로를 열어주는 지혜의 우위성을 날카롭게 보여주고 있습니다. 그의 신학은 우리가 신적인 것들

에 대한 신앙과 지식에 밀접하게 연관되어 있는 지혜의 특성을 이해할 수 있게 해줍니다. 이 지혜는 천성적으로(per connaturalitatem) 알려지게 됩니다. 그것은 신앙을 전제로 하고 있고, 결국 신앙 자체의 진리에 입각한 올바른 판단을 형성해 줍니다. "성령의 선물들 가운데 하나인 지혜는 지성적 덕 가운데서 발견되는 지혜와는 구별됩니다. 이 두 번째 지혜는 연구를 통해서 얻어지지만, 첫 번째 지혜는 야고보 사도가 말하고 있는 것처럼 '높은 데서 옵니다.' 이것은 또한 신앙과도 구별되는데, 그것은 신앙이 신적인 진리를 있는 그대로 받아들이기 때문입니다. 그러나 지혜의 선물은 신적인 진리에 따라서 판단할 수 있게 해줍니다."

그렇지만 이 지혜에 어울리는 우위성은 천사적 박사가 철학적 지혜와 신학적 지혜라는 지혜의 다른 두 개의 보충적 형태들이 있다는 것을 간과하게 만들지 않습니다. '철학적 지혜'는 자연적인 제약을 가지고 있는 지성의 실재 탐구 역량에 기초를 두고 있고, 신학적 지혜는 계시에 기초를 두고 신앙의 내용들을 탐구하여 하느님의 신비에 접근해 갑니다.

"진리는 누가 발설하든지 간에 모두 성령으로부터 오는 것"(omne verum a quocumque dicatur a Spiritu Sancto est)임을 깊이 확신하고 있던 성 토마스는 그의 진리 사랑에 공평무사했습니다. 그는 어디에서든지 진리를 추구하였고, 진리의 보편성을 입증하는 데 전력을 다했습니다. 교회의 교도권은 그에게서 진리를 향한 열정을 인정하였습니다. 그리고 정확히 그것이 일관되게 보편적이고 객관적이며 초월적인 진리의 지평 속에 머무르기 때문에, 그의 사상은 '인간 지성이 결코 생각해 낼 수 없었을 높은 경지'에 도달했습니다. 그는 정당하게도 '진리의 사도'(apostolus veritatis)라고 불릴 수 있을 것입니다. 확고하게 진리만을 추구하는 토마스의 실재주의(realismus)는 진리의 객관성을 인정하고 '현상'의 철학뿐만 아니라 '존재'의 철학(philosophia essendi)까지도 제시할 수 있습니다.

57. 그러나 교도권은 철학 이론들의 오류들과 일탈들을 지적하기만 하는 것은 아닙니다. 이에 못지않은 관심을 가지고 교회 교도권은 철학적 탐구의 진정한 쇄신의 기본 원리들을 강조하고 특정 방향을 지시하기도 합니다. 이 점에서 교황 레오 13세께서는 회칙 『영원하신 아버지』(Aeterni Patris)에서 교회 생활을 위해 역사적으로 매우 중요한 일보를 내디디셨습니다. 왜냐하면 그 회칙은 오늘날까지도 온전히 철학만을 위해 작성된 유일한 권위 있는 교황 문헌으로 남아 있기 때문입니다. 이 위대한 교황께서는 신앙과 이성 사이의 관계에 관한 제1차 바티칸공의회의 가르침을 발전시키는 가운데, 철학적 사고가 신앙과 신학에 얼마나 깊이 공헌하는지를 보여 주셨습니다. 한 세기 이상이 지났지만 그 회칙이 담고 있는 실천적이고 교육적인 통찰들은 그 중요성을 조금도 잃어버리지 않았습니다. 특히 성 토마스의 철학이 지니고 있는 그 어느 것에도 비할 수 없는 가치에 관한 강조는 더욱 그렇습니다. '천사적 박사'의 사상에 대한 쇄신된 강조야말로 교황 레오 13세께는 신앙의 요구들에 부합되는 철학의 활용을 활성화시키는 최선의 길로 비쳐졌습니다. "성 토마스는 이성과 신앙을 날카롭게 구분하였습니다. 그러나 이 양자를 조화시켜 각각 자신의 권리와 품위를 고스란히 간직하게 할 수 있었습니다."

78. 이 성찰들의 빛 속에서, 교도권이 왜 반복적으로 성 토마스 사상

의 공로들을 격찬하고 그를 신학 연구의 인도자이며 전형(典型)으로 삼았는지가 명백히 드러납니다. 이것은 순수하게 철학적인 문제들에 대해서 어떤 입장을 취하기 위해서도 아니고, 또 특정 이론들에 대한 호감을 표시하기 위한 것도 아니었습니다. 교도권의 의도는 언제나, 성 토마스가 어떤 의미에서 진리를 추구하는 모든 사람을 위한 진정한 전형인지를 보여주자는 것이었습니다. 실상 그의 성찰 속에서 이성의 요구들과 신앙의 힘이, 일찍이 인간 사고가 이룩한 가장 고상한 종합을 발견합니다. 왜냐하면 그는 이성에게 고유한 모험을 평가 절하함이 없이, 계시를 통해서 도입된 근본적인 새로움을 옹호할 수 있었기 때문입니다.

『신학대전』 완간을 꿈꾸며

그리스도교 2000년 역사에서는 물론 인류 문화사에서도 경이로운 불후의 걸작으로 인정받고 있는 방대한 『신학대전』을 대역판으로 간행하는 이 대사업은 정의채(鄭義采) 몬시뇰의 혜안과 용단에서 비롯되었다. 몬시뇰께서는 그리스도교 전래 200주년(1784-1984년)을 기념한 다음해인 1985년에 첫 권을 발간한 이래 꾸준히, 어려운 여건 가운데서도 고군분투하며 전체 3부 60권(보충부까지 포함하면 72권) 가운데 10권을 직접 번역하였고, 2006년 즈음부터는 소장 학자들에게도 번역 지침을 주어 과제를 분담하고 또 탈고 단계에서는 직접 감수를 통해 지도 편달함으로써 5권을 더 출간하였다. 여기에는 강윤희 신부, 김율 교수, 김정국 신부, 김춘오 신부, 윤종국 신부, 이상섭 교수, 이진남 교수, 채이병 박사 등이 참여했고, 막바지에는 이재룡 신부도 가담했다. 그렇게 해서 제1부를 모두 마치고, 인간의 윤리 문제(제2부 전체)의 궁극 목표인 '행복'에 관해 논하는 첫 다섯 문제(제16권)까지 출간해냈다.

이제까지 도서 출판을 통한 복음 전파를 카리스마로 삼고 있는 '바오로딸수도회'가 어려운 출판 여건 속에서도 큰 희생을 기꺼이 감내하며 몬시뇰의 피땀 어린 노력을 묵묵히 뒷받침해 왔다. 몬시뇰과 수도회에 깊은 존경과 감사의 뜻을 전하고 싶다.

그런 가운데 서울대교구 교구장이신 염수정(廉洙政) 추기경은 2016년 8월, 15년 뒤에 맞게 될 천주교 조선교구 설정 200주년(1831-2031년)까지는 『신학대전』을 완간해야겠다는 큰 계획을 세우고 이미 번역

진에 합류하고 있던 이재룡 신부를 그 전담 책임자로 임명하였다. 계획대로 추진된다면, 그리스도교가 이 땅에 들어온 지 근 반세기 만에 교구가 설정됨으로써 제대로 체제를 갖춘 당당한 지역 교회가 되었듯이, 『신학대전』도 근 반세기 만에 완간될 것이다.

전담 책임을 맡은 이재룡 신부는 우선 '한국성토마스연구소'(St. Thomas Institute in Korea)를 설립하고, 바오로딸출판사와 긴밀히 상의하며 이제까지 몬시뇰께서 추진해온 출간사업을 계승하여, 완간된 부분과 진행 중인 작업들을 총점검하고 향후 사업 일정을 확정하여 2017년 12월 천주교조선교구설정 200주년기념 신학대전간행사업(2019-2031년)이라는 제목으로 교구장님께 보고드렸다. 간행위원단 구성은 손희송 주교, 정의채 몬시뇰, 이재룡 신부(위원장), 안소근 수녀, 윤주현 신부, 이상섭 교수, 정현석 박사로 단순화하였다. 2019년부터 13년간 매년 분책 4-5권씩을 번역해낸다는, 다소 무리한 계획이었지만, 최근 완간된 일어 역본(2007년)과 대만에서 발간된 한역본(2009년)도 자극제가 되어 200주년을 넘지 않도록 서두르기로 하였다.

2019년 말, 감사하게도 총 12개년(2020-2031년)에 걸친 천주교조선교구설정 200주년기념 신학대전간행사업이 문화체육관광부의 '국고지원사업'으로 선정되었다. 사업의 중심 내용은 당연히 『신학대전』의 나머지 부분인 분책 50권('보충부' 포함)의 간행이지만, 여기에 보조장치 3권(『입문』, 『총색인』, 『요약』)과 선결 필수 사업으로 판단되는 3권의 사전(『성 토마스 개념사전』, 『교부학사전』, 『라틴어사전』) 간행을 추가하였다.

이제부터 시작이지만, 여기까지 오는 데에도 우여곡절을 거쳐야 했는데, 매일 묵주기도 5단을 바치며 성모님과 토마스 아퀴나스 성인님께 도움을 청했고, 고비 때마다 기묘한 방식으로 도와주시는 주님 섭리의 손길을 느꼈다. 그리고 많은 분들의 도움을 받았다. 존경하는 교구장님과 정진석(鄭鎭奭) 추기경님을 비롯한 교구 주교님들과 다른 주교님들, 동창 신부님들과 선후배 신부님들, 그리고 사업을 하시는 몇몇 지인들의 적극적인 격려와 지원 외에도, 일선 사목 현장에서 동고동락했던 잠실, 오류동, 혜화동 성당의 교우들과 교리신학원 제자들도 꾸준히 정기적으로 도움을 주고 있다. 그리고 세 차례에 걸친 국고지원 신청 과정에서 적극적인 행정적 지도와 격려를 아끼지 않은 문화체육관광부의 장우일 종무관과 실무진, 만만찮은 대응자금 문제 때문에 어려움을 겪고 있을 때 길을 열어주고 적극적인 지지를 보내 준 김영국 신부님과 이경상 신부님을 비롯한 학교법인 가톨릭학원 신부님들의 도움이 컸다. 마지막으로, 지난해에 무리한 계획과 국고 지원 신청 과정 때문에 출판 일정이 겹치고 뒤엉켜 절망적인 국면에 처했을 때 흔쾌히 도움의 손길을 내밀고 끝까지 동행하기로 한 '기쁜소식'의 전갑수 사장님께 감사의 뜻을 전하고 싶다.

   이렇게 많은 분들의 기대와 성원을 받으며 전능하신 하느님의 보호와 우리나라의 주보(主保)이신 성모 마리아의 도우심과 '인류의 스승'(Doctor Humanitatis)인 토마스 성인의 전구에 힘입어 벅찬 희망을 안고 대여정의 첫걸음을 내딛는다.

2020년 성모성월에
한국성토마스연구소에서
간행위원장 이재룡 신부

『신학대전』 간행계획
(2031년 완간)

[제1부]
01 (ST I, 1-12) 하느님의 존재, 정의채 옮김, 1985. 3판 2014.
02 (ST I, 13-19) 하느님의 생명, 정의채 옮김, 1993. 2판 2014.
03 (ST I, 20-30) 하느님의 작용과 위격, 정의채 옮김, 1994. 2판 2000.
04 (ST I, 31-38) 위격들의 구별, 정의채 옮김, 1997.
05 (ST I, 39-43) 위격들의 관계, 정의채 옮김, 1998.
06 (ST I, 44-49) 창조, 정의채 옮김, 1999.
07 (ST I, 50-57) 천사, 윤종국 옮김, 2010.
08 (ST I, 58-64) 천사의 활동, 강윤희 옮김, 2020.
09 (ST I, 65-74) 우주 창조, 김춘오 옮김, 2010.
10 (ST I, 75-78) 인간, 정의채 옮김, 2003.
11 (ST I, 79-83) 인간 영혼의 능력, 정의채 옮김, 2003.
12 (ST I, 84-89) 인간의 지성, 정의채 옮김, 2013.
13 (ST I, 90-102) 하느님의 모상으로 창조된 인간, 김율 옮김, 2008.
14 (ST I, 103-114) 하느님의 통치, 이상섭 옮김, 2009.
15 (ST I, 115-119) 우주의 질서, 김정국 옮김, 2010.

[제2부 제1편]
16 (ST I-II, 1-5) 행복, 정의채 옮김, 2000.
17 (ST I-II, 6-17) 인간적 행위, 이상섭 옮김, 2019.
18 (ST I-II, 18-21) 도덕성의 원리, 이재룡 옮김, 2019.
19 (ST I-II, 22-30) 정념, 김정국 옮김, 2020.
20 (ST I-II, 31-39) 쾌락, 이재룡 옮김, 2020.
21 (ST I-II, 40-48) 두려움과 분노, 채이병 옮김, 2020.
22 (ST I-II, 49-54) 습성, 이재룡 옮김, 2020.
23 (ST I-II, 55-67) 덕, 이재룡 옮김, 2020.
24 (ST I-II, 68-70) 성령의 선물, 채이병 옮김, 2020.
25 (ST I-II, 71-80) 죄, 안소근 옮김, 2020.
26 (ST I-II, 81-85) 원죄, 정현석 옮김, 2021.
27 (ST I-II, 86-89) 죄의 결과, 윤주현 옮김, 2021.
28 (ST I-II, 90-97) 법, 이진남 옮김, 2020.
29 (ST I-II, 98-105) 옛 법, 이경상 옮김, 2021.
30 (ST I-II, 106-114) 새 법과 은총, 이재룡 옮김, 2021.

[제2부 제2편]
31 (ST II-II, 1-7) 신앙, 박승찬 옮김, 2022.
32 (ST II-II, 8-16) 신앙(II), 박승찬 옮김, 2022.
33 (ST II-II, 17-22) 희망, 이재룡 옮김, 근간.
34 (ST II-II, 23-33) 참사랑, 안소근 옮김, 2022.
35 (ST II-II, 34-44) 참사랑(II), 안소근 옮김, 2022.
36 (ST II-II, 45-56) 현명
37 (ST II-II, 57-62) 정의
38 (ST II-II, 63-79) 불의
39 (ST II-II, 80-91) 종교와 경신

40 (ST II-II, 92-100) 종교와 경신(II)
41 (ST II-II, 101-122) 사회적 덕
42 (ST II-II, 123-140) 용기
43 (ST II-II, 141-154) 절제
44 (ST II-II, 155-170) 절제(II)
45 (ST II-II, 171-178) 예언과 은사
46 (ST II-II, 179-182) 활동과 관상
47 (ST II-II, 183-189) 사목과 수도생활

[제3부]
48 (ST III, 1-6) 육화하신 말씀
49 (ST III, 7-15) 그리스도의 은총
50 (ST III, 16-26) 하느님과 인간 사이의 중재자
51 (ST III, 27-30) 동정녀 마리아
52 (ST III, 31-37) 그리스도의 유년기
53 (ST III, 38-45) 그리스도의 생활
54 (ST III, 46-52) 그리스도의 수난
55 (ST III, 53-59) 예수 부활
56 (ST III, 60-65) 성사
57 (ST III, 66-72) 세례와 견진

58 (ST III, 73-78) 성체성사
59 (ST III, 79-83) 영성체
60 (ST III, 84-90) 고해성사(*절필)

[보충부]
61 (ST Sup, 1-11) 통회
62 (ST Sup, 12-20) 보속과 열쇠
63 (ST Sup, 21-28) 냉담과 대사
64 (ST Sup, 29-33) 병자성사
65 (ST Sup, 34-40) 성품성사
66 (ST Sup, 41-49) 혼인성사
67 (ST Sup, 50-62) 혼인장애
68 (ST Sup, 63-68) 재혼
69 (ST Sup, 69-74) 죽음과 심판
70 (ST Sup, 75-86) 육신의 부활
71 (ST Sup, 87-96) 최후심판과 성인들
72 (ST Sup, 97-99) 단죄받은 자들
73 (***)   [신학대전 요약]
74 (***)   [신학대전 입문]
75 (***)   [총색인]

일러두기

1. 『신학대전』의 대구조(macro-structura)

1.1. 성 토마스는 불후의 걸작인 이 방대한 작품을 신플라톤주의의 '발원-귀환'이라는 웅장한 구도를 활용하여 구성하고 있다. 그래서 제1부는 만물이 하느님으로부터 나오는 발원(發源, exitus) 과정이고, 제2부는 만물이 하느님께로 되돌아가는 귀환(歸還, reditus) 여정이며, 제3부는 그 귀환의 길 또는 수단이 되어주신 구세주의 위업(偉業)을 다루고 있다. 보충부는 일찍 찾아온 그의 죽음 때문에 미완으로 남게 된 (제3부의) 공백을 그의 제자, 혹은 제자 그룹이 그의 초창기 작품으로부터 관련 내용을 정리하여 옮겨다 채워 넣은 보완 부분이다.

1.2. 'I'(Prima Pars)은 제1부, 'I-II'(Prima Pars Secundae Partis)는 제2부 제1편, 'II-II'(Secunda Pars Secundae Partis)는 제2부 제2편, 'III'(Tertia Pars)은 제3부, 그리고 'Sup.'(Supplementum)은 보충부의 약식 기호들이다.

1.3. 지금 우리의 기획처럼, 방대한 『신학대전』의 내용을 나누어 출간하는 경우에, 분책(分冊)의 기초가 되는 단위로, 여러 개의 문(quaestio)들이 한데 모여 이루는 공동의 주제인 'tract.'(tractatus)를 '논고'(論考)라고 부른다.

1.4. 'q.'(quaestio)라고 표기되는 단위를 '문'(問)이라고 부른다.

1.5. '문'에서 제기된 문제를 해결하기 위해서는 필요한 만큼의 분절

작업(articulatio)이 요구되는데, 이렇게 세분된, 실질적인 논의의 기본 단위를 이루는 'a.'(articulus)를 '절'(節)이라고 부른다.

2. 절의 세부 구조(micro-structura)

각각의 절에서 본격적으로 논의되는 세부 내용은 규칙적인 형식으로 구성되어 있고, 크게 두 부분으로 대별된다. 먼저 권위 있는 가르침들이 찬 – 반(贊反)으로 제시되고, 다음에 저자 자신의 해결책이 제시된다.

2.1. 첫 번째 부분에서는 먼저, 중세 스콜라 학자들의 기본적인 학문 방법인 '권위'(auctoritas), 곧 성경과 교부들, 그리고 때로는 고대 철학자들을 비롯한 사상가들로부터 해당 주제에 대한 가르침들 가운데 (곧 제시될 필자의 입장에 반대되는) '부정적인' 가르침들이 엄선하여 제시된다. 곧 '반론들'(objectiones)로서, 보통 세 개 정도가 제시되는데, '반론 1'(obj.1), '반론 2'(obj.2)라 부른다.

2.2. 다음으로는 (역시 권위들 가운데에서) 그에 대해 반대되는, 곧 저자의 입장을 지지하는 긍정적인 가르침이 (보통은 하나) 제시된다. 곧 '재반론'(sed contra)이다.

2.3. 저자 자신의 독창적 해결책이 제시되는 두 번째 부분도 또다시 두 부분으로 구별되는데, 먼저 '답변'(Respondeo) 부분에서는 그 주제에 대한 저자 자신의 해결책이 제시되며, 가끔은 '본론'(corpus)이라고 불리기도 한다.

2.4. 그런 다음에 '해답'(solutio) 부분에서는 '답변'에서 확인한 결론들을, 앞머리에 제시되었던 반론들 하나하나에 대해 적용한다. 원문에

서 라틴어로 'ad1' 'ad2' 등으로 표시되는 것을 우리는 '제1답' '제2답' 등으로 부른다.

3. 본문과 각주에서의 유의 사항

3.1. 번역 대본은 비판본인 레오판(ed. Leonina)을 주로 따르고 있는 마리에티판이다: S. Thomas Aquinatis, *Summa Theologiae*, cum textu ex recensione Leonina, Taurini-Romae, Marietti, 1952.

3.2. (괄호) 속의 내용은 라틴 원문에 있지만, 길고 복잡한 문장 구조가 조금이나마 시각적으로 간명해지도록 역자가 임의로 괄호로 묶은 것이다.

3.3. [꺾쇠괄호] 안의 단어나 구절은 해당 라틴어 원문에는 없으나, 문맥상 요구된다고 판단되는 내용을 삽입한 것이다.

3.4. 성경은 기본적으로 한국천주교주교회의에서 발행한 『성경』을 따르지만, 내용에서 차이가 있는 경우에는 역자가 라틴 원문에 충실하게 번역하고, 각주에 『성경』 구절을 제시하였다.

3.5. 다양한 종류의 각주에 대해 아라비아 숫자로 일련번호를 매겼다. 단, 마리에티판의 권말에 추가주(adnotationes)로 실려 있는 내용을 번역한 경우에는 일련번호에 이어 '(* 추가주)'라는 별도의 표시를 했다.

4. 약어표에 관하여

4.1. 일반적인 약어들을 '일반 약어표'로 제시하였다.

4.2. 성 토마스의 작품들에 대해서는 약어표를 따로 제시하였다.

4.3. 성경 약어에 대해서는 가톨릭교회에서 통용되는 일반 관례를 따른다.

4.4. 성 아우구스티누스를 비롯한 교부들의 작품들에 대해서는 한국교부학연구회가 펴낸 『교부 문헌 용례집』(수원가톨릭대학교출판부, 2014)을 따른다.

4.5. 아리스토텔레스를 비롯한 고대 사상가들의 작품들에 대한 약어는 한국서양고전철학회 등에서의 일반적인 관례를 준용한다.

일반 약어표

a.	절(articulus). 예) '제1절', '제7절' 등.
aa	여러 절들(articuli). 예) aa.1-3은 '제1절에서 제3절까지'를 가리킴.
ad1, ad3	제1답, 제3답: 절(articulus)을 시작하면서 제기되었던 반론들(objectiones)에 대해, 일일이 '해답'(solutio) 부분에서 해결책으로 제시하는 답변들.
c.	장(capitulum).
c.	본론(corpus) 곧 '답변'(Respondeo)을 가리킴.
Can.	카논(Canon: 공의회의 장엄 결정문).
Cf.	참조(conferire).
d.	구분(divisio). 특히 『명제집』과 『명제집 주해』에서 기본 틀로 제시될 때, '제1구분', '제2구분'으로 표기. 예) 『명제집 주해』 제1권 제2구분 제1문 제3절. (많이들 'divisio'와 혼용하고 있는 'distinctio'는 '구별'.)
DH	『덴칭거-휘너만』 혹은 『규정-선언 편람』(Denzinger-Hunermann이 1991년부터 편찬).
DS	『덴칭거-쇤메처』 혹은 『규정-선언 편람』(Denzinger-Schoenmetzer가 1963년부터 편찬).
Ibid.	같은 작품 또는 같은 곳(Ibidem).
ID.	같은 저자(Idem).
lect.	강(lectio). 예) '제1강', '제2강' 등(단, 서술문에서 지칭 시에는 '강독'.)
lib.	권(liber). 예) '제1권', '제2권' 등
ll.	행(行, lineae).
loc. cit.	인용된 곳(loco citato).
n.	번(numerum) 또는 그대로 'n'. 예) '2번' 또는 'n.2'.
obj.	반론(objectio). 예) '반론1,' '반론2' 등

op. cit.	이미 인용된 작품(opere citato).
parall.	병행 문헌(paralleli).
PG	미뉴, 『그리스 교부 전집』(*Migne, Patrologia Graeca*).
PL	미뉴, 『라틴 교부 전집』(*Migne, Patrologia Latina*).
Proem.	머리말(Proemium).
Prol.	머리글(Prologus).
q.	문(quaestio). 예) '제1문', '제89문' 등(단, 간혹 서술 문장 중 특정 '문'을 가리킬 때에는 '문제'라고 지칭할 수도 있다.) 예문) "창조에 관해 논하는 이 '문제'는…."
qc.	소문제(quaestiuncula) (주로 『명제집 주해』에 나타남.)
qq.	여러 문들(quaestiones) 예) qq.57-59는 '제57문에서 제59문까지'를 가리킴.
Resp.	답변(Respondeo)[=본론].
s.c./sc	재반론(Sed contra) 또는 '그러나 반대로'. (보통은 재반론이 하나이지만, 드물게 번호와 함께 두세 개가 제시되기도 한다. 이때에는 '재반론 1', '재반론3' 등으로 표기한다.)
sol.	해답(solutio)(단, 기본 틀 가운데에서 반론1에 대한 해답[ad1], 반론2에 대한 해답[ad2] 등은 '제1답,' '제2답' 등이라고 지칭.)
tract.	논고(tractatus: 여러 문들이 함께 모여 이루는 논의 주제).

성 토마스 작품 약어표

In Sent., I, d.3, q.1, a.3, qc.1, ad1	『명제집 주해』 제1권 제3구분 제1문 제3절 제1소문제 제1답
ScG, I, II	『대이교도대전』 제1권, 제2권
ST(* 생략)	『신학대전』
I, q.1, a.1, ad2	『신학대전』 제1부 제1문 제1절 제2답
I-II	『신학대전』 제2부 제1편
II-II	『신학대전』 제2부 제2편
III	『신학대전』 제3부
Sup	『신학대전』 보충부
Catena Aurea	『황금 사슬』 또는 『4복음서 연속주해』
Compendium Theol.	『신학 요강』
Contra doct. retrah.	『소년의 수도회 입회를 비난하는 전염병과도 같은 가르침 논박』
Contra err. Graec.	『그리스인들의 오류 논박』
Contra impugn.	『전례와 수도회를 거스르는 자들 논박』
De aetern. mundi	『세상 영원성』
De anima	『영혼에 관한 토론문제』 또는 『영혼론』
De articulis fidei	『신앙 요목』
De beatitudine	『참행복』 또는 『진복』
De caritate	『참사랑』 또는 『참사랑에 관한 토론문제』
De correct. Frat.	『형제적 충언』 또는 『형제적 충언에 관한 토론문제』
De demonstratione	『증명론』
De diff. verbi Domini	『하느님의 말씀과 인간의 말의 차이』
De dilex. Dei et prox.	『하느님 사랑과 이웃 사랑』

De dimens. indeterm.	『무한의 크기』
De divinis moribu	『하느님의 습성』
De duo. praecep. char.	『사랑의 이중계명』
De empt. et vend.	『신용거래』 또는 『매매론』
De ente et ess	『존재자와 본질』 또는 『유(有)와 본질(本質)에 대하여』
De eruditione principis	『군주 교육』
De expos. missae	『미사 해설』
De fallaciis	『오류론』
De fato	『운명론』
De forma absol.	『사죄경 형식』
De humanitate Christi	『그리스도의 인성』
De instantibus	『순간론』
De intellectu et intell.	『지성과 가지상』
De inventione medii	『수단의 발명』
De iudiciis astr.	『점술가의 판단』
De magistro	『교사론』 또는 『교사에 관한 토론문제』
De malo	『악론』 또는 『악에 관한 토론문제』
De mixtione element.	『요소들의 혼합』
De motu cordis	『심장 운동』
De natura accidentis	『우유의 본성』
De natura generis	『유(類)의 본성』
De natura loci	『장소의 본성』
De natura luminis	『빛의 본성』
De natura materiae	『질료의 본성』
De natura syllog.	『삼단논법의 본성』
De natura verbi intell.	지성의 말의 본성』
De occult. oper. naturae	『자연의 신비로운 작용』
De officio sacerdotis	『사제의 직무』

De perf. vitae spir.	『영성생활의 완성』
De potentia	『권능론』 또는 『권능에 관한 토론문제』
De potentiis animae	『영혼의 능력들』
De principiis naturae	『자연의 원리들』
De principio individ.	『개체화의 원리』
De propos. mod.	『양태명제론』
De purit. consc. et modo conf.	『양심의 순수함과 고백 양식』
De quat. oppositis	『네 대당(對當)』
De quo est et quod est	『그것에 의해 있는 것(존재)'과 '있는 것(본질)'』
De rationibus fidei	『신앙의 근거들』
De regimine Iudae.	『유다인 통치』
De regimine princ.	『군주통치론』
De secreto	『비밀』
De sensu resp. singul. et intellectu resp. univ.	『감각과 개체, 지성과 보편자』
De sensu respectu singul.	『개별자 감각』
De sortibus	『제비뽑기』
De spe	『희망론』 또는 『희망에 관한 토론문제』
De spir. creat.	『영적 피조물』 또는 『영적 피조물에 관한 토론문제』
De sub. sep.	『분리된 실체』
De tempore	『시간론』
De unione Verbi Incarn.	『육화하신 말씀의 결합』 또는 『육화하신 말씀의 결합에 관한 토론문제』
De unit. vel plurit. formarum	『형상의 단일성 여부』
De unitate Intell.	『지성단일성』
De usuris in communi	『고리대금』
De veritate	『진리론』 또는 『진리에 관한 토론문제』
De virt. card.	『사추덕』 또는 『사추덕에 관한 토론문제』
De virtutibus	『덕론』 또는 『덕에 관한 토론문제』
Ep. ad comitissam	『플랑드르 백작부인 회신』

Ep. ad duciss. Brabant.	『브라방의 백작부인 서신』
Ep. exhort. de modo stud.	『학업 방식에 관한 권고 서한』
Hymn.: Adoro Te	『찬미가: 엎드려 흠숭하나이다』
In Anal. post., I, II	『분석론 후서 주해』 제1권, 제2권
In Cant. Canticor.	『아가 주해』
In De anima, I, II	『영혼론 주해』 제1권, 제2권
In De cael., I, II	『천지론 주해』 제1권, 제2권
In De causis	『원인론 주해』
In De div. nom.	『신명론 주해』
In De gen. et corrupt.	『생성소멸론 주해』
In De hebd.	『주간론 주해』
In De mem. et remin.	『기억과 회상 주해』
In De meteora	『기상학 주해』
In De sensu et sensato	『감각과 감각대상 주해』
In De Trin.	『삼위일체론 주해』
In decem praecept.	『십계명 해설』
In Decretal.	『교령 해설』
In Ep. ad Col.	『콜로새서 주해』
In Ep. ad Ephes.	『에페소서 주해』
In Ep. ad Hebr.	『히브리서 주해』
In Ep. ad Philem.	『필레몬서 주해』
In Ep. ad Philipp.	『필리피서 주해』
In Ep. ad Rom.	『로마서 주해』
In Ep. I ad Cor.	『코린토 1서 주해』
In Ep. II ad Cor.	『코린토 2서 주해』
In Ep. I ad Thess.	『테살로니카 1서 주해』
In Ep. Pauli	『바오로 서간 주해』
In Ethic., I, II	『니코마코스 윤리학 주해』 제1권, 제2권
In Hieremiam	『예레미야서 주해』

In Ioan.	『요한복음서 주해』
In Iob	『욥기 주해』
In Isaiam	『이사야서 주해』
In Matth.	『마태오복음서 주해』
In Metaph., I, II	『형이상학 주해』 제1권, 제2권
In orat. dominicam	『주님의 기도 해설』
In Periherm., I, II	『명제론 주해』 제1권, 제2권
In Phys., I, II	『자연학 주해』 제1권, 제2권
In Pol., I, II	『정치학 주해』 제1권, 제2권
In Psalm.	『시편 주해』
In salut. angelicam	『성모송 해설』
In Symbolorum	『사도신경 해설』
In Threnos	『애가 주해』
Officium de fest. Corp. Dom.	『성체축일 성무일도』
Orationes	『기도문』
Primus tract. de univers.	『보편자 제1론』
Principium	『취임 강연』
Quaestiones Disp.	『토론문제집』
Quodlibet., I, II	『자유토론문제집』 제1 자유토론, 제2 자유토론
Resp. ad 108	『108문항 회신』
Resp. ad 30	『30문항 회신』
Resp. ad 36	『36문항 회신』
Resp. ad 42(43)	『42(43)문항 회신』
Resp. ad 6	『6문항 회신』
Resp. ad Abba. Casin.	『몬테카시노 아빠스 회신』
Secundus tract. de univers.	『보편자 제2론』
Sermones	『설교집』
Summa totius logicae	『총논리학 대전』
Tabula Ethicorum	『윤리학 도표』

'신앙(II)' 입문

1. 저술 배경

제32권은 신앙에 대한 논고의 두 번째 결론 부분을 포함하고 있다.[1] 이 부분은 『신학대전』 제2부 제2편에서 그리스도교의 덕들에 대해 상세하게 취급하고 있다. 그것은 첫째, 성령의 두 선물, 즉 통찰과 지식을 다룬다.(qq.8-9) 이것들을 성 아우구스티누스로부터 유래하는 전통은 특별하게 신앙이라는 대신덕과 연관시킨다. 둘째, 그것을 직접적으로 거스르는 죄들(qq.10-15)과 셋째, 그것에 관한 구약성경의 계명들(q.16)에 대해서 토론한다. 이 부분은 1271년부터 1272년 사이에 성 토마스가 40대 후반의 성숙기에 접어들었을 때 집필한 것이다. 이때 그는 라틴 아베로에스주의자들이 야기한 혼란을 막기 위해 교황청으로부터 요청을 받아 파리대학의 신학 교수로서 두 번째 활동하고 있었다.

제32권의 번역이 담고 있는 부분은 그의 사상이 심지어 『신학대전』을 집필하고 있는 동안에도 지속적으로 발전하고 있다는 사실을 잘 보여주고 있다. 예를 들어 지혜, 통찰, 지식이라는 선물들은 신적 실재와 피조적 실재 사이의 구분이라는 용어들로 재해석되었다. 1년 또는

---

1. 첫 번째 부분(II-II, qq.1-7)과 전체에 대한 상세한 입문은 토마스 아퀴나스, 『신학대전 제31권: 신앙』, 박승찬 옮김, 한국성토마스연구소, 2022 참조.

그 이전에 저술된 『신학대전』 제2부 제1편에서는 사변적 지식과 실천적 지식 사이의 구분을 통해서 이 선물들을 설명한 바 있다.[2] 불신앙에 대한 일반적인 토론들과 불신앙의 일종인 이단에 대한 토론들, 그리고 이와 연관된 배교와 독성이라는 주제들은 그의 역사적인 시대 분위기 안에서 저술되었다. 그렇기 때문에 그 적용 방식 안에서 현대의 교회에서 주장하는 것들보다 더욱 솔직하고 덜 섬세하며, 아마도 그 이론들 안에서 현대인들이 받아들이기 힘든 내용도 담겨 있을 수 있다. 그렇지만 그 원리와 주요 결론들은 여전히 유효하다. 마지막 문제(q.16)는 당연한 귀결로서 나오는데, 구약의 법을 신약의 법으로 전환시키는 그의 사상[3]을 지속함으로써 율법주의를 그의 적절하고 이차적인 위치에 다시 격하시키는 데 기여한다.

2. 주요 내용 요약

통찰의 선물(제8문): 통찰(이해)은 성령께서 주시는 선물이다. 왜냐하면 그것은 자연적인 빛을 통해서 인식할 수 없는 초자연적 사물에 대한 인식 안으로 침투하는 초자연적인 빛이기 때문이다. 우리 지성의 자연적인 빛은 한정된 힘을 가지고 있기 때문에, 초자연적인 참행복에 도달하지 못한다.(제1절) 물론 통찰의 선물이 신앙과 양립할 수 없는 것은 아니다. 왜냐하면 그 선물은 삼위일체와 같은 신비를 간접적으로 드러내기 때문이다. 이는 그 신비들을 그 자체로 이해하기 위해서라

---

2. I-II, q.68, a.4. 토마스 아퀴나스, 『신학대전 제24권: 성령의 선물』, 채이병 옮김, 한국성토마스연구소, 2020.

3. I-II, qq.106-108; 토마스 아퀴나스, 『신학대전 제30권: 새 법과 은총』, 이재룡 옮김, 한국성토마스연구소, 2022.

기보다는 외적으로 나타나는 것들이 신앙의 진리에 모순되지 않는다는 사실을 인식함으로써 이루어진다. 이런 특수한 조건 아래에서 신앙의 상태를 유지하면서도, 그 자체로 신앙에 들어오는 것들을 또한 통찰하는 일을 아무것도 금하지 않는다.(제2절) 통찰의 선물은 신앙에 일차적으로 그리고 근원적으로 들어오는 사변적인 것들과만 관계를 맺는 것이 아니라, 신앙에 관련되는 모든 실천적인 것과도 관계를 맺는다. 신앙은 사랑을 통해 행동하기 때문에, 통찰의 선물은 우리가 영원법에 의해서 통치되는 한에서 일종의 작용들에도 확장된다.(제3절) 은총을 가진 모든 이들은 통찰의 선물을 소유한다. 어느 누구도 초자연적인 진리에 대한 인식 없이는 완전하게 초자연적인 선으로 인도될 수 없으며, 이러한 인식을 위해서 통찰의 선물이 정확히 자리 잡기 때문이다.(제4절) 그러므로 하느님 마음에 들게 하는 은총[성화 은총(gratia sanctificans)]을 지니지 못한 사람 안에서는 통찰의 선물을 발견할 수가 없다. 만일 어떤 사람이 최선의 것으로서의 목적에 대해 올바로 평가하지 못한다면, 그 사람은 성령께서 주시는 내적 힘에 의해서 기꺼이 생활한다고 말할 수 없기 때문이다.(제5절) 통찰의 선물은 그 밖의 다른 선물들과 구별된다. 왜냐하면 그것은 공경, 용기, 경외가 관련되는 욕구보다는 오히려 인식력에 속하기 때문이다. 또한 통찰의 선물은 하나의 특별한 기능, 즉 신앙의 대상인 제1진리를 관통하고 파악하는 일과 관련되기 때문이다. 이를 통해서 신적인 것들을 판단하는 지혜, 창조된 것들을 판단하는 지식, 개별적인 과업에 적용하도록 판단하는 의견의 선물들과 구별된다.(제6절) 하느님을 직관하기 위해서는 무질서한 정념들로부터의 정화만이 아니라 통찰의 선물이 관련되는 표상 및 오류로부터 정화되는 마음의 깨끗함이 요구된다. 또한 천국 안에서의 완전한 직관과 순례 중에 가지는 불완전한 직관을 위해서도 통찰의 선물이 필요하다. 따라서 여섯째 참행복의 말씀, 즉 '마음이 깨끗한 사람들! 그들은 하느님을 뵐 것이다'는 통찰의 선물에 상응한다.(제7절) 여러 가지 성령의 열매 안에서의 신앙 또한 통찰의 선물과 상응한다. 즉 그 고유한 열매로서는 신앙의 확실성이, 궁극적인 열매로서는 신앙 행위의 기쁨이 상응한다.(제8절)

지식의 선물(제9문): 지식은 성령의 선물이다. 인간적 지성이 신앙의 진리에 완전하게 동의하기 위해서는, 통찰의 선물을 통해 그 진리를 건강하게 파악하는 일이 필요하다. 더 나아가 믿어야만 하는 것을 믿지 말아야만 하는 것으로부터 구별함으로써, 신앙에 제안된 것들에 대해 확실하고 올바른 판단을 가지는 일은 지식의 선물을 통해서 이루어진다.(제1절) 어떤 사물에 대한 확실한 판단은 최고로 그 원인으로부터 주어진다. 그런데 제1원인이 제2원인의 원인인 것처럼, 제1원인을 통해서 제2원인에 대해 판단이 내려진다. 만일 판단의 확실성이 제1원인을 통해서 일어난다면, 그렇게 얻은 신적인 사물들에 대한 인식이 '지혜'라고 불린다. 그러나 인간적인 사물 또는 창조된 사물에 대한 인식은 제2원인들을 통해서 일어나는 판단에 의한 것인데, 바로 이러한 것이 지혜로부터 구별되는 지식이다.(제2절) 지식의 선물은 신앙의 확실성을 지향하고, 신앙이 지켜야만 하는 것을 안다는 점에서 일차적으로 사변적이다. 그렇지만 신앙은 사랑을 통해 작용까지 확장되기 때문에, 지식의 선물은 그것을 통해서 우리가 행하도록 다스려지는 한에서 실천적이다.(제3절) 지식의 선물은 셋째 참행복, 즉 '슬퍼하는 사람들! 그들은 위로를 받을 것이다'에 상응한다. 왜냐하면 지식은 우리에

게 피조물들이 영적 여정 안에서 얼마나 큰 손해를 끼칠 수 있는가를 판단하도록 돕기 때문이다.(제4절)

불신앙 일반(제10문): 불신앙은 믿지 않음, 곧 신앙의 결핍이다. 성 토마스는 이에 대해 여기서 매우 상세하게 논의하는데, 그에 따르면 불신앙은 두 가지로 이해할 수 있다. 넓은 의미로 신앙을 가지지 않았다는 바로 그 이유만으로 비신자라고 불리듯이 '순수한 부정'에 따른 것이다. 이 경우에는 죄의 의미를 가지지 않고, 오히려 벌의 의미를 가지게 된다. 신적인 것들에 대한 그런 무지는 원조들의 죄로부터 뒤따른 것이기 때문이다. 고유한 의미의 불신앙은 잘못이 있는 결핍으로서, 명시적으로 하느님 말씀을 거부함으로써 신앙에 반대하는 것이다. 이 경우의 불신앙은 인간을 하느님으로부터 최고로 멀어지게 만들기 때문에 '지극히 중대한 죄'이다. 따라서 불신앙의 죄가 관습들의 타락을 일으키는 다른 죄들보다 더 큰 것이다.(제1절) 신앙이 지성의 행위이듯이 신앙의 결핍인 불신앙은 내용 면에서는 지성의 영역에 속하며, 또한 움직여주는 동기 면에서는 의지의 영역에 속한다.(제2절) 모든 죄는 형상적으로 하느님으로부터 멀어짐으로 이루어진다. 그래서 죄가 무거우면 무거울수록, 그 죄를 통해서 인간은 그만큼 더 하느님으로부터 분리된다. 그런데 하느님에 대해서 잘못된 견해를 가진 사람은 어떤 측면에서라도 하느님을 인식하는 일이 불가능하다. 따라서 불신앙은 인간을 하느님으로부터 최고로 멀어지게 하기 때문에 가장 큰 죄이다. 그러나 다른 신학적 덕들과 반대되는 절망, 하느님께 대한 증오에 대해서는 다르다. 불신앙은 그 자체로 절망(II-II, q.20, a.3)보다 더 무거운 죄이지만, 하느님에 관한 증오는 불신앙보다 더 무거운 죄다.(제3

절) 비신자는 모든 행위 안에서 죄를 짓는 것이 아니라, 불신앙으로부터 어떤 행위를 할 때마다 죄를 짓는 것이다. 비신자는 신앙을 결여하고 있지만, 그럼에도 자연본성적 선으로 도달하기 충분한 선한 과업은 어떻게든 할 수 있다. 그렇지만 그들의 행위가 자연적으로 선하다 하더라도 은총 안에서 행해진 것이 아니기 때문에 영원한 생명을 차지할 공로가 되는 것은 아니다.(제4절)

신앙과 관련해서 불신앙은 세 종류가 있다. 첫째, 그들 자신이 전혀 가져본 적도 없는 신앙을 반대하는 이교도의 불신앙과, 둘째, 그들이 예표로 지녔던 신앙에 저항하는 유다인들의 불신앙과, 셋째, 그리스도에 대해 완전하게 가지고 있는 신앙을 반대하는 이단자나 배교자의 불신앙이다. 신앙에 속하는 다양한 것들 안에 있는 오류에 따라서 불신앙의 종은 무한하다.(제5절) 여기로부터 죄의 무거움을 고찰한다면, 신앙의 진리에 있어서는 이교도가 유다인보다 큰 오류를 범하고 유다인은 이단자보다 큰 오류를 범한다. 그렇지만 신앙에 저항하는 완고함에 있어, 이단자는 유다인보다 죄가 크고 유다인은 이교도보다 죄가 크다. 이단자의 불신앙은 그들이 온전하게 가졌던 신앙에 저항하는 것이다.(제6절)

비신자와 토론하는 이의 측면에서, 견고한 신앙을 가진 사람은 공개토론을 할 수 있으며, 또한 신앙 훈련이나 선교의 목적으로 그러한 것이 필요하다. 그러나 신앙의 진리를 의심하면서 이를 논증들에 의해서 체험하기 위해 토론한다면, 그러한 행동을 하는 사람은 죄를 짓는 것이다. 동시에 그러한 토론들은 신앙에 확고한 지혜로운 사람들 앞에서 행해질 수는 있지만 순진하고 신앙이 견고하지 못한 신자들 앞에서 행해져서는 안 된다. 단순한 이들은 그들이 믿는 것 이외에 다른 것을 알

지 못하기 때문에, 신앙을 거슬러서 논쟁하는 비신자의 말을 듣는 것이 해롭기 때문이다.(제7절)

이교도와 유다인처럼 결코 신앙을 받아들이지 않은 이들에게는, 신앙을 방어할 목적이 아니라면 결코 신앙을 강제해서는 안 된다. 그러나 이단자나 배교자처럼, 때때로 신앙을 받아들였고 그것을 고백했던 다른 비신자는 세례 때의 약속들을 지키도록 강제될 수 있다.(제8절) 교회의 규율상 가까이하지 말아야 하는 파문당한 사람들과 친분 관계를 갖지 않는다면, 타락의 위험이 없다는 전제 하에서 비신자들과도 교제할 수 있다.(제9절) 비신자들이 신자들 위에서 새롭게 제정되어야 하는 지휘권이나 감독권을 가지는 일은 가능하지 않다. 이것은 걸림돌이 되고 신앙을 위험에 빠트리기 때문이다. 그러나 신자들과 비신자들의 구별은, 그 자체로 고찰한다면, 신자들 위에 비신자들이 이미 이전에 가지고 있던 지휘권과 감독권을 파기하지 않는다. 세속적으로 교회에 종속되지 않는 저 비신자들에게는, 교회법이 법적으로는 통제할 수 있었을지라도, 걸림돌을 피하기 위해서 지휘권을 파기하지 않았다.(제10절)

인간의 제도는 악인들까지도 세상에 남겨두신 하느님의 다스림을 본받아야 한다. 따라서 비신자들의 전례는 더 큰 악들을 피하기 위해서, 혹은 더 큰 선들이 제거되지 않기 위해서, 또한 유다인들의 풍습에서부터 신앙이 전래된 증거라고도 할 수 있는 어떤 특수한 선을 위해서라도 너그러이 용인될 수 있다.(제11절) 비신자의 아이들은 그들이 이성에 따라 행동할 수 있기 전에는 세례를 받을 수 없으며, 이성을 사용할 수 있게 된 다음에는 강요에 의해서가 아니라, 설득에 의해서 신앙으로 이끌릴 수 있다.(제12절)

이단(제11문): 이단은 그리스어로 선택을 뜻하는 '하이레시스'(hairesis)에서 나왔다. 이는 하느님에 의하여 계시되고 권위 있게 제시되며 공적으로 그러한 것으로 교회에 의하여 제시된 진리에 즉각적, 직접적으로 대립되고 모순되는 모든 가르침을 뜻한다. 따라서 이단자는 자신의 판단에 따라 자기가 고수하기를 원하는 진리들을 선택한다.(제1절) 이단이 성립하기 위해서는 지성적인 오류 외에도 의지의 완고함이 있어야 하고, 또 그가 교회 교도권에 복종하기를 거부해야 한다. 또한 모든 오류가 이단이 되는 것이 아니라 가톨릭 신앙의 순수함을 해치는 오류여야 한다. 직접적이고 근원적으로 신앙조항들 또는 간접적이고 2차적으로 그것들로부터 어떤 신앙 조항의 파괴가 따라오는 것들에 관해서 이단이 있을 수 있다.(제2절) 토마스에 따르면 이단보다 더 해로운 죄는 없다. 그래서 이단은 그 자체로 공적인 관용을 받을 만한 가치가 없고, 외적인 형벌을 포함하여 중한 벌을 받아야 한다. 이단은 모든 선의 기초이며 다른 모든 선의 기초가 되는 신앙을 위협하기 때문에, 다른 죄들보다 중대하다. 그러므로 교회는 신자들의 공동체에서 이단자들을 배제하고 특히 다른 이들을 타락시키는 이들을 배제함으로써, 쉽게 타락하는 단순한 이들이 영혼만이 아니라 육체로도 그들에게 물들지 않도록 노력한다. 그러나 성 토마스는 교회가 오류에 빠진 다른 모든 이들과 마찬가지로 이단자들에 대해서도 자비를 행한다고 말한다.(제3절) 이단으로부터 되돌아온 자들은 교회에 의해서 전적으로 받아들여져야 한다. 즉 이웃에 대한 영적인 선을 우선적으로 생각하는 참사랑이 요구된다. 그러나 참사랑이 2차적으로 주목하는 다른 선에 대해서는 그들과 다른 이들의 영원한 구원을 지향하는 경우를 제외하면, 참사랑으로부터 다른 이들에게 원할 필요가 없다.(제4절)

배교(제12문): 그리스도의 복음을 전적으로 거부하는 배교는 불신앙의 한 종류로서, 이단처럼 신앙유산으로부터 극단적으로 등을 돌리는 일이다. 그렇지만 배교자가 세례받은 자로서 그리스도교 신앙을 총체적으로 포기했다면, 이교도는 비-신앙 안에서 완고하게 고집하고 있는 셈이다. 성 토마스는 배교의 세 가지 종류를 구별한다: 수도생활과 성직생활의 서원을 포기하는 자의 배교, 신법(神法)을 어기는 자의 배교, 그리스도교적 삶을 완전히 포기하는 자의 배교, 앞의 두 가지는 불완전하고 불충분한 배교이다. 참되고 진정한 배교는 세 번째 배교인 '배반의 배교'뿐이다. 실상 처음의 두 가지 배교가 실존할 때도, 아직까지 인간은 신앙을 통해서 하느님과 결합된 채 남아있을 수 있다. 그러나 만일 그가 신앙으로부터 떨어져나간다면, 그는 전적으로 하느님으로부터 후퇴한 것처럼 보인다. 따라서 세 번째 방식을 통해서 단적으로 언급된 배교는 불신앙에 속한다.(제1절) 배교는 매우 가혹한 처벌을 받아야 하는 심각한 죄이다. 그러나 세속적인 지휘권은 만민법에 의해서 보장되기 때문에 신법(神法)에 의해 파기되지 않는다. 그리고 결코 신앙을 받아들인 적 없었던 이들 안에 있는 불신앙을 벌하는 일은 교회에 속하지 않는다. 하지만 교회는 신앙을 받아들였던 이들의 불신앙을 판결에 의해 처벌할 수 있기 때문에, 신자인 제후의 법적 권한을 박탈할 수 있으며, 그럼으로써 국민들은 그에 대한 충성 서약으로부터 자유롭게 된다. 왜냐하면 배교는 그 탓이 있는 자에게 해를 가할 뿐만 아니라 다른 이들에게도 특히 자신이 분리된 것처럼 다른 이들의 신앙을 크게 파괴하는 경향이 있기 때문이다.(제2절)

독성(제13문) 독성은 어떤 탁월한 선성, 무엇보다도 신적 선성의 경멸을 의미한다. 하느님께 부합하는 어떤 것을 그분에 대해 부정하거나, 그분께 부합하지 않는 것을 그분에 관해 주장하는 사람은 누구나 신성을 모독하는 것이다. 독성은 지성과 정념에 따라 발생할 수 있는데, 내적인 마음의 독성과 신앙고백에 반대되는 말을 통한 외적인 독성이 있다.(제1절) 하느님의 참사랑인 영적 생명의 첫 원리로부터 인간을 분리시키는 독성은 필연적으로 사죄(死罪)이다. 어떤 이가 독성이라는 것을 전혀 모르는 경우 경미한 죄가 될 수 있지만, 이것을 아는 경우에는 사죄로부터 용서되지 못한다.(제2절) 독성은 그 자체 안에 불신앙이란 죄를 내포하면서, 의지와 말로 더욱 무겁게 하기 때문에 가장 큰 죄이다.(제3절) 단죄된 자들은 단지 자신들이 처벌받았다는 이유로 죄에 대해 슬퍼한다. 그러므로 그들은 현재 마음속으로 내적인 신성모독을 하며, 부활 후에는 목소리로 신성을 모독할 것이다.(제4절)

성령을 거스르는 독성(제14문) 성령을 거스르는 독성은 단순히 성령을 거슬러 모욕적인 말을 하는 것뿐만이 아니고, 어떤 악의라는 악한 습성으로부터 죄를 짓는 것이다. 죄의 선택을 방해하는 희망, 두려움 등의 성령의 결과를 경멸하거나 거부할 때 성령을 거스르는 독성이 일어난다.(제1절) 인간이 죄를 선택하는 것을 방해할 수 있는 여섯 가지 방법을 제거하거나 경멸함에 따라서 성령을 거스르는 여섯 가지 죄들이 생겨난다.(제2절) 성령을 거스르는 죄들 중에서 끝까지 회개하지 않는 죄는 하느님 자비의 기적이 없으면 용서받을 수도, 치유될 수도 없다. 한편으로 어떤 악의로부터 죄를 짓거나, 성령의 과업을 악령에게 귀속시켰던 사람, 다른 한편으로 죄의 용서를 일으킬 수 있는 것들을 배제하는 한에서, 그 본성에 따라 용서받을 수 없다. 이런 경우에는 하느님의 전능과 자비를 통해서 치유될 수 있다.(제3절) 성령을 거스르는 죄는 어떤 악의로부터, 즉 습성의 경향이나 죄를 짓는 것을 방해하는 것들을 멸시함으로써 일어난다. 이 경우들에서는 처음으로 성령을 거스르는 죄는 발생하지 않는다. 그럼에도 자유재량, 선행하는 소질, 악으로의 강렬한 충동 때문에 멸시하는 악의로부터 처음에 성령을 거슬러 죄를 범하는 일이 발생할 수 있다.(제4절)

맹목과 감각의 우둔함(제15문) 신자가 통찰과 지식의 영으로부터 비추어져서 종교적 인식의 심화를 위해서 노력하게 만드는 열정에는, 토마스가 여기서 말하듯이 직접적으로 두 가지 죄가 맞서 있다. 이 두 죄는 무엇보다도 정도에 따라 구분된다: 정신의 맹목과 감각의 우둔함. 만일 정신의 맹목이 천성적 결함에서 나오는 것이 아니고, 가지적 원리들에 대한 의지적 반감이나 다른 사랑하는 것들에 대한 과도한 집착에서부터 비롯된다면 그것은 죄이다.(제1절) 통찰에 관한 감각의 우둔함은 정신의 맹목과는 다르다. 감각의 우둔함은 영적인 선들의 고찰에 관해서 정신의 어떤 약함을 내포하지만, 정신의 맹목은 그러한 것들에 관한 인식의 전폭적인 결여를 내포한다. 육적인 것들에 관한 정념에 빠져서, 영적인 것들에 대해 섬세하게 토론하는 것을 혐오하거나 무시하기를 원하는 사람은 감각의 우둔함을 통해 죄를 짓는다.(제2절) 영적인 선들에 관한 인식을 전적으로 배제하는 정신의 맹목은 육욕으로부터 발생하고, 지적인 것들에 관해 인간을 약하게 만드는 감각의 우둔함은 탐식(貪食)에서 나온다. 반대로 절제와 정결은 아주 맹렬하게 욕망을 끌어당기는 색욕, 탐식 등의 장애들을 제거하기 때문에 인간을 지성적 작용의 완전성으로 준비시킨다.(제3절)

신앙에 관한 계명(제16문) 신앙과 관련되는 계명들은 구약의 법 안에 포함될 수 없었다. 왜냐하면 그 당시의 계명들이란 후대에 복음 안에 들어온 신앙의 비밀들을 드러내기 위한 것이 아니었기 때문이다. 오직 한 분이신 하느님을 믿는 신앙과 관련하여 그분을 믿는 것에 대한 계명은 그분을 이미 믿는 사람에게서가 아니라면 형상화될 수가 없었을 것이다. 따라서 하나의 하느님에 관한 신앙을 전제하면서, 옛 법 안에는 믿어야만 하는 것들에 대해서 아무런 다른 계명들도 주어지지 않았다.(제1절) 그러나 지식과 통찰에 대한 계명들은 구약성서 안에서 적절하게 언급되고 있다. 왜냐하면 그것들의 수용과 사용은 기도 안에서 나타나고 기억을 통해 보존되었기 때문이다. 그리고 이것들은 신약 안에서 복음적인 가르침 안에서뿐만 아니라 사도의 가르침 안에서도 더욱 풍부하게 명령되었다.(제2절)

  * 상세한 관련 참고문헌은 『신학대전 제32권: 신앙』(한국성토마스연구소, 2022)에 실려 있는 「'신앙' 입문」 말미를 참조하라.

토마스 아퀴나스 신학대전 32

신앙(II)

제2부 제2편
제8문 - 제16문

Quaestio VIII
DE DONE INTELLECTUS[1]
in octo articulos divisa

Deinde considerandum est de dono intellectus et scientiae, quae respondent virtuti fidei.[2]

Et circa donum intellectus quaeruntur octo.

Primo: utrum intellectus sit donum spiritus sancti.

Secundo: utrum possit simul esse in eodem cum fide.

Tertio: utrum intellectus qui est donum sit speculativus tantum, vel etiam practicus.

Quarto: utrum omnes qui sunt in gratia habeant donum intellectus.

Quinto: utrum hoc donum inveniatur in aliquibus absque gratia.

Sexto: quomodo se habeat donum intellectus ad alia dona.

Septimo: de eo quod respondet huic dono in beatitudinibus.

Octavo: de eo quod respondet ei in fructibus.

---

1. 여기서 사용된 통찰과 이해는 모두 라틴어 intellectus의 번역어이다. 라틴어 intellectus가 성령 칠은과 관련해서 사용될 때에는 전통적으로 '통달'로 번역되고, '이해', '깨달음' 등도 함께 사용되어 왔으나, 가톨릭 교회 교리서(n.1831)에서는 '통찰'로 번역하고 있다. 이 주제를 다루는 『신학대전』 24권에서도 '통찰'이라는 단어를 사용했기 때문에, 혼동을 막기 위해서 성령의 선물과 관련된 여기서도 '통찰'로 번역했다. 그러나 예외적으로 지성적 덕 또는 이성과의 비교가 필요한 경우에는 학계의 관행에 따라 '이해' 또는 '지성'이라는 용어로 번역하거나 병기했다. 또한 donum도 '은사'라는 종교적 용어 대신에 일반인도 이해하기 쉬운 '선물'로 번역했다.
2. Cf. q.1, Introd. 성령의 선물들은 명시적으로 I-II, q.68(『신학대전』 제24권)에서 다루어졌다. 이것들은 아리스토텔레스가 『에우데모스 윤리학』(VIII, 14)과 『대 윤리학』(*Magna Moralia*, II, 8)에서 언급하는 자연의 질서 안에 있는 천재(특별한 재능)의 운동에 상응하는 은총의 질서 안

제8문
통찰[1]의 선물에 대하여
(전8절)

이어서 신앙의 덕과 관련되는 통찰과 지식의 선물(은사)에 대해 고찰해야 한다.[2]

통찰의 선물에 대해서는 다음 여덟 가지 질문이 제기된다.

1. 통찰은 성령의 선물인가?
2. 통찰은 같은 사람 안에서 신앙과 동시에 존재할 수 있는가?
3. 성령의 선물인 통찰은 사변적이기만 한가 또는 실천적이기도 한가?
4. 은총의 상태에 있는 모든 사람은 통찰의 선물을 가지고 있는가?
5. 이 선물은 어떤 이에게서 은총 없이도 발견되는가?
6. 통찰의 선물은 다른 선물들과 어떻게 관계를 맺는가?
7. 참행복 중에 어떤 것이 이 선물에 상응하는가?
8. [성령의] 열매들 중에서 어떤 것이 그것에 상응하는가?

에 있는 상대로서 여겨진 듯하다. 이 부분들은 라틴어 편집본, 『좋은 행운에 대한 책』(Liber de Bona Fortuna) 안에서 이미 결합되었다. 이 책은—신적인 은총에 의해서 부과된—자유재량과 이성적인 덕, 즉 소위 고유하게 인간적이고 도덕적인 행위의 수준 아래에서 그리고 그 수준을 넘어서는 신성에 대한 응답들을 취급하는 경우에 중세 저자들에게 영향을 주었다. 이 응답들의 작용 방식은 초인간적이거나 인간이 그것의 고유하고 주요한 원인인 행위 안으로 환원될 수 없다. 그리고 그 결과는 인간의 책임을 넘어서게 된다. 이런 생각은 셰익스피어가 "행운은 조정되지 않는 어떤 배들 안에서 다가온다"(Cymbeline IV, 3)라고 말하는 곳에서 반향(反響)된다. - '고유한 선물'에 대한 토론들은 『신학대전』에서 각각의 대신덕과 추요덕들을 다루는 논고들에 적용되었다. 오직 절제만이 예외인데, 이것은 오직 수용된 일곱 선물들이 이미 계획안에서 편안한 자리를 차지했다는 방법론적인 이유 때문이다.

Articulus 1
Utrum intellectus sit donum Spritus Sancti

Ad primum sic proceditur. Videtur quod intellectus non sit donum Spiritus Sancti.

1. Dona enim gratuita distinguuntur a donis naturalibus, superadduntur enim eis. Sed intellectus est quidam habitus naturalis in anima, quo cognoscuntur principia naturaliter nota, ut patet in VI *Ethic.*[1] Ergo non debet poni donum Spiritus Sancti.

2. Praeterea, dona divina participantur a creaturis secundum earum proportionem et modum, ut patet per Dionysium,[2] in libro *de Div. Nom.*[3] Sed modus humanae naturae est ut non simpliciter veritatem cognoscat, quod pertinet ad rationem intellectus, sed discursive, quod est proprium rationis: ut patet per Dionysium, in 7 cap. *de Div. Nom.*[4] Ergo cognitio divina quae hominibus datur magis debet dici

---

1. Aristoteles, *Ethica Nic.*, VI, c.6, 1140b31-35; S. Thomas, lect.5, n.1175.
2. 위-디오니시우스는 아마도 시리아 출신으로, 500년경의 익명의 저자이다. 그는 초기 중세에 사도 17,34에서 바오로 사도가 개종시킨 디오니시우스 아레오파기타와 혼동되었고, 큰 명성을 얻은 후 나중에 가서야 훨씬 후대 작품임이 밝혀졌기 때문에 위(僞)-디오니시우스라고 불린다. 그의 작품들은 그리스도교의 가르침과 신플라톤주의 사상을 기묘하게 결합시킨 것이었다. 이 저자는 명백하게 신플라톤주의자들을 개종시키고, 그들의 철학을 그리스도교적인 것으로 바꾸려 노력했다. 특히 그의 저서 『신명론』(神名論)은 여러 차례 주해될 정도로 후대 사상가들에게 큰 영향을 미쳤다. 그의 저서가 알려진 이후 신에 대한 설명은 이 부정의 길로 설명되는 것이 주류적 현상이었다. 교부철학에서 아우구스티누스와 프로클루스를 거쳐 제시된 긍정과 부정의 두 길은 위-디오니시우스에 의해 발전되고 그 후에 전개되는 그리스도교

제1절 통찰은 성령의 선물인가?

Parall.: *In Sent.*, III, d.35, q.2, a.2, qc.1.

[반론] 첫째에 대해서는 다음과 같이 진행된다. 통찰은 성령의 선물이 아닌 것처럼 보인다.

1. 무상으로 주어진 선물은 자연적인 선물로부터 구별되기 때문이다. 전자는 후자에게 무엇인가를 덧붙이기 때문이다. 그런데 통찰(이해)은 영혼 안에 있는 일종의 자연적인 습성이고, 『니코마코스 윤리학』 제6권[1]에서 분명한 것처럼, 이것에 의해 자연적으로 알려진 원리들이 이해된다. 그러므로 통찰은 성령의 선물로 간주하지 말아야 한다.

2. 디오니시우스[2]의 『신명론(*De divinis nominibus*)[3]에서 분명한 것처럼, 신적인 선물들은 피조물들에 의해 그것들의 비례와 방식에 따라 분유된다. 그런데 인간 본성의 방식은, 디오니시우스의 『신명론』 제7권[4]에서 분명한 것처럼, 통찰(지성)의 개념에 속하는, 단적으로 진리를 인식하는 것이 아니라, 이성의 고유함인 추론적으로 [진리를 인식하는 것이다]. 그러므로 인간들에게 주어진 신적 인식은 통찰(이해)의 선물이

철학과 신학에 계승되어 토마스 아퀴나스에게까지 인계될 정도로 큰 영향력을 미치게 되었다. 그 밖에도 『천상 위계』, 『교회 위계』, 『신비 신학』 같은 위-디오니시우스의 작품들은 고백자 막시무스(Maximus the Confessor, 580년경~662년)의 주해서들과 함께 동방과 서방의 그리스도인들 모두에게 막대한 영향을 주었다. 역사에 나타난 마지막 그리스 교부인 요한 다마셰누스는 그의 『정통신앙론』에서 그리스 교부들의 사상을 요약했고, 위-디오니시우스의 이론들을 서방에 전수해주었다. 그에 대한 보다 상세한 설명은 위 디오니시우스, 『위 디오니시우스 전집』 엄성옥 옮김, 은성, 2007 참조.

3. Dionysius, *De div. nom.*, c.4; PG 3. 717 D-720 A; S. Thomas, lect.16, nn.500-501.
4. Ibid., PG 3. 868 AB; S. Thomas, lect.2, n.713.

donum rationis quam intellectus.

3. Praeterea, in potentiis animae intellectus contra voluntatem dividitur: ut patet in III *de Anima*.[5] Sed nullum donum Spiritus Sancti dicitur voluntas. Ergo etiam nullum donum Spiritus Sancti debet dici intellectus.

Sed contra est quod dicitur Isaiae 11, [2][7]: *requiescet super eum spiritus domini, spiritus sapientiae et intellectus.*[6]

Respondeo dicendum quod nomen intellectus quandam intimam cognitionem importat: dicitur enim intelligere quasi *intus legere*.[8] Et hoc manifeste patet considerantibus differentiam intellectus et sensus: nam cognitio sensitiva occupatur circa qualitates sensibiles exteriores; cognitio autem intellectiva penetrat usque ad essentiam rei,[9] obiectum enim intellectus est *quod quid est*,[11] ut dicitur in III *de Anima*.[10] Sunt autem multa genera eorum quae interius latent, ad quae oportet cognitionem hominis quasi intrinsecus penetrare. Nam

---

5. Aristoteles, *De anima*, III, c.9, 432b5-7; c.10; 433a21-26; S. Thomas, lect.14, n.802; lect.15, nn.823-824.
6. 이사 11,2: "그 위에 주님의 영이 머무르리니 지혜와 슬기의 영 경륜과 용맹의 영 지식의 영과 주님을 경외함이다."
7. Cf. I-II, q.68, a.4, sc.
8. 이해에 대해서는 간편주해 참조. 더 나은 어원으로는 *inter lego*(안으로 읽기)가 제시된다.
9. Cf. q.49, a.5, ad3; I, q.57, a.1, ad2.
10. Aristoteles, *De anima*, III, c.6, 430b27-31; S. Thomas, lect.11, n.762. - Cf. I, q.57, a.1, ad2; q.58, a.4, ad1, ad3; a.5; q.67, a.3; q.85, a.6; q.89, a.5; I-II, q.3, a.8; q.10, a.1, ad3; q.31, a.5; etc.

라기보다 이성의 선물이라고 불러야만 한다.

3. 『영혼론』 제3권[5]에서 분명한 바와 같이, 영혼의 능력들은 지성(통찰)이 의지를 거슬러 구분된다. 그런데 성령의 어떤 선물도 의지라고 불리지 않는다. 그러므로 성령의 어떤 선물도 또한 통찰이라고 불릴 필요가 없다.

[재반론] 그러나 반대로 이사야서 11장 [2절]에서는 "그 위에 주님의 영, 즉 지혜와 통찰의 영이 머물 것이다."[6]라고 말한다.[7]

[답변] '통찰'(이해)이란 명칭은 일종의 마음속 깊은 곳의 인식을 내포한다. '인텔리제레(intelligere, 이해하기)'란 마치 '인투스 레제레(intus legere, 내적으로 읽기)'[8]인 것처럼 말하기 때문이다. 이것은 지성(통찰)과 감각의 차이를 고찰하는 이들에게서 명백하게 드러난다. 왜냐하면 감각적 인식은 외적인 감각 가능한 성질들을 다루지만, 지성적 인식은 사물의 본질까지 관통하기 때문이다.[9] 『영혼론』 제3권[10]에서 말하는 바와 같이, 통찰(지성)의 대상은 '어떤 것인 무엇'이기 때문이다.[11]

그런데 인간의 인식이 마치 내부에까지 관통해야만 하는 내적으로 숨겨져 있는 것들에는 많은 유(類)가 있다. 우유(偶有) 아래에는 실체적

---

11. '본질들은 인간 영혼에 의해서 알려진 것이다'라는 아리스토텔레스의 가르침은—때때로 그리고 후기 스콜라 학자들에 의해서 '무엇임'을 다루는 것에서 나온 어떤 구실을 이유로—그것이 말하는 것보다 더 많은 것을 의미하는 것으로 여겨졌고, 이에 따라 신빙성을 잃어버리게 되었다. 그것의 본래적인 주장은, 비록 단호할지라도, 온건한 것이다. 우리는 실재 전체에 관한 포괄적인 지식에 도달하는 것이 아니라, 정의적인 의미, 우리 세계 안에서 체현된 본성들에 관한 의미, 때로 대부분 부정적으로 정의된 의미에 도달할 수 있으며 그 너머에 놓여 있는 것에 대해서 유효한 추론을 만들 수 있다. Cf. I, q.84, a.1; q.85, aa.1 & 3; q.86, a.1; q.88, aa.1 & 2.

q.8, a.1

sub accidentibus latet natura rerum substantialis, sub verbis latet significata verborum, sub similitudinibus et figuris latet veritas figurata: res etiam intelligibiles sunt quodammodo interiores respectu rerum sensibilium quae exterius sentiuntur, et in causis latent effectus et e converso. Unde respectu horum omnium potest dici intellectus. Sed cum cognitio hominis a sensu[12] incipiat, quasi ab exteriori, manifestum est quod quanto lumen intellectus est fortius, tanto potest magis ad intima penetrare. Lumen autem naturale nostri intellectus est finitae virtutis: unde usque ad determinatum aliquid pertingere potest. Indiget igitur homo supernaturali lumine ut ulterius penetret ad cognoscendum quaedam quae per lumen naturale cognoscere non valet. Et illud lumen supernaturale homini datum vocatur donum intellectus.[13]

Ad primum ergo dicendum quod per lumen naturale nobis inditum statim cognoscuntur quaedam principia communia quae sunt naturaliter nota.[14] Sed quia homo ordinatur ad beatitudinem supernaturalem, ut supra[15] dictum est, necesse est quod homo ulterius pertingat ad quaedam altiora. Et ad hoc requiritur donum intellectus.[16]

---

12. 인간 인식의 경험적인 기초에 관해서는 I, q.84, aa.5-6 참조.
13. "거울 안이나 수수께끼 안에 있는 영적인 것들(cf. 1코린 13,12)을 마치 가리어진 것처럼 여기 도록 만드는 신앙은 인간적인 방식으로 정신을 완성시키며, 따라서 힘이다. 그러나 만일 초자연적인 빛이 저 영적인 것들 자체를 바라보기 위해 도입됨으로써 정신이 상승되었다면, 이것은 인간적인 방식을 뛰어넘는 것이다. 그리고 이것은 들었던 것들에 대해 - 제1원리들의 방

사물의 본성이 숨겨져 있고, 단어 아래에는 단어로 의미된 것이 숨겨져 있으며, 유사와 비유 아래에는 비유된 진리가 숨어 있기 때문이다. 또한 가지적인 사물은 외적으로 감각 가능한 사물과 관련해서는 어떤 의미에서 더욱 내적인 것이다. 그래서 이런 모든 것과 관련해서 '통찰'(지성)이라고 불릴 수 있다.

인간의 인식은 마치 외부적인 것으로부터 시작하는 것처럼 감각[12]으로부터 시작하기 때문에, 지성의 빛이 강하면 강할수록, 그만큼 가장 깊숙한 곳까지 관통할 수 있다. 그러나 우리 지성의 자연적인 빛은 한정된 힘을 가지고 있기 때문에, 특정한 어떤 것까지만 도달할 수 있다. 따라서 인간이 자연적인 빛을 통해서 인식할 수 없는 어떤 것을 인식하기 위해 그것을 넘어서 관통하려면, 인간에게는 초자연적인 빛이 필요하다. 인간에게 주어진 저 초자연적인 빛이 통찰의 선물이라고 불린다.[13]

[해답] 1. 우리에게 주어진 자연적인 빛을 통해서 자연적으로 알려진 일종의 공통적인 원리는 즉시 인식된다.[14] 그러나 위에서[15] 말한 바와 같이, 인간은 초자연적인 참행복으로 질서 지어져 있기 때문에, 인간이 이것을 넘어서 일종의 더 높은 것에 도달할 필요가 있다. 이것을 위해서 통찰의 선물이 요구된다.[16]

식으로 즉시 들었던 것이 증명되도록 - 정신을 조명하는 통찰의 선물을 만들고, 따라서 통찰의 선물이 존재하게 된다."(*In Sent.*, III, d.35, q.2, a.2, qc.1)
14. Cf. I-II, q.57, a.2.
15. q.2, a.3; I, q.12, a.1; I-II, q.3, a.8.
16. Cf. I-II, q.68, a.1, ad4.

Ad secundum dicendum quod discursus rationis semper incipit ab intellectu[17] et terminatur ad intellectum: ratiocinamur enim procedendo ex quibusdam intellectis, et tunc rationis discursus perficitur quando ad hoc pervenimus ut intelligamus illud quod prius erat ignotum. Quod ergo ratiocinamur ex aliquo praecedenti intellectu procedit.[18] Donum autem gratiae non procedit ex lumine naturae, sed superadditur ei, quasi perficiens ipsum.[19] Et ideo ista superadditio non dicitur ratio, sed magis intellectus: quia ita se habet lumen superadditum ad ea quae nobis supernaturaliter innotescunt sicut se habet lumen naturale ad ea quae primordialiter cognoscimus.

Ad tertium dicendum quod voluntas nominat simpliciter appetitivum motum, absque determinatione alicuius excellentiae.[20] Sed intellectus nominat quandam excellentiam cognitionis penetrandi ad intima.[21] Et ideo supernaturale donum magis nominatur nomine intellectus quam nomine voluntatis.

---

17. 여기서는 인식론적인 맥락이 강하기 때문에 intellectus를 '통찰'이란 단어보다 '이해', '지성' 등으로 번역했다.
18. [f] 추론은 이해된 것들 사이에 매개하는 과정이다: cf. I, q.79, a.8.
19. Cf. I-II, q.110, aa.1-2.

2. 이성의 추론은 항상 통찰(이해)[17]로부터 시작하고, 이해에서 끝난다. 우리는 이해된 어떤 것들로부터 진행하고, 이성의 추론은 우리가 이전에 몰랐던 저것을 이해하는 일에 도달했을 때 완성되기 때문이다. 그러므로 우리가 추론하는 것은 앞서 이해된 어떤 것으로부터 진행한다.[18] 그런데 은총의 선물은 자연적인 빛으로부터 진행하지 않고, 마치 그것을 완성하는 것처럼 그것에 부가된다.[19] 따라서 저 부가는 이성이라 불리지 않고 오히려 지성(이해)이라고 불린다. 부가된 빛이 우리에게 초자연적으로 알려진 것들과 맺고 있는 관계는 자연적인 빛이 우리가 처음부터 인식하던 것들과 맺고 있는 관계와 같기 때문이다.

3. 의지는 단순히 어떠한 탁월함에 대해 결정하지 않는 욕구적인 운동을 지칭한다.[20] 그러나 지성(통찰)은 가장 깊숙한 것까지 관통하는 인식의 어떤 탁월성을 지칭한다.[21] 따라서 초자연적인 선물은 '의지'라는 명칭보다, '지성(통찰)'이라는 명칭으로 불린다.

---

20. [g] Cf. I-II, q.3, a.4, 참행복이라는 행위는 직접적으로 의지의 행위라기보다는 지성의 행위이다.
21. Cf. a.5, ad3; a.6, ad2.

Articulus 2
Utrum donum intellectus possit simul esse cum fide.

Ad secundum sic proceditur. Videtur quod donum intellectus non simul habeatur cum fide.

1. Dicit enim Augustinus, in libro *Octogintatrium Quaest.*[1]: *Id quod intelligitur intelligentis comprehensione finitur.* Sed id quod creditur non comprehenditur: secundum illud Apostoli, *ad Philipp.* 3, [12]: *Non quod iam comprehenderim aut perfectus sim.*[2] Ergo videtur quod fides et intellectus non possint esse in eodem.

2. Praeterea, omne quod intelligitur intellectu videtur. Sed fides est de non apparentibus, ut supra[3] dictum est. Ergo fides non potest simul esse in eodem cum intellectu.

3. Praeterea, intellectus est certior quam scientia. Sed scientia et fides non possunt esse de eodem, ut supra[4] habitum est. Multo ergo minus intellectus et fides.[5]

Sed contra est quod Gregorius dicit, in libro *Moral.*[6] quod *intellectus de auditis mentem illustrat.* Sed aliquis habens fidem potest

---

1. Augustinus, *Octoginta trium Quaest.*, q.30: PL 40, 14.
2. 필리 3,12: "나는 이미 그것을 얻은 것도 아니고 목적지에 다다른 것도 아닙니다. 그것을 차지하려고 달려갈 따름입니다. 그리스도 예수님께서 이미 나를 당신 것으로 차지하셨기 때문입니다."
3. q.1, a.4; q.4, a.1.

제2절 통찰의 선물은 신앙과 동시에 존재할 수 있는가?

[반론] 둘째에 대해서는 다음과 같이 진행된다. 통찰의 선물은 신앙과 함께 동시에 소유할 수 없는 것처럼 보인다.

1. 아우구스티누스는 『여든세 가지 다양한 질문』에서 "이해되는 바로 그것은 이해하는 사람의 파악에 의해서 끝난다."라고 말하기 때문이다. 사도의 필리피서 3장 [12절][2]의 "나는 이미 그것을 파악한 것도 아니고, 완전한 것도 아닙니다."라는 말씀에 따르면, 믿어지는 것은 파악된 것이 아니다. 그러므로 신앙과 통찰은 같은 사람 안에 존재할 수 없는 것처럼 보인다.

2. 이해되는 모든 것은 지성에 의해 보여진다. 그러나 위에서[3] 말한 바와 같이, 신앙은 명료하지 않은 것들과 관련된다. 그러므로 신앙은 같은 사람 안에서 통찰과 함께 동시에 존재할 수 없다.

3. 통찰은 지식보다 더욱 확실하다. 그런데 위에서[4] 언급한 바와 같이, 지식과 신앙은 같은 것에 관련될 수 없다. 통찰과 신앙은 더욱 더 [같은 것에 관련될 수 없다].[5]

[재반론] 그레고리우스는 『욥기의 도덕적 해설』[6]에서, "통찰은 들은 것들에 대해 정신을 비춘다."라고 말한다. 그런데 신앙을 가지고 있는

---

4. q.1, a.5.
5. II-II, q.1, aa.4-5에서 신앙은 직관 및 학문적인 증명과 대비되었다.
6. Gregorius, *Moralia*, I, c.32, al.15, n.44: PL 75, 547 A.

esse illustratus mente circa audita: unde dicitur Luc. ult., [45][7] quod dominus *aperuit* discipulis suis *sensum ut intelligerent Scripturas*. Ergo intellectus potest simul esse cum fide.

Respondeo dicendum quod hic duplici distinctione est opus: una quidem ex parte fidei; alia autem ex parte intellectus. Ex parte quidem fidei, distinguendum est quod quaedam per se et directe cadunt sub fide, quae naturalem rationem excedunt: sicut Deum esse trinum et unum, Filium Dei esse incarnatum. Quaedam vero cadunt sub fide quasi ordinata ad ista secundum aliquem modum: sicut omnia quae in Scriptura divina continentur.[8]

Ex parte vero intellectus, distinguendum est quod dupliciter dici possumus aliqua intelligere. Uno modo, perfecte: quando scilicet pertingimus ad cognoscendum essentiam rei intellectae, et ipsam veritatem enuntiabilis intellecti, secundum quod in se est. Et hoc modo ea quae directe cadunt sub fide intelligere non possumus, durante statu fidei.[9] Sed quaedam alia ad fidem ordinata etiam hoc modo intelligi possunt.

Alio modo contingit aliquid intelligi imperfecte: quando scilicet ipsa essentia rei, vel veritas propositionis, non cognoscitur quid sit aut quomodo sit, sed tamen cognoscitur quod ea quae exterius ap-

---

7. 루카 24,27/32/45: "그리고 이어서 모세와 모든 예언자로부터 시작하여 성경 전체에 걸쳐 당신에 관한 기록들을 그들에게 설명해주셨다./그들은 서로 말하였다. "길에서 우리에게 말씀하실 때나 성경을 풀이해주실 때 속에서 우리 마음이 타오르지 않았던가!/그때에 예수님께서

어떤 이는 들은 것들에 관해서 정신에 의해 비추어질 수 있다. 그래서 루카복음 마지막 장[24장 27절/32절/45절][7]에서는 "주님께서 성경을 이해하도록, 자기 제자들의 마음을 열어 주셨다"라고 말씀하신다.

[답변] 여기서는 이중의 구분이 필요하다. 하나는 신앙의 측면에서, 다른 것은 통찰의 측면에서 [구분되어야 한다] 신앙의 측면에서는 자연적 이성을 넘어서는 어떤 것들이 그 자체로 그리고 직접적으로 신앙에 들어온다. 예를 들어, '하느님은 삼위일체이시다', '성자께서 육화하셨다'가 [그런 것이다.] 그러나 어떤 것들은 특정 방식에 따라 앞서 말한 것들에 질서 지어져 있는 것으로서 신앙에 들어온다. 예를 들어 성경에 포함된 모든 것들이 [그런 것이다].[8]

통찰의 측면에서는 두 가지 방식으로 우리가 어떤 것들을 통찰한다고 말할 수 있다는 사실을 구분해야만 한다. 첫째, 완전하게 [통찰함으로], 즉 우리가 이해되는 사물의 본질에, 그리고 그 자체인 한에서, 이해된 언명의 진리 자체에 도달했을 때이다. 이런 방식으로 우리는, 신앙을 유지하는 한, 신앙에 직접적으로 들어오는 것들을 이해할 수 없다.[9] 그러나 신앙에 질서 지어진 다른 어떤 것들은 이런 방식으로도 이해될 수 있다.

둘째, 어떤 것이 불완전하게 이해되는 일이 일어나는데, 즉 사물의 본질 자체나 언명의 진리가 무엇인지 또는 어떻게 존재하는지가 인식되지 못하고, 외적으로 나타나는 것들이 진리에 모순되지 않는다는 사

는 그들의 마음을 여시어 성경을 깨닫게 해주셨다."
8. Cf. q.1, a.6, ad1; I, q.32, a.4.
9. Cf. q.1, aa.4-5.

parent veritati non contrariantur; inquantum scilicet homo intelligit quod propter ea quae exterius apparent non est recedendum ab his quae sunt fidei.[10] Et secundum hoc nihil prohibet, durante statu fidei, intelligere etiam ea quae per se sub fide cadunt.

Et per hoc patet responsio ad obiecta. Nam primae tres rationes procedunt secundum quod aliquid perfecte intelligitur. Ultima autem ratio[11] procedit de intellectu eorum quae ordinantur ad fidem.[12]

Articulus 3
Utrum intellectus qui est donum sit speculativus tantum, an etiam practicus.

Ad tertium sic proceditur. Videtur quod intellectus qui ponitur donum Spiritus Sancti non sit practicus, sed speculativus[1] tantum.

1. Intellectus enim, ut Gregorius dicit, in I *Moral.*[2], *altiora*

---

10. Cf. a.4, ad2.
11. 재반론
12. 그래서 신학의 노력은 '이해를 추구하는 신앙'(fides quaerens intellectum)이란 캔터베리의 안셀무스가 주창한 구절에 요약되어 있다. 이에 대해서는 캔터베리의 안셀무스, 『모놀로기온 & 프로슬로기온』, 박승찬 옮김, 아카넷, 2018의 역자 해제, 특히 362-394쪽 참조.

실이 인식되는 때가 그러하다. 즉 외적으로 나타나는 것들 때문에 신앙에 속하는 것들로부터 물러나지 말아야만 한다는 사실을 인간이 이해하는 한에서 [불완전하게 이해된다.][10] 이에 따라서는 신앙의 상태를 유지하면서도, 그 자체로 신앙에 들어오는 것들을 또한 통찰하는 일을 아무것도 금하지 않는다.

[해답] 그리고 이를 통해서 반론들에 대한 해답도 분명하다. 왜냐하면 처음 세 가지 논거들은 어떤 것이 완전하게 통찰되는 한에서 진행된다. 그러나 마지막 논거[11]는 [단지] 신앙에 질서 지어진 것들의 통찰로부터 진행된다.[12]

제3절 선물로 제공되는 통찰은 사변적이기만 한가 또는 실천적이기도 한가?

Parall.: Infra, a.6, ad3.

[반론] 셋째에 대해서는 다음과 같이 진행된다. 성령의 선물로 제공되는 통찰은 실천적이지는 않고, 오직 사변적[1]인 것처럼 보인다.

1. 그레고리우스가 『욥기의 도덕적 해설』 제1권[2]에서 말하는 것처

---

1. 사변적(speculativum)은 이론적 정신, 즉 사변지성(intellectus speculativus)의 행위와 관련된다. 토마스는 이론과 실천을 그것들과 관련되는 지성의 두 가지 구별되는 능력들로 규정하는 것처럼 그렇게 깊게 구분하지 않는다는 사실(cf. I, q.79, a.11)을 주목해야 한다.
2. Gregorius, *Moralia*, I, c.32, al.15, nn.44-45: PL 75, 547 A, C.

quaedam penetrat. Sed ea quae pertinent ad intellectum practicum non sunt alta, sed quaedam infima, scilicet singularia, circa quae sunt actus. Ergo intellectus qui ponitur donum non est intellectus practicus.

2. Praeterea, intellectus qui est donum est dignius aliquid quam intellectus qui est virtus intellectualis.[3] Sed intellectus qui est virtus intellectualis est solum circa necessaria: ut patet per Philosophum, in VI *Ethic.*.[4] Ergo multo magis intellectus qui est donum est solum circa necessaria. Sed intellectus practicus non est circa necessaria, sed circa contingentia aliter se habere, quae opere humano fieri possunt. Ergo intellectus qui est donum non est intellectus practicus.

3. Praeterea, donum intellectus illustrat mentem ad ea quae naturalem rationem excedunt. Sed operabilia humana, quorum est practicus intellectus, non excedunt naturalem rationem, quae dirigit in rebus agendis, ut ex supradictis[5] patet. Ergo intellectus qui est donum non est intellectus practicus.

Sed contra est quod dicitur in Psalm. [Ps. 110,10]: *Intellectus bonus omnibus facientibus eum.*

Respondeo dicendum quod, sicut dictum est[6], donum intellectus

---

3. 여기서 사용된 통찰과 이해는 모두 라틴어 intellectus의 번역어이지만, 성령의 선물은 통찰로, 지성적 덕에 속하는 것은 학계의 관행에 따라 이해로 번역했다.
4. Aristoteles, *Ethica Nic.*, VI, c.6, 1140b31-35; S. Thomas, lect.5, n.1175.

림, "통찰은 더욱 높은 어떤 것을 관통하기" 때문이다. 그러나 실천적 이해에 속하는 것들은 높은 것들이 아니라, 최하의 것들, 즉 행위와 관련되는 개체들이다. 그러므로 선물로 제공되는 통찰은 실천적 이해가 아니다.

2. 선물인 통찰은 지성적 덕인 이해보다 더욱 고귀한 어떤 것이다.[3] 그런데 지성적 덕인 이해는, 철학자의 『니코마코스 윤리학』 제6권[4]을 통해 분명해진 것처럼, 오직 필연적인 것들에만 관련된다. 그러므로 선물인 통찰은 더더욱 오직 필연적인 것들에만 관련된다. 그러나 실천적 이해는 필연적인 것들과 관련되는 것이 아니라, 인간적인 행위에 의해서 만들어질 수 있는, 자기와 달리 작용할 수도 있는 우연적인 것들에 관련된다. 그러므로 선물인 통찰은 실천적 이해가 아니다.

3. 통찰의 선물은 자연적 이성을 넘어가는 것들에 관해 정신을 조명해 준다. 그러나 실천적 이해가 속하는 인간적 작용들은, 위에서[5] 언급한 것들에서 분명한 것처럼, 행위하는 것들 안에서 지휘를 맡는 자연적 이성을 넘어서지 못한다. 그러므로 선물인 통찰은 실천적 이해가 아니다.

[재반론] 시편 110편(111편) [10절]에서는 "그것들을 행하는 모든 이들에게 좋은 이해를"이라고 말한다.

[답변] 위에서[6] 말한 바와 같이 통찰의 선물은 신앙에 일차적으로 그

---

5. I-II, q.58, a.2; q.71, a.6.
6. a.2.

non solum se habet ad ea quae primo et principaliter cadunt sub fide, sed etiam ad omnia quae ad fidem ordinantur. Operationes autem bonae quendam ordinem ad fidem habent: nam *fides per dilectionem operatur*, ut apostolus dicit, *ad Gal.* 5, [6]. Et ideo donum intellectus etiam ad quaedam operabilia se extendit: non quidem ut circa ea principaliter versetur; sed inquantum in agendis regulamur *rationibus aeternis, quibus conspiciendis et consulendis*, secundum Augustinum, XII *de Trin.*[7], *inhaeret superior ratio*, quae dono intellectus perficitur.[8]

Ad primum ergo dicendum quod operabilia humana, secundum quod in se considerantur, non habent aliquam excellentiae altitudinem. Sed secundum quod referuntur ad regulam legis aeternae[9] et ad finem beatitudinis divinae, sic altitudinem habent, ut circa ea possit esse intellectus.

Ad secundum dicendum quod hoc ipsum pertinet ad dignitatem doni quod est intellectus, quod intelligibilia aeterna vel necessaria considerat non solum secundum quod in se sunt, sed etiam secundum quod sunt regulae quaedam humanorum actuum: quia quanto virtus cognoscitiva ad plura se extendit, tanto nobilior est.[10]

---

7. Augustinus, *De Trinitate*, XII, c.7, n.12: PL 42, 1005. Cf. c.2, n.2: PL 42, 999. ‑ Cf. I, q.79, a.9.
8 이렇게 또한 거룩한 가르침은 탁월하게 사변적이고 실천적이다(I, q.1, a.4); 신앙은 연장에 의해 실천적 [지성]이 되는(II-II, q.4, a.2, ad3), 사변적 지성 안에 있다. 또한 성령의 선물인 지혜는 명상에서뿐만 아니라 행위에서도 다스린다(II-II, q.45, a.3, ad1). 상위의 이성(ratio superior)

리고 근원적으로 들어오는 것들과만 관계를 맺는 것이 아니라, 신앙에 질서 지어지는 모든 것과도 관계를 맺는다. 좋은 작용들은 신앙과 어떠한 관계를 가지고 있다. 사도가 갈라티아서 5장 [6절]에서 말하는 것처럼, "신앙은 사랑을 통해 행동하기" 때문이다. 따라서 통찰의 선물은 일종의 작용들에도 확장되는데, 그것들에 근원적으로 관심을 가져서가 아니라, 행위해야 하는 것들에서 우리가 영원한 근거들에 의해 통치되는 한에서 그러하다. 아우구스티누스의 『삼위일체론』 제12권에[7] 따르면, "이 영원한 근거를", 통찰의 선물에 의해서 완성되는, "상위의 이성이 직관하고 고려하면서 고수한다."[8]

[해답] 1. 인간적 행위들은, 그 자체로 고찰되는 한 탁월성의 어떤 높이를 가지지 못한다. 그러나 영원법의 규칙들[9]과 신적인 참행복이라는 목적과 관련되는 한 그러한 높이를 가지며, 그것들에 관해서 통찰이 존재할 수 있다.

2. 영원하거나 필연적인 이해대상들을 그 자체인 한에서뿐만 아니라 일종의 인간적 행위들의 규칙인 한에서도 고찰하는 일 자체는 통찰인 선물의 고귀성에 속한다. 인식 능력이 더 많은 것에 확장되면 될수록, 그것은 더 고상한 것이기 때문이다.[10]

과 하위의 이성(ratio inferior)은 아우구스티누스로부터 취해진 용어들이다. 『신학대전』은 그것들을 능력이나 기관들이 아니라 기능들을 구별하는 일(cf. I, q.79, a.9)과 연관시키면서, 많이 사용하지 않는다.
9. 영원법(Lex Aeterna)은 하느님의 지성 안에 있는 것으로 모든 법의 원형(原形)이다. Cf. I-II, q.91, a.1; q.93.
10. Cf. II-II, q.45, a.3, ad1.

Ad tertium dicendum quod regula humanorum actuum est et ratio humana et lex aeterna, ut supra[11] dictum est. Lex autem aeterna excedit naturalem rationem. Et ideo cognitio humanorum actuum secundum quod regulantur a lege aeterna, excedit rationem naturalem, et indiget supernaturali lumine doni Spiritus Sancti.

Articulus 4
Utrum donum intellectus insit omnibus habentibus gratiam.

Ad quartum sic proceditur. Videtur quod donum intellectus non insit omnibus hominibus habentibus gratiam.

1. Dicit enim Gregorius, II *Moral.*[1], quod donum intellectus datur contra *hebetudinem mentis*. Sed multi habentes gratiam adhuc patiuntur mentis hebetudinem. Ergo donum intellectus non est in omnibus habentibus gratiam.

2. Praeterea, inter ea quae ad cognitionem pertinent sola fides videtur esse necessaria ad salutem: quia *per fidem Christus habitat in cordibus nostris*, ut dicitur *ad Ephes.* 3, [17]. Sed non omnes habentes fidem habent donum intellectus: immo *qui credunt, debent orare ut intelligant*, sicut Augustinus dicit, in libro *de Trin.*[2]. Ergo donum intellectus non est necessarium ad salutem. Non ergo est in omnibus habentibus gratiam.

---

11. I-II, q.71, a.6.

3. 인간적 행위의 규칙은 위에서[11] 말한 것처럼, 한편으로 인간의 이성이고 다른 한편으로 영원법이다. 영원법은 자연적 이성을 넘어선다. 따라서 영원법에 의해서 통치되는 한에서 인간적 행위의 인식은 자연적 이성을 넘어서고, 성령의 선물이 주는 초자연적인 빛이 필요하다.

제4절 통찰의 선물은 은총을 지닌 모든 이에게 내재하는가?

[반론] 넷째에 대해서는 다음과 같이 진행된다. 통찰의 선물은 은총을 지닌 모든 이에게 내재하지 않는 것처럼 보인다.

1. 그레고리우스가 『욥기의 도덕적 해설』 제2권[1]에서 말하는 것처럼, "통찰의 선물은 정신의 우둔함을 거슬러 주어진다." 그런데 은총을 지닌 많은 이는 아직까지 정신의 우둔함에 고통을 받는다. 그러므로 통찰의 선물은 은총을 지닌 모든 이 안에 존재하지 않는다.

2. 인식에 속하는 것들 중에서 오직 신앙만이 구원에 필수적인 것처럼 보인다. 에페소서 3장 [17절]에 언급된 바와 같이, "신앙을 통하여 그리스도께서 우리들의 마음 안에 사시기" 때문이다. 그런데 신앙을 가진 모든 이가 통찰의 선물을 가진 것은 아니다. 아우구스티누스가 『삼위일체론』[2]에서 말하는 것처럼, 오히려 믿는 이는 이해하도록 기도해야만 한다. 그러므로 통찰의 선물은 구원을 위해 필수적이지 않다. 그것은 은총을 지닌 모든 이에게 존재하지 않는다.

---

1. Gregorius, *Moralia*, II, c.49, al.27, in vet. 36, n.77: PL 75, 592 D.
2. Augustinus, *De Trinitate*, XV, c.27, n.49: PL 42, 1096.

3. Praeterea, ea quae sunt communia omnibus habentibus gratiam nunquam ab habentibus gratiam subtrahuntur. Sed gratia intellectus et aliorum donorum *aliquando se utiliter subtrahit: quandoque enim, dum sublimia intelligendo in elationem se animus erigit, in rebus imis et vilibus gravi hebetudine pigrescit,* ut Gregorius dicit, in II *Moral.*[3]. Ergo donum intellectus non est in omnibus habentibus gratiam.[4]

Sed contra est quod dicitur in Psalm. [Ps. 81,5]: N*escierunt neque intellexerunt, in tenebris ambulant.* Sed nullus habens gratiam ambulat in tenebris, secundum illud Ioan. 8, [12]: *Qui sequitur me non ambulat in tenebris.* Ergo nullus habens gratiam caret dono intellectus.

Respondeo dicendum quod in omnibus habentibus gratiam necesse est esse rectitudinem voluntatis,: quia *per gratiam praeparatur voluntas hominis ad bonum,* ut Augustinus dicit.[5] Voluntas autem non potest recte ordinari in bonum nisi praeexistente aliqua cognitione veritatis: quia obiectum voluntatis est bonum intellectum, ut dicitur in III *de Anima.*[6] Sicut autem per donum caritatis[7] Spiritus Sanctus ordinat voluntatem hominis ut directe moveatur in bonum quod-

---

3. Loc. cit., n.78: PL 75, 593 B.
4. Cf. I-II, q.68, a.2.
5. Augustinus, *Contra Iulianum*, IV, c.3, n.15: PL 44, 744.
6. Aristoteles, *De Anima*, III, c.7, 431b10-12; c.10: 433a21-26; S. Thomas, lect.12, n.779;

제8문 제4절

3. 은총을 지닌 모든 이에게 공통적인 것들은 결코 은총을 지닌 이들에게서 빠져나가지 않는다. 그런데 통찰의 은총이나 다른 선물들의 은총은, 그레고리우스가 『욥기의 도덕적 해설』 제2권³에서 말하는 것처럼, "때때로 유익하게 빠져나간다". "숭고한 것들을 이해하면서 영혼이 상승되어서, 가장 낮은 그리고 값싼 것들에 대해 대단히 무뎌지고 나태해지기" 때문이다. 그러므로 통찰의 선물은 은총을 지닌 모든 이 안에 존재하지 않는다.⁴

[재반론] 시편에서는 "그들은 알지 못하고 이해하지 못했고, 어둠 속을 걷고 있다"라고 말한다. 그러나 요한복음서 8장 [12절]의 "나를 따르는 이는 어둠 속을 걷지 않는다"라는 말씀에 따르면, 은총을 지닌 사람은 누구도 어둠 속을 걷지 않는다. 그러므로 은총을 지닌 사람은 아무도 통찰의 선물이 부족하지 않다.

[답변] 은총을 지닌 모든 이들 안에서 의지의 올바름이 존재하는 것이 필요하다. 아우구스티누스가 말하는 것⁵처럼 은총을 통해서 인간의 의지는 선(善)을 향하도록 준비되기 때문이다. 그런데 의지는 오직 진리의 어떤 인식이 미리 실존하는 경우에만 선으로 올바르게 지향될 수 있다. 『영혼론』 제3권⁶에서 말한 바와 같이, 의지의 대상은 이해된 선이기 때문이다. 그런데 참사랑의 선물⁷을 통해 성령이 인간의 의지

---

lect.15, nn.822-825, 831.
7. '참사랑의 선물'이란 표현으로 토마스는 하느님에 대한 사랑의 덕으로부터 구별되는 성령의 선물이 아니라 바로 이 신적인 덕(참사랑) 자체를 의미한다. 그것은 이미 덕으로서—그렇지 않으면 성령의 덕에 할애되는—완전성을 지니고 있다.

25

dam supernaturale, ita etiam per donum intellectus illustrat mentem hominis ut cognoscat veritatem quandam supernaturalem, in quam oportet tendere voluntatem rectam. Et ideo, sicut donum caritatis est in omnibus habentibus gratiam gratum facientem, ita etiam donum intellectus.

Ad primum ergo dicendum quod aliqui habentes gratiam gratum facientem possunt pati hebetudinem circa aliqua quae sunt praeter necessitatem salutis. Sed circa ea quae sunt de necessitate salutis sufficienter instruuntur a Spiritu Sancto: secundum illud I Ioan. 2, [27]: *Unctio docet vos de omnibus.*

Ad secundum dicendum quod etsi non omnes habentes fidem plene intelligant ea quae proponuntur credenda, intelligunt tamen ea esse credenda, et quod ab eis pro nullo est deviandum.[8]

Ad tertium dicendum quod donum intellectus nunquam se subtrahit sanctis circa ea quae sunt necessaria ad salutem. Sed circa alia interdum se subtrahit, ut non omnia ad liquidum per intellectum penetrare possint, ad hoc quod superbiae materia subtrahatur.

---

8. Cf. a.2.

에 질서를 부여해서, 일종의 초자연적인 선으로 직접적으로 움직이도록 하는 것처럼, 또한 통찰의 선물을 통해 인간의 정신을 비추어서, 올바른 의지가 지향해야 하는, 일종의 초자연적인 진리를 인식하도록 한다. 따라서 참사랑의 선물이 은총을 지닌 모든 이 안에 존재하는 것처럼, 또한 통찰의 선물도 [은총을 지닌 모든 이 안에 존재한다].

[해답] 1. 하느님을 기쁘시게 만드는 은총[성화은총]을 가진 어떤 사람은, 구원에 필요하지 않은 어떤 것에 대해서는 우둔함을 겪을 수 있다. 그러나 구원에 필요한 것들에 관해서는, 요한 1서 2장 [27절]의 "[그분께서] 기름 부으심으로 여러분에게 모든 것을 가르치십니다"라는 말씀에 따라, 성령에 의해 충분하게 교육된다.

2. 비록 신앙을 가진 모든 사람이 믿도록 제안된 것들을 충만하게 이해하지는 못할지라도, 그것들이 믿어져야만 한다는 점과 그것들로부터 결코 벗어나서는 안 된다는 사실을 이해한다.[8]

3. 통찰의 선물은 거룩한 이들에게서 구원을 위해 필수적인 것들에 관해서는 결코 빠져나가지 않는다. 그러나 다른 것들에 관해서는 때때로 – 교만에 기회를 주지 않기 위해 – 빠져나가서, 이해를 통해 모든 것이 분명해질 때까지 관통할 수는 없게 될 수도 있다.

Articulus 5
Utrum donum intellectus inveniatur etiam in non habentibus gratiam gratum facientem.

Ad quintum sic proceditur. Videtur quod intellectus donum inveniatur etiam in non habentibus gratiam gratum facientem.

1. Augustinus enim[1], exponens illud Psalm., *Concupivit anima mea desiderare iustificationes tuas,* dicit quod *praevolat intellectus, sequitur tardus aut nullus affectus.* Sed in omnibus habentibus gratiam gratum facientem est promptus affectus, propter caritatem. Ergo donum intellectus potest esse in his qui non habent gratiam gratum facientem.

2. Praeterea, Danielis 10, [1] dicitur quod *intelligentia opus est*[2] *in visione* prophetica: et ita videtur quod prophetia non sit sine dono intellectus. Sed prophetia potest esse sine gratia gratum faciente: ut patet Matth. 7, [22-23], ubi dicentibus, *In nomine tuo prophetavimus,* respondetur: *Nunquam novi vos.* Ergo donum intellectus potest esse sine gratia gratum faciente.

3. Praeterea, donum intellectus respondet virtuti fidei, secundum illud Isaiae 7, [9], secundum aliam litteram[3]: *Nisi credideritis, non in-*

---

1. Augustinus, *Enarr. in Psalm.* serm.8, n.4, super v.20: PL 37, 1522.
2. 다니 10,1: "페르시아 임금 키루스 제삼 년에 벨트사차르라는 이름으로 불리는 다니엘에게 말씀이 계시되었다. 그 말씀은 진실이며 큰 싸움에 관한 것이었다. 그는 그 말씀을 깨달았다. 환상 중에 깨달음을 얻은 것이다."

제5절 통찰의 선물은 하느님을 기쁘시게 만드는 은총을 지니지 못한 이들에게서도 발견되는가?

[반론] 다섯째에 대해서는 다음과 같이 진행된다. 통찰의 선물은 하느님을 기쁘시게 만드는 은총을 가지지 못한 이들에게서도 발견되는 것처럼 보인다.

1. 아우구스티누스는 시편 [119장 20절]의 "제 영혼이 당신의 법규들을 욕구하는 일을 갈망합니다."라는 말씀을 해석[1]하면서, "이해는 앞서 날아가고, 인간적이고 나약한 감정은 천천히 뒤따른다"라고 말한다. 그런데 하느님을 기쁘시게 만드는 은총을 지닌 모든 이들 안에는 참사랑 때문에 [기꺼이 따를] 태세를 갖춘 감정이 존재한다. 그러므로 통찰의 선물은 하느님을 기쁘시게 만드는 은총을 가지지 못한 이들 안에도 존재할 수 있다.

2. 다니엘서 10장 [1절][2]은 예언적인 "직관에는 통찰을 필요로 한다"라고 말한다. 그래서 통찰의 선물 없이는 예언도 없는 것처럼 보인다. 그러나 마태오복음서 7장 [22-23절]의 "당신의 이름으로 우리가 예언을 했습니다"라고 말하는 이들에게 "나는 너희를 도무지 알지 못한다"라고 대답되는 곳에서 분명해지는 것처럼, 예언은 하느님을 기쁘시게 만드는 은총 없이도 가능하다. 그러므로 통찰의 선물은 하느님을 기쁘시게 만드는 은총 없이도 존재할 수 있다.

3. 이사야서 7장 [9절]의 다른 독해방식[70인역][3]에 나오는 "너희가

---

3. Septuaginta Interpr. Cf. q.4, a.8, obj.3 et q.8, a.8, obj.1. [a] 다른 이들과 함께 아우구스티누스에 의해서 그렇게 읽혀졌다. 본래의 해석은 "너희가 믿지 않으면, 서지 못하리라" 정도일 것이다.

telligetis. Sed fides potest esse sine gratia gratum faciente. Ergo etiam donum intellectus.

Sed contra est quod dominus dicit, Ioan. 6, [45]: *Omnis qui audivit a patre et didicit, venit ad me*. Sed per intellectum audita addiscimus vel penetramus: ut patet per Gregorium, in I *Moral.*[4]. Ergo quicumque habet intellectus donum venit ad Christum. Quod non est sine gratia gratum faciente. Ergo donum intellectus non est sine gratia gratum faciente.

Respondeo dicendum quod, sicut supra[5] dictum est, dona Spiritus Sancti perficiunt animam secundum quod est bene mobilis a Spiritu Sancto. Sic ergo intellectuale lumen gratiae ponitur donum intellectus, inquantum intellectus hominis est bene mobilis a Spiritu Sancto. Huius autem motus consideratio in hoc est quod homo apprehendat veritatem circa finem. Unde nisi usque ad hoc moveatur a Spiritu Sancto intellectus humanus ut rectam aestimationem[6] de fine habeat, nondum assecutus est donum intellectus; quantumcumque ex illustratione Spiritus alia quaedam praeambula cognoscat. Rectam aut aestimationem de ultimo fine non habet nisi ille qui circa finem non errat, sed ei firmiter inhaeret tanquam optimo. Quod est solum

---

4. Gregorius, *Moralia*, I, c.32, al.15, n.44: PL 75, 547.
5. I-II, q.68, aa.1-3.

믿지 않으면, 이해하지 못하리라"라는 말씀에 따르면, 통찰의 선물은 신앙의 덕에 상응한다. 그러나 신앙은 하느님을 기쁘시게 만드는 은총 없이도 존재할 수 있다. 그러므로 또한 통찰의 선물도 그러하다.

[재반론] 반대로 주님께서는 요한복음서 6장 [45절]에서 "아버지의 말씀을 듣고 배운 사람들은 누구나 나에게 온다"라고 말씀하신다. 그러나 그레고리우스의 『욥기의 도덕적 해설』 제1권[4]을 통해 분명해졌듯이, 우리는 들었던 것을 이해를 통해 배우고 관통한다. 그러므로 통찰의 선물을 가진 사람은 누구든지 그리스도에게로 간다. 이것은 하느님을 기쁘시게 만드는 은총 없이는 가능하지 않다. 즉 통찰의 선물은 하느님을 기쁘시게 만드는 은총 없이는 가능하지 않다.

[답변] 위에서[5] 말한 바와 같이, 성령의 선물은 성령에 의해서 잘 움직여질 수 있도록 하는 한에서 영혼을 완성한다. 그러므로 은총의 지성적 빛은, 인간의 이해가 성령의 의해서 잘 움직여질 수 있는 한에서, 통찰의 선물이라고 제시된다. 그런데 이러한 운동의 고찰은 인간이 목적에 관련된 진리를 파악한다는 사실에 달려 있다. 만일 인간의 이해가 목적에 대한 올바른 평가[6]를 하도록 하는 데까지 움직여지지 못한다면, 성령의 조명으로 아무리 많은 전제들을 인식했다 하더라도 아직 통찰의 선물이 성취된 것이 아니다.

또는 최종 목적에 대한 올바른 평가는 오직 목적에 대해 오류를 범하지 않고, 최선의 것으로서의 목적을 강하게 고수하는 사람만이 가진

---

6. Marietti판 각주: Sive intimam apprehensionem vel penetrationem.

habentis gratiam gratum facientem, sicut etiam in moralibus rectam aestimationem habet homo de fine per habitum virtutis.⁷ Unde donum intellectus nullus habet sine gratia gratum faciente.

Ad primum ergo dicendum quod Augustinus intellectum nominat quamcumque illustrationem intellectualem. Quae tamen non pertingit ad perfectam doni rationem nisi usque ad hoc mens hominis deducatur ut rectam aestimationem habeat homo circa finem.

Ad secundum dicendum quod intelligentia quae necessaria est ad prophetiam est quaedam illustratio mentis circa ea quae prophetis revelantur. Non est autem illustratio mentis circa aestimationem rectam de ultimo fine, quae pertinet ad donum intellectus.⁸

Ad tertium dicendum quod fides importat solum assensum ad ea quae proponuntur. Sed intellectus importat quandam perceptionem veritatis, quae non potest esse circa finem nisi in eo qui habet gratiam gratum facientem, ut dictum est.⁹ Et ideo non est similis ratio de intellectu et fide.¹⁰

---

7. Cf. I-II, q.58, a.5. 관념적인 지식에 의해서라기보다는 연민과 유사-본능적인 친밀감을 통한 평가를 뜻한다. Cf. I, q.1, a.6, ad3. Aristoteles, *Ethica Nic.*, X, 5, 1176a17; II-II, q.45, a.2.
8. Cf. I-II, q.68, a.3, ad3.

다. 하느님을 기쁘시게 만드는 은총을 지닌 사람만이 이것을 소유한다. 도덕적인 것들에 관해서도 또한 인간은 목적에 대한 올바른 평가를 덕의 습성을 통해서 가진다.[7] 그래서 그 누구도 하느님을 기쁘시게 만드는 은총 없이는 통찰의 선물을 가지지 못한다.

[해답] 1. 아우구스티누스는 일체의 지성적인 조명을 '통찰(이해)'이라고 명명한다. 그럼에도 선물의 완전한 의미는 이 인간의 정신이 '인간이 목적에 관해 올바른 평가를 하는 일'에까지 이끌릴 때에만 도달한다.

2. 예언에 필수적인 통찰은 예언에 의해 계시되는 것들에 관한 일종의 정신의 조명이다. 그러나 그것은 통찰의 선물이 속하는 최종 목적에 대한 올바른 평가에 관한 정신의 조명은 아니다.[8]

3. 신앙은 제안된 것들에 관한 단순한 동의를 내포한다. 그러나 통찰은 일종의 진리의 지각을 내포하고, 이것은 위에서[9] 말한 바와 같이, 오직 하느님을 기쁘시게 만드는 은총을 지닌 사람 안에서만 목적에 관해 존재할 수 있다. 따라서 통찰에 대해서와 신앙에 대해서 유사한 논거가 존재하지 않는다.[10]

---

9. 본론.
10. Cf. a.6, ad2.

Articulus 6
Utrum donum intellectus distinguatur ab aliis donis.

Ad sextum sic proceditur. Videtur quod donum intellectus non distinguatur ab aliis donis.

1. Quorum enim opposita sunt eadem, ipsa quoque sunt eadem. Sed sapientiae opponitur stultitia, hebetudini intellectus, praecipitationi consilium, ignorantiae scientia: ut patet per Gregorium, II *Moral.*.[1] Non videntur autem differre stultitia, hebetudo, ignorantia et praecipitatio. Ergo nec intellectus distinguitur ab aliis donis.

2. Praeterea, intellectus qui ponitur virtus intellectualis differt ab aliis intellectualibus virtutibus per hoc sibi proprium, quod est circa principia per se nota.[2] Sed donum intellectus non est circa aliqua principia per se nota: quia ad ea quae naturaliter per se cognoscuntur sufficit naturalis habitus primorum principiorum; ad ea vero quae sunt supernaturalia sufficit fides, quia articuli fidei sunt sicut prima principia in supernaturali cognitione, sicut dictum est.[3] Ergo donum intellectus non distinguitur ab aliis donis intellectualibus.

3. Praeterea, omnis cognitio intellectiva vel est speculativa vel practica. Sed donum intellectus se habet ad utrumque, ut dictum est.[4]

---

1. Gregorius, *Moralia*, II, c.49, al.27, in vet. 36, n.77: PL 75, 592 D–593 A.
2. Cf. I-II, q.57, a.2.

제6절 통찰의 선물은 다른 선물들로부터 구별되는가?

Parall.: I-II, q.68, a.4; *In Sent.*, III, d.35, q.2, a.2, qc.3.

[반론] 여섯째에 대해서는 다음과 같이 진행된다. 통찰의 선물은 다른 선물들로부터 구별되지 않는 것처럼 보인다.

1. 그것들의 반대가 동일한 것들은, 그것들 자체도 또한 동일하기 때문이다. 그런데 그레고리우스의 『욥기의 도덕적 해설』 제2권[1]을 통해 분명해졌듯이, 지혜는 어리석음에, 통찰은 우둔함에, 의견은 성급함에, 지식은 무지에 반대된다. 그러나 어리석음, 우둔함, 무지와 성급함은 구분되지 않는 것처럼 보인다. 그러므로 통찰도 다른 선물들로부터 구별되지 않는다.

2. 지성적인 덕으로 제시된 통찰(이해)은 자신에게 고유한 것, 즉 그 자체로 자명한 원리들에 관련된다는 점을 통해서, 다른 지성적 덕들과 다르다.[2] 그러나 통찰의 선물은 어떤 자명한 원리들과 관련된 것이 아니다. 자연적으로 그 자체로 인식되는 것들에는 제1원리들의 자연적 습성으로 충분하기 때문이다. 초자연적인 것들에는 신앙으로 충분하다. 위에서[3] 말한 바와 같이 초자연적인 인식에는 신앙 조항들이 제1원리와 같기 때문이다. 그러므로 통찰의 덕은 다른 지성적인 선물들로부터 구별되지 않는다.

3. 모든 지성적 인식은 사변적이거나 실천적이다. 그러나 위에서[4]

---

3. q.1, a.7.
4. a.3.

Ergo non distinguitur ab aliis donis intellectualibus, sed omnia in se complectitur.

Sed contra est quod quaecumque connumerantur ad invicem oportet esse aliquo modo ab invicem distincta, quia distinctio est principium numeri.[5] Sed donum intellectus connumeratur aliis donis, ut patet Isaiae 11, [2-3][6]: Ergo donum intellectus est distinctum ab aliis donis.

Respondeo dicendum quod distinctio doni intellectus ab aliis tribus donis, scilicet pietate, fortitudine et timore, manifesta est: quia donum intellectus pertinet ad vim cognoscitivam, illa vero tria pertinent ad vim appetitivam. Sed differentia huius doni intellectus ad alia tria, scilicet sapientiam, scientiam et consilium, quae etiam ad vim cognoscitivam pertinent, non est adeo manifesta. Videtur autem quibusdam[7] quod donum intellectus distinguatur a dono scientiae et consilii per hoc quod illa duo pertineant ad practicam cognitionem, donum vero intellectus ad speculativam. A dono vero sapientiae, quod etiam ad speculativam cognitionem pertinet, distinguitur in hoc quod ad sapientiam pertinet iudicium, ad intellectum vero capacitas intellectus eorum quae proponuntur, sive penetratio

---

5. Cf. I, q.30, a.3; I-II, q.91, a.5.
6. Cf. I-II, q.68, a.4.

말한 바와 같이, 통찰의 선물은 그 둘 모두와 관계를 맺는다. 그러므로 다른 지성적 선물들로부터 구별되지 않고, 오히려 그것들 모두를 자신 안에 포괄한다.

[재반론] 반대로 상호간에 나열되는 것들은 무엇이든지 어떤 방식으로든 상호간에 구별되어야만 한다. 구별이 셈의 원리이기 때문이다.[5] 그런데 통찰의 선물은 이사야서 11장 [2절]에서 분명한 것처럼, 다른 선물들과 함께 나열된다.[6] 그러므로 통찰의 선물은 다른 선물들로부터 구별된다.

[답변] 통찰의 덕과 다른 세 가지 덕, 즉 공경(효경), 용기(굳셈), 그리고 경외로부터의 구별은 명백하다. 통찰의 덕은 인식적 능력에 속하지만, 저 세 가지는 욕구적 능력에 속하기 때문이다. 그러나 이 통찰의 덕과 마찬가지로 인식적 능력에 속하는 다른 세 가지 덕, 지혜와 지식, 그리고 의견으로부터의 구별은 그만큼 명백하지 않다.

하지만 어떤 이들[7]에게는 통찰의 선물이 지식과 의견이라는 선물로부터 다음과 같은 사실을 통해서 구분되는 것처럼 보인다. [지식과 의견] 이 두 가지는 실천적 인식에 속하지만, 통찰의 선물은 사변적 인식에 속한다는 것이다. 그러나 또한 사변적 인식에 속하는 지혜의 선물로부터는, 지혜에는 판단이 속하고, 통찰에는 제안된 것들을 이해하는 능력 또는 그것들의 가장 깊은 곳까지 관통함이 속한다는 사실 때문에

---

7. Cf. Guilelm. Altissiodor., *Summa Aurea*, P. III, tract.8, c.1, q.1. 기욤 도세르는 아리스토텔레스에게 영향을 받은 최초의 스콜라 신학자들 중에서 한 명이다.

ad intima eorum. Et secundum hoc supra[8] numerum donorum assignavimus. — Sed diligenter intuenti, donum intellectus non solum se habet circa speculanda, sed etiam circa operanda, ut dictum est[9]: et similiter etiam donum scientiae circa utrumque se habet, ut infra[10] dicetur. Et ideo oportet aliter eorum distinctionem accipere.

Omnia enim haec quatuor dicta ordinantur ad supernaturalem cognitionem, quae in nobis per fidem fundatur. Fides autem est *ex auditu*, ut dicitur *Rom.* 10, [17]. Unde oportet aliqua proponi homini ad credendum non sicut visa, sed sicut audita, quibus per fidem assentiat. Fides autem primo quidem et principaliter se habet ad veritatem primam; secundario, ad quaedam circa creaturas consideranda; et ulterius se extendit etiam ad directionem humanorum operum, secundum quod *per dilectionem operatur*, ut ex dictis[11] patet. Sic igitur circa ea quae fidei proponuntur credenda duo requiruntur ex parte nostra. Primo quidem, ut intellectu penetrentur vel capiantur: et hoc pertinet ad donum intellectus. Secundo autem oportet ut de eis homo habeat iudicium rectum, ut aestimet his esse inhaerendum et ab eorum oppositis recedendum. Hoc igitur iudicium, quantum ad res divinas, pertinet ad donum sapientiae; quantum vero ad res creatas, pertinet ad donum scientiae; quantum vero ad applicationem ad singularia opera, pertinet ad donum consilii.

---

8. I-II, q.68, a.4.
9. a.3.

[통찰의 선물이 구별된다]. 이에 따라 위에서[8] 선물들의 수를 지정했다.

주의 깊게 직관해 보면, 위에서[9] 말한 바와 같이 통찰의 선물은 관조해야만 하는 것뿐만 아니라 작용해야만 하는 것과도 관련된다. 이와 유사하게, 밑에서[10] 말할 것처럼, 지식의 선물도 또한 이 둘 모두와 관련된다. 따라서 그것들과의 구별은 다르게 취해져야만 한다.

방금 언급된 이 네 가지는 모두 우리 안에서 신앙을 통해 기초가 놓인 초자연적 인식을 지향하기 때문이다. 그런데 로마서 10장 [17절]에서 말하듯이, "신앙은 들음에서 온다." 그래서 어떤 것은 인간에게, 그가 신앙을 통해서 동의할 것이 보여진 것으로서가 아니라 들린 것으로서 제안되어야만 한다. 신앙은 일차적이고 근원적으로 제1진리와 관계를 맺고, 이차적으로 피조물에 관해서 고찰되어야만 하는 것들과 관계를 맺는다. 그리고 마침내 앞서 언급된 것들[11]에서 분명하듯이, [신앙은] 사랑을 통해서 작용하는 한, 인간적인 작용들의 지도(指導)에까지 확장된다.

따라서 믿어야만 하도록 신앙에게 제안된 것들에 관해서는 우리의 측면에서 두 가지가 요구된다. 첫째, 지성에 의해서 관통되고 파악되는 일, 이것은 통찰의 선물에 속한다. 그러나 둘째, 그것들에 대해서 인간이 올바른 판단을 가져서, 그는 이것들을 고수해야만 하고 그것들과 반대되는 것들에서 멀어져야만 한다고 평가해야만 한다. 그러므로 신적인 것들에 관한 이 판단은 지혜의 선물에 속한다. 하지만 창조된 것들과 관련된 [판단은] 지식의 선물에 속한다. 한편 개별적인 행위에 적용하는 것과 관련된 [판단은] 의견의 선물에 속한다.

---

10. q.9, a.3.
11. a.3; q.4, a.2, ad3.

Ad primum ergo dicendum quod praedicta differentia quatuor donorum manifeste competit distinctioni eorum quae Gregorius ponit eis esse opposita. Hebetudo enim acuitati opponitur. Dicitur autem per similitudinem intellectus acutus quando potest penetrare ad intima eorum quae proponuntur. Unde hebetudo mentis est per quam mens ad intima penetrare non sufficit.[12] ― Stultus autem dicitur ex hoc quod perverse iudicat circa communem finem vitae. Et ideo proprie opponitur sapientiae, quae facit rectum iudicium circa universalem causam.[13] ― Ignorantia vero importat defectum mentis etiam circa quaecumque particularia. Et ideo opponitur scientiae, per quam homo habet rectum iudicium circa particulares causas, scilicet circa creaturas.[14] ― Praecipitatio vero manifeste opponitur consilio, per quod homo ad actionem non procedit ante deliberationem rationis.[15]

Ad secundum dicendum quod donum intellectus est circa prima principia cognitionis gratuitae, aliter tamen quam fides. Nam ad fidem pertinet eis assentire: ad donum vero intellectus pertinet penetrare mente ea quae dicuntur.

Ad tertium dicendum quod donum intellectus pertinet ad utramque cognitionem, scilicet speculativam et practicam, non quantum ad iudicium, sed quantum ad apprehensionem, ut capiantur ea quae dicuntur.[16]

---

12. 우둔함에 대해서(De hebetudine), 아래, q.15.
13. 어리석음에 대해서(De stultitia), 아래, q.46.

[해답] 1. 네 가지 선물의 앞서 언급된 차이는 그것들에 반대되는 것들이라고 그레고리우스가 제시했던 것들의 차이와 명백하게 상응한다. 우둔함은 날카로움에 반대된다. 그런데 통찰은 제안된 것들의 가장 깊숙한 곳까지 관통될 수 있을 때, 비유적으로 날카롭다고 언급된다. 따라서 정신의 우둔함은 정신이 가장 깊은 곳까지 관통하기에 충분하지 못한 경우를 말한다.[12] [어떤 이가] 삶의 공통적인 목적에 관해서 그릇되게 판단하는 경우에 그를 어리석다고 부른다. 따라서 보편적인 원인에 관해 올바른 판단을 하는 지혜와 고유하게 반대된다.[13] 그러나 무지는 또한 여하한 특수한 것들에 관한 정신의 결함을 내포한다. 따라서 인간이 그것을 통해 특수한 원인들, 즉 피조물들에 관해서 올바른 판단을 가지게 되는 지식과 반대된다.[14] 그러나 성급함은 그것을 통해 인간이 이성의 심사숙고 전에는 행동으로 나아가지 않는 의견과 반대된다.[15]

2. 통찰의 선물은 무상의 인식의 제1원리에 관한 것이지만, 신앙과는 다르게 그러하다. 왜냐하면 신앙에는 그것들에 동의하는 일이 속하지만, 통찰의 선물에는 언급된 것들을 정신을 통해 관통하는 일이 속하기 때문이다.

3. 통찰의 선물은 두 가지 인식 모두에, 즉 사변적 인식과 실천적 인식 모두에 속하지만, 판단에 관해서가 아니라, 파악에 관해서 그러하다. 다시 말해, 언급된 것들의 의미를 이해하는 데 머문다.[16]

---

14. 지식과 반대되는 무지에 대해서(De ignorantia, quae opponitur scientiae), q.9, a.3, sc.
15. 성급함에 대해서(De praecipitatione), 아래, q.53, a.3.
16. "믿을 수 있는 것을 믿어야 하는 것으로, 그리고 그것들로부터 결코 물러서지 말아야 하는 것으로 이해하는 일과 이 둘에 대해서 올바른 판단을 가지는 것은 서로 다른 일이다. 어떤 이들

Articulus 7
Utrum dono intellectus respondeat sexta beatitudo, scilicet: Beati mundo corde, quoniam ipsi Deum videbunt.

Ad septimum sic proceditur. Videtur quod dono intellectus non respondeat beatitudo sexta, scilicet, *Beati mundo corde, quoniam ipsi Deum videbunt.*[1]

1. Munditia enim cordis maxime videtur pertinere ad affectum. Sed donum intellectus non pertinet ad affectum, sed magis ad vim intellectivam. Ergo praedicta beatitudo non respondet dono intellectus.

2. Praeterea, *Act.* 15, [9] dicitur: *fide purificans corda eorum.*[2] Sed per purificationem cordis acquiritur munditia cordis. Ergo praedicta beatitudo magis pertinet ad virtutem fidei quam ad donum intellectus.

3. Praeterea, dona Spiritus Sancti perficiunt hominem in praesenti vita. Sed visio Dei non pertinet ad vitam praesentem: ipsa enim beatos facit, ut supra[3] habitum est. Ergo sexta beatitudo, continens Dei visionem, non pertinet ad donum intellectus.

은 우선 이해하고, 그 다음에 이해된 것들에 대한 판단으로 나아가기 때문이다. 이것들 중에 첫째는 통찰의 선물에 상응하고(II-II, q.8, a.4, ad2), 둘째는 지혜의 선물과 지식의 선물(이 절의 본론 끝에서처럼)에 상응한다. 그것이 무엇인지 올바른 판단을 가지는 것에 대해서는 II-II, q.9, a.1을 보라." S. Capponi a Porrecta, OP, in h. l.

제7절 통찰의 선물은 여섯째 참행복, 즉 '마음이 깨끗한 사람들! 그들은 하느님을 뵐 것이다'에 상응하는가?

Parall.: *In Sent.*, III, d.34, q.1, a.4.

[반론] 일곱째에 대해서는 다음과 같이 진행된다. 통찰의 선물은 여섯째 참행복, 즉 '마음이 깨끗한 사람들! 그들은 하느님을 뵐 것이다'에 상응하지 않는 것처럼 보인다.[1]

1. 마음의 깨끗함은 최고로 감정에 속하는 것처럼 보이기 때문이다. 통찰의 선물은 감정이 아니라 오히려 지성적 능력에 속한다. 그러므로 앞서 언급된 참행복은 통찰의 선물에 상응하지 않는다.

2. 사도행전 15장 [9절]에서는 "그들의 마음을 정화하는 신앙"이라고 말한다.[2] 마음의 정화를 통해서 마음의 깨끗함이 획득된다. 그러므로 앞서 언급된 참행복은 오히려 통찰의 선물이라기보다 신앙의 덕에 속한다.

3. 성령의 선물들은 현세에서 인간을 완성한다. 그러나 하느님에 대한 직관은 현재 삶에 속하지 않는다. 위에서[3] 언급한 바와 같이, 그것 자체가 복된 이들을 만들기 때문이다. 그러므로 하느님에 대한 직관을 포함하고 있는 여섯째 참행복은 통찰의 선물에 속하지 않는다.

---

1. 마태 5,8. 참행복 전체에 대해서는 마태 5,3-11과 루카 6,20-22 참조.
2. Cf. q.7, a.2, sc.
3. I, q.12, a.1; I-II, q.3, a.8.

Sed contra est quod Augustinus dicit, in libro *de Serm. Dom. in Monte*[4]: *Sexta operatio spiritus sancti, quae est intellectus, convenit mundis corde, qui purgato oculo possunt videre quod oculus non vidit.*

Respondeo dicendum quod in sexta beatitudine, sicut et in aliis, duo continentur: unum per modum meriti, scilicet munditia cordis; aliud per modum praemii, scilicet visio Dei, ut supra[5] dictum est. Et utrumque pertinet aliquo modo ad donum intellectus. Est enim duplex munditia. Una quidem praeambula et dispositiva ad Dei visionem, quae est depuratio affectus ab inordinatis affectionibus: et haec quidem munditia cordis fit per virtutes et dona quae pertinent ad vim appetitivam.[6] Alia vero munditia cordis est quae est quasi completiva respectu visionis divinae: et haec quidem est munditia mentis depuratae a phantasmatibus et erroribus, ut scilicet ea quae de Deo proponuntur non accipiantur per modum corporalium phantasmatum, nec secundum haereticas perversitates. Et hanc munditiam facit donum intellectus.

Similiter etiam duplex est Dei visio. Una quidem perfecta, per quam videtur Dei essentia.[7] Alia vero imperfecta, per quam, etsi non videamus de Deo quid est, videmus tamen quid non est: et tanto in hac vita Deum perfectius cognoscimus quanto magis intelligimus

---

4. Augustinus, *De Sermone Domini in Monte*, I, c.4, n.11: PL 34, 1235. 이와 같이 아우구스티누스가 각 선물을 적절한 참행복과 상응시키는 것을 따라할 수 있다. 이것은 유용한 방식이지만, 아우구스티누스는 '어떤 방식으로 속한다'(Pertinet aliquo modo)라고 말하기 때문에 너무

[재반론] 반대로 아우구스티누스는 『주님의 산상설교』[4]에서 "통찰이라는 성령의 여섯째 작용은 마음이 깨끗한 이들에게 적합하고, 그들은 눈의 정화에 의해서 눈이 보지 못하던 것을 볼 수 있다."고 말한다.

[답변] 다른 참행복들 안에서처럼, 여섯째 참행복 안에도 두 가지가 내포되어 있다. 첫째, 공로의 측면에서, 즉 마음의 깨끗함; 둘째, 보상의 측면에서, 즉 위에서[5] 말한 바와 같이, 하느님에 대한 직관. 이 두 가지가 모두 어떤 방식으로는 통찰의 선물에 속한다. 깨끗함에는 두 가지가 있기 때문이다. 하나는 하느님에 대한 직관으로의 전제이고 준비인데, 이것은 무질서한 정감들로부터 감정의 정화작용이고, 이러한 마음의 깨끗함은 욕구적 능력에 속하는 덕들과 선물을 통해서 이루어진다.[6] 다른 '마음의 깨끗함'은 하느님에 대한 직관의 관점에서 마치 완성하는 것과 같은데, 이러한 정신의 깨끗함은 표상들과 오류들로부터 정화된 것이다. 즉 하느님에 대해 제안된 것들은 육체적인 표상들의 방식을 통해서 취해지지도 않고, 이단적인 타락에 따라 취해지지도 않는다. 통찰의 선물이 이러한 깨끗함을 만든다.

또한 이와 유사하게 하느님에 대한 직관에도 두 가지가 있다. 첫째, 완전한 직관으로, 그것을 통해서 하느님의 본질이 보인다.[7] 둘째, 불완전한 직관으로, 그것을 통해서, 비록 우리가 하느님에 대해서 그분이 무엇인지를 보지 못한다고 할지라도, 하느님이 무엇이 아닌지를 보게

과장해서는 안 된다.
5. I-II, q.69, a.2.
6. Cf. q.180, a.2, ad2.
7. Cf. I, q.12, a.1.

q.8, a.7

eum excedere quidquid intellectu comprehenditur.[8] Et utraque Dei visio pertinet ad donum intellectus: prima quidem ad donum intellectus consummatum, secundum quod erit in patria[9]; secunda vero ad donum intellectus inchoatum, secundum quod habetur in via.[10]

Et per hoc patet responsio ad obiecta. Nam primae duae rationes procedunt de prima munditia.[11] Tertia vero de perfecta Dei visione: dona autem et hic nos perficiunt secundum quandam inchoationem, et in futuro implebuntur, ut supra dictum est.[12]

---

8. Cf. I, q.1, a.9, ad3; q.3 prol.
9. Cf. I-II, q.68, a.6. 이로써 토마스는 통찰의 선물이 영원한 생명 안에서 하느님을 직관하도록 만들어 주는 조명인 것처럼 말하려는 것이 아니다. 이것은 소위 I, q.12, a.5에서 말했던 '영광의 빛'이다. 토마스는 이와는 반대로 단지, 통찰의 선물은 인간 지성이 상위의 빛을 수단으로 직접적으로 하느님을 보게 될 때, 그 '가장 완전한' 행위방식, 즉 '내적으로-바라봄'이라는 방식을 얻게 된다는 사실을 말하려 할 뿐이다.
10. "사변적 삶은 여기서 시작하고 미래에 완성될 것이다. 본향에서 완성될 행위는 어느 의미에서 이 삶 안에서 시작되지만, 불완전하다. 그러나 영적인 것들을 파악하는 일을 하는 통찰의 선물은 본향에서 신적인 본질 자체에 도달한다. 따라서 통찰의 선물에 속하는 여섯째 참행복 안에서, 그것은 본향의 상태라는 측면에 놓이게 된다. 그것들은 하느님을 볼 것이기 때문이다. 그러나 나그네의 상태 안에서 영적인 것들, 무엇보다도 하느님을, 우리는 그분이 무엇인지를 파악하기보다는 그분이 무엇이 아니라는 사실을 인식함으로써 보게 된다. 따라서 나그네의 상태에 있는 한, 정념의 유혹들로부터의 깨끗함만이 아니라—그 깨끗함을 통찰의 영이 만드는 것이 아니라, [그 깨끗함이] 완전한 능동적 삶을 통해서 전제된다—오류들과 표상들과

된다. 그리고 이 세상 삶에서 하느님을 더 완전하게 인식하면 할수록, 우리는 하느님이 지성에 의해서 파악되는 모든 것을 능가함을 더 많이 이해하게 된다.[8] 이 두 가지 하느님에 대한 직관은 통찰의 선물에 속하는데, 첫째는 본향(本鄕) 안에서 존재하게 될 것인 한에서 완성된 통찰의 선물에 속하고[9], 둘째는 나그넷길에서 가지게 되는 한에서 시작된 통찰의 선물에 속한다.[10]

[해답] 이를 통해서 반론들의 해답도 분명하다. 왜냐하면 처음 두 가지 논거들은 첫째 깨끗함에 대해서 진행된다.[11] 그러나 세 번째 논거는 완전한 '하느님에 대한 직관'에 관한 것으로, 위에서[12] 말했듯이, 선물들은 여기서 우리를 어떤 시작에 따라 완성하고, 미래에는 충족시킬 것이다.

영적인 형상들로부터의 깨끗함이 제시된다. 이 모든 것들에 대해서 디오니시우스는 『신비 신학』(*De mystica theologia*, c.1, PG 3, 998)에서 신적인 명상을 지향하는 이들이 피해야 함을 가르친다." (*In Sent.*, III, d.34, q.1, a.4)

11. 무질서한 정념들로부터 정념의 정화작용은 형상화되지 않은 신앙을 통해 시작되어 형상화된 신앙을 통해서 완전하게 이루어진다(II-II, q.7, a.2). 그러나 형상적으로는 욕구적 능력에 속하는 덕들과 선물들을 통해서 정화가 이루어진다.(여기와 본론 참조). 이 첫째 깨끗함은 신적 직관이라는 측면에서의 둘째 깨끗함의 전제와 같은 것이다. 이 둘째 깨끗함은 통찰의 선물을 통해서 이루어진다.(여기와 본론; a.8, ad2 참조)

12. I-II, q.69, a.2.

Articulus 8
Utrum in fructibus fides respondeat dono intellectus

Ad octavum sic proceditur. Videtur quod in fructibus fides non respondeat dono intellectus.

1. Intellectus enim est fructus fidei: dicitur enim Isaiae 7, [9][1]: *Nisi credideritis, non intelligetis,* secundum aliam litteram[2], ubi nos habemus: *Si non credideritis, non permanebitis.* Non ergo fides est fructus intellectus

2. Praeterea, prius non est fructus posterioris. Sed fides videtur esse prior intellectu: quia fides est fundamentum totius spiritualis aedificii, ut supra[3] dictum est. Ergo fides non est fructus intellectus.

3. Praeterea, plura sunt dona pertinentia ad intellectum quam pertinentia ad appetitum. Sed inter fructus ponitur tantum unum pertinens ad intellectum, scilicet fides: omnia vero alia pertinent ad appetitum. Ergo fides non magis videtur respondere intellectui quam sapientiae vel scientiae seu consilio.

Sed contra est quod finis uniuscuiusque rei est fructus eius. Sed donum intellectus videtur principaliter ordinari ad certitudinem fi-

---

1. 이사 7,9: "에프라임의 우두머리는 사마리아요 사마리아의 우두머리는 르말야의 아들이기 때문이다. 너희가 믿지 않으면 정녕 서 있지 못하리라."
2. Septuaginta Interpr. – Cf. q.4, a.8, obj.3; q.8, a.5, obj.3.

제8절 열매들 안에서 신앙은 통찰의 선물에 상응하는가?

Parall.: *In Sent.*, III, d.34, q.1, a.5.

[반론] 여덟째에 대해서는 다음과 같이 진행된다. 열매들 안에서 신앙은 통찰의 선물에 상응하지 않는 것처럼 보인다.

1. 통찰은 신앙의 열매이기 때문이다. 이사야서 7장 [9절][1] - 우리가 "너희가 믿지 않는다면, 계속하지 못할 것이다."라는 말씀을 가진 곳 [불가타]에서 - 다른 독해방식[70인역][2]에 따르면, "너희가 믿지 않으면, 통찰(이해)하지 못할 것이다."라고 말하기 때문이다. 그러므로 신앙은 통찰의 열매가 아니다.

2. 선차적인 것은 후차적인 것의 열매가 아니다. 그런데 신앙은 통찰보다 선차적인 것처럼 보인다. 위에서[3] 말한 바와 같이, 신앙은 모든 영적인 건물의 기초이기 때문이다. 그러므로 신앙은 통찰의 열매가 아니다.

3. 욕구에 속하는 선물들보다 지성에 속하는 선물들이 더 많다. 그런데 열매들 중에서는 오직 하나, 즉 신앙만이 지성에 속하는 것으로 제시되고, 다른 모든 것은 욕구에 속한다. 그러므로 신앙은 지혜나 지식 혹은 의견보다 통찰(지성)에 더 상응하지 않는 것처럼 보인다.

[재반론] 반대로 어떠한 사물이든지 그 목적은 그것의 열매이다. 그런데 통찰의 선물은 근원적으로 열매로 제시되는 신앙의 확실성을 지

---

3. q.4, a.7, ad4; I-II, q.67, a.2, ad2; q.89, a.2, ad2.

dei, quae ponitur fructus: dicit enim Glossa[4], *ad Gal.* 5, [22], quod fides quae est fructus est *de invisibilibus certitudo*. Ergo in fructibus fides respondet dono intellectus.

Respondeo dicendum quod, sicut supra[5] dictum est, cum de fructibus ageretur, fructus spiritus dicuntur quaedam ultima et delectabilia quae in nobis proveniunt ex virtute Spiritus Sancti. Ultimum autem delectabile habet rationem finis, qui est proprium obiectum voluntatis.[6] Et ideo oportet quod id quod est ultimum et delectabile in voluntate sit quodammodo fructus omnium aliorum quae pertinent ad alias potentias. Secundum hoc ergo doni vel virtutis perficientis aliquam potentiam potest accipi duplex fructus: unus quidem pertinens ad suam potentiam; alius autem quasi ultimus, pertinens ad voluntatem. Et secundum hoc dicendum est quod dono intellectus respondet[8] pro proprio fructu fides, idest fidei certitudo[7]: sed pro ultimo fructu respondet ei gaudium, quod pertinet ad voluntatem.

Ad primum ergo dicendum quod intellectus est fructus fidei quae est virtus. Sic autem non accipitur fides cum dicitur fructus: sed pro quadam certitudine fidei, ad quam homo pervenit per donum intellectus.

---

4. Interl.; Lombardi: PL 192, 160 B.
5. I-II, q.70, a.1.
6. Cf. I-II, q.8, a.2.

향하는 것처럼 보인다. 갈라티아서 5장 [22절]에 대한 주석[4]에서 열매인 신앙은 "보이지 않는 것에 대한 확실성"이라고 말하기 때문이다. 그러므로 열매들 중에서 신앙은 통찰의 선물과 상응한다.

[답변] 열매들을 다룰 때, 위에서[5] 말한 바와 같이, 성령의 열매들은 성령의 능력으로부터 우리 안에서 이루어지는 일종의 궁극적이고 쾌락적인 것을 말한다. 궁극적이고 쾌락적인 것이란 의지의 고유한 대상인 목적의 의미를 지닌다.[6] 따라서 의지 안에 있는 궁극적이고 쾌락적인 바로 그것은 어떤 의미에서 다른 능력들에 속하는 다른 모든 것의 열매인 셈이다.

이에 따라 어떤 능력을 완성시키는 선물이나 덕에는 이중의 열매가 취해질 수 있다. 첫째, 그 능력에 속하는 것, 둘째, 의지에 속하는 마치 궁극적인 것이 그것이다. 그러므로 통찰의 선물에게 그 고유한 열매로서는 신앙, 즉 신앙의 확실성[7]이 상응하지만[8], 궁극적인 열매로서는 의지에 속하는 그 즐거움이 상응한다고 말해야만 한다.

[해답] 1. 통찰은 덕으로서의 신앙의 열매이다. 그러나 [여기서 신앙은], 열매라고 불릴 때 그런 의미에서 취해진 것이 아니라, 인간이 통찰의 선물을 통해서 도달하게 되는 일종의 신앙의 확실성이라는 의미로 취해진 것이다.

---

7. 신앙의 확실성: "그러나 성령의 열매는 사랑, 기쁨, 평화, 인내, 호의, 선의, 성실, 온유, 절제입니다."라는 갈라 5,22은 믿음(pistis)을 신앙심의 수동적 의미로 취하는 것처럼 보인다.
8. Cf. q.4, a.5, ad4; I-II, q.70, a.3, ad3.

q.8, a.8

Ad secundum dicendum quod fides non potest universaliter praecedere intellectum: non enim posset homo assentire credendo aliquibus propositis nisi ea aliqualiter intelligeret.[9] Sed perfectio intellectus consequitur fidem quae est virtus, ad quam quidem intellectus perfectionem sequitur quaedam fidei certitudo.[10]

Ad tertium dicendum quod cognitionis practicae fructus non potest esse in ipsa: quia talis cognitio non scitur propter se, sed propter aliud. Sed cognitio speculativa habet fructum in seipsa, scilicet certitudinem eorum quorum est. Et ideo dono consilii, quod pertinet solum ad practicam cognitionem, non respondet aliquis fructus proprius. Donis autem sapientiae, intellectus et scientiae, quae possunt etiam ad speculativam cognitionem pertinere, respondet solum unus fructus, qui est certitudo significata nomine fidei.[11] Plures autem fructus ponuntur pertinentes ad partem appetitivam, quia, sicut iam[12] dictum est, ratio finis, quae importatur in nomine fructus, magis pertinet ad vim appetitivam quam intellectivam.

---

9. Cf. q.1, a.4, ad2.
10. 여기서는 신앙의 동의에 앞서가는 통찰에 대해서 이야기하고 있다. 이 통찰은 하느님 말씀과 유사한 개념들의 이성적 부분에 대한 단순히 자연적인 인식인가 아니면 심층적이고 신비에 찬 것들에 대한 상위의 신적인 파악인가? 대상적인 측면에서 보면 질문은 이러한 방식으로 제기된다: 여기서는 존재의 유비에 대한 인식이 관건인가 아니면 신앙의 유비에 대한 인식이 관건인가? 존재의 유비, 따라서 인간이 계시를 근거로 그 안에 감추어져 있는 신적인 핵심을 찾기 이전에, 하느님 말씀의 이성적 부분이 본성에 맞게 먼저 파악되어야만 한다는 사실은, 마치 신앙에 지성의 사용이 요구된다는 사실이 분명한 것처럼, 너무도 당연하다. 그것은 오직 '신앙의 통찰(이해)'(intellectus fidei)을 생각한 것일 수 있고, 그것은 존재의 유비 안으로 옮겨진 신앙의 유비, 즉 계시된 말씀 그 자체의 더 높은 의미가치를 파악할 수 있는 능력을 지닌 것이다. 여기에 카를 바르트(K. Barth)가 자신의 '신앙의 유비'에 대한 일방적인 강조

2. 신앙은 보편적으로 이해에 선행할 수 없다. 인간은 어떤 제안된 것들이 오직 어떤 방식으로든 이해될 때에만, 그것들을 믿으면서 동의할 수 있기 때문이다.[9] 그러나 이해의 완전성은 덕으로서의 신앙이 뒤따르며, 이런 이해의 완전성에 일종의 신앙의 확실성이 뒤따른다.[10]

3. 실천적인 인식은 자기 때문이 아니라 다른 것 때문에 알려지기 때문에, 그러한 인식의 열매들은 자기 안에 존재할 수 없다. 그러나 사변적 인식은 자기 자체 안에 열매를, 즉 그 인식이 관련된 것들에 관한 확실성을 가진다. 따라서 실천적 인식에만 속하는 의견의 선물은 어떠한 고유한 열매에 상응하지 않는다. 또한 사변적 인식에도 속하는 지혜, 통찰, 그리고 지식의 선물들에는 신앙이라는 명칭으로 의미된 확실성이라는 오직 하나의 열매가 상응한다.[11] 그래서 다수의 열매들은 욕구적 부분에 속하는 것들로 제시된다. 이미[12] 말한 바와 같이, 열매라는 명칭 안에 내포되어 있는, 목적이라는 의미는 지성적 능력보다는 욕구적 능력에 더 많이 속하기 때문이다.

를 가지고 제기했던 문제의 해결책이 놓여 있다. 신앙은 직접적으로 신앙의 유비와 관련되며, 따라서 직접적으로 신앙의 통찰과 관련되지만, 그럼에도 존재의 유비 안에 그리고 이와 관련해서 통찰(이해) 그 자체 안에 기초를 두지 않는 것은 아니다. 무엇보다도 토마스는 이 현대적인 문제제기를 전혀 알지 못했다. 그러므로 와이저(P. Wyser, D*Thom[f]* 19(1941), p.339)가 말한 것처럼—비록 그러한 것들이 그의 핵심적인 가르침으로부터 발전될 수 있을지라도—토마스에게서 '신앙의 유비'와 '신앙의 통찰'에 관한 본래적인 이론을 찾아서는 안 된다. 참조: P. Blanco, "Analogia entis, analogia fidei. Karl barth dialogues with Catholic theologians", in *Scripta Theologica* 51(2019), Universidad de Navarra, pp.67-95; 김영원, 「안셀무스의『모놀로기온』(*Monologion*)—신앙유비(analogia fidei)와 존재유비(analogia entis)」, 『한국기독교신학논총』 91(2014), 131-158쪽; 칼 바르트, 『이해를 추구하는 믿음-안셀무스의 신학적 체계와 연관한 신 존재 증명』, 김장생 옮김, 한국문화사, 2013.
11. 그래서 아래 q.9(지식에 대하여)와 q.45(지혜에 대하여)에서는 지식과 지혜의 선물들에 상응하는 열매들에 대해 다루는 절들이 발견되지 않는다.
12. 본론.

Quaestio IX
DE DONO SCIENTIAE
in quatuor articulos divisa

Deinde considerandum est de dono scientiae.[1]

Et circa hoc quaeruntur quatuor.

Primo: utrum scientia sit donum.

Secundo: utrum sit circa divina.

Tertio: utrum sit speculativa vel practica.

Quarto: quae beatitudo ei respondeat.

Articulus 1
Utrum scientia sit donum

Ad primum sic proceditur. Videtur quod scientia non sit donum.[1]

1. Dona enim Spiritus Sancti naturalem facultatem excedunt. Sed

---

[1]. Cf. q.8, Introd.
[1]. 라틴어 scientia(지식, 학문)는 1. 가장 일반적으로 모든 종류의 지식을 의미한다. 2. 그러나 더 고유하게는 추론의 과정을 해결하는 판단에 의한 확실한 지식을 뜻한다. 3. 그리고 가장 특수하게 아리스토텔레스적인 사용 방식에서는 증명에서의 결론을 의미한다. 지식을 그렇게 유지하는 습관이 지식(scientia, epistēmē)이라는 덕이다. 이 명칭은 피조물 안에 있는 진리를 하는

제9문
지식의 선물에 대하여
(전4절)

이어서 지식의 선물에 대해 고찰해야 한다.[1] 지식의 선물에 대해서는 다음 네 가지 질문이 제기된다.

1. 지식은 선물인가?
2. 지식은 신적인 것에 관한 것인가?
3. 지식은 사변적인가 또는 실천적인가?
4. 참행복 중에 어떤 것이 그것에 상응하는가?

제1절 지식은 선물인가?

Parall.: II-II, q.8, a.6.

[반론] 첫째에 대해서는 다음과 같이 진행된다. 지식은 선물이 아닌 것처럼 보인다.[1]

1. 성령의 선물은 자연적인 기능을 넘어서기 때문이다. 지식은 일종

님의 계시된 진리로부터 유래하는 것으로 평가하는 성령의 저 선물까지 확장된다. II-II, q.8, a.2의 각주[a] 참조. [역주]영어 번역에서는 scientia의 선물을 일반적으로 지식의 선물이라고 번역하기보다 STh I, q.1에 나오는 것과 연결시켜서 science(학문)라고 번역했지만 성령의 선물과의 연결성을 고려해서 이 책에서는 지식의 선물로 번역했다.

scientia importat effectum quendam naturalis rationis: dicit enim philosophus, in *I Poster.*[2], quod demonstratio est *syllogismus faciens scire*. Ergo scientia non est donum Spiritus Sancti.

2. Praeterea, dona Spiritus Sancti sunt communia omnibus sanctis, ut supra[3] dictum est. Sed Augustinus, XIV *de Trin.*[4], dicit quod *scientia non pollent fideles plurimi, quamvis polleant ipsa fide*. Ergo scientia non est donum.

3. Praeterea, donum est perfectius virtute, ut supra[5] dictum est. Ergo unum donum sufficit ad perfectionem unius virtutis. Sed virtuti fidei respondet donum intellectus, ut supra[6] dictum est. Ergo non respondet ei donum scientiae. Nec apparet cui alii virtuti respondeat. Ergo, cum dona sint perfectiones virtutum, ut supra[7] dictum est, videtur quod scientia non sit donum.

Sed contra est quod Isaiae 11, [2-3] computatur inter septem dona.[8]

Respondeo dicendum quod gratia est perfectior quam natura: unde non deficit in his in quibus homo per naturam perfici potest.[9] Cum autem homo per naturalem rationem assentit secundum intellec-

---

2. Aristoteles, *Analytica Posteriora*, I, c.2, 71b17; S. Thomas, lect.4, n.9.
3. I-II, q.68, a.5.
4. Augustinus, *De Trinitate*, XIV, c.1, n.2: PL 42, 1037.
5. I-II, q.68, a.8.

의 자연적 이성의 결과를 내포한다. 철학자는 『분석론 후서』 제1권에서[2] "증명은 앎을 만들어내는 삼단논법이다"라고 말하기 때문이다. 그러므로 지식은 성령의 선물이 아니다.

2. 위에서[3] 말했듯이, 성령의 선물들은 모든 성인들에게서 공통적이다. 그런데 아우구스티누스는 『삼위일체론』 제14권에서[4] "많은 신자는 신앙 자체에는 능력이 있을지라도, 지식에는 능력이 없다."라고 말한다. 그러므로 지식은 선물이 아니다.

3. 선물은 위에서[5] 말했듯이, 덕보다 더욱 완전하다. 그러므로 하나의 선물은 하나의 덕의 완성을 위해 충분하다. 그런데 신앙의 덕에는 위에서[6] 말했듯이, 통찰의 선물이 상응한다. 따라서 지식의 선물은 그것에 상응하지 않는다. 다른 덕들이 그것에 상응하는지도 분명하지 않다. 위에서[7] 말했듯이, 선물은 덕의 완성이기 때문에, 지식은 선물이 아닌 것처럼 보인다.

[재반론] 반대로 이사야서 11장 [2절]은 일곱 가지 선물 중에 [지식을] 헤아린다.[8]

[답변] 은총은 자연보다 더 완전하다. 그래서 은총은 자연을 통해 완성될 수 있는 것들에 관해서 결함을 갖지 않는다.[9] 그런데 인간은 자연적인 이성을 통해서 어떤 진리의 이해에 따라 동의하기 때문에, 저 진

---

6. q.8, a.5, obj.3 & ad3.
7. I-II, q.68, aa.1-2. Cf. Ibid. a.4, ad3.
8. Cf. I-II, q.68, a.4.
9. Cf. I-II, q.65, a.3: "하느님이 은총의 업적들과 관련해서 자연의 업적들에서보다 덜 완전하게

tum alicui veritati, dupliciter perficitur circa veritatem illam: primo quidem, quia capit eam; secundo, quia de ea certum iudicium habet. Et ideo ad hoc quod intellectus humanus perfecte assentiat veritati fidei duo requiruntur. Quorum unum est quod sane capiat ea quae proponuntur: quod pertinet ad donum intellectus, ut supra[10] dictum est. Aliud autem est ut habeat certum et rectum iudicium de eis, discernendo scilicet credenda non credendis. Et ad hoc necessarium est donum scientiae.

Ad primum ergo dicendum quod certitudo cognitionis in diversis naturis invenitur diversimode, secundum diversam conditionem uniuscuiusque naturae. Nam homo consequitur certum iudicium de veritate per discursum rationis: et ideo scientia humana ex ratione demonstrativa acquiritur.[11] Sed in Deo est certum iudicium veritatis absque omni discursu per simplicem intuitum, ut in Primo[12] dictum est: et ideo divina scientia non est discursiva vel ratiocinativa, sed absoluta et simplex. Cui similis est scientia quae ponitur donum Spiritus Sancti: cum sit quaedam participativa similitudo ipsius.

Ad secundum dicendum quod circa credenda duplex scientia potest haberi.[13] Una quidem per quam homo scit quid credere debeat, discernens credenda a non credendis, et secundum hoc scien-

---

작업하시는 것이 아니다."; 아래 q.45, a.5 참조.
10. q.8, a.6.

리에 관해 두 가지 방식으로 완성된다. 첫째, 그 진리를 파악하기 때문에, 둘째, 그 진리에 관해 확실한 판단을 가지기 때문에 [완성된다.] 따라서 인간 지성이 신앙의 진리에 완전하게 동의하기 위해서는 두 가지가 요구된다. 그것들 중 하나는 제안된 것들을 건강하게 파악하는 일이고, 이것은 위에서[10] 언급했듯이 통찰의 선물에 속한다. 다른 것은 믿어야만 하는 것들을 믿지 말아야만 하는 것들로부터 구별함으로써, 그것들[제안된 것들]에 대해 확실하고 올바른 판단을 가지는 일이다. 이것을 위해서는 지식의 선물이 필요하다.

[해답] 1. 인식의 확실성은 다양한 본성들 안에서, 각 본성의 다른 조건들에 따라 다양한 방식으로 발견된다. 왜냐하면 인간은 이성의 추론을 통해서 진리에 대한 확실한 판단에 도달하고, 따라서 인간적 지식은 증명적인 논거로부터 획득된다.[11] 그러나 제1부에서[12] 말했듯이, 하느님 안에서는 진리에 대한 확실한 판단이 어떠한 추론도 없이 단순한 직관을 통해서 존재하고, 따라서 신적 지식은 추론적이거나 추리적이 아니라 절대적이고 단순하다. 성령의 선물로 제시되는 지식은, 성령 자체와 일종의 참여된 유사성을 가지기 때문에 신적 지식과 유사하다.

2. 믿어야만 하는 것들에 관해서 두 가지 지식이 소유될 수 있다.[13] 첫째, 그것을 통해서 믿어야만 하는 것을 믿지 말아야 하는 것들로부터 구별함으로써, 인간이 믿어야만 하는 것을 아는 지식이다. 이에 따

---

11. Cf. I, q.85, a.5.
12. I, q.14, a.7. Cf. I-II, q.14, a.1, ad2.
13. 신앙과 학문적 지식에 대해서는 II-II, q.1, a.5 참조.

tia est donum, et convenit omnibus sanctis. Alia vero est scientia circa credenda per quam homo non solum scit quid credi debeat, sed etiam scit fidem manifestare et alios ad credendum inducere et contradictores revincere. Et ista scientia ponitur inter gratias gratis datas[14]: quae non datur omnibus; sed quibusdam. Unde Augustinus, post verba inducta, subiungit, *Aliud est scire tantummodo quid homo credere debeat, aliud scire quemadmodum hoc ipsum et piis opituletur et contra impios defendatur.*[15]

Ad tertium dicendum quod dona sunt perfectiora virtutibus moralibus et intellectualibus. Non sunt autem perfectiora virtutibus theologicis: sed magis omnia dona ad perfectionem theologicarum virtutum ordinantur sicut ad finem.[16] Et ideo non est inconveniens si diversa dona ad unam virtutem theologicam ordinantur.

---

14. gratiae gratis datae(무상은총, 무상으로 주어지는 은총, 은사적 은총)는 다른 이를 위해서, '공동선'을 위해 주어지는 성령의 현존들이다. 참조: 1코린 12,7-10: "하느님께서 각 사람에게 공동선을 위하여 성령을 드러내 보여 주십니다. 그리하여 어떤 이에게는 성령을 통하여 지혜의 말씀이, 어떤 이에게는 같은 성령에 따라 지식의 말씀이 주어집니다. 어떤 이에게는 같은 성령 안에서 믿음이, 어떤 이에게는 그 한 성령 안에서 병을 고치는 은사가 주어집니다. 어떤 이에게는 기적을 일으키는 은사가, 어떤 이에게는 예언을 하는 은사가, 어떤 이에게는 영들을 식별하는 은사가, 어떤 이에게는 여러 가지 신령한 언어를 말하는 은사가, 어떤 이에게는 신령한 언어를 해석하는 은사가 주어집니다."; I-II, q.3, aa.4-5 참조.
신학자들은 은총의 선물을 무상으로 주어지는 선물과 영원한 목적에 도달하기 위해서 인간에게 마땅히 돌아가야 하는 그런 선물로 구분한다. 그렇지만 마치 영원한 생명에 대한 부름이 인간에게 마땅히 돌아가야 하는 것처럼은 아니다. 그것은 하느님께서 자유로이 주시는 은총의 선물이다. 그러나 인간이 한번 하느님의 의지를 통한 이러한 부르심을 전제한다면, 인간은

라 지식은 선물이며, 모든 성인에게 적합하다. 둘째, 그것을 통해서 인간이 믿어야만 하는 것을 아는 것뿐만 아니라, 또한 신앙을 명백하게 할 줄도 알고, 다른 이들을 믿도록 이끌며 반대자들을 논박할 줄도 아는, 믿어야만 하는 것들에 관한 지식이 있다. 이러한 지식은 무상은총들 사이에 놓인다.[14] 그것은 모든 이에게 주어지는 것이 아니라 몇몇 사람들에게만 주어진다. 그래서 아우구스티누스는 인용된 말들에 이어서 다음과 같이 덧붙인다. "단지 인간이 믿어야만 하는 것을 아는 일과 믿어지는 것에 대해 어떤 방식으로든 경건한 이들을 돕고, 불경한 자들을 거슬러 방어하는 일은 서로 다른 것이다."[15]

3. 선물들은 도덕적 덕들이나 지성적 덕들보다 더욱 완전하다. 그러나 그것들은 대신덕(對神德)들보다 더 완전하지는 않고, 오히려 모든 선물은 목적처럼, 대신덕들의 완성을 지향한다.[16] 따라서 다양한 덕이 하나의 대신덕을 지향한다면, 이것은 부적절하지 않다.

이 목적에 도달하기 위해서 필요한 하느님의 모든 은총 증여를 '마땅히 돌아가야 하는' 선물이라고 불러야만 한다.

첫 번째로 언급한 은총의 선물들(예를 들어 예언)은 오직 개인들에게 전달되었고, 일차적으로 그 담지자가 아니라, 신앙 공동체에게 기여한다. 은총 선물의 두 번째 그룹들은 이와는 달리 그 담지자 자체를 완성시키고 영원한 생명으로 이끈다. 그것들은 그 인간을 하느님 마음에 들게 만든다(gratum faciens). 무엇보다도 좁은 의미에서 사람들은—지속적으로 은총과 관련된 선물들, 즉 초자연적인 습성으로서 인간에게 전달되는 - 저 인간을 구원으로 이끄는 은총 선물(성화 은총과 초자연적인 덕들)을 하느님 마음에 들게 만드는 은총이라 부른다. 이것과 움직여 주는 은총으로서 인간 안에서 작용하는 성령의 자극과 조명들은 구별된다.

15. Augustinus, *De Trinitate*, XIV, c.1, n.2: PL 42, 1037.
16. Cf. I-II, q.68, a.8.

Articulus 2
Utrum scientiae donum sit circa res divinas.

Ad secundum sic proceditur. Videtur quod scientiae donum sit circa res divinas.

1. Dicit enim Augustinus, XIV *de Trin.*[1], quod per scientiam *gignitur fides, nutritur et roboratur.* Sed fides est de rebus divinis: quia obiectum fidei est veritas prima, ut supra[2] habitum est. Ergo et donum scientiae est de rebus divinis.

2. Praeterea, donum scientiae est dignius quam scientia acquisita. Sed aliqua scientia acquisita est circa res divinas, sicut scientia metaphysicae.[3] Ergo multo magis donum scientiae est circa res divinas.

3. Praeterea, sicut dicitur *Rom.* 1, [20], *invisibilia Dei per ea quae facta sunt intellecta conspiciuntur.*[4] Si igitur est scientia circa res creatas, videtur quod etiam sit circa res divinas.

Sed contra est quod Augustinus, XIV *de Trin.*[5], dicit: *Rerum divinarum scientia proprie sapientia nuncupetur: humanarum autem pro-*

---

1. Augustinus, *De Trinitate*, XIV, c.1, n.3: PL 42, 1037; II-II, q.6, a.1, obj.1.
2. q.1, a.1.
3. 신학적인(thelogikē, 즉 divine scientia) 형이상학에 관해서는 Aristoteles, *Metaphysica* VI, c.1, 1026b18; S. Thomas, lect. 1.

제2절 지식의 선물은 신적인 것에 관한 것인가?

Parall.: *In Sent.*, III, d.35, q.2, a.3, qc.1.

[반론] 둘째에 대해서는 다음과 같이 진행된다. 지식의 선물은 신적인 것에 관한 것처럼 보인다.

1. 아우구스티누스는 『삼위일체론』 제14권[1]에서 "지식을 통해 신앙이 태어나고, 길러지고, 방어되고, 강화된다."고 말하기 때문이다. 그러나 위에서[2] 언급했듯이, 신앙의 대상은 제1진리이기 때문에, 신앙은 신적인 것들에 관한 것이다. 그러므로 지식의 선물도 신적인 것에 관한 것이다.

2. 지식의 선물은 획득된 지식보다 더욱 존엄하다. 어떤 획득된 지식은 형이상학[3]이라는 학문처럼, 신적인 것에 관한 것이다. 그러므로 지식의 선물은 훨씬 더 신적인 것에 관한 것이다.

3. 로마서 1장 [20절][4]에서 "하느님의 보이지 않는 것들이 만들어진 것들을 통하여 이해되고 통찰되었습니다."라고 말하는 것과 같다. 따라서 만일 창조된 사물들에 관한 지식이 존재한다면, 또한 신적인 것들에 관한 것도 존재하는 것처럼 보인다.

[재반론] 반대로 아우구스티누스는 『삼위일체론』 제14권[5]에서 "신적인 것들에 관한 지식은 고유하게 지혜라고 불리고, 인간들에 관한 것

---

4. 로마 1,20: "세상이 창조된 때부터, 하느님의 보이지 않는 본성 곧 그분의 영원한 힘과 신성을 조물을 통하여 알아보고 깨달을 수 있게 되었습니다. 따라서 그들은 변명할 수가 없습니다."
5. Augustinus, *De Trinitate*, XIV, c.1, n.3: PL 42, 1037.

prie scientiae nomen obtineat.

Respondeo dicendum quod certum iudicium de re aliqua maxime datur ex sua causa.[6] Et ideo secundum ordinem causarum oportet esse ordinem iudiciorum, sicut enim causa prima est causa secundae, ita per causam primam iudicatur de causa secunda. De causa autem prima non potest iudicari per aliam causam. Et ideo iudicium quod fit per causam primam est primum et perfectissimum.[7] In his autem in quibus aliquid est perfectissimum, nomen commune generis appropriatur his quae deficiunt a perfectissimo, ipsi autem perfectissimo adaptatur aliud speciale nomen: ut patet in logicis. Nam in genere convertibilium illud quod significat *quod quid est*, speciali nomine *definitio* vocatur: quae autem ab hoc deficiunt convertibilia existentia nomen commune sibi retinent, scilicet quod *propria* dicuntur.[8]

Quia igitur nomen scientiae importat quandam certitudinem iudicii, ut dictum est[9]; si quidem certitudo iudicii fit per altissimam

---

6. Cf. I, q.1, a.6.
7. Cf. I, q.1, a.6; I-II, q.57, a.2.
8. 신학적인 독자들에게 난해해 보이는 이 설명은 티레의 포르피리오스(Porphyrios)의 나무에서 표현된 논리학을 배경으로 삼고 있다. 정의(logos tou ti esti) 안에서는, 주어와 술어, 예를 들어 인간과 이성적 동물이 배타적으로 연관되어 있고 교환 가능한(convertibilia) 용어이다. 동일한 것이 고유성의 한 유형인 '고유한 것'(proprium, idion), 예를 들어 웃을 수 있는 능력에 대해서도 참을 유지한다. 그러나 다른 유형들, 예를 들어, 교회법학자, 두-다리를-가진, 양성(兩性) 의 등에 대해서는 해당되지 않는다. 포르피리오스의 『이사고게』(Isagoge), 또는 아리스토텔레스 범주론 입문(Categoria, 4a14; Topica, I, c.5, 102a18) 등 참조. 성 토마스의 표현방식에 따르면, 각 사물의 규정은 규정과 규정된 것이 일치되거나, 교환될 수 있도록 일어나야 한다. 지체들의 그러한 교환의 가능성을 위해서 결정적인 것은 그러나 규정되어야 하는 것에게 속하는 고유한 것에 대한 언급이다. 고유한 것에 대한 언급은 이제 가장 완전한 방식으로 그 사물의

은 고유하게 지식이라는 명칭을 획득한다."고 말한다.

[답변] 어떤 사물에 대한 확실한 판단은 최고로 그 원인으로부터 주어진다.[6] 따라서 원인의 질서에 따라 판단의 질서가 존재해야만 한다. 제1원인이 제2원인의 원인인 것처럼, 제1원인을 통해서 제2원인에 대해 판단이 내려지기 때문이다. 그러나 제1원인에 대해서 다른 원인들을 통해 판단될 수는 없다. 제1원인을 통해서 내려지는 판단은 가장 먼저이고 가장 완전한 것이다.[7] 그 안에서 가장 완전한 어떤 것이 존재하는 것들 안에서는 그 유(類)의 공통적 명칭은 가장 완전한 것보다 부족한 것들에게 귀속되지만, 가장 완전한 것 자체에게는, 논리학에서 분명하듯이, 다른 특별한 명칭이 맞춰진다. 왜냐하면 교환 가능한 것들의 유 안에서 그것이 무엇인지를 의미하는 바로 그것은 특별한 명칭에 의해 '정의(定義)'라고 불리지만, 이보다 부족한 교환 가능한 것들은 공통적인 명칭, 즉 '고유한 것'이라고 불리는 명칭을 차지한다.[8]

따라서 지식이라는 명칭은, 위에서[9] 말했듯이 일종의 판단의 확실성

본질이나 무엇임에 대한 명명을 통해서 이루어진다.(본질이나 무엇임도 또한 한 사물 안에서 고유한 어떤 것이다.) 그럼에도 '고유한 것'이란 이 명칭은 명명의 다른 방식에 귀속되는데, 즉 덜 완전한 방식으로 본질에 붙어 있는 본질적인 특성들을 언급하는 방식에 속한다. 따라서 성 토마스의 생각은 다음과 같은 사실을 분명하게 만든다. 두 지체가 교환 가능한 규정들 안에서는 더 완전한 고유한 고유성, 즉 무엇임이나 본질을 표현하는 것들이 하나의 고유한 명칭, 즉 본질규정, 정의를 소유하는 반면에, 오직 본질적인 '특성'만을 언급하는 것들은 그 자체로 두 규정들에 속하는 이름, 즉 그 '고유한 것'에 따라 명명된다. In Sent. III, d.35, q.2, a.3, ql.1.: "둘로 나누어지는 것들 중에서 공통적인 어떤 것에서 공통적인 의미 위에 어떤 특별한 것이 추가된 저 것은 추가된 저 차이로부터 고유한 명칭을 획득한다. 그러나 우위성의 아무런 차이가 추가되지 않는 것은 공통적인 명칭을 유지한다. 고유한 것과 정의에서 분명한 것처럼, 본질적으로 고유한 것은 정의라고 불리지만, 본질적이 아닌 고유한 것은 고유한 것이라는 공통적인 명칭에 따라 불리기 때문이다."

9. a.1, ad1.

causam, habet speciale nomen, quod est sapientia: dicitur enim sapiens in unoquoque genere qui novit altissimam causam illius generis, per quam potest de omnibus iudicare. Simpliciter autem sapiens dicitur qui novit altissimam causam simpliciter, scilicet Deum. Et ideo cognitio divinarum rerum vocatur sapientia.[10] Cognitio vero rerum humanarum vocatur scientia, quasi communi nomine importante certitudinem iudicii appropriato ad iudicium quod fit per causas secundas.[11] Et ideo, sic accipiendo scientiae nomen, ponitur donum distinctum a dono sapientiae. Unde donum scientiae est solum circa res humanas, vel circa res creatas.[12]

Ad primum ergo dicendum quod, licet ea de quibus est fides sint res divinae et aeternae, tamen ipsa fides est quoddam temporale in animo credentis. Et ideo scire quid credendum sit pertinet ad donum scientiae. Scire autem ipsas res creditas secundum seipsas per quandam unionem ad ipsas pertinet ad donum sapientiae. Unde donum sapientiae magis respondet caritati, quae unit mentem hominis Deo.[13]

Ad secundum dicendum quod ratio illa procedit secundum quod

---

10. Cf. I, q.1, a.6; I-II, q.57, a.2.
11. Cf. I-II, q.57, a.2.
12. 지혜 안에서(지성적 능력을 위해서든지 선물을 위해서든지 관계없이) 결론들은 신적인 것들에 대한 것이지만, 결론들에 대한 매사(medium)는 제1원인에 속한다. 지식 안에서는(지성적 능력을 위해서든지 선물을 위해서든지 관계없이) 결론들은 창조된 사물들에 대한 것이지만, 결론들의 매사는 제2원인에 속한다. "지식에는 하느님을 기쁘시게 만드는 은총의 습성으로부터 믿어야

을 내포한다. 만일 판단의 확실성이 가장 높은 원인을 통해서 일어난다면, 그것은 '지혜'라는 특별한 명칭을 가진다. 어떤 유에서든지, - 그것을 통해 모든 것에 대해서 판단할 수 있는 - 그 유의 가장 높은 원인을 알고 있는 사람이 '지혜로운 이'라고 언급된다. 단적으로 가장 높은 원인, 즉 하느님을 알고 있는 사람이 단적으로 '지혜로운 이'라고 언급된다. 따라서 신적인 것들에 대한 인식이 '지혜'라고 불린다.[10] 인간적인 사물들에 대한 인식은 '지식'이라고 불리는데, 이 명칭은 마치 판단의 확실성을 내포하는 공통적인 이름을 제2원인들을 통해서 일어나는 판단에 귀속시키는 셈이다.[11] 그렇게 지식이라는 명칭을 취한다면, 그 선물은 지혜의 선물로부터 구분되는 것으로 제시된다. 그래서 지식의 선물은 오직 인간적인 사물들 또는 창조된 사물들에 관한 것이다.[12]

[해답] 1. 비록 신앙과 관련되는 것들은 신적이고 영원한 사물들일지라도, 그 신앙 자체는 믿는 이의 영혼 안에서 현세적인 어떤 것이다. 따라서 믿어야만 하는 것을 아는 일은 지식의 선물에 속한다. 그러나 믿어지는 사물 자체를 그 자체와의 어떤 합일을 통해 그 자체로 아는 일은 지혜의 선물에 속한다. 따라서 지혜의 선물은 인간의 정신을 하느님과 결합시키는 참사랑에 더욱 상응한다.[13]

2. 저 논거는 지식이라는 명칭이 공통적으로 취해지는 한에서 전개

만 하는 것과 믿지 않아야만 하는 것, 그리고 행해야만 하는 것과 피해야만 하는 것을 하위의 근거들에 따라(secundum rationes inferiores) 판단하는 일이 속한다.[cf. I, q.79, a.9] 이것들은 그것으로부터 판단이 이루어지는 피조물들의 고유한 원인들에 속하는 것이다."(Cajetanus, in h. a.)

13. Cf. q.45, a.2.

nomen scientiae communiter sumitur. Sic autem scientia non ponitur speciale donum, sed secundum quod restringitur ad iudicium quod fit per res creatas.

Ad tertium dicendum quod, sicut supra[14] dictum est, quilibet cognoscitivus habitus formaliter quidem respicit medium per quod aliquid cognoscitur, materialiter autem id quod per medium cognoscitur. Et quia id quod est formale potius est, ideo illae scientiae quae ex principiis mathematicis concludunt circa materiam naturalem, magis cum mathematicis connumerantur, utpote eis similiores: licet quantum ad materiam magis conveniant cum naturali, et propter hoc dicitur in II *Physic.*[15] quod sunt *magis naturales*.[16] Et ideo, cum homo per res creatas Deum cognoscit, magis videtur hoc pertinere ad scientiam, ad quam pertinet formaliter, quam ad sapientiam, ad quam pertinet materialiter. Et e converso, cum secundum res divinas iudicamus de rebus creatis, magis hoc ad sapientiam quam ad scientiam pertinet.[17]

---

14. q.1, a.1.
15. Aristoteles, *Physica*, II, c.2, 194a7-8; S. Thomas, lect.3, n.8.
16. 여기서는 자연학이나 자연철학과 대비되는 수학적 물리학 또는 넓은 의미에서의 물리학을 말한다.

된다. 그래서 그 지식은 특별한 선물로서 제시된 것이 아니라, 창조된 사물들을 통해서 일어나는 판단에 제한되는 한에서 제시된 것이다.

3. 위에서[14] 말한 바와 같이, 어떠한 인식적 습성이든지 형상적으로는 어떤 것을 인식하도록 해주는 매개수단을 주목하지만, 질료적으로는 그 매개수단을 통해서 인식되는 바로 그것을 주목한다. 그리고 형상적인 것이 우월한 것이기 때문에, 수학적인 원리들로부터 자연적인 질료에 관해 결론을 내리는 저 학문은—그것들과 유사한 학문들보다는—오히려 수학적 학문들과 함께 나열된다. 비록 질료의 관점에서는 그것들이 오히려 자연학과 부합하고 그렇기 때문에 『자연학』 제2권[15]에서는 "그것들은 오히려 자연학[에 속한다]"라고 말할지라도 그러하다.[16] 따라서 인간은 창조된 사물들을 통해서 하느님을 인식하기 때문에, 이것은 그것이 질료적으로 속하는 지혜보다, 그것이 형상적으로 속하는 지식에 속하는 것처럼 보인다. 이와는 반대로 우리가 신적인 것에 따라 창조된 사물들에 관해 판단할 때에는, 오히려 이것은 지식보다 지혜에 더 속한다.[17]

---

17. 하느님 안에서 피조물을 아는 일과 피조물 안에서 하느님을 아는 일. 피조물에 대한 '열정'과 피조물이 형이상학적으로 실재하고 구별된다는 확신은 성 토마스의 신학의 특징이다. 따라서 피조물에 대한 지식을 성령의 선물로서 정의하는 현재의 주장은 I, qq.44-47 참조.

Articulus 3
Utrum scientiae donum sit scientia practica.

Ad tertium sic proceditur. Videtur quod scientia quae ponitur donum sit scientia practica.

1. Dicit enim Augustinus, XII *de Trin.*[1], quod *actio qua exterioribus rebus utimur scientiae deputatur*. Sed scientia cui deputatur actio est practica. Ergo scientia quae est donum est scientia practica.

2. Praeterea, Gregorius dicit, in I *Moral.*[2]: *Nulla est scientia si utilitatem pietatis non habet, et valde inutilis est pietas si scientiae discretione caret*. Ex quo habetur quod scientia dirigit pietatem. Sed hoc non potest competere scientiae speculativae. Ergo scientia quae est donum non est speculativa, sed practica.

3. Praeterea, dona Spiritus Sancti non habentur nisi a iustis, ut supra[3] habitum est. Sed scientia speculativa potest haberi etiam ab iniustis, secundum illud Iac. [4,17]: *Scienti bonum*[4] *et non facienti, peccatum est illi*. Ergo scientia quae est donum non est speculativa, sed practica.

---

1. Augustinus, *De Trinitate*, XII, c.14, n.22: PL 42, 1009.
2. Gregorius, *Moralia*, I, c.32, al.15, n.45: PL 75, 547 C.
3. I-II, q.88, a.5.

제3절 선물로서 제시된 지식은 실천적 지식인가?

Parall.: *In Sent.*, III, d.35, q.2, a.3, qc.2.

[반론] 셋째에 대해서는 다음과 같이 진행된다. 선물로 제시된 지식은 실천적 지식인 것처럼 보인다.

1. 아우구스티누스는 『삼위일체론』 제12권[1]에서 "우리가 외부적인 사물들을 사용하도록 하는 행위는 지식으로 간주된다."고 말하기 때문이다. 행위와 관련된 것으로 간주되는 지식은 실천적이다. 그러므로 선물인 지식은 실천적 지식이다.

2. 그레고리우스는 『욥기의 도덕적 해설』 제1권[2]에서 "만일 지식이 경건에 유용하지 않다면, 그것은 결코 지식이 아니다. 그리고 경건이 지식의 분별을 결여하고 있다면, 그 경건은 매우 무익하다"라고 말한다. 이것으로부터 지식이 경건을 다스린다고 여겨진다. 그러나 이것은 사변적 지식에 부합하지 않는다. 그러므로 선물인 지식은 사변적이 아니라 실천적이다.

3. 위에서[3] 언급했듯이, 성령의 선물은 오직 의로운 이들만이 가지고 있다. 그런데 사변적 지식은, 야고보서의 마지막 장[4장 17절][4]의 "선을 알면서 행하지 않으면 곧 죄가 됩니다."라는 말씀에 따라, 불의한 이들도 가질 수 있다. 그러므로 선물인 지식은 사변적이 아니라 실천적이다.

---

4. 야고 4,17: "그러므로 좋은 일을 할 줄 알면서도 하지 않으면 곧 죄가 됩니다."

Sed contra est quod Gregorius dicit, in I *Moral.*[5], *Scientia in die suo convivium parat, quia in ventre mentis ignorantiae ieiunium superat.* Sed ignorantia non tollitur totaliter nisi per utramque scientiam, scilicet et speculativam et practicam. Ergo scientia quae est donum est et speculativa et practica.[6]

Respondeo dicendum quod, sicut supra[7] dictum est, donum scientiae ordinatur, sicut et donum intellectus, ad certitudinem fidei. Fides autem primo et principaliter in speculatione consistit, inquantum scilicet inhaeret primae veritati. Sed quia prima veritas est etiam ultimus finis, propter quem operamur, inde etiam est quod fides ad operationem se extendit; secundum illud *Gal.* 5, [6]: *Fides per dilectionem operatur.* Unde etiam oportet quod donum scientiae primo quidem et principaliter respiciat speculationem, inquantum scilicet homo scit quid fide tenere debeat. Secundario autem se extendit etiam ad operationem, secundum quod per scientiam credibilium, et eorum quae ad credibilia consequuntur, dirigimur in agendis.[8]

Ad primum ergo dicendum quod Augustinus loquitur de dono scientiae secundum quod se extendit ad operationem: attribuitur enim ei actio, sed non sola nec primo. Et hoc etiam modo dirigit pi-

---

5. Gregorius, *Moralia*, I, c.32, al.15, n.44: PL 75, 547 B.
6. '사변적이며 실천적'인 지식에 대해서는 II-II, q.8, a.3 각주 1)에서 이해와 지식은 이론과 실천의 구분을 넘어선다는 카예타누스의 각주를 회상할 필요가 있다. 실천적 삶과 관상적 삶 사

[재반론] 반대로 그레고리우스는 『욥기의 도덕적 해설』 제1권[5]에서 "지식은 그의 날에 연회를 준비하는데, 정신의 뱃속 안에서 무지의 단식을 극복한다."라고 말한다. 무지는 오직 두 가지 지식, 즉 사변적 지식과 실천적 지식 모두를 통해서만 제거된다. 그러므로 선물인 지식은 사변적이기도 하고 실천적이기도 하다.[6]

[답변] 위에서[7] 말한 바와 같이, 지식의 선물은 통찰의 선물과도 같이 신앙의 확실성을 지향한다. 그런데 신앙은 즉 제1진리를 고수하는 한에서 일차적이고 근원적으로 사변으로 이루어진다. 제1진리는 또한 우리를 작용하도록 만드는 최종 목적이다. 그렇기 때문에 신앙은 갈라티아서 5장 [6절]의 "신앙은 사랑을 통해 행동한다"는 말씀에 따라 작용에까지 확장된다.

또한 지식의 선물은, 인간이 신앙에 의해서 지켜야만 하는 것을 아는 한에서, 일차적이고 근원적으로 사변을 주목한다. 그러나 이차적으로 또한, 믿을 수 있는 것과 믿을 수 있는 것에 따라오는 것들에 대한 지식을 통해서 우리가 행위하도록 다스려지는 한에서, [지식의 선물은] 작용에까지 확장된다.[8]

[해답] 1. 아우구스티누스는 작용으로 확장되는 데 따른 지식의 선물에 대해 말한다. 작용은 지식에 귀속되지만, 그것만이 아니고 일차적으

이의 관계에 대해서는 II-II, q.182 참조.
7. a.1. Cf. q.8, a.8.
8. Cf. q.8, a.3; q.45, a.3. 여기서는 신학이 행위를 인도하는 역할을 하고 있음을 강조한다.

etatem.⁹

Unde patet solutio ad secundum.

Ad tertium dicendum quod, sicut dictum est[10] de dono intellectus quod non quicumque intelligit habet donum intellectus, sed qui intelligit quasi ex habitu gratiae; ita etiam de dono scientiae est intelligendum quod illi soli donum scientiae habeant qui ex infusione gratiae certum iudicium habent circa credenda et agenda, quod in nullo deviat a rectitudine iustitiae.[11] Et haec est *scientia sanctorum*, de qua dicitur *Sap*. 10, [10]: Iustum deduxit dominus per vias rectas et dedit illi scientiam sanctorum.[12]

Articulus 4
Utrum dono scientiae respondeat tertia beatitudo, scilicet:
Beati qui lugent, quoniam ipsi consolabuntur.

Ad quartum sic proceditur. Videtur quod scientiae non respondeat tertia beatitudo², scilicet: *Beati qui lugent, quoniam ipsi consolabuntur.*¹

---

9. Cf. I-II, q.68, a.5, obj.3 et ad3.
10. q.8, a.5.
11. Cf. I, q.1, a.6, ad3.
12. 지혜 10,10: "의인이 형의 분노를 피하여 달아날 때 지혜는 그를 바른길로 이끌고 하느님의 나라를 보여 주었으며 거룩한 것들을 알려 주었다."

로도 아니기 때문이다. 또한 지식은 이런 방식으로 경건을 다스린다.⁹

2. 따라서 둘째 반론에 대한 해답은 분명하다.

3. 이해하는 아무 사람이 아니라, 마치 은총의 습성으로부터 이해하는 이가 지닌 통찰의 선물에 대해서 이미 말한 바가 있다.¹⁰ 이와 같이 또한 지식의 선물에 대해서도, 은총의 주입에 의해서 믿어야만 하는 것과 행해야만 하는 것에 관해 확실한 판단을 가지고, 그래서 결코 정의의 올바름으로부터 벗어나지 않는 사람만이 지식의 선물을 가진다는 사실을 이해해야만 한다.¹¹ 이것은 지혜서 10장 [10절]¹²에서 "주님께서 의인을 바른길을 통해서 이끄셨고, 그에게 거룩한 것들의 지식을 주셨다"라고 말하고 있는 '거룩한 것들의 지식'이다.

제4절 지식의 선물은 셋째 참행복, 즉 '슬퍼하는 사람들! 그들은 위로를 받을 것이다'에 상응하는가?

Parall.: I-II, q.69, a.3, ad2, 3; *In Sent.*, III, d.34, q.1, a.4.

[반론] 넷째에 대해서는 다음과 같이 진행된다. 지식의 선물은 셋째 참행복, 즉 '행복하여라, 슬퍼하는 사람들! 그들은 위로를 받을 것이다'¹에 상응하지 않는 것처럼 보인다.²

---

1. 마태 5,5.
2. 참행복과 선물의 상응에 대해서는 II-II, q.8, a.7의 각주 4) 참조. 현재 절 안에 담긴 생각은 그 단어들보다 더욱 가슴 아프게 하는 것이다. 그것은 오직 종교적인 의미에서뿐만 아니라 많은 시인들의 경험을 위한 설교적인 틀을 제공한다.

q.9, a.4

1. Sicut enim malum est causa tristitiae et luctus, ita etiam bonum est causa laetitiae. Sed per scientiam principalius manifestantur bona quam mala, quae per bona cognoscuntur: *rectum* enim *est iudex sui ipsius et obliqui*, ut dicitur in I *de Anima*.[3] Ergo praedicta beatitudo non convenienter respondet scientiae.

2. Praeterea, consideratio veritatis est actus scientiae. Sed in consideratione veritatis non est tristitia, sed magis gaudium, dicitur enim *Sap.* 8, [16]: *Non habet amaritudinem conversatio illius, nec taedium convictus illius, sed laetitiam et gaudium*.[4] Ergo praedicta beatitudo non convenienter respondet dono scientiae.

3. Praeterea, donum scientiae prius consistit in speculatione quam in operatione.[5] Sed secundum quod consistit in speculatione, non respondet sibi luctus: quia intellectus speculativus *nihil dicit de imitabili et fugiendo*, ut dicitur in III *de Anima*[6]; neque dicit aliquid laetum et triste. Ergo praedicta beatitudo non convenienter ponitur respondere dono scientiae.

Sed contra est quod Augustinus dicit, in libro *de Serm. Dom. in Monte*[7]: *Scientia convenit lugentibus, qui didicerunt quibus malis vincti sunt, quae quasi bona petierunt.*

---

3. Aristoteles, *De anima*, I, c.5, 411a5-7; S. Thomas, lect.12, n.191.
4. 참사랑의 결과로서의 기쁨에 대해서는 II-II, q.28 참조.
5. Cf. a.3.

1. 악이 슬픔과 비탄의 원인인 것처럼, 선은 기쁨의 원인이기 때문이다. 악은 선을 통해서 인식되고, 지식을 통해서 악보다는 선이 주로 명백해진다. 『영혼론』 제1권³에서 말했듯이, "곧은 것은 곧은 것 자신과 굽은 것의 심판관이기" 때문이다. 그러므로 앞서 언급된 참행복은 지식의 선물과 적절하게 상응하지 않는다.

  2. 진리에 대한 고찰은 지식의 행위이다. 그런데 진리에 대한 고찰 안에는 슬픔보다는 오히려 즐거움이 존재한다. 지혜서 8장 [16절]에서는 "그와의 교제는 쓰라림을 가지지 않고, 그와의 공동생활에는 지루함이 없으며 오히려 기쁨과 즐거움이 있다."라고 말하기 때문이다.⁴ 그러므로 앞서 언급된 참행복은 지식의 선물과 적절하게 상응하지 않는다.

  3. 지식의 선물은 작용으로보다는 사변으로 이루어진다.⁵ 그런데 사변으로 이루어지는 한에서, 그것 자체에게는 비탄이 상응하지 않는다. 『영혼론』 제3권⁶에서 말했듯이, 사변적 지성은 모방할 것과 회피해야 할 것에 대해 아무것도 말하지 않기 때문이다. 그것은 또한 기쁜 어떤 것과 슬픈 어떤 것에 대해서도 말하지 않는다. 그러므로 앞서 언급된 참행복은 지식의 선물과 적절하게 상응하지 않는다.

[재반론] 반대로 아우구스티누스는 『주님의 산상설교』⁷에서 "그들이 마치 선처럼 추구했던 어떠한 악들이 그들을 사로잡고 있는지를 배운 슬퍼하는 이들에게, 지식은 적합하다."고 말한다.

---

6. Aristoteles, *De anima*, III, c.9, 432b27-28; S. Thomas, lect.14, n.813.
7. Augustinus, *De Sermone Domini in Monte*, I, c.4: PL 34, 1234.

q.9, a.4

Respondeo dicendum quod ad scientiam proprie pertinet rectum iudicium creaturarum.[8] Creaturae autem sunt ex quibus homo occasionaliter a Deo avertitur: secundum illud. *Sap.* 14, [11][9]: *Creaturae factae sunt in odium, et in muscipulam pedibus insipientium*[10], qui scilicet rectum iudicium de his non habent, dum aestimant in eis esse perfectum bonum; unde in eis finem constituendo, peccant et verum bonum perdunt. Et hoc damnum homini innotescit per rectum iudicium de creaturis, quod habetur per donum scientiae. Et ideo beatitudo luctus ponitur respondere dono scientiae.

Ad primum ergo dicendum quod bona creata non excitant spirituale gaudium nisi quatenus referuntur ad bonum divinum, ex quo proprie consurgit gaudium spirituale. Et ideo directe quidem spiritualis pax, et gaudium consequens, respondet dono sapientiae. Dono autem scientiae respondet quidem primo luctus de praeteritis erratis; et consequenter consolatio, dum homo per rectum iudicium scientiae creaturas ordinat in bonum divinum. Et ideo in hac beatitudine ponitur luctus pro merito, et consolatio consequens pro praemio. Quae quidem inchoatur in hac vita, perficitur autem in futura.[11]

Ad secundum dicendum quod de ipsa consideratione veritatis

---

8. Cf. a.2.
9. 지혜 14,11: "그러므로 이민족의 우상들도 심판을 받을 것이다. 그것들이 하느님의 창조물 사이에서 역겨운 것이 되고 사람들의 영혼에 올가미가, 어리석은 이들의 발에 덫이 되었기 때문이다."

[답변] 피조물들에 대한 올바른 판단은 고유하게 지식에 속한다.[8] 그러나 지혜서 14장 [11절][9]의 "피조물들은 증오의 대상이 되고, 어리석은 자들의 발에 덫이 되었다"[10]라는 말씀에 따라, 인간이 우연한 기회에 하느님으로부터 등을 돌리도록 만드는 피조물들이 존재한다. 어리석은 자들은, 피조물들 안에서 완전한 선이 존재한다고 추정하는 동안 피조물들에 대해 올바른 판단을 가지지 못한다. 그래서 그들은 피조물들 안에 목적을 정립함으로써 죄를 짓고 참된 선을 상실한다. 인간의 이러한 손해는―지식의 선물을 통해서 가지게 되는―피조물들에 대한 올바른 판단을 통해서 알게 된다. 따라서 비탄의 참행복은 지식의 선물에 상응하는 것으로 제시된다.

[해답] 1. 창조된 선은 고유하게 영적 즐거움이 그것으로부터 들고일어나는 신적인 선과 관련되지 않는다면, 영적 즐거움을 일으키지 않는다. 따라서 영적 평화와 그에 따라오는 즐거움은 지혜의 선물에 상응한다. 그러나 지식의 선물에는 일차적으로 과거에 오류를 범했던 것들에 대한 비탄이 상응하고, 인간이 지식의 올바른 판단을 통해서 피조물들을 신적인 선으로 정렬함으로써 결과적으로 위안이 상응한다. 따라서 이 참행복 안에서는 비탄이 공로로서 제시되고, 따라오는 위안이 보상으로서 제시된다. 그것은 이 세상 삶에서 시작되지만, 미래에 완성된다.[11]

2. 진리에 대한 고찰 자체에 대해서 인간은 즐거워하지만, 그것에 관

---

10. Cf. I, q.65, a.1, ad3; I-II, q.79, aa.1-2 & ad2.
11. Cf. I-II, q.69, aa.2&4.

homo gaudet: sed de re circa quam considerat veritatem potest tristari quandoque. Et secundum hoc luctus scientiae attribuitur.

Ad tertium dicendum quod scientiae secundum quod in speculatione consistit, non respondet beatitudo aliqua: quia beatitudo hominis non consistit in consideratione creaturarum, sed in contemplatione Dei.[12] Sed aliqualiter beatitudo hominis consistit in debito usu creaturarum et ordinata affectione circa ipsas: et hoc dico quantum ad beatitudinem viae. Et ideo scientiae non attribuitur aliqua beatitudo pertinens ad contemplationem; sed intellectui et sapientiae, quae sunt circa divina.

---

12. Cf. I-II, q.3, a.7.

해 진리를 고찰하는 사물에 대해서는 때때로 슬퍼할 수 있다. 이에 따라 비탄은 지식에 귀속된다.

3. 사변으로 이루어진 지식에는 어떠한 참행복도 상응하지 않는다. 인간의 참행복은 피조물들에 대한 고찰로 이루어지는 것이 아니라, 하느님에 대한 관상으로 이루어지기 때문이다.[12] 그러나 어떤 의미로 인간의 참행복은 피조물들에 대한 마땅한 사용과 그것들에 관한 질서 잡힌 정감으로 이루어진다. 따라서 관상에 속하는 어떠한 참행복은 지식에 귀속되지 않고, 오히려 신적인 것들에 관한 통찰과 지혜에 귀속된다.

Quaestio X
DE INFIDELITATE IN COMMUNI
in duodecim articulos divisa

Consequenter considerandum est de vitiis oppositis.[1] Et primo, de infidelitate, quae opponitur fidei; secundo, de blasphemia, quae opponitur confessioni[2]; tertio, de ignorantia et hebetudine, quae opponuntur scientiae et intellectui.[3] Circa primum, considerandum est de infidelitate in communi; secundo, de haeresi[4], tertio, de apostasia a fide.[5]

Circa primum quaeruntur duodecim.

Primo: utrum infidelitas sit peccatum.

Secundo: in quo sit sicut in subiecto.

Tertio: utrum sit maximum peccatorum.

Quarto: utrum omnis actio infidelium sit peccatum.

Quinto: de speciebus infidelitatis.

Sexto: de comparatione earum ad invicem.

Septimo: utrum cum infidelibus sit disputandum de fide.

Octavo: utrum sint cogendi ad fidem.

Nono: utrum sit eis communicandum.

---

1. Cf. q.1, Introd.
2. q.13.

제10문
불신앙 일반에 대하여
(전12절)

이어서 반대되는 악습들이 고찰되어야 한다.[1] 첫째, 신앙에 반대되는 불신앙에 대해서, 둘째, 고백에 반대되는 독성에 대해서[2], 셋째, 지식과 통찰에 반대되는 무지와 우둔함에 대해서 고찰되어야 한다.[3] 또한 불신앙에 대해서는 첫째, 불신앙 일반에 대해서, 둘째, 이단에 대해서[4], 셋째, 신앙으로부터의 배교에 대해서[5] 고찰되어야 한다.

그리고 불신앙 일반에 대해서는 다음 열두 가지 질문이 제기된다.

1. 불신앙은 죄인가?
2. 불신앙은 주체 안에 있는 것처럼 어디 안에 있는가?
3. 불신앙은 죄들 중에 가장 큰 것인가?
4. 비신자의 모든 행위는 죄인가?
5. 불신앙의 종(種)들에 대하여.
6. 불신앙들 상호간의 비교에 대하여.
7. 비신자들과 신앙에 대해서 토론해야만 하는가?
8. 비신자들은 신앙으로 강요되어야 하는가?
9. 그들과 교제해야만 하는가?

---

3. q.15.
4. q.11.
5. q.12.

Decimo: utrum possint Christianis fidelibus praeesse.

Undecimo: utrum ritus infidelium sint tolerandi.

Duodecimo: utrum pueri infidelium sint invitis parentibus baptizandi.

Articulus 1
Utrum infidelitas sit peccatum.

Ad primum sic proceditur. Videtur quod infidelitas non sit peccatum.[1]

---

1. 불신앙(infidelitas)은 신앙이라는 대신덕에 상반되는 악습이다. 앞으로 드러나게 될 것처럼 그것은 여러 의미를 가진다. 첫째, 단순히 신앙의 부정적인 반대, 즉 비-신앙의 상태를 뜻한다. 이것은 어떤 개인적인 잘못을 포함할 필요가 없다. 만일 있더라도, 하느님의 계시가 도달하지 못했던 이들 안에서와 같은 방식이다. 또는 오히려 완전히 그 반대로, 하늘에 있는 복된 이들이 믿는 것이 아니라 직관하는 것과 같은 경우이다.(II-II, q.5, a.1; 또한 III, q.7, a.3에서 그리스도 안에는 신앙이 현존하지 않는다.) 둘째, 신앙과 상반되는 반대이다. 여기서 불신앙과 반(反)신앙 사이에 구별이 이루어질 수 있을 것이다. 각각 동의의 부족과 반대, 또는 수용하는 일에 대

10. 비신자들은 그리스도교 신자들을 지휘할 수 있는가?

11. 비신자들의 전례는 용인되어야 하는가?

12. 비신자의 아이들은 부모가 싫어하는데도 세례를 받아야 하는가?

제1절 불신앙은 죄인가?

Parall.: *In Sent.*, II, d.39, q.1, a.2, ad4.

Doct. Eccl.: "신앙 자체를 잃게 하는 불신앙뿐만 아니라 다른 모든 대죄를 통해서도 신앙은 잃게 되지 않지만 받은 의화의 은총은 잃어버리게 된다는 것이 주장되어야 할 것이다."(트리엔트 공의회, 제6회기, 제15장: DS 808[=DH 1544]) "한번 받은 은총은 불신앙을 제외한 어떤 다른 중대하고 큰 죄로도 상실되지 않는다고 말하는 자는 파문될 것이다." DS 837[=DH 1577]. - "하나이고 보편적인 신자들의 교회가 참으로 존재하며, 이 교회 밖에서는 어느 누구도 구원받지 못한다."(제4차 라테라노 공의회, 제1장: DS 430[=DH 802]); "그리스도가 선포되지 않은 곳의 사람들 안에 있는 순수한 소극적 불신앙은 죄악이다."(1567년 비오 5세에 의해서 단죄된 미셸 바이우스의 오류: DS 1068[=DH 1968]); "미신자가 개연성이 적은 의견에 따라 이끌어졌다면 불신앙에 대해 용서받을 것이다."(1679년 인노첸시오 11세에 의해서 단죄된 명제: DS 1154[DH 2104]). Cf. DS 1647 sq., 1715-1718[=DH 2685 sq., 2915-2918].

[반론] 첫째에 대해서는 다음과 같이 진행된다. 불신앙은 죄가 아닌 것처럼 보인다.[1]

---

[1] 한 거절과 믿어져야만 하는 것에 대한 거부가 해당된다. 번역에서는 맥락에 따라서 이 구별을 반영하려 한다. 그렇지만 아래 토론에서 불신앙은 충만하고 고유한 의미에서 종교에 대해서 알아보는 것에 실패함으로써 벌어지는 부족함의 죄가 아니라, 저지름의 죄란 사실을 기억해야 한다. 이것은 한번 소유했지만, 다음에 잃어버렸거나 소유되었다는 것에 대해 거부하거나에 관계없이, 하느님에 의해서 계시되었고 듣는 이에게 충분하게 재현되었던 진리에 대해 숙고하면서 거부하는 행위에 의해 야기된 신앙이라는 은총의 결핍이다. 따라서 앞으로 드러나게 될 것처럼, 완고함(pertinacia, contumacia)이라는 요소가 두드러진다.

1. Omne enim peccatum est contra naturam, ut patet per Damascenum, in II libro.[2] Sed infidelitas non videtur esse contra naturam: dicit enim Augustinus, in libro *de Praed. Sanct.*[3], quod *posse habere fidem, sicut posse habere caritatem, naturae est hominum: habere autem fidem, quemadmodum habere caritatem, gratiae est fidelium*. Ergo non habere fidem, quod est infidelem esse, non est peccatum.

2. Praeterea, nullus peccat in eo quod vitare non potest: quia omne peccatum est voluntarium. Sed non est in potestate hominis quod infidelitatem vitet, quam vitare non potest nisi fidem habendo: dicit enim apostolus, *ad Rom.* 10, [14]: *Quomodo credent ei quem non audierunt? Quomodo autem audient sine praedicante?* Ergo infidelitas non videtur esse peccatum.

3. Praeterea, sicut supra[4] dictum est, sunt septem vitia capitalia, ad quae omnia peccata reducuntur. Sub nullo autem horum videtur contineri infidelitas. Ergo infidelitas non est peccatum.

Sed contra, virtuti contrariatur vitium.[5] Sed fides est virtus: cui contrariatur infidelitas. Ergo infidelitas est peccatum.

Respondeo dicendum quod infidelitas dupliciter accipi potest. Uno

---

2. Damascenus, *De fide orthodoxa*, II, cc.4, 30: PG 94, 876 A, 976 A; cf. IV, c.20: PG 94, 1196 B. – Cf. I-II, q.71, a.2.
3. Augustinus, *De Predestinatione Sanctorum*, c.5, n.10: PL 44, 968.
4. I-II, q.84, a.4.

1. 다마셰누스의 [『정통신앙론』] 제2권²을 통해서 분명해지듯이, 모든 죄는 본성을 거스르는 것이기 때문이다. 그런데 불신앙은 본성을 거스르는 것처럼 보이지 않는다. 아우구스티누스는 『성도들의 예정』³에서 '신앙을 가질 수 있음'은, '참사랑을 가질 수 있음'처럼 인간들의 본성에 속한다고 했다. '신앙을 가짐'은 '참사랑을 가짐'과 같은 방식으로, 신자들의 은총에 속한다. 그러므로 '비신자임'이라는 '신앙을 가지지 않음'은 죄가 아니다.

2. 아무도 자신이 피할 수 없는 것에 관해서 죄를 짓지 않는다. 모든 죄는 자발적인 것이기 때문이다. 그러나 불신앙을 피하는 일은 인간의 권한 안에 있지 않다. 그것을 피하는 일은 오직 신앙을 가지는 경우에만 가능하기 때문이다. 사도는 로마서 10장 [14절]에서 "그들이 듣지 못한 분을 어떻게 믿을 수 있겠습니까? 선포하는 사람이 없으면 어떻게 들을 수 있겠습니까?"라고 말한다. 그러므로 불신앙은 죄가 아닌 것처럼 보인다.

3. 위에서⁴ 말한 바와 같이, 그것으로 모든 죄가 환원되는 일곱 가지 죄종(罪宗)이 있다. 그것들 중에 어떤 것 아래에도 불신앙은 포함되지 않는 것처럼 보인다. 그러므로 불신앙은 죄가 아니다.

[재반론] 반대로 악습은 덕에 반대된다.⁵ 그런데 신앙은 불신앙에 반대되는 덕이다. 그러므로 불신앙은 죄이다.

[답변] 불신앙은 두 가지로 취해질 수 있다. 첫째, 신앙을 가지지 않

---

5. I-II, q.71, a.1.

modo, secundum puram negationem: ut dicatur infidelis ex hoc solo quod non habet fidem.[6] Alio modo potest intelligi infidelitas secundum contrarietatem ad fidem: quia scilicet aliquis repugnat auditui fidei, vel etiam contemnit ipsam, secundum illud Isaiae 53, [1]: *Quis credidit auditui nostro?*[7] Et in hoc proprie perficitur ratio infidelitatis. Et secundum hoc infidelitas est peccatum.

Si autem accipiatur infidelitas secundum negationem puram, sicut in illis qui nihil audierunt de fide, non habet rationem peccati, sed magis poenae, quia talis ignorantia divinorum ex peccato primi parentis est consecuta.[8] Qui autem sic sunt infideles damnantur quidem propter alia peccata, quae sine fide remitti non possunt: non autem damnantur propter infidelitatis peccatum.[9] Unde dominus dicit,

---

6. 그는 신앙에 대해서 아무것도 듣지 못했거나 충분하게 듣지 못했다.
7. 이것은 나중에 충분하게 신앙에 대해서 들은 후에, 한편으로 단지 동의를 거부하거나 다른 한편으로 동의를 거부하고 교만하게 신앙을 거슬러 적극적인 오류를 유지하는 이에게 해당된다. Cf. Garrigou-Lagrange O. P., *De Virtutibus theologicis*, Torino, 1949, p.260.
8. Cf. I-II, q.85, a.3. 이와 관련된 어려움들은 이미 II-II, q.2, aa.3-8에 나오는 구원을 위한 신앙의 필요성에 대한 토론에서 드러났다. 그 자체로 그리고 원초적으로 고찰된 신앙이라는 대신덕과 그리스도교와 가톨릭적인 환경 안에서 펼쳐지는 동일한 덕 사이에 구별이 이루어진다. 만일 신앙이 없이는 하느님을 기쁘게 하는 일(히브 11,6)이 불가능할지라도, 사람들은 지리, 역사와 사회적인 심리학에 따라서 제도적인 교회의 경계 바깥에서도 구원될 수 있다. 그것은 신앙이 고백적인 진술이나 규정화된 신경을 실행함이 없이도 현존하리라는 사실에서 귀결된다. 이 마지막 것이 가톨릭 신앙(보편된 신앙, fides Catholica)이라고 불렸고, 때때로 덜 행복하게 교회적 신앙(fides ecclesiastica)이라고 불렸다. 그렇지만 가톨릭 신앙이 진리들의 객관적인 요체와 관련해서 적절하고 수용할만한 용어일지라도, 그것들에 대한 인간적인 응답과 관련되는 것으로서의 가톨릭 신앙은 오해를 일으킬 수 있을 것이다. 특히 그것이 신적인 신앙의 내용에 신앙의 특별히 다른 종류를 구성하는 일과 같은 그런 종류를 덧붙이는 것으로 생각된다면 말이다. 마찬가지로 '신앙의 선물'을 받는 것에 대해서 말하는 것은 '그 다음에야 처음으로 거기에 존재했다'라는 사실을 내포해서는 안 된다. 그 전이는 신앙이라는 대신덕 안에서 암묵적 신앙(fides implicita)으로부터 명시적 신앙(fides explicita)으로 이루어지고(암묵적 신앙은

앉다는 바로 그 이유만으로 비신자라고 불리듯이 순수한 부정에 따른 것이다.⁶ 둘째, 신앙에 대한 반대에 따라 불신앙이라고 이해될 수 있다. 즉 어떤 이가, 이사야서 53장 [1절]의 "우리가 들은 것을 누가 믿었던가?"라는 말씀에 따라 신앙을 듣는 것을 거부하거나, 들었던 것을 멸시하기 때문이다.⁷ 이 안에서 불신앙의 의미는 고유하게 완성된다. 이에 따라 불신앙은 죄이다.

그러나 불신앙이, 신앙에 대해서 아무것도 듣지 못했던 사람들 안에서처럼 순수한 부정에 따라 취해진다면, 그것은 죄의 의미를 가지지 않고 오히려 벌의 의미를 가지게 된다. 신적인 것들에 대한 그런 무지는 원조들의 죄로부터 뒤따른 것이기 때문이다.⁸ 그렇게 비신자인 사람은 신앙 없이는 용서될 수 없는 다른 죄들 때문에 단죄되겠지만, 불신앙의 죄 때문에 단죄되지는 않는다.⁹ 그래서 주님은 요한복음서 15

숨겨져서 언급된 신앙[fides late dicta]이 아니라 오직 넓은 의미에서의 신앙을 뜻하기 때문이다.) 교회의 '신앙 규범'(regula fidei)과 교도권의 지휘 아래 그 충만한 발전으로 향한다. Cf. II-II, q.1, aa.6-10; q.2, a.6, ad3. 또한 아래 제4절에서의 코르넬리우스(Cornelius)에 대한 언급 참조.
현재 그리고 이어지는 질문들은 신앙이라는 대신덕에 반대되는 불신앙에 대한 것이다. 그러나 비전문가들에게는 담화 안에서 그 자체로 고찰된 불신앙과 조직적인 그리스도교 안에서 표현된 것 사이에, 다소간에 암묵적인 신앙과 명시적인 신앙 사이에 오락가락함이 허락되어야 한다.
이교도의 구원에 대한 문제는 중세인들이 어느 정도 음침한 종파(宗派)적인 분위기 안에서 행했던 것보다, 후대의 신학자들에 의해서 더 상세하게 다루어졌다. 비록 몇몇 아우구스티누스주의에 의한 부담을 벗어날 수 없었을지라도, 성 토마스는 공정하게 실수하지 않고, 하느님의 구원에 대한 소명은 보편적이며, 종교들에 관한 역사학에 의해서 정의된 집단들에 제한되지 않는다는 가르침을 위한 중요한 원리들에 도달한다.
9. [c] 순수하게 부정적이고 따라서 잘못이 없지만, 다른 죄 때문에 처벌된 비신자에 대한 문제가 발생한다. 하느님의 우정을 거슬러서 범죄를 저지르는 일을 그는 어떻게 실행할 수 있을까? 참사랑은 신앙을 전제하고, 신앙이 거절되지 않았기 때문에 참사랑도 거절되지 않았기 때문이다. 단지 원죄 때문에 그가 유죄라고 입증되었다는 사실은 텍스트에 의해서 지지되지 않을 뿐만 아니라 일반적인 토마스의 입장과도 어울리지 않는다.
아마도 보다 쉬운 대답은 성 토마스가 부주의하게 거부되거나 거절된 은총의 의미로부터 자

q.10, a.1

Ioan. 15, [22]: *Si non venissem, et locutus eis non fuissem, peccatum non haberent*: quod exponens Augustinus dicit[10] quod loquitur *de illo peccato quo non crediderunt in Christum.*

Ad primum ergo dicendum quod habere fidem non est in natura humana: sed in natura humana est ut mens hominis non repugnet interiori instinctui et exteriori veritatis praedicationi. Unde infidelitas secundum hoc est contra naturam.[11]

Ad secundum dicendum quod ratio illa procedit de infidelitate secundum quod importat simplicem negationem.

Ad tertium dicendum quod infidelitas secundum quod est peccatum, oritur ex superbia, ex qua contingit quod homo intellectum suum non vult subiicere regulis fidei et sano intellectui patrum. Unde Gregorius dicit, XXXI *Moral*[12], quod *ex inani gloria oriuntur*

연법을 거스르는 중대한 잘못을 신학적인 죄들로 간주하려는 현대적인 습관으로 빠져들었을 것이라고 보는 것이다. (그는 때때로 아우구스티누스주의에 반대하는 입장을 취하는 때조차 아우구스티누스주의의 용어를 사용한다.) 이것은 단테의 '연옥론'(Inferno)과는 잘 어울릴 것이지만, 『신학대전』의 근본적인 원리들과는 부합하지 않는다. 그 원리들이란 순수한 인간 본성의 상태는, 비록 추상적으로 연구의 유용한 대상일지라도, 결코 역사적으로 존재하지 않았다는 사실, 그리고 동일한 것이 순수하게 '철학적'이거나 '윤리적'인 죄들에 대해서도 참이라는 사실이다.

다른 대답은 사람들이 텍스트를 볼 때 매우 부자연스러운 것인데, 저자가 불신앙을 그리스도교 또는 가톨릭 신앙의 부정적인 반대로 생각한다는 사실이다.(위의 각주 1 참조) 이것은 제3이론에 대한 해답(ad3)에서 확증된다. 사람들은 그들이 그리스도교 또는 가톨릭을 믿지 않기 때문에 단죄되는 것이 아니라 그들이 저지른 다른 죄 때문에 단죄되는 것이다. '신앙 없이는 용서될 수 없는': 아마도 이것은 바오로 사도의 '신앙'(pistis)으로 가는 스위치이거나 성사의 도움 없이는 참회가 실천적으로 불가능하다는 견해를 표현하는 것이다. 가톨릭 신앙의 사태는 다음 질문에서 분명해질 것이다.

장 [22절]에서, "내가 와서 그들에게 말하지 않았으면 그들은 죄가 없었을 것이다."라고 말씀하시고, 이것을 주해[10]하면서 아우구스티누스는 "그들이 그리스도를 믿지 않았다는 바로 그 죄에 대해서 언급된다."라고 말한다.

[해답] 1. '신앙을 가짐'은 인간적 본성 안에 있는 것이 아니지만, 인간의 본성 안에는 '인간의 정신이 [진리를 향한] 내적인 본능에 저항하지 않고 진리의 외적인 서술에 저항하지 않는다'는 사실이 있다. 그래서 불신앙은 이에 따라 본성을 거스르는 것이다.[11]

2. 이 논거는 단순한 부정을 내포하는 한에서의 불신앙으로부터 전개된다.

3. 죄로서의 불신앙은 교만으로부터 발생하는데, 이 교만으로부터 인간은 자기 지성을 신앙의 규범들과 교부들의 건전한 이해에 종속시키기를 원하지 않는 일이 일어난다. 그래서 그레고리우스는 『욥기의 도덕적 해설』 제31권[12]에서 "허영으로부터 새로움이라는 주제넘은 자

---

10. Augustinus, *In Ioan.*, tract. 89, n.2, super 15, 22: PL 35, 1857.
11. 정당하게 에슈봐일러(K. Eschweiler, *Die zwei Wege der neueren Theologie*, 1926, pp.272f.)는 여기서 하느님을 직관하려는 자연적 갈망(desiderium naturale)에 관한 이론이 다루어진다고 말한다. 토마스에 따르면, 그 구절이 증명하듯이, 하느님을 직관하려는 자연적 갈망은 순수하게 '아직-아니'가 아니라, 지속적으로 하느님의 부르심에 대해서 존재에 맞게 열려 있는 긍정적인 존재성, 실제적이고 사태상의 존재를 이용할 수 있는 가능성이다. 따라서 자연본성적 인식 안에 신앙이 깊이 뿌리내려 있음도 마찬가지다. "토마스 그리고 그와 함께 12세기에서 14세기까지의 모든 스승들은—그들이 자연적인 지성인식의 영역을 폐쇄적이고 그 자체로 흔들리는 지구로서가 아니라 포괄적인 전체의 구성요소로서 바라보는 한에서—한 마음으로 아우구스티누스주의자들이다. 자연적인 인간과 은총을 통해서 고양된 그리스도인은 두 가지 곁에 서서 경쟁하는 존재들이 아니다. 식물들의 삶 안에서 생명력이 기계적인 신진대사의 상위의 그리고 포괄적인 원리인 것과 비슷하게, 신적인 은총의 작용과 실재는 오히려 본성적으로 창조적인 실재의 더 높고 따라서 포괄적인 원리이다.
12. Gregorius, *Moralia*, XXXI, c.45, al.17; in vet. 31, n.88: PL 76, 621 A.

novitatum praesumptiones.[13]

Quamvis posset dici quod, sicut virtutes theologicae non reducuntur ad virtutes cardinales, sed sunt priores eis; ita etiam vitia opposita virtutibus theologicis non reducuntur ad vitia capitalia.

Articulus 2
Utrum infidelitas sit in intellectu sicut in subiecto.

Ad secundum sic proceditur. Videtur quod infidelitas non sit in intellectu sicut in subiecto.

1. Omne enim peccatum in voluntate est: ut Augustinus dicit, in libro *de duabus Anim..*[1] Sed infidelitas est quoddam peccatum, ut dictum est.[2] Ergo infidelitas est in voluntate, non in intellectu.

2. Praeterea, infidelitas habet rationem peccati ex eo quod praedicatio fidei contemnitur. Sed contemptus ad voluntatem pertinet. Ergo infidelitas est in voluntate.

3. Praeterea, II *ad Cor.* 11, super illud [14], *Ipse Satanas transfigurat se in Angelum lucis*, dicit Glossa[3] quod, *si angelus malus se bonum fingat, etiam si credatur bonus, non est error periculosus aut morbidus,*

---

13. Cf. q.132, a.5.
1. Augustinus, *De Duabus Animis*, c.10, n.12; c.11, n.15; PL 42, 103, 105.

부심이 발생한다"라고 말한다.[13]

또한 대신덕들이 4추덕으로 환원되지 않고 그것들에 앞서는 것처럼, 대신덕들에 반대하는 악습들도 또한 죄종(罪宗)들로 환원되지 않는다고 말할 수 있을 것이다.

제2절 불신앙은 주체 안에 있는 것처럼 지성 안에 있는가?

Parall.: *In Sent.*, II, d.39, q.1, a.2, ad4; III, d.23, q.2, a.3, qc.1, ad4.

[반론] 둘째에 대해서는 다음과 같이 진행된다. 불신앙은 주체 안에 있는 것처럼 지성 안에 있지 않는 것처럼 보인다.

1. 모든 죄는, 아우구스티누스가 『두 영혼』[1]에서 말했듯이, 의지 안에 있다. 그러나 불신앙은 이미 말했듯이[2] 일종의 죄이다. 그러므로 불신앙은 지성 안이 아니라 의지 안에 있다.

2. 불신앙은 신앙에 대한 설교를 멸시한다는 이유로 죄의 의미를 가진다. 멸시는 의지에 속한다. 그러므로 불신앙은 의지 안에 있다.

3. 코린토 2서 11장 [14절]의 "사탄도 빛의 천사로 위장합니다."라는 말씀에 대한 주해[3]는 "만일 악한 천사가 착한 척한다면, 비록 그가 착하다고 믿어질지라도—그가 착한 천사들에게 일치하는 방식으로 행하고 말한다면—그것은 위험한 오류나 병적인 오류가 아니다. 그 이유는

---

2. a.1.
3. *Glossa ordinaria*; *Glossa Lombardi*: PL 192, 74 C. – Cf. Augustinus, *Enchiridion*, c.60, n.16: PL 40, 260.

si facit vel dicit quae bonis Angelis congruunt. Cuius ratio esse videtur propter rectitudinem voluntatis eius qui ei inhaeret intendens bono Angelo adhaerere. Ergo totum peccatum infidelitatis esse videtur in perversa voluntate. Non ergo est in intellectu sicut in subiecto.

Sed contra, contraria sunt in eodem subiecto. Sed fides, cui contrariatur infidelitas, est in intellectu sicut in subiecto.[4] Ergo et infidelitas in intellectu est.

Respondeo dicendum quod, sicut supra[5] dictum est, peccatum dicitur esse in illa potentia quae est principium actus peccati. Actus autem peccati potest habere duplex principium. Unum quidem primum et universale, quod imperat omnes actus peccatorum: et hoc principium est voluntas, quia omne peccatum est voluntarium. Aliud autem principium actus peccati est proprium et proximum, quod elicit peccati actum: sicut concupiscibilis est principium gulae et luxuriae, et secundum hoc gula et luxuria dicuntur esse in concupiscibili. Dissentire autem, qui est proprius actus infidelitatis, est actus intellectus, sed moti a voluntate, sicut et assentire. Et ideo infidelitas, sicut et fides, est quidem in intellectu sicut in proximo subiecto, in voluntate autem sicut in primo motivo. Et hoc modo dicitur omne peccatum esse in voluntate.[6]

---

4. Cf. q.4, a.2.
5. I-II, q.74, aa.1-2.

착한 천사를 고수하려는 의도로 그에게 집착하는 사람의 올바른 의지 때문인 것처럼 보인다. 그러므로 불신앙의 죄 전체는 타락한 의지 안에 있는 것처럼 보인다. 불신앙은 주체 안에 있는 것처럼 지성 안에 있지 않다.

[재반론] 반대로 반대되는 것들은 동일한 주체 안에 있다. 불신앙에 반대되는 신앙은 주체 안에 있는 것처럼 지성 안에 있다.[4] 그러므로 불신앙은 지성 안에 있다.

[답변] 위에서[5] 말한 바와 같이, 죄는 죄라는 행위의 원리인 이 능력 안에 있다고 언급된다. 죄라는 행위는 두 가지 원리를 가질 수 있다. 첫째, 죄인들의 모든 행위를 명령하는 일차적이고 보편적인 것으로, 이 원리는 의지이다. 모든 죄는 의지에 속하기 때문이다. 죄라는 행위의 둘째 원리는 죄라는 행위를 선택하는 고유하고 가장 가까운 것이다. 마치 탐식과 색욕의 원리가 욕정적이고, 이에 따라 탐식과 색욕이 욕정적 (욕구)에 있다고 언급되는 것과 같다. 그런데 불신앙의 고유한 행동인 '동의하지 않는 일'은, '동의하는 일'이 그런 것처럼, 지성의 행위이지만 의지에 의해서 움직여진 것이다. 불신앙은 신앙도 그런 것처럼, 가장 가까운 주체 안에 있는 것처럼 지성 안에 있지만, 최초의 동인(動因) 안에 있는 것처럼 의지 안에 있다. 그리고 이런 방식으로 모든 죄는 의지 안에 있다.[6]

---

6. 지성 안에 있는 신앙은 거기에 있도록 의지에 의해 움직여진 것이다; II-II, q.2, aa.1-2. 후대의 신학자들에 의해서 신앙심의 경건한 감정(pius credulitatis affectus)이라고 불린 이 운동은 정확하게 참사랑의 행동과 같은 것이 아니다. 왜냐하면 그것은 죽은 신앙 안에서조차 현존하기

Unde patet responsio ad primum.

Ad secundum dicendum quod contemptus voluntatis causat dissensum intellectus, in quo perficitur ratio infidelitatis. Unde causa infidelitatis est in voluntate, sed ipsa infidelitas est in intellectu.

Ad tertium dicendum quod ille qui credit malum Angelum esse bonum non dissentit ab eo quod est fidei: quia *sensus corporis fallitur, mens vero non removetur a vera rectaque sententia*[7], ut ibidem dicit Glossa. Sed si aliquis Satanae adhaereret *cum incipit ad sua ducere*, idest ad mala et falsa, tunc non careret peccato, ut ibidem dicitur.

Articulus 3
Utrum infidelitas sit maximum peccatorum.

Ad tertium sic proceditur. Videtur quod infidelitas non sit maximum peccatorum.[1]

1. Dicit enim Augustinus[2], et habetur VIa, qu. 1[3]: *Utrum catholicum pessimis moribus alicui haeretico in cuius vita, praeter id quod*

때문이다. 그러나 불신앙 안에 있는 의지의 상반된 운동은, 만일 그것이 그 용어의 신학적 의미에서 죄스러운 것이라면, 어떻게든 참사랑을 거절해야만 한다.
7. 신앙 안에 있는 부수적인 실수들에 대해서는 II-II, q.1, a.3 참조.

[해답] 1. 첫 번째 반론에 대한 해답은 분명하다.

2. 의지의 멸시는 불신앙의 의미를 완성하는 지성의 '동의하지 않음'을 야기한다. 그래서 불신앙의 원인은 의지 안에 있지만, 불신앙 자체는 지성 안에 있다.

3. '악한 천사가 착하다'고 믿는 사람은 신앙에 속하는 것을 거부하지 않는다. 같은 구절에 대한 주해가 말하듯이 "육체의 감각이 속지만, 정신은 참되고 바른 언명으로부터 제거되지 않기" 때문이다.[7] 그러나 같은 곳에서 말하듯이, 어떤 이가 사탄의 것으로, 즉 악하고 거짓된 것으로 이끌리기 시작할 때 사탄에게 집착한다면, 그때는 죄가 없지 않다.

제3절 불신앙은 가장 큰 죄인가?

Parall.: Infra, q.20, a.3; q.34, a.2, ad2; q.39, a.2, ad3; III, q.80, a.5; *In Sent.*, IV, d.13, q.2, a.2; *De malo*, q.2, a.10; *In Ep. ad I ad Tim.*, c.5, lect.1.

[반론] 셋째에 대해서는 다음과 같이 진행된다. 불신앙은 가장 큰 죄가 아닌 것처럼 보인다.[1]

1. 아우구스티누스가 말하고[2], [그라티아누스의 『교령집』] 제6부분

---

1. 토마스는 다른 죄들에 대해서도 같은 질문을 제기할 것이다. 아래 II-II, q.13, a.3 참조. 긍정적인 답변은 맥락에 따라 이해되어야만 하며, 가해지는 추상적 고찰에 의해서 제한되어야 한다.
2. Augustinus, *De Baptismo contra Donatistas*, IV, c.20, n.27: PL 43, 171.

q.10, a.3

haereticus est, non inveniunt homines quod reprehendant, praeponere debeamus, non audeo praecipitare sententiam. Sed haereticus est infidelis. Ergo non est simpliciter dicendum quod infidelitas sit maximum peccatorum.

2. Praeterea, illud quod diminuit vel excusat peccatum non videtur esse maximum peccatum. Sed infidelitas excusat vel diminuit peccatum: dicit enim apostolus, I *ad Tim.* 1, [13]: *Prius fui blasphemus3 et persecutor et contumeliosus: sed misericordiam consecutus sum, quia ignorans feci in incredulitate.* Ergo infidelitas non est maximum peccatum.

3. Praeterea, maiori peccato debetur maior poena, secundum illud *Deut.* 25, [2]: *Pro mensura peccati erit et plagarum modus.* Sed maior poena debetur fidelibus peccantibus quam infidelibus, secundum illud ad *Heb.* 10, [29]: *Quanto magis putatis deteriora mereri supplicia qui filium Dei conculcaverit, et sanguinem testamenti pollutum duxerit, in quo sanctificatus est?* Ergo infidelitas non est maximum peccatum.

Sed contra est quod Augustinus dicit[4], exponens illud Ioan. 15, [22],《si non venissem, et locutus eis non fuissem, peccatum non haberent》: *Magnum,* inquit, *quoddam peccatum sub generali nomine*

---

3. Gratianus, *Decretum*, P. II, causa 6, q.1, can.21: *Quaero ergo*: ed. Richter-Friedberg, Lipsiae 1922, t.I, p.559. 그라티아누스(1179년 이전 사망)는 카말돌리회 수사로서 볼로냐에서 가르쳤다. 『그라티아누스 교령집』(*Decretum Gratiani*)이라고 알려진 『법전들의 불일치에 관한 일치』(*Concordantia Discordantium Canonum*)와 함께 그는 사실상 교회법의 아버지가 되었다.

제1문³에서도 언급하는 바에 따르면, "최악의 관습을 지닌 가톨릭 신자를 이단자라는 사실을 제외하고는 그의 삶 안에서 사람들이 비난할 만한 것을 발견할 수 없는 어떤 이단자보다 더 낮게 여겨야 하는가에 대해서는 나는 감히 판단을 다그치려 하지 않는다." 그런데 이단자는 비신자다. 그러므로 불신앙은 죄들 중에 가장 큰 것이라고 단적으로 말해야 하는 것은 아니다.

2. 죄를 감소시키거나 용서받게 하는 것은 가장 큰 죄가 아닌 것처럼 보인다. 그런데 불신앙은 죄를 감소시키고 용서받게 한다. 사도는 티모테오 1서 1장 [13절]에서 "나는 전에 [그분을] 모독하는 자이고 박해하는 자이고 오만불손한 자였습니다. 그러나 내가 믿지 않는 상태에서 모르고 한 일이기 때문에, 나는 자비를 받았습니다."라고 말하기 때문이다. 그러므로 불신앙은 가장 큰 죄가 아니다.

3. 신명기 25장 [2절]의 "죄의 기준에 매질의 정도도 맞아야 할 것이다"라는 말씀에 따라, 죄가 크면 클수록 벌도 더 많이 받아야 한다. 그런데 히브리서 10장 [29절]의 "하느님의 아들을 학대했고, 자기를 거룩하게 해 준 계약의 피를 더러운 것으로 여긴 자는 얼마나 더 나쁜 벌을 받아야 한다고 당신은 생각합니까?"라는 말씀에 따라, 죄지은 신자들은 비신자들보다 더 큰 벌을 받아야 마땅하다. 그러므로 불신앙은 가장 큰 죄가 아니다.

[재반론] 반대로 아우구스티누스는 요한복음서 15장 [22절]의 "내가 와서 그들에게 말하지 않았으면 그들은 죄가 없었을 것이다."라는 말

---

4. Augustinus, *In Ioan.*, tract.89, n.1, super 15, 22: PL 35, 1856.

vult intelligi. Hoc enim est peccatum, scilicet infidelitatis, *quo tenentur cuncta peccata*. Infidelitas ergo est maximum omnium peccatorum.

Respondeo dicendum quod omne peccatum formaliter consistit in aversione a Deo, ut supra[5] dictum est. Unde tanto aliquod peccatum est gravius quanto per ipsum homo magis a Deo separatur. Per infidelitatem autem maxime homo a Deo elongatur: quia nec veram Dei cognitionem habet; per falsam autem cognitionem ipsius non appropinquat ei, sed magis ab eo elongatur. Nec potest esse quod quantum ad quid Deum cognoscat qui falsam opinionem de ipso habet: quia id quod ipse opinatur non est Deus. Unde manifestum est quod peccatum infidelitatis est maius omnibus peccatis quae contingunt in perversitate morum. Secus autem est de peccatis quae opponuntur aliis virtutibus theologicis[7], ut infra[6] dicetur.

Ad primum ergo dicendum quod nihil prohibet peccatum quod est gravius secundum suum genus esse minus grave secundum aliquas circumstantias. Et propter hoc Augustinus noluit praecipitare sententiam de malo Catholico et haeretico alias non peccante: quia peccatum haeretici, etsi sit gravius ex genere, potest tamen ex aliqua circumstantia alleviari; et e converso peccatum Catholici ex aliqua

---

5. I-II, q.71, a.6; q.73, a.3, ad2.
6. q.34, a.2, ad2; q.39, a.2, ad3.

씀을 주해⁴하면서, "그는 일반적인 명칭 아래 일종의 큰 죄를 이해하려한다. 이것은", 즉 불신앙의 죄는 "전체의 죄들이 그것에 의해 유지되는 죄이기 때문이다"라고 말한다. 그러므로 불신앙은 죄들 중에 가장 큰 것이다.

[답변] 위에서⁵ 말했듯이, 모든 죄는 형상적으로 하느님으로부터 멀어짐으로 이루어진다. 인간이 그 죄를 통해서 하느님으로부터 더 많이 분리될수록 그 죄는 더 무겁다. 그런데 불신앙을 통해서 인간은 하느님으로부터 최고로 멀어진다. 왜냐하면 그는 하느님에 대한 참된 인식을 가지지 못하기 때문이다. 그에 대한 잘못된 인식을 통해서 그는 하느님께 가까이 가는 것이 아니라 오히려 그로부터 멀어진다.

하느님에 대해서 잘못된 견해를 가진 사람은 어떤 측면에서라도 하느님을 인식하는 일이 불가능하다. 그가 하느님이라고 추측하는 것은 하느님이 아니기 때문이다. 따라서 불신앙의 죄가 관습들의 타락을 일으키는 다른 죄들보다 더 큰 것이라는 사실은 명백하다. 아래에서⁶ 말하겠지만, 다른 대신덕들에 반대되는 죄들에 대해서는 다르다.⁷

[해답] 1. 그것의 유에 따라 더 무거운 죄가 다른 주변 조건들에 따라 덜 무겁게 되는 일은 아무것도 금지하지 않는다. 이 때문에 아우구스티누스는 악한 가톨릭 신자와 그 외에는 죄를 짓지 않은 이단자에 대한 판단을 다그치기를 원하지 않았다. 이단자의 죄가 유(類)에 있어서

---

7. 불신앙은 그 자체로 절망(II-II, q.20, a.3)보다 더 무거운 죄이지만, 하느님에 관한 증오는 불신앙보다 더 무거운 죄다.

circumstantia aggravari.

Ad secundum dicendum quod infidelitas habet et ignorantiam adiunctam, et habet renisum ad ea quae sunt fidei: et ex hac parte habet rationem peccati gravissimi. Ex parte autem ignorantiae habet aliquam rationem excusationis: et maxime quando aliquis ex malitia non peccat, sicut fuit in Apostolo.

Ad tertium dicendum quod infidelis pro peccato infidelitatis gravius punitur quam alius peccator pro quocumque alio peccato, considerato peccati genere. Sed pro alio peccato, puta pro adulterio, si committatur a fideli et ab infideli, ceteris paribus, gravius peccat fidelis quam infidelis: tum propter notitiam veritatis ex fide; tum etiam propter sacramenta fidei quibus est imbutus, quibus peccando contumeliam facit.[8]

---

8. Cf. I-II, q.73, a.8; q.89, a.5.

는 더 무거울지라도, 어떤 주변 조건으로부터 가벼워질 수 있으며, 반대로 가톨릭 신자의 죄가 다른 조건으로부터 더 무거워질 수 있다.

2. 불신앙은 한편으로 결합된 무지를 가지고, 다른 한편으로 신앙에 속하는 것들에 대한 반항도 가진다. [반항이라는] 이러한 측면에서는 가장 무거운 죄의 의미를 가진다. 그러나 무지의 측면에서는 용서받게 하는 어떤 이유를 가지며, 사도에게서 그랬던 것처럼, 어떤 사람이 악의로부터 죄를 지은 것이 아닐 때는 최고로 그러하다.

3. 비신자는 불신앙의 죄 때문에, 죄의 유를 고려하는 한에서, 어떠한 다른 죄로 인한 다른 죄인보다 더 무겁게 처벌되어야 한다. 그러나 다른 죄의 경우에는 예를 들어 간통의 경우, 신자에 의해서와 비신자에 의해서 저질러지고, 다른 것들이 동일한 경우에는 신자가 비신자보다 더 무겁게 죄를 짓는 것이다. 한편으로 신앙으로부터 얻은 진리의 인식 때문에, 다른 한편으로 그것에 의해 적셔진 신앙의 성사를 죄를 지음으로써 모욕했기 때문에 그러하다.[8]

Articulus 4
Utrum omnis actio infidelis sit peccatum.

Ad quartum sic proceditur. Videtur quod quaelibet actio infidelis sit peccatum.

1. Quia super illud *Rom.* 14, [23]: *Omne quod non est ex fide peccatum est,* dicit Glossa[1]: *Omnis infidelium vita est peccatum.* Sed ad vitam infidelium pertinet omne quod agunt. Ergo omnis actio infidelis est peccatum.

2. Praeterea, fides intentionem dirigit. Sed nullum bonum potest esse quod non est ex intentione recta. Ergo in infidelibus nulla actio potest esse bona.

3. Praeterea, corrupto priori, corrumpuntur posteriora. Sed actus fidei praecedit actus omnium virtutum. Ergo, cum in infidelibus non sit actus fidei, nullum bonum opus facere possunt, sed in omni actu

---

1. *Glossa ordinaria*: PL 114, 516 C; Glossa Lombardi 191, 1520 A – Cf. Prosperus Aq., *Sent.*,

제4절 비신자의 모든 행위가 죄인가?

Parall.: Infra, q.23, a.7, ad1; *In Sent.*, II, d.41, q.1, a.2; IV, d.39, a.2, ad5; *De malo*, q.2, a.5, ad7; *In Ep. ad Rom.*, c.14, lect.3; *In Ep. ad Tit.*, c.1, lect.4.
Doct. Eccl.: "의화되기 이전에 행해진 모든 행업은 어떤 방식으로든 상관없이 실제로 죄악이거나 하느님의 진노를 살만한 것이라고 주장하거나, 은총을 얻기 위해 자세를 갖추려고 애를 쓰면 쓸수록 더 무거운 죄를 짓는다고 말하는 자는 파문될 것이다." (트리엔트 공의회, 제7조, DS 817[=DH 1557].) Cf. DS 798[=DH 1526-1527] - Cf. DS 1016, 1022, 1025, 1035, 1038, 1040, 1068 (1567년 비오 5세에 의해서 단죄된 미셸 바이우스의 오류 16, 22, 25, 35, 38, 40, 68명제)[=DH 1916, 1922, 1925, 1935, 1938, 1940, 1968], 그리고 DS 1297-1299, 1301(1690년 알렉산데르 8세에 의해서 단죄된 얀센주의자의 오류들 7-9 명제)[=DH 2307-2309, 2311]

[반론] 넷째에 대해서는 다음과 같이 진행된다. 비신자의 어떤 행위든지 죄인 것처럼 보인다.

1. 로마서 14장 [23절]의 "신앙으로부터 나오지 않는 모든 것은 죄이다"라는 말씀에 대한 주해[1]는 "비신자의 모든 삶은 죄이다"라고 말하기 때문이다. 그런데 비신자의 삶에는 그가 행하는 모든 것이 속한다. 그러므로 비신자의 모든 행위는 죄이다.

2. 신앙은 의도를 다스린다. 어떠한 선도 올바른 의도로부터 오지 않는다면 존재할 수 없다. 그러므로 비신자에게는 어떠한 행위도 선일 수 없다.

3. 선차적인 것이 파괴된다면, 후차적인 것도 또한 파괴된다. 그런데 신앙의 행위는 모든 덕들의 행위에 앞선다. 그러므로 비신자들 안에 신앙의 행위가 존재하지 않을 때는, 그들은 어떠한 선한 행위도 행

---

sent.106: PL 51, 441 C.

suo peccant.

Sed contra est quod Cornelio[2] adhuc infideli existenti dictum est quod acceptae erant Deo eleemosynae eius. Ergo non omnis actio infidelis est peccatum, sed aliqua actio eius est bona.[3]

Respondeo dicendum quod, sicut supra[4] dictum est, peccatum mortale tollit gratiam gratum facientem, non autem totaliter corrumpit bonum naturae. Unde, cum infidelitas sit quoddam mortale peccatum, infideles quidem gratia carent, remanet tamen in eis aliquod bonum naturae. Unde manifestum est quod infideles non posunt operari opera bona quae sunt ex gratia, scilicet opera meritoria: tamen opera bona ad quae sufficit bonum naturae aliqualiter operari possunt.[5] Unde non oportet quod in omni suo opere peccent; sed quandocumque aliquod opus operantur ex infidelitate, tunc peccant. Sicut enim habens fidem potest aliquod peccatum committere in actu quem non refert ad fidei finem, vel venialiter vel etiam mortaliter peccando; ita etiam infidelis potest aliquem actum bonum facere in eo quod non refert ad finem infidelitatis.

Ad primum ergo dicendum quod verbum illud est intelligendum

---

2. 사도 10,4.31.
3. 이 재반론에 대한 해답은 아래 제3이론에 대한 해답 참조. 불신앙의 죄, 또는 실로 어떠한 중죄(重罪)는 순수하게 부정적인 의미에서가 아니라 결핍적인 의미에서 하느님의 은총에 대한

할 수 없고, 그들의 모든 행위 안에서 죄를 짓게 된다.

[재반론] 반대로 코르넬리우스[2]가 아직 비신자인 상태에서, 그에 대해 그의 자선이 하느님에 의해 받아들여졌다고 말했다. 그러므로 비신자의 모든 행위가 죄인 것이 아니라, 그의 어떠한 행위는 선하다.[3]

[답변] 위에서[4] 말한 바와 같이, 사죄(死罪)는 하느님을 기쁘시게 만드는 은총을 없애지만, 자연본성의 선을 전적으로 파괴하지는 않는다. 불신앙이 사죄이기 때문에 비신자들은 신앙을 결여하고 있지만, 그럼에도 자연적인 선한 어떤 것은 그들에게 남아 있다. 비신자들이 은총으로부터 오는 선한 행위, 즉 공로가 되는 행위를 할 수 없다는 사실은 명백하다. 그럼에도 그들은 자연본성적 선으로 도달하기 충분한 선한 행위들은 어떻게든 할 수 있다.[5]

따라서 비신자는 그의 모든 행위 안에서 죄를 짓는 것이 아니라, 불신앙으로부터 어떤 행위를 할 때마다 죄를 짓는 것이다. 신앙을 가진 이가 신앙의 목적에 관련되지 않는 행위 안에서—경미하게 또는 사죄를 지으면서—죄를 저지를 수 있는 것처럼, 또한 비신자도 불신앙의 목적과 관련되지 않는 것 안에서 어떠한 선한 행위를 할 수 있다.

[해답] 1. 이 말씀은 다음과 같이 이해되어야만 한다. 한편으로 신앙

반대이다. '카렌티아'(carentia, 결핍)는 반드시 현존해야만 하는 것을 바라는 것이라는 '카레오'(careo)에서 나온다.
4. I-II, q.85, aa.2&4.
5. Cf. I-II, q.109, a.2. [b] II-II, q.23, a.7. 참사랑이 없이도 고유한 덕이 존재할 수 있는가.

q.10, a.4

vel quia vita infidelium non potest esse sine peccato: cum peccata sine fide non tollantur. Vel quia quidquid agunt ex infidelitate peccatum est. Unde ibi subditur[6]: *quia omnis infideliter vivens vel agens vehementer peccat.*[7]

Ad secundum dicendum quod fides dirigit intentionem respectu finis ultimi supernaturalis.[8] Sed lumen etiam naturalis rationis potest dirigere intentionem respectu alicuius boni connaturalis.[9]

Ad tertium dicendum quod per infidelitatem non corrumpitur totaliter in infidelibus ratio naturalis, quin remaneat in eis aliqua veri cognitio, per quam possunt facere aliquod opus de genere bonorum.[10]

De Cornelio tamen[11] sciendum est quod infidelis non erat: alioquin eius operatio accepta non fuisset Deo, cui sine fide nullus potest placere. Habebat autem fidem implicitam, nondum manifestata Evangelii veritate. Unde ut eum in fide plene instrueret, mittitur ad eum Petrus.

---

6. *Glossa Lombardi*: PL 191, 1520 A; *Glossa ordinaria*: PL 114, 516 C.
7. 로마 14,23에서 '신앙(믿음)'은 대신덕이라기보다는 양심과 관련된다. 양심에 따르지 않는 행위에 대해서는 I-II, q.19, aa.5-6 참조.
8. '신앙의 의도'(intentio fidei), 즉 신앙의 명제적 표현과 조항들에 선행하며 초자연적이고 원초적인 약속에 대해서는 II-II, q.1, aa.2 & 6 참조.
9. "신앙은 최종 목적이라는 관점에서 의도를 다스리지만, 자연적 이성이나 현명 또한 어떤 가장 가까운 목적이라는 관점에서 의도를 다스릴 수 있다. 그리고 저 가장 가까운 목적이, 비록

없이는 죄가 없어질 수 없기 때문에, '비신자의 삶은 죄 없이는 존재할 수 없다'고 이해되어야 한다. 다른 한편으로 '불신앙으로부터 행해지는 것은 무엇이든지 죄이다'라고 이해되어야 한다. 따라서 그곳에[6] "불신앙으로 살아가거나 행위하는 모든 이는 격렬하게 죄를 짓는다"라는 말이 삽입된다.[7]

2. 신앙은 초자연적인 최종 목적이라는 관점에서 의도를 다스린다.[8] 그러나 자연적 이성의 빛도 또한 본성에 부합하는 어떤 선이라는 관점에서 의도를 다스릴 수 있다.[9]

3. 불신앙을 통해서 비신자 안에 있는 자연적 이성이 전적으로 파괴되지 않는다. 선한 것들의 유에 속하는 어떤 행위를 행할 수 있도록 만들어 주는 어떤 참에 대한 인식이 그들 안에 남아 있기 때문이다.[10]

그럼에도 코르넬리우스에 대해서는[11] 그가 비신자가 아니었다는 사실을 알아야만 한다. 그렇지 않다면 그의 작용은 – 신앙이 없이는 그 누구도 마음에 들 수 없는 – 하느님에 의해 받아들여지지 않았을 것이기 때문이다. 그는 복음의 진리에 의해 아직까지 명백해지지 않은 암묵적인 신앙을 가지고 있었다. 따라서 신앙에 관해 분명하게 그를 가르치도록, 베드로가 그에게 파견되었다.

현실적으로 질서지어져 있지 않더라도, 최종 목적을 향해서 질서지어질 수 있기 때문에, 따라서 그들의 행위가 이성의 힘을 통해서 저 목적으로 다스려지는 비신자들 안에서는 선의 어떠한 행위가 존재할 수 있다. 그러나 그들에게는 행위를 공로가 되도록 만들어주는 완전한 선성은 결여되어 있다." (*In Sent.* II d.41, q.1, a.2, ad2)

10. Cf. I-II, q.109, a.1, 2.
11. Cf. 재반론.

Articulus 5
Utrum sint plures infidelitatis species.

Ad quintum sic proceditur. Videtur quod non sint plures infidelitatis species.

1. Cum enim fides et infidelitas sint contraria, oportet quod sint circa idem.[1] Sed formale obiectum fidei est veritas prima[2], a qua habet unitatem, licet multa materialiter credat. Ergo etiam obiectum infidelitatis est veritas prima: ea vero quae discredit infidelis materialiter se habent in infidelitate. Sed differentia secundum speciem non attenditur secundum principia materialia, sed secundum principia formalia.[3] Ergo infidelitatis non sunt diversae species secundum diversitatem eorum in quibus infideles errant.

2. Praeterea, infinitis modis potest aliquis a veritate fidei deviare. Si igitur secundum diversitates errorum diversae species infidelitatis assignentur, videtur sequi quod sint infinitae infidelitatis species. Et ita huiusmodi species non sunt considerandae.

3. Praeterea, idem non invenitur in diversis speciebus. Sed contingit aliquem esse infidelem ex eo quod errat circa diversa. Ergo diversitas errorum non facit diversas species infidelitatis. Sic igitur infidelitatis non sunt plures species.

---

1. Cf. II-II, q.24, a.10, obj.1 & ad1; I-II, q.40, a.4; q.53, a.2, sc.; q.73, a.4; q.74, a.2, sc. etc.
2. 제1진리(veritas prima)에 대해서는 II-II, q.1, a.1 참조.

제5절 다수의 불신앙의 종이 존재하는가?

Parall.: Infra, q.11, a.1.

[반론] 다섯째에 대해서는 다음과 같이 진행된다. 다수의 불신앙의 종(種)이 존재하지 않는 것처럼 보인다.

1. 신앙과 불신앙은 상반되기 때문에, 그것들은 동일한 것에 관한 것이어야 한다.[1] 그런데 신앙의 형상적 대상은 제1진리[2]이고, 비록 질료적으로는 많은 것이 믿어질지라도 제1진리로부터 단일성을 가진다. 불신앙의 대상도 또한 제1진리이고, 비신자가 믿지 않는 것들과 비신자는 불신앙 안에서 질료적으로 관계를 맺는다. 그런데 종에 따른 차이는 질료적 원리들에 따라서가 아니라 형상적 원리들에 따라서 주목된다.[3] 그러므로 그 안에서 비신자들이 오류에 빠지는 것들의 다양성에 따라 불신앙의 다양한 종들이 존재하지 않는다.

2. 어떤 이는 무한한 방식으로 신앙의 진리로부터 벗어날 수 있다. 따라서 만일 오류들의 다양성에 따라 불신앙의 다양한 종들이 지정된다면, 불신앙의 무한한 종들이 존재한다는 결론이 나오는 것처럼 보인다. 그래서 이러한 종류의 종들은 고찰하지 말아야 한다.

3. 동일한 것은 다양한 종들에서 발견되지 않는다. 그런데 어떤 이가 다양한 것에 관해서 오류를 범한다는 점으로부터 비신자가 되는 일이 일어난다. 그러므로 오류들의 다양성은 불신앙의 다양한 종을 만들지 않는다. 따라서 불신앙에는 다양한 종이 속하지 않는다.

---

3. Cf. I, q.75, a.3, ad1.

Sed contra est quod unicuique virtuti opponuntur plures species vitiorum: *bonum* enim *contingit uno modo, malum vero multipliciter*, ut patet per Dionysium, 4 cap. *de Div. Nom.*[4], et per Philosophum, in II *Ethic.*[5]. Sed fides est una virtus.[6] Ergo ei opponuntur plures infidelitatis species.

Respondeo dicendum quod quaelibet virtus consistit in hoc quod attingat regulam aliquam cognitionis vel operationis humanae, ut supra[7] dictum est. Attingere autem regulam est uno modo circa unam materiam: sed a regula deviare contingit multipliciter. Et ideo uni virtuti multa vitia opponuntur. Diversitas autem vitiorum quae unicuique virtuti opponitur potest considerari dupliciter. Uno modo, secundum diversam habitudinem ad virtutem. Et secundum hoc determinatae sunt quaedam species vitiorum quae opponuntur virtuti: sicut virtuti morali opponitur unum vitium secundum excessum ad virtutem, et aliud vitium secundum defectum a virtute. — Alio modo potest considerari diversitas vitiorum oppositorum uni virtuti secundum corruptionem diversorum quae ad virtutem requiruntur. Et secundum hoc uni virtuti, puta temperantiae vel fortitudini, opponuntur infinita vitia, secundum quod infinitis modis contingit diversas circumstantias virtutis corrumpi, ut a rectitudine virtutis recedatur. Unde et Pythagorici[8] malum posuerunt infinitum.[9]

---

4. Dionysius, *De div. nom.*, c.4: PG 3, 732 B; S. Thomas, lect.22, n.579.
5. Aristoteles, *Ethica Nic.*, II, c.5, 1106b35; S. Thomas, lect.7, nn.319-321.

[재반론] 반대로 각각의 덕에는 악습들의 다수의 종이 반대된다. 디오니시우스의 『신명론』 제4장[4]과 철학자의 『니코마코스 윤리학』 제2권[5]을 통해서 분명하듯이, 선은 하나의 방식으로 생기지만 악은 다양하게 생겨난다. 그런데 신앙은 하나의 덕이다.[6] 그러므로 그것에 불신앙의 다수의 종이 반대된다.

[답변] 위에서[7] 말했듯이, 어떤 덕이든지 인간적인 인식이나 작용의 어떤 규칙을 지키는 일로 이루어진다. 그런데 규칙을 지키는 일은 하나의 질료에 관해 하나의 방식으로 존재하지만, 그 규칙에서 벗어나는 일은 다양하게 일어난다. 따라서 하나의 덕에는 많은 악습들이 반대된다. 어떤 하나의 덕에 반대되는 악습들의 다양성은 두 가지로 고찰될 수 있다. 첫째, 덕과의 다양한 관계에 따라서. 이에 따라서 덕에 반대되는 악습들의 어떤 종들이 결정된다. 마치 도덕적 덕에게 하나의 악습은 덕을 지나침에 따라서, 다른 악습은 덕에 미치지 못함에 따라서 반대된다. 둘째, 하나의 덕에 반대되는 악습들의 다양성은 덕에 요구되는 다양한 것들이 파괴됨에 따라 고찰될 수 있다. 이에 따라 하나의 덕, 예를 들어 절제나 용기에는, 덕의 다양한 주변 조건들이 파괴되어, 덕의 올바름으로부터 물러나는 일이 무한한 방식으로 일어나는 한에서, 무한한 악습들이 반대된다. 피타고라스학파[8]도 악은 무한하다고 주장했다.[9]

---

6. Cf. q.4, a.6.
7. I-II, q.64.
8. 피타고라스학파: 사모스의 피타고라스가 기원전 6세기 후반기에 대 그리스(Magna Graecia)에 설립한 수학적 성격이 강한 철학의 학파 및 금욕적이고 종교적인 공동체.
9. Cf. *Meta*., I, 5, 986a22; S. Thomas, lect.8, nn.127-130. Cf. *ScG*, III, 9, § Potest etiam.

q.10, a.5

Sic ergo dicendum est quod, si infidelitas attendatur secundum comparationem ad fidem, diversae sunt infidelitatis species et numero determinatae. Cum enim peccatum infidelitatis consistat in renitendo fidei, hoc potest contingere dupliciter. Quia aut renititur fidei nondum susceptae: et talis est infidelitas paganorum sive gentilium. Aut renititur fidei Christianae susceptae, vel in figura, et sic est infidelitas Iudaeorum[10]; vel in ipsa manifestatione veritatis, et sic est infidelitas haereticorum.[11] Unde in generali possunt assignari tres praedictae species infidelitatis. — Si vero distinguantur infidelitatis species secundum errorem in diversis quae ad fidem pertinent, sic non sunt determinatae infidelitatis species: possunt enim errores in infinitum multiplicari[13], ut patet per Augustinum, in libro *de Haeresibus*.[12]

---

10. 이것은 유다교로부터의 배교도 포함할 것이다.
11. Cf. II-II, q.11.
12. Augustinus, *De Haeresibus*, §88: PL 42, 50.
13. 그 자체로 이미 윤리적인 악으로 간주되어야 하는 죄는 단지 윤리적 선의 결여일 뿐만 아니라, 또한 자유재량에 의해서 실행된 올바르지 못한 행위이기도 하다. 이러한 관점에서 이 행위는 금지된 어떤 것으로 향함, 올바르지 못한 대상으로 향함을 포함하며, 따라서 각각의 윤리적 행위 자체와 같이 의도에 따른 것이다. 이 금지된 것을 향함 안에는 당연히 그 본질적인 결과로 선과 계명으로부터 돌아섬과 윤리적인 선의 결핍이 포함되어 있다. 따라서 죄는 이중적인 악을 지닌다. 무질서를 향함으로 이루어지는 윤리적인 악과, (윤리적) 선의 결핍으로 이루어진 형이상학적인 악이 그것이다. 철학이 형이상학적 측면에서 일반적으로 악을 선의 결여라고 규정하기 때문에 토마스도 또한 첫째 반론에 대한 해답에서 이러한 기술방식을 받아들여 '악'의 관점에서 죄는 선으로부터 돌아섬으로 이루어진다고 말한다.
불신앙의 죄를 이제, 그것이 윤리적으로 무질서한 행위를 묘사하는 한에서, 윤리적인 악의 관점에서 고찰한다면, 그것은 계시 진리들에 대한 잘못된 견해로 향함을 의미한다. 이러한 관점에서는 불신앙의 다양한 종류가 밝혀질 수 있다. 무엇보다도 그것은 단순히 신앙의 상실로 이끄는 다양한 오류들을 고찰하는 일과 관련되는 것이 아니다. 그것들에는 무수히 많은, 적어도 계시 진리들이 존재하는 것만큼 많은 것이 속하기 때문이다. 오류로 향함은 그것을 죄로 만드

그러므로 만일 불신앙이 신앙과의 비교에 따라 주목된다면, 불신앙의 종들은 다양하고 수적으로 결정되어 있다고 말해야만 한다. 왜냐하면 불신앙의 죄는 신앙에 반항함으로 이루어지기 때문에, 이것은 두 가지 방식으로 일어날 수 있다. 한편으로 아직 받아들여지지 않은 신앙에 반항하기 때문에, 이러한 불신앙은 미신자(未信者)나 이교도에게 속하고, 다른 한편으로 [불신앙은] 받아들인 그리스도교의 신앙에 반항한다. 이것은 유다인들의 불신앙[10]이 그러하듯이 예표(豫表) 안에서 (in figura) 이루어지든지, 혹은 이단자들의 불신앙[11]이 그러하듯이 진리의 명시성 자체 안에서 이루어진다. 따라서 일반적으로 앞서 말한 불신앙의 세 가지 종이 지정될 수 있다. 그러나 만일 신앙에 속하는 다양한 것들 안에 있는 오류에 따라 불신앙의 종이 구분된다면, 불신앙의 종들은 확정되지 않는다. 아우구스티누스가 『이단론』[12]에서 분명히 하듯이, 오류들은 무한히 다수화될 수 있기 때문이다.[13]

는 관점, 즉 의지에 의해서 계시를 거부하는 오류를 적극적으로 주장하는, 본질적인 관점에서 고찰되어야만 한다. 그 구분은 "신앙에 반대하는 견해들의 다양성에 따라 그 자체로 고찰되는 것이 아니라, 의지적인 반대의견으로 변화되도록 만들 수 있는 다양성에 따라야" 한다.(이 절에 대한 카예타누스의 주해, 2번)
이렇게 의도된 오류 주장은 우선 이중으로 가능하다: 첫째, 그것이 이제까지 개인적으로 소유하도록 의지적인 결정이 아직 내려지지 않았던 신앙의 은총을 거슬러서 제기됨으로써, 그리고 둘째, 이미 그 인간의 고유한 선으로서 은총이 충만한 신앙이 되었던 신앙의 은총을 거부함으로써 이루어질 수 있다.
이 마지막 가능성은 또다시 의지적으로 주장된 오류가 그 (구약성경에 나오는) 예표(豫表)에서, 또는 (신약성경에 나오는) 명시적인 실현에서 넘겨받은 신앙을 거부하는지에 따라 다시 양분될 수 있다.
이렇게 불신앙의 세 가지 종류가 드러난다: 이교도, 유다교, 이단.
그러나 신앙의 죄를, 그것에 신앙의 결단이 결여되어 있는 한에서, 순수하게 형이상학적인 악의 관점에서 고찰한다면, 도대체 아무런 본질적인 구분을 허용하지 않는다. 이러한 형태로는 불신앙이 일체의 본질이 결여된 것이기 때문이다.
따라서 구분은, 죄의 본질로부터 귀결되는 것처럼, 단지 주체가 무질서한 대상으로 향함을 고찰한다는 관점에서만 가능하다. 대상을 바라보는 것과 관련해서 이루어지는, 불신앙의 이러

q.10, a.5

Ad primum ergo dicendum quod formalis ratio alicuius peccati potest accipi dupliciter. Uno modo, secundum intentionem peccantis: et sic id ad quod convertitur peccans est formale obiectum peccati; et ex hoc diversificantur eius species.[14] Alio modo, secundum rationem mali: et sic illud bonum a quo receditur est formale obiectum peccati; sed ex hac parte peccatum non habet speciem, immo privatio est speciei. Sic igitur dicendum est quod infidelitatis obiectum est veritas prima sicut a qua recedit: sed formale eius obiectum sicut ad quod convertitur est sententia falsa quam sequitur; et ex hac parte eius species diversificantur. Unde sicut caritas est una, quae inhaeret summo bono[15], sunt autem diversa vitia caritati opposita, quae per conversionem ad diversa bona temporalia recedunt ab uno summo bono, et iterum secundum diversas habitudines inordinatas ad Deum[16]; ita etiam fides est una virtus, ex hoc quod adhaeret uni primae veritati; sed infidelitatis species sunt multae, ex hoc quod infideles diversas falsas sententias sequuntur.

Ad secundum dicendum quod obiectio illa procedit de distinctione specierum infidelitatis secundum diversa in quibus erratur.

한 구분은 그렇지만, 사람들이 그 대상을 불신앙의 죄라는 '윤리적인' 행위와의 관계에서 고찰할 때에만, 즉 신앙을 거부하는 견해에 영향을 미치는 '의지의' 결정과 관련되는 한에서, 본질적인 구분일 수 있다. 이미 말한 바와 같이 이 의지는 세 가지 형태로 증명될 수 있다. 이와는 반대로 다양한 진리들의 측면에서 불신앙의 구분은 엄격하게 말해서 불신앙의 '죄'가 아니라 잘못된 '신앙의 견해들'을 구분하는 고찰방식이다.

배교는 불신앙의 죄 중에서 더 곤란한 상황을 야기한다. 이단과 배교 사이의 차이는 확실히 대상으로부터 취해지지만, 본래 윤리적인 것으로부터 분리되어 고찰되는 대상으로부터 취해

[해답] 1. 어떤 죄의 형상적 근거는 두 가지 방식으로 취해질 수 있다. 첫째, 죄짓는 자의 의도에 따라, 죄짓는 자가 그리로 향하는 것이 죄의 형상적 대상이다. 그리고 이것으로부터 죄의 종은 다수화된다.[14] 둘째, 악의 의미에 따라, 이 경우에는 거기로부터 물러나는 저 선이 죄의 형상적 대상이다. 그러나 이러한 측면에서는 죄는 종을 가지지 않고, 오히려 종의 결여가 존재한다. 따라서 불신앙의 대상은 거기로부터 물러나는 것으로서 제1진리이지만, 그리로 향하는 것으로서의 형상적 대상은 따라오는 잘못된 언명이다. 이러한 측면에서는 그 종들이 다수화된다. 따라서 최고선을 고수하는 참사랑은 하나이지만[15], 참사랑에 반대되는 다양한 악습이 존재한다. 이 악습들은 다양한 현세적 선들로 향함을 통해서 하나의 최고선으로부터 물러나고, 또다시 하느님과 무질서한 다양한 관계들에 따라 존재한다.[16] 이와 마찬가지로 신앙 또한 하나의 제1진리를 고수한다는 이유로 하나의 덕이지만, 비신자들이 다양한 잘못된 언명들을 따른다는 이유로 불신앙의 종들은 다수이다.

2. 이 반론은 그 안에서 오류를 범하게 되는 다양한 것들에 따라 불신앙의 종들을 구분하는 것으로부터 전개된다.

진다. 이미 말한 바와 같이, 이런 고찰방식에 따라 불신앙에는 무수한 종류가 있다. 배교는 계시에 대한 전적인 거부로 불신앙의 가장 나쁜 형태이다. 그럼에도 초자연적인 관점에서 고찰될 때 이단도 전적인 거부이다. 개별적인 신앙 조항의 부인으로 신앙의 은총 전체가 거부되기 때문이다. 이것이 성 토마스의 이론이라는 사실은 II-II, q.12, a.1의 셋째 반론과 이에 대한 해답과 함께 이 절로부터 분명하게 드러난다.

14. 죄들의 종적인 구성에 대해서는 I-II, q.72, a.1; q.79, a.2, ad3 참조.
15. Cf. q.23, a.5.
16. Cf. q.34, Prol.

Ad tertium dicendum quod sicut fides est una quia multa credit in ordine ad unum, ita infidelitas potest esse una, etiam si in multis erret, inquantum omnia habent ordinem ad unum.[17] — Nihil tamen prohibet hominem diversis infidelitatis speciebus errare: sicut etiam potest unus homo diversis vitiis subiacere et diversis corporalibus morbis.

Articulus 6
Utrum infidelitas gentilium seu paganorum sit ceteris gravior.

Ad sextum sic proceditur. Videtur quod infidelitas gentilium sive Paganorum sit gravior ceteris.

1. Sicut enim corporalis morbus tanto est gravior quanto saluti principalioris membri contrariatur, ita peccatum tanto videtur esse gravius quanto contrariatur ei quod est principalius in virtute. Sed principalius in fide est fides unitatis divinae, a qua deficiunt gentiles, multitudinem deorum credentes. Ergo eorum infidelitas est gravissima.

2. Praeterea, inter haereticos tanto haeresis aliquorum detestabilior est quanto in pluribus et principalioribus veritati fidei contradicunt:

3. 많은 것을 하나를 향한 질서 안에서 믿기 때문에 신앙이 하나인 것처럼, 불신앙도 모든 것이 하나를 향한 질서를 가지는 한에서 많은 것 안에서 오류를 범한다면 하나일 수 있다.[17] 그럼에도 하나의 인간이 다양한 악습에 의해서나 다양한 육체적 질병에 의해 예속되는 것처럼, 인간이 불신앙의 다양한 종에 의해 오류를 범하는 일은 아무것도 금하지 않는다.

제6절 이교도와 미신자의 불신앙이 다른 이들보다 더 무거운가?

Parall.: Infra, q.94, a.3.

[반론] 여섯째에 대해서는 다음과 같이 진행된다. 이교도나 미신자의 불신앙이 다른 이들보다 더 무거운 것처럼 보인다.

1. 육체적 질병에서 더 중요한 지체들의 건강에 상반되면 될수록 더 무거운 병인 것처럼, 죄는 덕 안에서 더 중요한 것에 상반되면 될수록, 더 무거운 것처럼 보인다. 그런데 신앙 안에서는, 이교도들이 신의 다수성을 믿음으로써 결여하고 있는, 신적 단일성에 대한 신앙이 더 중요하다. 그러므로 그들의 불신앙이 가장 무겁다.

2. 이단자들 사이에서는, 이단이 더 많은 것과 더 중요한 것들 안에서 신앙의 진리에 상충하면 할수록 그들의 이단은 더욱 증오할 만하

---

17. 비록 악습이 덕들과는 달리 하나의 질서를 형성할 정도로 그렇게 연결되지는 않을지라도 말이다: I-II, q.73, a.1.

sicut haeresis Arii, qui separavit divinitatem, detestabilior fuit quam haeresis Nestorii, qui separavit humanitatem Christi a persona Filii Dei. Sed gentiles in pluribus et principalioribus recedunt a fide quam Iudaei et haeretici: quia omnino nihil de fide recipiunt. Ergo eorum infidelitas est gravissima.

3. Praeterea, omne bonum est diminutivum mali. Sed aliquod bonum est in Iudaeis: quia confitentur vetus testamentum esse a Deo. Bonum etiam est in haereticis: quia venerantur novum Testamentum. Ergo minus peccant quam gentiles, qui utrumque Testamentum detestantur.

Sed contra est quod dicitur II Pet. 2, [21]: *Melius erat illis non cognoscere viam iustitiae quam post cognitam retrorsum converti.* Sed gentiles non cognoverunt viam iustitiae: haeretici autem et Iudaei aliqualiter cognoscentes deseruerunt. Ergo eorum peccatum est gravius.

Respondeo dicendum quod in infidelitate, sicut dictum est[1], duo possunt considerari. Quorum unum est comparatio eius ad fidem. Et ex hac parte aliquis gravius contra fidem peccat qui fidei renititur quam suscepit quam qui renititur fidei nondum susceptae: sicut gravius peccat qui non implet quod promisit quam si non impleat quod nunquam promisit. Et secundum hoc infidelitas haeretico-

---

1. a.5.

다. 신성을 분리했던 아리우스의 이단은 성자의 위격으로부터 그리스도의 인성을 분리했던 네스토리우스의 이단보다 더 증오할 만했다. 그런데 이교도들은 전적으로 신앙에 대해서 아무것도 받아들이지 않기 때문에, 유다인이나 이단자들보다 더 많은 것들과 더 중요한 것들 안에서 신앙으로부터 물러난다. 그러므로 그들의 불신앙은 가장 무겁다.

3. 모든 선은 악을 감소시키는 능력을 가진다. 그런데 유다인들은 구약이 하느님으로부터 존재한다고 믿기 때문에, 그들 안에는 선한 어떤 것이 있다. 또한 이단자들은 신약을 존경하기 때문에, 그들 안에도 선이 있다. 그러므로 그들[유다인과 이단자]은 신약과 구약 모두를 증오하는 이교도들보다는 죄를 덜 범한다.

[재반론] 반대로 베드로 2서 2장 [21절]은 "그들에게는 정의의 길을 안 다음에 뒤로 향하여 되돌아가는 것보다는, 정의의 길을 인식하지 못하는 일이 더 나았을 것입니다."라고 말한다. 이교도들은 정의의 길을 인식하지 못했다. 그러나 이단자들과 유다인들은 어떻게든 인식한 것을 저버렸다. 그러므로 그들의 죄는 더욱 무겁다.

[답변] 위에서[1] 말한 바와 같이, 불신앙에서는 두 가지가 고찰될 수 있다. 그것들 중 하나는 신앙과 그것의 비교이다. 이러한 측면에서는 받아들였던 신앙에 반항하는 사람이 아직 받아들이지 않은 신앙에 반항하는 이보다 신앙을 거슬러 더 무거운 죄를 짓는 것이다. 마치 약속했던 것을 지키지 않는 이가, 결코 약속하지 않았던 것을 지키지 않았다고 가정하는 것보다 더 무거운 죄를 짓는 것과 같다. 이에 따라 복음의 신앙을 고백하고 그것을 파괴함으로써 신앙에 반항하는 이단자들

rum, qui profitentur fidem Evangelii et ei renituntur corrumpentes ipsam, gravius peccant quam Iudaei, qui fidem Evangelii nunquam susceperunt. Sed quia susceperunt eius figuram in veteri lege, quam male interpretantes corrumpunt, ideo etiam ipsorum infidelitas est gravius peccatum quam infidelitas gentilium, qui nullo modo fidem Evangelii susceperunt. — Aliud quod in infidelitate consideratur est corruptio eorum quae ad fidem pertinent. Et secundum hoc, cum in pluribus errent gentiles quam Iudaei, et Iudaei quam haeretici, gravior est infidelitas gentilium quam Iudaeorum, et Iudaeorum quam haereticorum: nisi forte quorundam, puta Manichaeorum[2], qui etiam circa credibilia plus errant quam gentiles. — Harum tamen duarum gravitatum prima praeponderat secundae quantum ad rationem culpae. Quia infidelitas habet rationem culpae, ut supra[3] dictum est, magis ex hoc quod renititur fidei quam ex hoc quod non habet ea quae fidei sunt: hoc enim videtur, ut dictum est[4], magis ad rationem poenae pertinere.[5] Unde, simpliciter loquendo, infidelitas haereticorum est pessima.

[39222] II^a-IIae q. 10 a. 6 ad arg.

Et per hoc patet responsio ad obiecta.

---

2. Cf. q.94, a.3, ad4.
3. a.1.

의 불신앙이, 복음의 신앙을 결코 받아들이지 않았던 유다인들의 불신앙보다 더 무거운 죄를 짓게 된다. 그들은 구약 안에 있는 그것의 예표를 받아들였고, 그것을 잘못 해석해서 파괴했기 때문에, 그들의 불신앙도 또한, 어떠한 방식으로도 복음의 신앙을 받아들이지 않았던 이교도들의 불신앙보다는 더 무거운 죄이다.

불신앙 안에서 고찰되는 다른 것은 신앙에 속하는 것들의 파괴이다. 이에 따라서 이교도는 유다인보다, 유다인은 이단자보다 다수의 것 안에서 오류를 범하기 때문에, 이교도의 불신앙은 유다인의 불신앙보다, 유다인의 불신앙은 이단자의 불신앙보다 더 무겁다. 믿을 수 있는 것들에 관해서도 또한 이교도보다도 더 많은 오류를 범하는 사람들, 예를 들어 마니교도들의[2] 불신앙이 아니라면 그러하다.

그럼에도 이러한 두 가지 무거움 중에서 첫째가 죄과의 의미에 관한 한 둘째보다 더 무겁다. 위에서[3] 말한 바와 같이 불신앙은, 신앙에 속하는 것들을 가지지 않는다는 이유보다는 신앙에 반항한다는 이유로 더욱 죄과의 의미를 가지기 때문에, 위에서[4] 말했듯이, 이것이 더욱 벌의 의미에 속하는 것처럼 보인다.[5] 따라서 단적으로 말해 이단자들의 불신앙이 가장 나쁜 것이다.

[해답] 이것을 통해서 반론에 대한 해답도 분명하다.

---

4. Ibid.
5. 악을 벌(poena)과 죄과(culpa)로 나누는 것에 대해서는 I, q.48, a.5 참조.

Articulus 7
Utrum sit cum infidelibus publice disputandum.

Ad septimum sic proceditur. Videtur quod non sit cum infidelibus publice disputandum.[1]

1. Dicit enim apostolus, II *ad Tim.* 2, [14]: *Noli verbis contendere: ad nihilum enim utile est nisi ad subversionem audientium.* Sed disputatio publica cum infidelibus fieri non potest sine contentione verborum. Ergo non est publice disputandum cum infidelibus.

2. Praeterea, lex Marciani Augusti[3], per Canones confirmata[2], sic dicit: *Iniuriam facit iudicio religiosissimae Synodi, si quis semel iudicata ac recte disposita revolvere et publice disputare contendit.* Sed omnia quae ad fidem pertinent sunt per sacra Concilia determinata. Ergo graviter peccat, iniuriam synodo faciens, si quis de his quae sunt fidei publice disputare praesumat.

3. Praeterea, disputatio argumentis aliquibus agitur. Sed argumentum est *ratio rei dubiae faciens fidem.*[4] Ea autem quae sunt fidei, cum sint certissima, non sunt in dubitationem adducenda. Ergo de his

---

1. 그리스도교 신학이 논증적인 가르침(doctrina argumentativa)이라는 사실에 대해서는 I, q.1, a.8 참조.
2. *Codex*, I, tit.1: *de summa Trin.*, leg.4: *Nemo*: Corpus Iur. Civ., ed. Krueger, t.II, p.6a.

제7절 비신자들과 공적으로 토론해야만 하는가?

Parall.: *In Ep. II ad Tim.*, c.2, lect.2.
Doct. Eccl.: Cfr. *Cod. Iur. Can.* (1917년판: 교회의 교도권) c.1235, §3: "가톨릭 신자들은 비가톨릭 신자들과 교황청의 허가나 긴급한 경우에는 지역 직권자의 허가 없이 특히 공적으로 토론하거나 논쟁하지 않도록 주의해야 한다."

[반론] 일곱째에 대해서는 다음과 같이 진행된다. 비신자들과는 공적으로 토론할 필요가 없는 것처럼 보인다.[1]

1. 사도는 티모테오 2서 2장 [14절]에서, "설전(舌戰)을 벌이지 마라. 듣는 이들의 전복(顚覆) 이외에는 아무런 이익이 없기 때문이다."라고 말하기 때문이다. 비신자들과의 공적인 토론은 설전이 없이는 일어날 수 없다. 그러므로 비신자들과는 공적으로 토론할 필요가 없다.

2. 교회법[2]을 통해서 확정된 마르치아누스 황제의 법[3]은, "만일 어떤 이가 한번 판결되고 올바르게 규정된 것을 되돌아가서 공적으로 토론하면서 싸운다면, 가장 거룩한 공의회의 결정에 불의를 저지르는 것이다"라고 말한다. 그런데 신앙에 속하는 모든 것은 거룩한 공의회들을 통해서 결정되어 있다. 그러므로 어떤 이가 신앙에 속하는 것들에 대해서 공적으로 토론하기를 감행한다면, 공의회에 불의를 저지르면서 무겁게 죄를 짓는 것이다.

3. 토론은 어떤 논증들에 의해서 이루어진다. 논증은 "믿음을 만드는 의심스러운 사태들의 숙고"[4]이다. 그러나 신앙에 속하는 것들은 가장 확실한 것이기 때문에, 의심으로 이끌려서는 안 된다. 그러므로 신

---
3. Cf. *Conc. Chalced. Acta*, P. II, act.3: ed. I. D. Mansi, t. VIII, p.475.
4. Cf. Tullii *Topic.*, c.2: ed. G. Friedrich, Lipsiae 1893, p.426, ll.35-37.

quae sunt fidei non est publice disputandum.

Sed contra est quod *Act.* 9, [22,29] dicitur quod *Saulus invalescebat et confundebat Iudaeos; et quod loquebatur gentibus et disputabat cum Graecis.*

Respondeo dicendum quod in disputatione fidei duo sunt consideranda: unum quidem ex parte disputantis; aliud autem ex parte audientium. Ex parte quidem disputantis est consideranda intentio. Si enim disputet tanquam de fide dubitans, et veritatem fidei pro certo non supponens, sed argumentis experiri intendens, procul dubio peccat, tanquam dubius in fide et infidelis.[5] Si autem disputet aliquis de fide ad confutandum errores, vel etiam ad exercitium, laudabile est.

Ex parte vero audientium considerandum est utrum illi qui disputationem audiunt sint instructi et firmi in fide, aut simplices et in fide titubantes. Et coram quidem sapientibus in fide firmis nullum periculum est disputare de fide. — Sed circa simplices est distinguendum. Quia aut sunt sollicitati sive pulsati ab infidelibus, puta Iudaeis vel haereticis sive Paganis, nitentibus corrumpere in eis fidem: aut omnino non sunt sollicitati super hoc, sicut in terris in quibus non sunt infideles.[6] In primo casu necessarium est publice disputare de

---

5. 진정한 의심, 또는 '비신자의 의심'(dubitatio infidelitatis).
6. "가톨릭 신자들은 자기들의 신앙의 가신성(可信性)과 진실성에 대한 과학적 증명이 이루어지기 전에는, 자기들의 동의를 중지시킨 채, 이미 교회의 교도권을 통해 받아들인 신앙을 의심할 정당한 이유를 가질 수 있다고 말하는 자는 파문될 것이다."(제1차 바티칸 공의회, 교의헌장,

앙에 속하는 것들에 대해서는 공적으로 토론할 필요가 없다.

[재반론] 반대로 사도행전 9장 [22절.29절]에서는 "사울은 더욱 힘차게 [증명했고] 유다인들을 당혹하게 만들었다", 그리고 "그는 이교도들에게 말했고 그리스인들과 토론했다"라고 말한다.

[답변] 신앙에 관한 토론에서는 두 가지가 고찰되어야 한다. 첫째, 토론하는 이의 측면에서, 둘째, 듣는 이들의 측면에서. 토론하는 이의 측면에서는 의도가 고찰되어야 한다. 만일 그가 신앙을 의심하면서 신앙의 진리를 확실한 것으로 가정하지 않고, 논증들에 의해서 체험되기를 의도하면서 토론한다면, 그는 신앙에 관해 의심하는 자이고 비신자로서 의심 없이 죄를 짓는다.[5] 그러나 어떤 이가 오류들을 반박하기 위해, 혹은 연습을 위해서 신앙에 대해 토론한다면 그는 칭찬받을 만하다.

듣는 이들의 측면에서는 토론을 듣는 이들이 배웠고 신앙에 확고한 이들인지 아니면 단순하고 신앙에 관해 흔들리는 이들인가를 고찰해야만 한다. 신앙에 확고한 지혜로운 사람들 앞에서는 신앙에 관해 토론하는 일이 전혀 위험하지 않다. 그러나 단순한 자들에 관해서는 구별되어야만 한다. 왜냐하면 그들이 그들 안에서 신앙을 파괴하려고 노력하는 비신자들에 의해서, 예를 들어 유다인 혹은 이교도나 미신자에 의해서 유혹되고 얻어맞거나, 혹은 비신자들이 없는 나라들 안에서와 같이 이것에 관해서 결코 유혹되지 않기 때문이다.[6] 첫째 경우에는 신

법규들 3, 헤르메스파에 반대하여: DS 1815[=DH 3036]) "[상당수의 신학자들은] 생소하고 ... 배척당해 마땅한 학설들로 거룩한 학문을 오염시키며 ... 지극히 거룩한 신앙의 유산을 훼손한

fide: dummodo inveniantur aliqui ad hoc sufficientes et idonei, qui errores confutare possint. Per hoc enim simplices in fide firmabuntur; et tolletur infidelibus decipiendi facultas; et ipsa taciturnitas eorum qui resistere deberent pervertentibus fidei veritatem esset erroris confirmatio. Unde Gregorius, in II *Pastoral.*[7]: *Sicut incauta locutio in errorem pertrahit, ita indiscretum silentium eos qui erudiri poterant in errore derelinquit.* — In secundo vero casu periculosum est publice disputare de fide coram simplicibus; quorum fides ex hoc est firmior quod nihil diversum audierunt ab eo quod credunt. Et ideo non expedit eis ut verba infidelium audiant disceptantium contra fidem.

Ad primum ergo dicendum quod apostolus non prohibet totaliter disputationem, sed inordinatam, quae magis fit contentione verborum quam firmitate sententiarum.[8]

Ad secundum dicendum quod lex illa prohibet publicam disputationem de fide quae procedit ex dubitatione fidei, non autem illam quae est ad fidei conservationem.

Ad tertium dicendum quod non debet disputari de his quae sunt fidei quasi de eis dubitando: sed propter veritatem manifestandam et

---

다는 것을 알고 있다. 이러한 유형의 오류 학자들 중에서 독일 전역에서 꾸준히 거의 보편적으로 명성을 얻고 있는 게오르그 헤르메스가 헤아려진다. 그는 보편적 전승과 거룩한 교부들이 신앙의 진리들을 주석하고 방어하는 데에서 닦아놓은 왕도로부터 감히 벗어나, 또한 그것을 참으로 오만하게도 경멸하고 배격하면서 모든 신학 연구의 기초로서 실증적 회의 안에서, 그리고 이성이 주된 규범이며 인간이 초자연적 진리의 인식에 이를 수 있게 하는 유일한 수단이라고 정립한 원리 안에서 온갖 유형의 오류에로 이르는 암흑의 길을 닦는다."(그레고리오 16

앙에 대해서 공적으로 토론하는 일이, 이런 일에 충분하고 적합한 이, 즉 오류를 반박할 수 있는 어떤 사람이 발견되는 한에서 필요하다. 이것을 통해서 단순한 자들은 신앙에 관해 확고해질 것이고, 비신자들에게 속이는 능력이 제거될 것이다. 신앙의 진리를 곡해하는 자들에 대해서 저항해야만 하는 이들의 침묵 자체가 오류들을 강화하는 셈이 될 것이다. 따라서 그레고리우스는 『사목 규칙』 2장[7]에서 "부주의한 담화가 오류로 끌고 가는 것처럼, 분별없는 침묵은 교육받을 수 있었던 사람들을 오류 속에 남겨놓는다"라고 말한다. 그러나 두 번째 경우에 단순한 자들 앞에서 신앙에 대해 공적으로 토론하는 일은 위험하다. 그들의 신앙은 그들이 믿는 것과 다른 어떤 것도 듣지 못했기 때문에 더 나약하다. 따라서 신앙을 거슬러서 논쟁하는 비신자의 말을 듣는 일은 그들에게 유익하지 않다.

[해답] 1. 사도는 토론을 전적으로 금지하는 것이 아니라, 언명들의 확고함보다는 오히려 설전에 의해서 야기되는 무질서한 토론을 금지하는 것이다.[8]

2. 이 법은 신앙에 대한 의심으로부터 진행되는 신앙에 대한 공적 토론을 금지하는 것이지, 신앙의 보존을 위한 저 토론마저 금지하는 것은 아니다.

3. 신앙에 속하는 것들에 대해서, 그것들을 의심하는 것처럼 토론해서는 안 되지만, 진리를 명백히 하고 오류들을 반박하기 위해서는 토

세, 게오르그 헤르메스의 오류들: DS 1619[=DH 2738])
7. Gregorius, *Regulae Pastoralis*, II, c.4: PL 77, 30 B.
8. Cf. q.38, a.1.

errores confutandos. Oportet enim ad fidei confirmationem aliquando cum infidelibus disputare, quandoque quidem defendendo fidem, secundum illud I Petr. 3, [15]: *Parati semper ad satisfactionem omni poscenti vos rationem de ea quae est in vobis spe et fide*; quandoque autem ad convincendos errantes, secundum illud ad *Tit.* 1, [9]: *Ut sit potens exhortari in doctrina sana, et eos qui contradicunt arguere.*

Articulus 8
Utrum infideles compellendi sint ad fidem.

Ad octavum sic proceditur. Videtur quod infideles nullo modo compellendi sint ad fidem.

1. Dicitur enim Matth. 13, [28-29] quod servi patrisfamilias in cuius agro erant zizania seminata quaesierunt ab eo: *Vis imus et col-*

론해도 된다. 때때로 신앙의 확고함을 위해서 비신자들과 토론해야만 하기 때문이다. 때로는 베드로 1서 3장 [15절]의 "희망과 신앙에 의해 여러분 안에 있는 것들에 대하여 여러분에게 근거를 요구하는 모든 이들을 만족시키기 위해서 언제나 준비해 두십시오"라는 말씀에 따라, 신앙을 지키기 위해서, 때로는 티토서 1장 [9절]의 "건전한 가르침대로 격려할 수도 있고, 반대하는 이들을 논박할 수도 있도록"이라는 말씀에 따라 오류를 범하는 이들을 확신시키기 위해서 [토론해야 한다].

제8절 비신자들은 신앙으로 강요되어야 하는가?

Parall.: *In Matth.*, c.13.
Doct. Eccl.: "어떤 이가 계속해서 **마지못해** 또한 지속적으로 반대하는데도 그리스도교를 받아들이고 준수하도록 강요하는 것은 그리스도교에 위배되는 것입니다."(1201년 인노첸시오 3세가 아를의 대주교 훔베르투스에게 보낸 서한: DS 411[=DH 781]) "이런 식으로 세례 받은 유아들이 성인이 된다면, 그들이 세례를 받을 당시 대부모가 그들의 이름으로 약속했던 바를 자기들도 유효한 것으로 인정하기를 원하는지 물어야 하고, 부정적인 답을 할 경우, 그들 자신의 판단에 맡겨야 하며, 그들이 개심하기 전까지 성체와 다른 성사들의 배령을 금지시키는 것 이외에, 그 사이에 다른 어떤 형벌로도 그리스도교적인 생활을 강요해서는 안 된다고 말하는 자는 파문될 것이다."(트리엔트 공의회, 제7회기, 세례성사에 관한 법규들 제14조: DS 870[=DH 1627]) "교회는 세례의 관문을 통하여 이전에 교회에 들어오지 않은 누구에게도 재판권을 행사하지 않는다."(트리엔트 공의회, 제14회기, 제2장: DS 895[=DH 1671])

[반론] 여덟째에 대해서는 다음과 같이 진행된다. 비신자들은 결코 신앙으로 강요되어서는 안 되는 것처럼 보인다.

1. 마태오복음서 12장 [27절 이하]에서는 그의 밭에 가라지들이 자라난 집주인의 종들이 그에게 "당신은 저희가 가서 그것들을 거두어

q.10, a.8

ligimus ea? Et ipse respondit: *Non: ne forte, colligentes zizania, eradicetis simul cum eis triticum.* Ubi dicit Chrysostomus[1]: *Haec dixit Dominus prohibens occisiones fieri. Nec enim oportet interficere haereticos, quia si eos occideritis, necesse est multos sanctorum simul subverti.* Ergo videtur quod pari ratione nec aliqui infideles sint ad fidem cogendi.

2. Praeterea, in decretis, dist. 45[2], sic dicitur: *De Iudaeis praecepit sancta Synodus nemini deinceps ad credendum vim inferre.* Ergo pari ratione nec alii infideles sunt ad fidem cogendi.

3. Praeterea, Augustinus dicit[3] quod cetera potest homo nolens, *credere nonnisi volens.* Sed voluntas cogi non potest. Ergo videtur quod infideles non sint ad fidem cogendi.

4. Praeterea, Ezech. 18, [23, 32][4] dicitur ex persona Dei: *Nolo mortem peccatoris.* Sed nos debemus voluntatem nostram conformare divinae, ut supra[5] dictum est. Ergo etiam nos non debemus velle quod infideles occidantur.

Sed contra est quod dicitur Luc. 14, [23]: *Exi in vias et saepes et compelle intrare, ut impleatur domus mea.* Sed homines in domum Dei, idest in Ecclesiam, intrant per fidem. Ergo aliqui sunt compel-

---

1. Chrysostomus, *In Matth.*, hom.46, al.47, nn.1-2; PG 58, 477.
2. Gratianus, *Decretum*, P. I, d.45, can.5; *de Iudaeis*; ed. Richter-Friedberg, t.I, p.161.
3. Augustinus, *In Ioan.*, tract.26, n.2, super 6, 44; PL 35, 1607.
4. 에제 18,32: "나는 누구의 죽음도 기뻐하지 않는다. 주 하느님의 말이다. 그러니 너희는 회개하고 살아라." Cf. 33,11: "... '내 생명을 걸고 말한다. 주 하느님의 말이다. 나는 악인의 죽음을 기뻐하지 않는다. 오히려 악인이 자기 길을 버리고 돌아서서 사는 것을 기뻐한다. 돌아서

내기를 원하십니까?" 하고 물었다. 그러자 집주인은 "아니다. 가라지를 거두어 내다가 그것들과 함께 밀까지 뽑을지도 모른다"라고 대답했다. 여기에 대해 크리소스토무스[1]는 "주님께서는 이것을 죽임이 일어나는 것을 막기 위해서 말씀하셨다. 만일 너희가 이단자들을 죽인다면, 동시에 성인들 중에 많은 이들도 멸망시켜야만 하기 때문에, 이단자들을 살해하지 말아야 한다."고 말한다. 같은 이유로 어떠한 비신자도 신앙으로 강요되어서는 안 되는 것처럼 보인다.

2. 『교령집』 제45구분[2]에서 "거룩한 공의회는 유다인들에 대해 '계속해서 누구도 믿도록 폭력을 가해서는 안 된다'라고 가르친다"고 말한다. 같은 이유로 다른 비신자들도 신앙으로 강요되어서는 안 된다.

3. 아우구스티누스[3]는 "다른 것들은 원하지 않아도 가능하지만, 믿는 일은 오직 원해야만 가능하다"고 말한다. 그런데 의지는 강요될 수 없다. 그러므로 비신자는 신앙으로 강요되어서는 안 되는 것처럼 보인다.

4. 에제키엘서 18장 [32절][4]에서 하느님의 위격은 "나는 죄인들의 죽음을 원하지 않는다"라고 말씀하신다. 그런데 위에서[5] 말했듯이, 우리는 우리의 의지를 신적인 의지에 합치시켜야 한다. 그러므로 우리는 또한 비신자들이 죽임을 당하기를 원하지 말아야 한다.

[재반론] 반대로 루카복음서 14장 [23절]은 "큰길과 울타리 쪽으로 나가 어떻게 해서라도 사람들을 들어오게 하여, 내 집이 가득 차게 하여라"라고 말한다. 사람들은 하느님의 집으로, 즉 교회로 신앙을 통해

라. 너희 악한 길에서 돌아서라. 이스라엘 집안아, 너희가 어찌하여 죽으려 하느냐?"
5. I-II, q.19, aa.9-10.

lendi ad fidem.

Respondeo dicendum quod infidelium quidam sunt qui nunquam susceperunt fidem, sicut gentiles et Iudaei.[6] Et tales nullo modo sunt ad fidem compellendi, ut ipsi credant: quia credere voluntatis est.[7] Sunt tamen compellendi a fidelibus, si facultas adsit, ut fidem non impediant vel blasphemiis, vel malis persuasionibus, vel etiam apertis persecutionibus.[8] Et propter hoc fideles Christi frequenter contra infideles bellum movent, non quidem ut eos ad credendum cogant (quia si etiam eos vicissent et captivos haberent, in eorum libertate relinquerent an credere vellent): sed propter hoc ut eos compellant ne fidem Christi impediant.[9]

Alii vero sunt infideles qui quandoque fidem susceperunt et eam profitentur: sicut haeretici vel quicumque apostatae. Et tales sunt etiam corporaliter compellendi ut impleant quod promiserunt et teneant quod semel susceperunt.[10]

---

6. Cf. a.5.
7. Cf. q.4, a.2.
8. 독성에 의해서, 예를 들어 예수 그리스도나 그의 성인들이나 그의 교회에 대해서 악한 것들을 말함으로써; 악한 설득에 의해서, 우리의 사람들을 불신앙으로 인도함으로써; 공적으로나 개인적으로 명시적인 박해들을 통해서. 카예타누스의 이 절에 대한 주해, 4번 참조.
9. 성 토마스의 작품들과 동시대에 일어난 일은 제7차와 제8차 십자군 전쟁이었고, 그의 친구인 프랑스의 성 루이 9세(St Louis IX)가 지도적인 역할을 맡았다. 그리스도교를 위해서 싸우려는 정신은 16세기까지 활발했다. 현행 가르침의 유보조건들이 언제나 지켜진 것은 아니다. 그러나 '재정복'(Reconquista) 이후에 무어인들을 거슬러서 행한 몇몇 도미니코회 수사들의 행동

서 들어간다. 그러므로 어떤 이들은 신앙으로 강제되어야 한다.

[답변] 비신자들 중에 어떤 이들은, 이교도들과 유다인들처럼 결코 신앙을 받아들이지 않은 이들이다.[6] 그러한 이들은 그들이 믿도록 결코 신앙으로 강제되어서는 안 된다. 믿는 일은 의지에 속하기 때문이다.[7] 그럼에도 만일 그들이 혹은 독성에 의해서, 혹은 악한 설득에 의해서, 혹은 명시적인 박해에 의해서 신앙을 방해하지 않도록 하기 위한 권한이 존재한다면, 그들은 신자들에 의해서 강제되어야 한다.[8] 이것 때문에 그리스도의 신자들이 종종 비신자들을 거슬러 전쟁을 벌이는데, 이것은 그들을 신앙으로 강요하기 위해서가 아니라(만일 그들이 패하고 포로가 된다면, 그들이 믿기를 원하는지는 그들의 자유 안에 남겨져야 하기 때문이다.), 그리스도의 신앙을 방해하지 못하도록 강제하기 위한 것이다.[9]

그러나 이단자들이나 배교자처럼, 때때로 신앙을 받아들였고 그것을 고백했던 다른 비신자들이 존재한다. 그러한 이들은 그들이 약속했던 것을 지키고 한 번 받아들였던 것을 유지하도록 육체적으로도 강제되어야 한다.[10]

들에 대해서는 다른 이들, 특히 인디언들을 지키기 위한 프란치스코 데 비토리아(Francisco de Vitoria)와 같은 이들의 효과적인 영향이 균형을 잡아야 한다. 다음 단락의 내용은 이와 관련된 사태들에 대해 무겁게 강요하는 일을 경계하는 윤리신학의 표현이라기보다 중세 시대 사회적 양심의 무딘 표현이다.

10. 고대의 법에 따라 이단자들에게 합법적으로 가해질 수 있는 일시적인 형벌의 집행에 관하여 *Codex Iur. Can.*, can.6, n.5에서 이렇게 결정한다: "법전에 아무런 언급이 없는 벌들과 관련해서 ... 이것들은 폐지된 것으로 간주됩니다." 영적인 벌들에 관해서는 can.2314-2316, 2372. Cf. R. Garrigou-Lagrange, O. P., *De virtutibus theologicis*, Torino 1949, p.269 참조.

Ad primum ergo dicendum quod per illam auctoritatem quidam intellexerunt esse prohibitam non quidem excommunicationem haereticorum, sed eorum occisionem: ut patet per auctoritatem Chrysostomi inductam. Et Augustinus, *ad Vincentium*[11], de se dicit: *Haec primitus mea sententia erat, neminem ad unitatem Christi esse cogendum, verbo esse agendum, disputatione pugnandum. Sed haec opinio mea non contradicentium verbis, sed demonstrantium superatur exemplis. Legum enim terror ita profuit ut multi dicant: Gratias Domino, qui vincula nostra dirupit.* Quod ergo Dominus dicit[12], 《Sinite utraque crescere usque ad messem》, qualiter intelligendum sit apparet ex hoc quod subditur, 《Ne forte, colligentes zizania, eradicetis simul cum eis et triticum》. *Ubi satis ostendit*, sicut Augustinus dicit *Contra Epist. Parmen.*[13], *cum metus iste non subest, idest quando ita cuiusque crimen notum est et omnibus execrabile apparet ut vel nullos prorsus, vel non tales habeat defensores per quos possit schisma contingere, non dormiat severitas disciplinae.*

Ad secundum dicendum quod Iudaei, si nullo modo susceperunt fidem, non sunt cogendi ad fidem. Si autem susceperunt fidem, *oportet ut fidem necessitate cogantur retinere*: sicut in eodem capitulo dicitur.

---

11. Augustinus, *Ad Vincentium. Epist.* 93, al.48, c.5, nn.17, 18: PL 33, 329-330.
12. 마태 13,30.

[해답] 1. 이 권위를 통해서, 어떤 이들은 이단자들의 파문이 아니라 그들을 죽이는 것이 금지되었다고 이해했다. 이는 도입된 크리소스토무스의 권위를 통해서 분명하다. 아우구스티누스는 『빈첸티우스에게 보낸 편지』[11]에서 자신에 대해 "이것이 처음에 나의 주장이었다: '누구도 그리스도와의 일치로 강요되어서는 안 되고, 말씀에 의해 행해지고, 토론을 통해서 싸워야만 한다.' 그러나 나의 이 의견은 말의 모순에 의해서가 아니라, 증명하는 힘을 지닌 예들에 의해서 극복되었다. 법에 대한 두려움은 매우 유익해서 많은 이들이 '우리의 사슬들을 끊으신 주님께 감사'라고 말할 정도다. 그러므로 주님이 '수확 때까지 둘 다 함께 자라도록 내버려 두어라'[12]라고 말씀하시는 것이 어떻게 이해되어야 하는지는, '아니다. 가라지를 거두어 내다가 그것들과 함께 밀까지 뽑을지도 모른다'가 삽입된 것으로부터 분명하다." 이것은 아우구스티누스[13]가 다음과 같이 말하는 것에서 분명하다: "이러한 두려움이 존재하지 않을 때, 즉 어떤 이의 죄가 알려져 있고 모든 이에 의해서 저주됨이 분명해서, 아무도 옹호하거나 이교(離敎)를 일으킬 수 있는 옹호자들을 가지지 않을 때는, 규율의 엄중함이 잠자지 말아야 한다."

2. 만일 유다인들이 결코 신앙을 받아들이지 않았다면 신앙으로 강요되어서는 안 된다. 그러나 만일 그들이 신앙을 받아들였다면, 같은 장에서 말하는 것처럼 신앙을 지키도록 필수적으로 강요되어야만 한다.

---

13. Augustinus, *Contra Epistolam Parmeniani*, III, c.2, n.13; PL 43, 92.

q.10, a.8

Ad tertium dicendum quod, sicut *vovere est voluntatis, reddere autem est necessitatis*[14], ita accipere fidem est voluntatis, sed tenere iam acceptam est necessitatis. Et ideo haeretici sunt compellendi ut fidem teneant.[15] Dicit enim Augustinus, *ad Bonifacium Comitem*[16]: *Ubi est quod isti clamare consueverunt: 《Liberum est credere vel non credere: cui vim Christus intulit?》. Agnoscant in Paulo prius cogentem Christum et postea docentem.*

Ad quartum dicendum quod, sicut in eadem epistola[17] Augustinus dicit, *nullus nostrum vult aliquem haereticum perire. Sed aliter non meruit habere pacem domus David, nisi Absalom filius eius in bello quod contra patrem gerebat fuisset extinctus. Sic Ecclesia Catholica, si aliquorum perditione ceteros colligit, dolorem materni sanat cordis tantorum liberatione populorum.*

---

14. *Glossa Lombardi* in *Psalm.* 75, 12: PL 191, 709 A.
15. 그렇지만 서원과 신앙을 받아들이는 일 사이에는 차이가 존재한다. 서원에는 아무도 강제로 의무가 부과되지 않고, 단지 그것을 지키도록 충고될 뿐이다. 그러나 신앙에는 모든 이를 위해, 아직 믿고 있지 않은 이들을 위해서도 의무가 존재한다. 인간은 계시 안에서 모든 인간에게 전해진 하느님의 인사말을 믿으면서 경청해야 한다. 그럼에도 신앙은, 가시적인 교회 공동체의 입장에서 볼 때, 개인들의 책임에 맡겨져 있다. 교회의 법적 영역에는 교회에 대한 신앙을 받아들인 사람만이 속하기 때문이다. 그 이전에는 비록 그가 하느님의 심판을 피해가지 못할지라도, 그에 대해 아무런 권한도 가지지 못한다. 이러한 고찰 하에서 서원과의 비교는 그 정당성을 지닌다.

3. 서원하는 일은 의지에 속하는 것이고, 그것을 되게 하는 일이 필연적인 것처럼[14], 신앙을 받아들이는 일은 의지에 속하는 것이지만, 이미 받아들인 것을 유지하는 일은 필연적인 것이다. 따라서 이단자들은 신앙을 유지하도록 강제되어야만 한다.[15] 아우구스티누스는 『아우구스티누스와 보니파티우스 방백의 편지』[16]에서 "'믿는 일이나 믿지 않는 일은 자유다. 그리스도가 누구에게 폭력을 가했나?'라고 저 사람들이 계속해서 외치는 일은 어디에 있는가? 그들은 우선 강요당하고 나중에 배웠던 바오로 사도 안에서 인식할 수 있을 것이다."라고 말한다.

4. 같은 편지[17]에서 아우구스티누스는 "우리들 중에 아무도 어떤 이단자가 멸망하는 일을 원하지 않는다."고 말한다. "그러나 이와는 달리, 만일 다윗의 아들 압살롬이 아버지를 거슬러 일으킨 전쟁에서 죽지 않았더라면, 다윗의 집은 마땅히 평화를 가지지 못했을 것이다. 그래서 가톨릭교회는, 만일 어떤 사람들의 멸망에 의해서 다른 사람들이 함께 모일 수 있다면, 그 많은 백성의 해방에 의해 어머니 마음의 고통을 치유한다."

---

16. Augustinus, *Ad Bonifacium Comitem. Epist.*, 185, al.50, c.6, n.22: PL 33, 803.
17. Ibid. c.8, n.32: PL 33, 807.

Articulus 9
Utrum cum infidelibus possit communicari.

Ad nonum sic proceditur. Videtur quod cum infidelibus possit communicari.

1. Dicit enim apostolus, I *ad Cor.* 10, [27]: *Si quis vocat vos infidelium ad coenam, et vultis ire, omne quod vobis apponitur manducate.* Et Chrysostomus dicit[1]: *Ad mensam Paganorum si volueris ire, sine ulla prohibitione permittimus.* Sed ad coenam alicuius ire est ei communicare. Ergo licet infidelibus communicare.

2. Praeterea, apostolus dicit, I *ad Cor.* 5, [12]: *Quid mihi est de his qui foris sunt iudicare?* Foris autem sunt infideles. Cum igitur per iudicium Ecclesiae aliquorum communio fidelibus inhibeatur, videtur quod non sit inhibendum fidelibus cum infidelibus communicare.

3. Praeterea, dominus non potest uti servo nisi ei communicando saltem verbo: quia dominus movet servum per imperium. Sed Christiani possunt habere servos infideles, vel Iudaeos vel etiam Paganos sive Saracenos. Ergo possunt licite cum eis communicare.

---

1. Chrysostomus, *In Epist. ad Hebr.*, hom.25: PG 63, 176 – Cf. Gratianus, *Decretum*, P. II, causa 11, q.3, can.24: *Ad mensam*: ed. Richter-Friedberg, t.I, p.650.

제9절 비신자들과 교제할 수 있는가?

Parall.: *In Sent.*, IV, d.13, q.2, a.3; *Quodlibet.* X, q.7, a.1; *In Ep. I ad Cor.*, c.5, lect.3.
Doct. Eccl.: Cf. DS 1678[=DH -]; *Cod. Iur. Can.*, can. 1258, 2257, 2267, 2314-2316.

[반론] 아홉째에 대해서는 다음과 같이 진행된다. 비신자들과는 교제할 수 있는 것처럼 보인다.

1. 사도는 코린토 1서 10장 [27절]에서 "비신자 가운데 누가 여러분을 식사에 초대하여 여러분이 가기를 원한다면, 여러분 앞에 차려진 모든 것을 먹으십시오"라고 말하기 때문이다. 그리고 크리소스토무스[1]는 "여러분이 미신자들의 식탁에 가기를 원한다면, 우리는 그것을 아무런 금지 없이 허용합니다."라고 말한다. 어떤 이의 식사에 간다는 건 그와 교제하는 일이다. 그러므로 비신자들과 교제하는 일은 허용된다.

2. 사도는 코린토 1서 5장 [12절]에서 "밖에 있는 이들에 대해서 판단하는 일이 나와 무슨 상관이 있습니까?"라고 말한다. 그런데 비신자들이 밖에 있다. 교회의 판결을 통해서 어떤 이들과의 교제를 신자들에게 말리기 때문에, 비신자들과의 교제는 신자들에게 말려지지 않는 것처럼 보인다.

3. 주인은 명령을 통해 종을 움직이게 하기 때문에 적어도 말로 교제하면서 종을 사용할 수 있다. 그리스도인들은 비신자이거나 유다인이거나 미신자나 사라센족인 종들을 가질 수 있다. 그러므로 그들은 합법적으로 비신자들과 교제할 수 있다.

q.10, a.9

Sed contra est quod dicitur *Deut.* 7, [2-3][2]: *Non inibis cum eis foedus, nec misereberis eorum, neque sociabis cum eis connubia.* Et super illud *Lev.* 15[3], *Mulier quae redeunte mense* etc., dicit Glossa[4], *Sic oportet ab idololatria abstinere ut nec idololatras nec eorum discipulos contingamus, nec cum eis communionem habeamus.*

Respondeo dicendum quod communio alicuius personae interdicitur fidelibus dupliciter: uno modo, in poenam illius cui communio fidelium subtrahitur; alio modo, ad cautelam eorum quibus interdicitur ne alii communicent. Et utraque causa ex verbis Apostoli accipi potest, I *ad Cor.* 5. Nam postquam sententiam excommunicationis protulit, subdit pro ratione: *Nescitis quia modicum fermentum totam massam corrumpit?* [v.6] Et postea rationem subdit ex parte poenae per iudicium Ecclesiae illatae, cum dicit: *Nonne de his qui intus sunt vos iudicatis?* [v.12].

Primo igitur modo non interdicit Ecclesia fidelibus communionem infidelium qui nullo modo fidem Christianam receperunt, scilicet paganorum vel Iudaeorum[5]: quia non habet de eis iudicare spirituali iudicio, sed temporali, in casu cum, inter Christianos commorantes, aliquam culpam committunt et per fideles temporaliter puniuntur.

---

2. 신명 7,2-3: "그리고 주 너희 하느님께서 그들을 너희에게 넘겨주셔서 너희가 그들을 쳐부수게 될 때, 너희는 그들을 반드시 전멸시켜야 한다. 너희는 그들과 계약을 맺어서도, 그들을 불쌍히 여겨서도 안 된다. 너희는 또한 그들과 혼인을 해서는 안 된다. 너희 딸을 그들의 아들에게 주지도 말고, 너희 아들에게 주려고 그들의 딸을 맞아들여서도 안 된다."

[재반론] 반대로 신명기 7장 [2-3절]²에서 "그들과 계약을 맺어서도 안 되고, 그들을 불쌍히 여겨서도 안 되며, 그들과 혼인을 해서도 안 된다."고 말한다. 레위기 15장 [19절]³의 "월경을 하는 여인들 기타 등등"이라는 구절에 대해서 주해⁴는 "우상숭배로부터 삼가야만 해서, 우리는 우상숭배자들이나 그들의 제자들과도 접촉하지 말아야 하고 그들과 교제도 하지 말아야 한다."라고 말한다.

[답변] 어떤 인격체와의 교제는 신자들에게 두 가지 방식으로 금지된다. 첫째, 신자들과의 교제를 빼앗긴 이에 대한 벌로써, 둘째, 다른 이들과 교제하지 않도록 금지된 이들에 관한 주의로 금지된다. 두 가지 원인 모두 코린토 1서 5장 [6절]에 나오는 사도의 말씀들로부터 취해질 수 있다. 그가 파문의 문장을 이야기한 다음에, 다음과 같은 이유를 덧붙이기 때문이다: "여러분은 적은 누룩이 온 반죽을 망가뜨린다는 것을 모릅니까?" 나중에 교회의 판결에 의해서 부가된 벌들의 측면에서, 그가 "안에 있는 이들에 대해서 여러분들이 심판해야 하는 것이 아닙니까?"라고 말할 때 이유를 덧붙인다.

첫째 방식으로 교회는 신자들에게 결코 그리스도교 신앙을 받아들이지 않았던 비신자들, 즉 미신자들이나 유다인들과의 교제를 금지하지 않는다.⁵ 왜냐하면 교회는 그들에 대해서 영적 판단에 의해서 판결하지 않기 때문이다. 그러나 그들이 그리스도인들 사이에 머물면서 어떤 죄과를 저지르고, 신자들을 통해서 현세적으로 처벌되는 그러한 경

---

3. 레위 15,19: "여자에게서 무엇인가 흐를 경우, 곧 그곳에서 피가 흐를 때에 그 여자는 이레 동안 불결하다. 그 여자의 몸에 닿는 이는 모두 저녁때까지 부정하게 된다."
4. *Glossa ordinaria* super *Lev.* 15, 22: PL 113, 340 B.
5. Cf. a.5.

Sed isto modo, scilicet in poenam, interdicit Ecclesia fidelibus communionem illorum infidelium qui a fide suscepta deviant, vel corrumpendo fidem, sicut haeretici, vel etiam totaliter a fide recedendo, sicut apostatae.[6] In utrosque enim horum excommunicationis sententiam profert Ecclesia.

Sed quantum ad secundum modum, videtur esse distinguendum secundum diversas conditiones personarum et negotiorum et temporum. Si enim aliqui fuerint firmi in fide, ita quod ex communione eorum cum infidelibus conversio infidelium magis sperari possit quam fidelium a fide aversio; non sunt prohibendi infidelibus communicare qui fidem non susceperunt, scilicet paganis vel Iudaeis, et maxime si necessitas urgeat. Si autem sint simplices et infirmi in fide, de quorum subversione probabiliter timeri possit, prohibendi sunt ab infidelium communione: et praecipue ne magnam familiaritatem cum eis habeant, vel absque necessitate eis communicent.

Ad primum[7] ergo dicendum quod dominus illud praecipit de illis gentibus quarum terram ingressuri erant Iudaei, qui erant proni ad idololatriam: et ideo timendum erat ne per continuam conversationem cum eis alienarentur a fide.[8] Et ideo ibidem[9] subditur: Quia

---

6. Cf. q.11, a.3; q.12, a.1.
7. 이 해답은 '재반론'에 대한 대답이다. 제1반론에 대한 해답은 생략되어 있다. 이것은 [답변]에서 제시된 것에서 분명하게 제시될 수 있다. 다른 번역본들은 레오니나 판이나 마리에티와는 달리 혼동을 피하기 위해, 셋째 해답 다음에 별도로 제시한다.

우에, 교회는 현세적 판단에 의해서 판결한다. 교회는 이러한 방식으로, 즉 벌로써 신자들에게 신앙에 의해 받아들여졌던 것을 벗어나는 – 이단자들처럼 신앙을 파괴하거나, 혹은 배교자들처럼 신앙으로부터 전적으로 물러나는 – 저 비신자들과의 교제를 금지한다.[6] 이 두 경우에 모두 교회는 이들에 대한 파문의 언명을 이야기한다.

그러나 둘째 방식에 관해서는 인격과 신분과 시간의 다양한 조건들에 따라 구별되어야 하는 것처럼 보인다. 만일 어떤 이들이 신앙에서 견고해서, 비신자들과 함께 하는 그들의 교제로부터, 신자들이 신앙으로부터 등을 돌리는 일보다 비신자들의 참회가 더욱 기대될 수 있다면, 신앙을 받아들이지 않았던 비신자들, 즉 미신자들이나 유다인들과 교제하는 일은 금지되지 않고, 만일 필연성이 재촉한다면 더욱 그러하다[교제가 금지되지 않는다]. 그러나 그들이 단순하고 신앙에 나약해서, 아마도 그들의 전복(顚覆)에 대해 두려워할 수 있다면, 그들은 비신자들과의 교제로부터 금지되어야 하며, 특별히 그들과 매우 큰 친밀성을 가지거나 필연성이 없이 그들과 교제하지 않도록 금지되어야 한다.

[해답] 1.[7] 주님은 유다인들이 들어갈 땅에 있었던 저 종족들에 관해서 이것을 명령했던 것이다. 그 종족들은 우상숭배로 기울어져 있었고, 그들과의 지속적인 교제를 통해서 유다인들이 신앙을 포기하게 되지 않은지에 대해 두려워해야만 했다.[8] 따라서 같은 곳[9]에 "너의 아들이 나를 따르지 않도록 유혹될 것이기 때문이다."라는 말씀을 덧붙인

---

8. Cf. Suppl. q.59, a.1, ad1.
9. 신명 7,4.

seducet filium tuum ne sequatur me.

Ad secundum dicendum quod Ecclesia in infideles non habet iudicium quoad poenam spiritualem eis infligendam. Habet tamen iudicium super aliquos infideles quoad temporalem poenam infligendam: ad quod pertinet quod Ecclesia aliquando, propter aliquas speciales culpas, subtrahit aliquibus infidelibus communionem fidelium.[10]

Ad tertium dicendum quod magis est probabile quod servus, qui regitur imperio domini, convertatur ad fidem domini fidelis, quam e converso. Et ideo non est prohibitum quin fideles habeant servos infideles. Si tamen domino periculum immineret ex communione talis servi, deberet eum a se abiicere: secundum illud mandatum Domini, Matth. 5, [30] et 18, [8]: *Si pes tuus scandalizaverit te, abscinde eum et proiice abs te.*

Articulus 10
Utrum infideles possint habere praelationem seu dominium supra fideles.

Ad decimum sic proceditur. Videtur quod infideles possint habere praelationem vel dominium supra fideles.[1]

---

10. Cf. a.8.
1. '감독권'(praelatio)은 praefero, '앞에서 들다'에서 나온 것이다. 『신학대전』에 관련된 감독하

다. 첫째 반론에 대한 해답은 분명하다.

2. 교회는 그들에게 영적인 벌을 부가하는 한에서 비신자들에 관한 판결권을 가지지 않는다. 그럼에도 교회가 때때로 어떤 특별한 죄악들 때문에 어떤 비신자들에게 신자들과의 교제를 빼앗는 것과 관련된 현세적 벌을 부가하는 한에서, 어떤 비신자들 위에 판결권을 가진다.[10]

3. 주인의 명령에 의해 다스려지는 종이 신자 주인의 신앙으로 개종하는 것이 그 반대의 경우보다 더 가능성이 높다. 따라서 신자들은 비신자인 종들을 가지는 것이 금지되지 않는다. 그럼에도 그러한 종과의 교제로부터 위험이 위협한다고 가정하면, 마태오 복음서 5장 [29-30절]과 18장 [8절]에 나오는 "너의 발이 죄짓게 하거든 그것을 잘라 너로부터 던져 버려라"는 주님의 명령에 따라 그 종을 자신으로부터 버려야 한다.

제10절 비신자들이 신자들 위에서 감독권이나 지휘권을 가질 수 있는가?

Doct. Eccl.: 1418년 콘스탄츠 공의회, 제8회기에 다음과 같은 존 위클리프의 오류(제15조)가 단죄되었다: "대죄 중에 있는 한 아무도 세속 군주일 수 없고 고위 성직자일 수 없고 주교일 수 없다."(DS 595[=DH 1165])

[반론] 열째에 대해서는 다음과 같이 진행된다. 비신자들이 신자들 위에서 감독권이나 지휘권을 가질 수 있는 것처럼 보인다.[1]

는 이는 필수적으로 교회적인 위치 안에 있는 것이 아니다. '지휘권'(dominium)은 dominum, '주인'으로부터 나온 단어로, ius in re, '물권(物權)'이거나 한 주체를 통치하거나 다스리는 potestas, 권력이다. principatus와 regimen과 동의어이다.

q.10, a.10

1. Dicit enim apostolus, I *ad Tim.* 6, [1][2]: *Quicumque sunt sub iugo servi dominos suos omni honore dignos arbitrentur.* et quod loquatur de infidelibus patet per hoc quod subdit [v.2]: *Qui autem fideles habent dominos non contemnant.* Et I Petr. 2, [18] dicitur: *Servi, subditi estote in omni timore dominis, non tantum bonis et modestis, sed etiam dyscolis.* Non autem hoc praeciperetur per apostolicam doctrinam nisi infideles possent fidelibus praeesse. Ergo videtur quod infideles possint praeesse fidelibus.

2. Praeterea, quicumque sunt de familia alicuius principis subsunt ei. Sed fideles aliqui erant de familiis infidelium principum, unde dicitur *ad Philipp.* 4, [22]: *Salutant vos omnes sancti, maxime autem qui de Caesaris domo sunt,* scilicet Neronis, qui infidelis erat. Ergo infideles possunt fidelibus praeesse.

3. Praeterea, sicut Philosophus dicit, in I *Polit.*[3], servus est instrumentum domini in his quae ad humanam vitam pertinent, sicut et minister artificis est instrumentum artificis in his quae pertinent ad operationem artis. Sed in talibus potest fidelis infideli subiici: possunt enim fideles infidelium coloni esse. Ergo infideles possunt fidelibus praefici etiam quantum ad dominium.

---

2. 1티모 6,1-2: "종살이의 멍에를 메고 있는 이들은 누구나 자기 주인을 크게 존경해야 할 사람으로 여겨야 합니다. 그래야 하느님의 이름과 우리의 가르침이 모욕을 당하지 않을 것입니다. 신자를 주인으로 둔 종들은 그 주인이 형제라고 해서 소홀히 대해서는 안 됩니다. 오히려 주인을 더욱 잘 섬겨야 합니다. 자기들의 선행으로 덕을 보는 사람들이 사랑받는 신자들이기 때문입니다. 그대는 이러한 것들을 가르치고 권고하십시오."

1. 티모테오 1서 6장 [1절]²에서 사도는 "종살이의 멍에 아래 있는 이들은 누구나 자기 주인을 모든 명예에 합당한 이로 여겨야 합니다"라고 말한다. [여기서] 비신자들에 대해 말하고 있다는 것은, "신자를 주인으로 둔 종들은 그들을 멸시해서는 안 됩니다."라는 말을 덧붙인다는 사실을 통해 분명하다. 그리고 베드로 1서 2장 [18절]에서는 "종 여러분, 주인에 대한 모든 두려움 안에서 복종하십시오. 착하고 품위 있는 주인뿐 아니라, 고약한 주인에게도 [복종하십시오]."라고 말한다. 이것은 만일 비신자들이 신자들을 지휘할 수 없다고 가정하면, 사도적 가르침을 통해 명령되지도 않았을 것이다. 그러므로 비신자들은 신자들을 지휘할 수 있는 것처럼 보인다.

2. 어떤 제후의 집안에 관련된 사람들은 누구나 그에게 종속된다. 그런데 어떤 신자들은 비신자 제후들의 집안에 관련된다. 필리피서 4장 [22절]에서는 "모든 성도들이, 특별히 황제의 집에 관련된 사람들이 여러분에게 인사합니다."라고 말하는데, 여기서 황제란 비신자였던 네로를 뜻한다. 그러므로 비신자들도 신자들을 지휘할 수 있다.

3. 철학자는 『정치학』 제1권³에서 "마치 제작자의 조수가 그 기예의 작용에 속하는 것들 안에서 제작자의 도구인 것처럼, 종은 인간적인 삶에 속하는 것들에서 주인의 도구이다."라고 말한다. 그런데 그런 것들 안에서 신자는 비신자에게 종속될 수 있다. 신자들이 비신자들의 소작인일 수 있기 때문이다. 그러므로 비신자들은 주인인 한에서 신자들을 감독할 수 있다.

---

3. Aristoteles, *Politica*, I, c.2, 1253b32-33; S. Thomas, lect.2.

Sed contra est quod ad eum qui praeest pertinet habere iudicium super eos quibus praeest. Sed infideles non possunt iudicare de fidelibus, dicit enim apostolus, I *ad Cor.* 6, [1]: *Audet aliquis vestrum, habens negotium adversus alterum, iudicari apud iniquos, idest infideles, et non apud sanctos?* Ergo videtur quod infideles fidelibus praeesse non possint.

Respondeo dicendum quod circa hoc dupliciter loqui possumus. Uno modo, de dominio vel praelatione infidelium super fideles de novo instituenda. Et hoc nullo modo permitti debet. Cedit enim hoc in scandalum et in periculum fidei: de facili enim illi qui subiiciuntur aliorum iurisdictioni immutari possunt ab eis quibus subsunt ut sequantur eorum imperium, nisi illi qui subsunt fuerint magnae virtutis. Et similiter infideles contemnunt fidem si fidelium defectus cognoscant. Et ideo apostolus prohibuit quod fideles non contendant iudicio coram iudice infideli.[4] Et ideo nullo modo permittit Ecclesia quod infideles acquirant dominium super fideles, vel qualitercumque eis praeficiantur in aliquo officio. Alio modo possumus loqui de dominio vel praelatione iam praeexistenti. Ubi considerandum est quod dominium et praelatio introducta sunt ex iure humano[5]: distinctio autem fidelium et infidelium est ex iure divino. Ius autem

---

4. Cf. arg. sc.

[재반론] 반대로 지휘하는 이에게는 지휘를 받는 이들에 대해서 판결권을 가지는 것이 속한다. 그런데 비신자들은 신자들에 대해 판결할 수 없다. 사도가 코린토 1서 6장 [1절]에서 "여러분 가운데 누가 다른 사람을 거슬러서 재판을 벌일 때, 어찌 성도들에게 가지 않고 이교도들에게 가서 심판을 받으려 합니까"라고 말하기 때문이다. 그러므로 비신자들은 신자들을 지휘할 수 없는 것처럼 보인다.

[답변] 이것에 관해서는 두 가지 방식으로 말할 수 있다. 첫째, 비신자들이 신자들 위에서 새롭게 제정되어야 하는 지휘권이나 감독권을 가지는 일에 대해서. 이것은 결코 허가되어서는 안 된다. 이것은 걸림돌이 되고 신앙을 위험에 빠트리기 때문이다. 다른 이들의 재치권(裁治權)에 예속되어 있는 사람들은, 만일 그들이 매우 큰 덕을 가지고 있는 것이 아니라면, 그가 예속되어 있는 사람들에 의해 그들의 명령을 따르도록 쉽게 변경될 수 있다. 이와 유사하게 비신자들은 신자들의 결함을 인식하게 되면 신앙을 멸시하게 된다. 따라서 사도는 신자들이 비신자 재판관에게 심판받는 것과 싸웠던 것이다.[4] 즉 교회는 비신자들이 신자들 위에서 지휘권을 얻는 것이나 어떤 직무에서 어떤 방식으로든지 감독하는 것을 결코 허용하지 않았던 것이다.

둘째, 우리는 이미 이전에 존재하던 지휘권이나 감독권에 대해 말할 수 있다. 이곳에서는 도입된 지휘권이나 감독권은 인간적 법에 의한 것이고[5], 신자들과 비신자의 구별은 신법(神法)에 의한 것이라는 점을 고찰해야만 한다. 그런데 은총으로부터 오는 신법은 자연적 이성으

---

5. Cf. I, q.96, a.4

divinum, quod est ex gratia, non tollit ius humanum, quod est ex naturali ratione. Et ideo distinctio fidelium et infidelium, secundum se considerata, non tollit dominium et praelationem infidelium supra fideles. Potest tamen iuste per sententiam vel ordinationem Ecclesiae, auctoritatem Dei habentis, tale ius dominii vel praelationis tolli: quia infideles merito suae infidelitatis merentur potestatem amittere super fideles, qui transferuntur in filios Dei. Sed hoc quidem Ecclesia quandoque facit, quandoque autem non facit.[6] In illis enim infidelibus qui etiam temporali subiectione subiiciuntur Ecclesiae et membris eius, hoc ius Ecclesiae statuit, ut servus Iudaeorum, statim factus Christianus, a servitute liberetur, nullo pretio dato, si fuerit vernaculus, idest in servitute natus; et similiter si, infidelis existens, fuerit emptus ad servitium. Si autem fuerit emptus ad mercationem, tenetur eum infra tres menses exponere ad vendendum. Nec in hoc iniuriam facit Ecclesia: quia, cum ipsi Iudaei sint servi Ecclesiae, potest disponere de rebus eorum; sicut etiam principes saeculares multas leges ediderunt erga suos subditos in favorem libertatis. — In illis vero infidelibus qui temporaliter Ecclesiae vel eius membris non subiacent, praedictum ius Ecclesia non statuit: licet posset instituere de iure. Et hoc facit ad scandalum vitandum. Sicut etiam dominus, Matth. 17, [24 sqq.][7] ostendit quod poterat se a tributo excusare quia

---

6. 교회가 통치자를 권좌에서 퇴위시키는 권한에 대해서는 II-II, q.12, a.2 참조.
7. 마태 17,24-27: "그들이 카파르나움으로 갔을 때, 성전 세를 거두는 이들이 베드로에게 다가와, "여러분의 스승님은 성전 세를 내지 않으십니까?" 하고 물었다. 베드로가 "내십니다." 하

로부터 오는 인간적 법을 파기하지 않는다. 따라서 신자들과 비신자들의 구별은, 그 자체로 고찰한다면 신자들 위에 비신자들이 가진 지휘권과 감독권을 파기하지 않는다. 그럼에도 하느님의 권위를 가진 교회의 판결이나 칙령을 통해, 지휘권이나 감독권의 법을 정당하게 파기할 수 있다. 비신자들은 그들의 불신앙에 의해서, 하느님의 자녀로 변화된 신자들 위에 가지는 권력을 잃어버리는 일에 마땅하기 때문이다.

그러나 교회는 이것을 때때로 행하기도 하지만, 때때로 행하지 않기도 한다.[6] 현세적 종속에 의해서 교회와 그 구성원들에게 종속된 저 비신자들에게는 교회법이 다음과 같은 것을 제정했다. 유다인들의 종은 그리스도인이 되는 즉시, 만일 그가 태생노예, 즉 종의 신분으로 태어났다면 아무런 보석금을 주지 않고 종의 신분으로부터 해방되어야 한다. 비신자로서 종살이로 구매된 경우에도 이와 유사하다. 그러나 그가 매매를 위해 구매되었다면, 판매를 위해 3개월 안에 내놓는 일을 지켜야 한다. 이런 일을 한다고 교회가 불의를 저지르는 것은 아닌데, 유다인 자체가 교회의 종들이므로, 그들의 사물들에 대해서 결정할 수 있기 때문이다. 세속적인 제후들이 자유를 위하여 그들의 아랫사람들이 지켜야 할 많은 법을 제정하는 것과 마찬가지다. 그러나 현세적으로 교회와 교회의 구성원들에게 종속되지 않는 저 비신자들에게는, 교회법이 법적으로는 제정할 수 있었을지라도, 앞서 언급된 것을 제정하지 않았다. 걸림돌을 피하기 위해서 이렇게 한 것이다. 주님께서 마태오복음서 17장 [24절 이하][7]에서 "자녀들은 면제받는 것"이기 때문

고는 집에 들어갔더니 예수님께서 먼저, "시몬아, 너는 어떻게 생각하느냐? 세상 임금들이 누구에게서 관세나 세금을 거두느냐? 자기 자녀들에게서냐, 아니면 남들에게서냐?" 하고 물으셨다. 베드로가 "남들에게서입니다." 하고 대답하자 예수님께서 이르셨다. "그렇다면 자녀들

liberi sunt filii: sed tamen mandavit tributum solvi ad scandalum vitandum. Ita etiam et Paulus, cum dixisset quod servi dominos suos honorarent, subiungit⁹: *ne nomen domini et doctrina blasphemetur.*⁸

Unde patet responsio ad primum.

Ad secundum dicendum quod illa praelatio Caesaris praeexistebat distinctioni fidelium ab infidelibus: unde non solvebatur per conver-

---

은 면제받는 것이다. 그러나 우리가 그들의 비위를 건드릴 것은 없으니, 호수에 가서 낚시를 던져 먼저 올라오는 고기를 잡아 입을 열어 보아라. 스타테르 한 닢을 발견할 것이다. 그것을 가져다가 나와 네 몫으로 그들에게 주어라."

8. 1티모 6,1.
9. 이 절의 가르침 안에서 근본적인 것으로부터 특정한 시대에만 어울리는 것이 뚜렷하게 구분되어야 한다. 중세 시대에 인정되었던 교회의 세속적인 권력요구와 관련된 모든 것은 특정한 시대에만 어울리는 것이다. 토마스가 처음 논의를 시작하며 그리스도교 신자들 위에 비신자들이 새롭게 제정하는 지휘권이나 감독권에 대해서 말하는 것은 여기에 속한다. 교회는 오직 자신이 '세속적인' 법적 수단을 가지고 있을 때만, 법적으로 정당하게 그러한 권한을 직접적으로 저지할 수 있다. 또한 특정한 시대에만 어울리는 것에, 토마스가 교회의 권위를 통해서 이미 존재하고 있던 법적 관계 종결에 관해 말하는 것도 속한다.
그러나 근본적인 것은 이 절에서 다음과 같은 가르침이다. 교회는 종교적인 요구가 시급한 곳에서, 즉 신자들 안에서 신앙을 순수하게 보존하는 일에 대한 염려가 그것을 요구하는 곳에서, 신적으로 정당하게, 심지어 비신자들에 대한 어떠한 지상의 권력 요구가 없는 경우라 할지라도 개입할 수 있다는 가르침이다. 교회가 그 목표에 도달하기 위한 지상적인 보조수단을 가지고 있지 못할지라도, 교회는 윤리적인 수단을 사용할 수 있다. 예를 들어 우선 직접적으로 종교적인 생활에 관련되는, 즉 세속적인 권위에 의해서 제정된 명령이 그 자체로 이미 신앙이나 도덕을 거스르는 죄인 경우에 그것에 대한 순명을 면제하는 것이다. 그러나 또한 계속해서 교회는, 만일 지배관계 안에서(완결된 노예제 안에서) 양심의 자유와 종교적인 사태에 대한 자유로운 행위가 배제된다면, 비신자의 권위 아래 놓인 신자의 예속 관계를 '미리 앞서서' 해소시킬 수 있다. 비록 그러한 개입이 이교도적인 통치의 입장에서 아직 이루어지지 못했을지라도 말이다. 토마스가 여기서 말하는 것처럼, "하느님의 자녀들은 자유롭기" 때문이다. 그러한 지배관계는 이미 그 뿌리에서 새롭게 그리스도 안에서 제정된 신적인 질서의 권한에 모순되기 때문이다. 그러나 비신앙적인 통치가 자신의 전적인 요구를 관철시키지 않는 곳에서는, 교회는 자신의 입장에서 "걸림돌을 피하기 위해서" 자기 권리를 행사하는 것을 포기할 수 있다.
소위 중세의 '성직주의'(Klerikalismus)에 대해서 그렇게 자주 거짓되게 발언된 저주 앞에서 지에, 세금으로부터 면제받을 수 있음에도 불구하고 걸림돌을 피하기 위해서 세금을 해결하라고 명하신 것에서 드러나는 것과 마찬가지다. 그래서 바오로 또한 종들이 자기 주인들을 영예롭게 해야 한다고 말했을 때, "주님의 이름과 가르침이 모욕을 당하지 않도록"[8]이라고 덧붙인 것이다.[9]

[해답] 1. 따라서 첫째 반론에 대한 해답은 분명하다.

2. 황제의 저 감독권은 비신자들로부터 신자들이 구별되기 이전에 존재하고 있었다. 따라서 그들이 신앙으로 참회함을 통해서 해소되지

금 언급된 가르침을 지키기 위해서, 확실하게 다음과 같은 사실을 다시 한 번 강조해야 한다. 모든 경우에 교회에 허락되는 '그-사이에-등장함'의(Dazwischentretens) 이러한 권한은, 그 지체들의 신앙생활이 비신앙적인 권한의 편에서 직접적으로 위협받지 않는 곳에서조차도 신적으로 근거를 지니는데, 바로 전체 삶 안에서 신자의 비신자에 대한—내적이고 외적인—종속 관계를 다루는 일이 관건이 되는 곳에서 그렇다. '지휘권'(dominium)이란 말로 토마스는 여기서, 주인이 자신의 노예들에게 행사하는 주인 행세를 이해한다.(제3이론에 대한 해답 참조) 그런 점에 한해서 이 근본적인 가르침은 다시 특정한 시대에만 어울리는 것을 포괄하는데, 우리는 오늘날 노예관계를 더 이상 알지 못하거나 단지 매우 드문 경우에만 알기 때문이다. 어쨌든 이렇게 변질된 지휘권의 종류는 또한, 세속적인 권력이 신앙인의 자유로운 종교행위를 제약하려 시도할 수 있는 한에서, 현대에도 또한 가능하다.

이교도적인 권한 아래 순수하게 시민적인 복종은, 토마스가 (ad3) 제작자와 조수 사이의 관계의 예에서 설명하는 것처럼, 계시를 통해서 건드려지지 않는다. 이런 일들에서 그리스도인은 자기 양심(!)의 전체적인 책임을 가지고 각자의 정부 아래, 비신앙적인 정부 아래에도 또한 놓여 있으며, 이는 로마 13,1-7에서 분명하게 드러나고 토마스도 또한 강조한다: "정부의 권한 영역에 속하는 것 안에서 정부에게 맞서는 이들은 누구나 덕을 거슬러서 행동하는 것이다."(*In Ep. ad Rom*. c.13, lect.1) 여기서 토마스가 이 절에서 말하는 "은총으로부터 오는 신법은 자연적 이성으로부터 오는 인간적 법을 파기하지 않는다."라는 말이 아무런 제한 없이 유효하다.

토마스가 [답변]의 마지막에서 이교도적인 정부에 대한 하느님 자녀의 근본적인 자유를 입증하기 위해서 도입하는 예는 무엇보다도 그 자체로 순수하게 시민적인 요구에 맞닿는다. 이로써 토마스는 명시적으로 오직 예수 그리스도의 권한은 인간적인 기관들을 무시할 '수도 있다'는 사실, 그러나 그리스도 또한 이에 관해 '걸림돌을 피하기 위해서' 자기의 권한을 포기했다는 사실을 위해 하나의 증거를 제시하는 것이다. 다르게 해석하면, 그 예는 성 토마스의 다른 가르침과는 모순이 될 수도 있을 것이다.

sionem aliquorum ad fidem. Et utile erat quod aliqui fideles locum in familia Imperatoris haberent, ad defendendum alios fideles: sicut beatus Sebastianus Christianorum animos, quos in tormentis videbat deficere, confortabat, et adhuc latebat sub militari chlamyde in domo Diocletiani.[10]

Ad tertium dicendum quod servi subiiciuntur dominis suis ad totam vitam, et subditi praefectis ad omnia negotia: sed ministri artificum subduntur eis ad aliqua specialia opera. Unde periculosius est quod infideles accipiant dominium vel praelationem super fideles quam quod accipiant ab eis ministerium in aliquo artificio. Et ideo permittit Ecclesia quod Christiani possint colere terras Iudaeorum: quia per hoc non habent necesse conversari cum eis. Salomon etiam expetiit a rege Tyri magistros operum ad ligna caedenda, ut habetur III *Reg.* 5, [6]. — Et tamen si ex tali communicatione vel convictu subversio fidelium timeretur, esset penitus interdicendum.

---

10. Cf. Acta S. Esbastiani, c.1, n.2: PL 17, 1022 C. (inter opp. Ambrosii).

않았다. 또한 어떤 신자들이 황제의 집안에 자리를 가지고 있는 것은 다른 신자들을 지키기 위해서 유용했다. 예를 들어 복된 세바스티아누스가 고문에서 취약한 것처럼 보였던 그리스도교인들의 용기를 강화했고, 그 이후에도 계속 군복 외투를 입고 디오클레티아누스 황제의 집 안에 숨어 있었다.[10]

3. 종들은 자기 주인들에게 전 생애에 걸쳐서 예속되고, 아랫사람은 지휘관에게 모든 업무에서 종속되지만, 제작자의 조수들은 어떤 특별한 행위를 위해서 그들에게 종속된다. 따라서 비신자들이 신자들 위에서 지휘권이나 감독권을 획득하는 일이, 그들이 신자들로부터 어떤 작업장에서 조수를 획득하는 일보다 더욱 위험하다. 따라서 교회는 그리스도인들이 유다인들의 땅을 경작할 수 있도록 허용한다. 이것을 통해서 그리스도인들이 유다인들과 필수적으로 교제해야 하는 것은 아니기 때문이다. 또한 열왕기 상권 5장 [6절 이하]에서 언급되었듯이, 솔로몬도 티루스의 왕으로부터 티로의 나무를 베기 위한 작업의 전문가들을 요청했다. 그럼에도 만일 그러한 교제나 공동생활로부터 신자들의 전복이 두려워졌더라면, 이것은 철저히 금지되었을 것이다.

Articulus 11
Utrum infidelium ritus sint tolerandi.

Ad undecimum sic proceditur. Videtur quod ritus infidelium non sint tolerandi.

1. Manifestum est enim quod infideles in suis ritibus peccant eos servando. Sed peccato consentire videtur qui non prohibet cum prohibere possit: ut habetur in Glossa[2] *Rom.* 1, super illud, [v. 32][1]: *Non solum qui faciunt, sed etiam qui consentiunt facientibus.* Ergo peccant qui eorum ritus tolerant.

2. Praeterea, ritus Iudaeorum idololatriae comparantur: quia super illud *Gal.* 5, [1]: *Nolite iterum iugo servitutis contineri,* dicit Glossa[3]: *Non est levior haec legis servitus quam idololatriae.* Sed non sustineretur quod idololatriae ritum aliqui exercerent: quinimmo Christiani principes templa idolorum primo claudi, et postea dirui fecerunt, ut

---

1. 로마 1,32: "이와 같은 짓을 저지르는 자들은 죽어 마땅하다는 하느님의 법규를 알면서도, 그들은 그런 짓을 할 뿐만 아니라 그 같은 짓을 저지르는 자들을 두둔하기까지 합니다."

제11절 비신자들의 전례는 용인되어야 하는가?

Doct. Eccl.: Cf. DS 1613 sq., 1689 sq.[=DH 2730 sq.,-sq.] 후에 비오 9세는 오류 목록 (1864년 12월 8일)에서 다음과 같은 명제들을 단죄했다: "77. 가톨릭교회를 국가의 유일한 종교로 삼으며, 다른 종파들을 배제하는 것은 우리 시대에 더 이상 적절하지 않다. - 78. 그러므로 가톨릭이란 이름을 갖고 있는 특정 지역에서, 그 지방으로 이주해 오는 모든 사람들에게 어떠한 예배든 공적으로 드릴 수 있도록 허용한 법적 조치는 칭찬할 만하다. - 각종 예배를 드릴 수 있는 시민적 자유와, 일의의 의견과 사상을 공개적으로 표현하는 모든 이가 가지는 완전한 권리가, 백성들의 관습과 정신을 더욱 부패하게 하고 종교무차별주의라는 전염병을 확산시킨다는 것은 참으로 거짓이다."(DS 1777-1779[=DH 2977-2979].

[반론] 열한째에 대해서는 다음과 같이 진행된다. 비신자들의 전례는 용인되지 말아야 하는 것처럼 보인다.

1. 비신자들이 자기들의 전례 안에서 그것들에 봉사하면서 죄를 짓는 것은 명백하다. 로마서 1장 [32절][1]에 대한 주해[2]에서 "그런 짓을 하는 자들뿐만 아니라, 그런 짓을 하는 자들을 두둔하는 자들까지"라고 언급했듯이, 금지할 수 있을 때 금지하지 않는 자도 죄를 두둔하는 것처럼 보인다. 그러므로 그들의 전례를 용인하는 자들은 죄를 짓는다.

2. 유다인들의 전례는 우상숭배와 비교된다. 갈라티아서 5장 [1절]의 "다시는 종살이의 멍에를 메지 마십시오."라는 말씀에 대해서 주해[3]는 "이 법의 종살이는 우상숭배의 종살이보다 가볍지 않다."라고 말한다. 어떤 이들이 우상숭배의 전례를 실행하는 일은 인내될 수 없을 것

---

2. *Glossa ordinaria*: PL 114, 474 B; Lombardi: PL 191, 1336 B. - Cf. Ambrosiastr., *in Rom.*, super 1, 32: PL 17, 63 B.
3. Interl.; Lombardi: PL 192, 152 C. - Cf. Augustinus, *Contra Faust.*, l.IX, c.17: PL 42, 358.

Augustinus narrat, XVIII *de Civ. Dei*[4]. Ergo etiam ritus Iudaeorum tolerari non debent.

3. Praeterea, peccatum infidelitatis est gravissimum, ut supra[5] dictum est. Sed alia peccata non tolerantur, sed lege puniuntur: sicut adulterium, furtum et alia huiusmodi. Ergo etiam ritus infidelium tolerandi non sunt.

Sed contra est quod in decretis, dist. 45, can. *Qui sincera*, dicit Gregorius[6] de Iudaeis: *Omnes festivitates suas, sicut hactenus ipsi et patres eorum per longa colentes tempora tenuerunt, liberam habeant observandi celebrandique licentiam.*

Respondeo dicendum quod humanum regimen derivatur a divino regimine, et ipsum debet imitari. Deus autem, quamvis sit omnipotens et summe bonus, permittit tamen aliqua mala fieri in universo, quae prohibere posset, ne, eis sublatis, maiora bona tollerentur, vel etiam peiora mala sequerentur.[7] Sic igitur et in regimine humano illi qui praesunt recte aliqua mala tolerant, ne aliqua bona impediantur, vel etiam ne aliqua mala peiora incurrantur: sicut Augustinus dicit,

---

4. Augustinus, *De civ. Dei*, XVIII, c.54, n.1: PL 41, 620. – Cf. *Enarr. in Psalm.*(in Psalm. 138,26): PL 37, 1800.
5. a.3.
6. Gratianus, *Decretum*, P.I, d.45, can.3: Qui sincera: ed. Richter-Friedberg. t.I, p.161. – Cf.

이다. 아우구스티누스가 『신국론』 제18권[4]에서 말했듯이, 실로 그리스도교 제후들은 우상들의 신전들을 우선 닫았고 나중에 무너뜨려 버렸다. 그러므로 유다인들의 전례는 용인되어서는 안 된다.

3. 불신앙의 죄는 위에서[5] 말했듯이 가장 무거운 것이다. 다른 죄들, 예를 들어 간통, 절도, 그리고 이런 종류의 다른 것들은 용인되지 않고 법에 의해 처벌되었다. 그러므로 비신자들의 전례는 용인되어서는 안 된다.

[재반론] 반대로 그레고리우스는 『교령집』 제45구분[6]에서 유다인들에게, "그들의 모든 축제에 순수한 이들은, 지금까지 그들 자신과 그들의 조상들이 오랜 기간 동안 경배하며 유지해 왔던 것처럼, 자유롭게 관찰하고 참례하는 허가를 가져야 한다."라고 말한다.

[답변] 인간적 다스림은 신적 다스림으로부터 유래하고, 그것을 모방해야 한다. 그런데 하느님은 전능하고 최고선일지라도, 우주 안에서 어떤 악들이 발생하는 것을 금지할 수 있었음에도 허용한다. 이것은 그 악들이 제거됨으로써 더 큰 선들이 제거되지 않도록 하거나, 더 큰 악들이 따라오지 않도록 하기 위함이다.[7] 따라서 인간적 다스림 안에서도 지휘하는 이들은, 어떤 선들이 방해받지 않도록 하거나 더 큰 악들이 초래되지 않도록 어떤 악들을 정당하게 용인한다. 아우구스티누스는 『질서론』 제2권[8]에서 "매춘부들을 인간적인 것들로부터 사라지

Gregorius, *Registrum*, L.XIII, indict.VI, epist.12, ad Paschasium: PL 77, 1268 B.
7. Cf. I, q.22, a.2, ad2.
8. Augustinus, *De Ordine*, II, c.4, n.12: PL 32, 1000.

in II *de Ordine*[8]: *Aufer meretrices de rebus humanis, turbaveris omnia libidinibus.*[9] Sic igitur, quamvis infideles in suis ritibus peccent, tolerari possunt vel propter aliquod bonum quod ex eis provenit, vel propter aliquod malum quod vitatur.

Ex hoc autem quod Iudaei ritus suos observant, in quibus olim praefigurabatur veritas fidei quam tenemus, hoc bonum provenit quod testimonium fidei nostrae habemus ab hostibus, et quasi in figura nobis repraesentatur quod credimus.[10] Et ideo in suis ritibus tolerantur. — Aliorum vero infidelium ritus, qui nihil veritatis aut utilitatis afferunt, non sunt aliqualiter tolerandi, nisi forte ad aliquod malum vitandum: scilicet ad vitandum scandalum vel dissidium quod ex hoc posset provenire, vel impedimentum salutis eorum, qui paulatim, sic tolerati, convertuntur ad fidem. Propter hoc enim etiam haereticorum et Paganorum ritus aliquando Ecclesia toleravit, quando erat magna infidelium multitudo.

Et per hoc patet responsio ad obiecta.

---

9. Cf. I-II, q.96, a.2; q.101, a.3, ad2.

게 하라, 너는 정욕(libido)에 의해서 모든 것을 어지럽히게 될 것이다."
라고 말한다.⁹ 따라서 비신자들이 자기들의 전례 안에서 죄를 지을지라도, 한편으로 그것들로부터 이루어지는 어떤 선 때문에, 다른 한편으로 피해질 수 있는 어떤 악 때문에 그들은 용인될 수 있다.

유다인들이 - 우리가 지키는 신앙의 진리를 오래전에 미리 형상화했던 - 자기 전례를 관찰하는 일로부터, 우리가 적들로부터 우리 신앙의 증언을 가지게 될 뿐만 아니라, 마치 우리가 믿는 것이 예표처럼 우리에게 재현되는 선이 이루어진다.¹⁰ 따라서 그들은 자기 전례들 안에서 용인된다.

그러나 아무런 진리나 유용성을 가져오지 않는 다른 비신자들의 전례는, 어떤 악을 피할 수 있도록 하는 경우가 아니라면, 어떻게든 용인되어서는 안 된다. 즉 걸림돌이나 그것으로부터 이루어질 수 있는 불화나 그렇게 용인됨으로써 신앙으로 천천히 참회할 수 있는 사람들의 구원에 방해되는 것을 피하기 위해서라면 용인된다. 이것 때문에 교회는 또한 이단자들과 미신자들의 전례를, 비신자들의 수가 매우 많았을 때 때때로 용인했다.

[해답] 이것을 통해서 반론들에 대한 해답은 분명하다.

---

10. Cf. I-II, qq.101-103.

Articulus 12
Utrum pueri Iudaeorum et aliorum infidelium sint invitis parentibus baptizandi.[1]

Ad duodecimum sic proceditur. Videtur quod pueri Iudaeorum et aliorum infidelium sint baptizandi parentibus invitis.

1. Maius enim est vinculum matrimoniale quam ius patriae potestatis[2], quia ius patriae potestatis potest per hominem solvi, cum filiusfamilias emancipatur; vinculum autem matrimoniale non potest solvi per hominem, secundum illud Matth. 19, [6]: *Quod Deus coniunxit homo non separet.* Sed propter infidelitatem solvitur vinculum matrimoniale: dicit enim apostolus, I *ad Cor.* 7, [15]: Quod si infidelis discedit, discedat, non enim servituti subiectus est frater aut soror in huiusmodi; et Canon[3] dicit quod si coniux infidelis non vult sine contumelia sui creatoris[4] cum altero stare, quod alter coniugum non debet ei cohabitare. Ergo multo magis propter infidelitatem tollitur ius patriae potestatis in suos filios. Possunt ergo eorum filii baptizari eis invitis.

---

1. 성 토마스는 1년이나 그 후에 동일한 영역을 검토한다. Cf. III, q.68, a.10.
2. 부모의 권리(jus paternum)에 관해서는 II-II, q.57, a.4 참조.
3. Gratianus, *Decretum*, P. II, causa XXVIII, q.1, can.4: *Uxor legitima*: ed. Richter-Friedberg, t.I, p.1080. cf. *Cod. Iur. Can.*, cann.1120-1121. - Cf. *Sup.*, q.59, a.4.
4. '창조주께 대한 모욕 없이'(sine contumelia Creatoris), 따라서 '창조주에게 불의를 저지름 없이'(sine Creatoris injuria)라는 구절은 교회법 학자들에 의해서 그리스도를 거스르는 독성이나

제12절 유다인들과 다른 비신자들의 아이들은 부모가 싫어하는데도 세례를 받아야 하는가?[1]

Parall.: III, q.68, a.10; *Quodlibet.*. II, q.4, a.2.

[반론] 열두째에 대해서는 다음과 같이 진행된다. 유다인들과 다른 비신자들의 아이들은 부모가 싫어하더라도 세례를 받아야 하는 것처럼 보인다.

1. 결혼의 유대는 부모 권한의 권리[2]보다 더 크다. 부모 권한의 권리는 그 가족의 아들이 해방되었을 때, 인간을 통해서 해소될 수 있다. 반면에 결혼의 유대는, 마태오 복음서 19장 [6절]에서 "하느님께서 맺어주신 것을 사람이 갈라놓아서는 안 된다"라는 말씀에 따라, 인간을 통해 해소될 수 없다. 그러나 불신앙 때문에 결혼의 유대는 해소된다. 왜냐하면 사도는 코린토 1서 7장 [15절]에서 "만일 비신자가 헤어지겠다면 헤어지십시오. [그러한 경우에는] 형제나 자매가 속박을 받지 않습니다."라고 말하기 때문이다. 교회법[3]은 "만일 비신자 배우자가—그의 창조주께 대한 모욕이 없이[4]—다른 배우자와 함께 살기를 원하지 않는다면, 다른 배우자는 그와 함께 살 필요가 없다."고 말한다. 그러므로 그의 자녀들 안에서 부모 권한의 권리는 불신앙 때문에 훨씬 더 많이 파기된다. 따라서 그들의 자녀들은 그들이 싫어하는데도 세례를 받을 수 있다.

경멸에도 불구하고 신앙을 고수하는 일을 의미하기 위해서 사용되었다. 그 전거는 혼인의 해소에서의 바오로 특전이다. *Cod. Iur. Can.*, cann.1120, 1124.(새 교회법 제1143, 1144, 1146조)

2. Praeterea, magis debet homini subveniri circa periculum mortis aeternae quam circa periculum mortis temporalis. Sed si aliquis videret hominem in periculo mortis temporalis et ei non ferret auxilium, peccaret. Cum ergo filii Iudaeorum et aliorum infidelium sint in periculo mortis aeternae si parentibus relinquuntur, qui eos in sua infidelitate informant, videtur quod sint eis auferendi et baptizandi et in fidelitate instruendi.

3. Praeterea, filii servorum sunt servi et in potestate dominorum. Sed Iudaei sunt servi regum et principum.[5] Ergo et filii eorum. Reges igitur et principes habent potestatem de filiis Iudaeorum facere quod voluerint. Nulla ergo erit iniuria si eos baptizent invitis parentibus.

4. Praeterea, quilibet homo magis est Dei, a quo habet animam, quam patris carnalis, a quo habet corpus. Non ergo est iniustum si pueri Iudaeorum carnalibus parentibus auferantur et Deo per Baptismum consecrentur.

5. Praeterea, Baptismus efficacior est ad salutem quam praedicatio: quia per Baptismum statim tollitur peccati macula, reatus poenae, et aperitur ianua caeli.[6] Sed si periculum sequitur ex defectu praedicationis, imputatur ei qui non praedicavit: ut habetur Ezech. 3, [18,20] et 33, [v. 6, 8] de eo qui *videt gladium venientem et non insonuerit*

---

5. Cf. a.10.

2. 현세적 죽음의 위험에 관해서보다 영원한 죽음의 위험에 관해서 더욱 사람을 도와야만 한다. 만일 어떤 이가 한 인간이 현세적 죽음의 위험 안에 있는 것을 보면서 그에게 도움을 주지 않는다면, 그는 죄를 짓는 셈이다. 유다인들과 다른 비신자들의 자녀들이 그들을 자신의 불신앙 안에서 형상화하는 부모들에게 남겨진다면, 영원한 죽음의 위험 안에 있는 것과 같다. 그러므로 그 자녀들을 부모들에게서 빼앗아야 하고, 세례를 주어야 하며 신앙심 안에서 교육해야 하는 것처럼 보인다.

3. 종들의 자녀는 주인들의 권력 안에서 종들이다. 그런데 유다인은 왕과 제후의 종이며[5] 그들의 자녀들도 마찬가지다. 따라서 왕과 제후는 유다인들의 자녀에 대해서 그들이 원하는 것을 할 권한을 가지고 있다. 그러므로 부모가 싫어하는데도 그들에게 세례를 주는 일은 아무런 불의가 아닐 것이다.

4. 사람은 누구나 그로부터 육체를 가지게 된 육적 아버지보다, 그로부터 영혼을 받은 하느님께 더 많이 속한다. 그러므로 유다인의 아이들이 육적인 부모로부터 빼앗겨 세례를 통해 하느님께 축성된다면, 이것은 불의한 것이 아니다.

5. 세례는 설교보다 구원을 위해 더욱 효과적이다. 세례를 통해서 즉시 죄의 오점, 벌의 처형상태가 파기되고 천국의 문이 열리기 때문이다.[6] 그러나 만일 설교의 결핍으로부터 위험이 따라온다면, 에제키엘서 3장 [18절]과 33장 [6절]에서 "칼이 쳐들어오는 것을 보면서 나팔을 불지 않았던" 사람에 대해서 언급했듯이, 설교하지 않았던 사람에게

---

6. 세례에 대한 효과에 대해서는 III, q.69, aa.1 & 3 & 7 참조.

q.10, a.12

tuba. Ergo multo magis, si pueri Iudaeorum damnentur propter defectum Baptismi, imputatur ad peccatum eis qui potuerunt baptizare et non baptizaverunt.

Sed contra, nemini facienda est iniuria. Fieret autem Iudaeis iniuria si eorum filii baptizarentur eis invitis: quia amitterent ius patriae potestatis in filios iam fideles. Ergo eis invitis non sunt baptizandi.

Respondeo dicendum quod maximam habet auctoritatem Ecclesiae consuetudo, quae semper est in omnibus aemulanda. Quia et ipsa doctrina Catholicorum Doctorum ab Ecclesia auctoritatem habet: unde magis standum est auctoritati Ecclesiae quam auctoritati vel Augustini vel Hieronymi vel cuiuscumque Doctoris. Hoc autem Ecclesiae usus nunquam habuit quod Iudaeorum filii invitis parentibus baptizarentur: quamvis fuerint retroactis temporibus multi Catholici principes potentissimi, ut Constantinus, Theodosius, quibus familiares fuerunt sanctissimi episcopi, ut Sylvester Constantino et Ambrosius Theodosio, qui nullo modo hoc praetermisissent ab eis impetrare, si hoc esset consonum rationi.[7] Et ideo periculosum videtur hanc assertionem de novo inducere, ut praeter consuetudinem in Ecclesia hactenus observatam, Iudaeorum filii invitis parentibus baptizaren-

---

7. 전설에 따르면, 교황 실베스테르 1세는 라테란 대성당에서 콘스탄티누스 대제(337년 사망)에게 세례를 주었다. 밀라노의 대주교 성 암브로시우스(397년 사망)는 테살로니카 대학살 이후에 테오도시우스 1세 황제(395년 사망)에게 참회의 항복을 요구했고 마침내 얻어냈다.

죄가 전가된다. 만일 유다인의 아이들이 세례의 결핍으로 단죄된다면, 세례를 줄 수 있었지만 주지 않았던 이들에게 죄에 대한 책임이 전가된다.

[재반론] 반대로 누구에게도 불의가 행해져서는 안 된다. 만일 유다인들이 싫어하는데도 그들의 자녀에게 세례가 주어졌다면, 유다인들에게 불의가 발생한 셈이다. 그들은 이미 신자인 자녀들 안에서 부모 권한의 권리를 잃어버렸기 때문이다. 그러므로 그들이 싫어하는데 세례가 주어져서는 안 된다.

[답변] 교회의 관습은 가장 큰 권위를 가지며, 항상 모든 이들에게서 모방되어야 하는 것이다. 가톨릭 박사들의 가르침 자체가 그 권위를 교회로부터 받는다. 따라서 아우구스티누스나 히에로니무스, 또는 그 어떤 박사의 권위보다 교회의 권위가 우선되어야 한다. 부모가 싫어하는데도 유다인들의 자녀에게 세례를 주는 것은 결코 교회가 사용한 방법이 아니었다. 비록 지나버린 시간 동안 가장 강력했던 많은 가톨릭 제후들, 예를 들어 콘스탄티누스, 테오도시우스 등이 있었고, 그들에게는 가장 거룩한 주교들, 예를 들어 콘스탄티누스에게는 실베스테르가, 테오도시우스에게는 암브로시우스가 곁에 있었을지라도, [이것은 사용되지 않았다.] [이 주교들은] 이것이 이성에 부합했더라면, 그들에게 간청해서 이것을 얻는 일을 결코 소홀히 하지 않았을 것이다.[7] 따라서 교회에서 이제까지 관찰되었던 관습을 벗어나서, 유다인들의 자녀들에게 부모가 싫어하는데도 세례를 주어야 한다는 이러한 주장을 새롭게 도입하는 것은 위험해 보인다.

tur.

Et huius ratio est duplex. Una quidem propter periculum fidei. Si enim pueri nondum usum rationis habentes Baptismum susciperent, postmodum, cum ad perfectam aetatem pervenirent, de facili possent a parentibus induci ut relinquerent quod ignorantes susceperunt. Quod vergeret in fidei detrimentum.

Alia vero ratio est quia repugnat iustitiae naturali. Filius enim naturaliter est aliquid patris. Et primo quidem a parentibus non distinguitur secundum corpus, quandiu in matris utero continetur. Postmodum vero, postquam ab utero egreditur, antequam usum liberi arbitrii habeat, continetur sub parentum cura sicut sub quodam spirituali utero. Quandiu enim usum rationis non habet puer, non differt ab animali irrationali. Unde sicut bos vel equus est alicuius ut utatur eo cum voluerit, secundum ius civile, sicut proprio instrumento; ita de iure naturali est quod filius, antequam habeat usum rationis, sit sub cura patris. Unde contra iustitiam naturalem esset si puer, antequam habeat usum rationis, a cura parentum subtrahatur, vel de eo aliquid ordinetur invitis parentibus.[8] Postquam autem incipit habere usum liberi arbitrii, iam incipit esse suus[9], et potest, quantum ad ea

---

[8] "아마도 성 토마스의 어떤 텍스트도 그 안에서 '부모의 권리가 자연적이다'(ius paternum esse naturale)라는 사실을 더욱 명시적으로 긍정하지는 못할 것이다. 이것은 무엇보다도—고대 로마에서는 부모에게 자기 자녀들에 대한 생사여탈권을 주었던 것처럼—'부모의 권리가, 각 사회에 의해서 제정된, 실증적인 것'이라고 주장하는 현대의 실증주의자들을 거슬러 제시되어야만 한다. 이 실증주의자들처럼, 사회는 이전에 자기 자녀들에 대해서 부모에게 허락되었던 권리를 지금 제한하거나 취소시킬 수 있고, 그들이 말하는 것처럼, 예를 들어 아이들의 '교

이것의 이유는 두 가지이다. 첫째, 신앙의 위험 때문이다. 만일 아직까지 이성을 사용할 수 없는 아이들이 세례를 받게 된다고 가정하면, 그들이 훗날 완전한 나이에 도달하게 되었을 때 자신들이 모른 채 받았던 것들을 떠나도록 부모들에 의해서 쉽게 이끌릴 수 있다. 그것은 신앙의 훼손으로 기울어지고 말 것이다.

둘째 이유는 그것이 자연적 정의에 충돌하기 때문이다. 아들은 본성적으로 아버지의 어떤 것이다. 그는 우선 어머니의 자궁에 포함되어 있는 동안 부모로부터 구분되지 않는다. 나중에 자궁으로부터 나온 다음에도, 자유재량을 사용하기 전에는 일종의 영적인 자궁 아래 있는 것처럼 부모의 염려 아래 포함된다. 왜냐하면 아이가 이성을 사용하지 못하는 동안에는 비이성적 동물과 다르지 않기 때문이다. 따라서 소나 말이 ― 시민법에 따라 그의 도구인 것처럼 ― 어떤 이가 원할 때, 그가 사용하도록 어떤 이에게 속하는 것처럼, 아들이 이성을 사용하기 전에는 아버지의 염려 아래 있는 것이 자연법에 속하는 일이다. 따라서 아이가 이성을 사용하기 전에 부모의 염려로부터 빼앗겨진다면, 또는 그에 대해서 어떤 것이 부모가 싫어하는데도 규정된다면, 이것은 자연적 정의를 거스르는 셈이 될 것이다.[8] 그러나 그가 자유재량을 사용하게 된 다음에는, 자신의 [주인]이기 시작하고[9], 신법(神法)이나 자연법에 속하는 것들에 관해서 자기 자신을 보살필 수 있다.[10] 이제 그는 강

훈과 교육은 직접적으로 부모들을 거슬러서도 자기 가르침을 부과할 수 있는 국가에 속한다'고 선포할 수 있다."(R. Garrigou-Lagrange, OP, *De virtutibus theologicis*, Torino 1949, p.273) 부모의 권리에 대해서는 아래 q.57, a.4 참조. Cf. q.58, a.7, ad3; q.108, a.4, ad1; q.164, a.1, ad4; I-II, q.87, a.8, c & ad1 & ad3; q.100, a.5, ad4 등.

9. 자기 자신의 주인, 문자적으로 그는 자기 자신이 되기 시작하고, 자기 자신의 권한(sui juris)을 지니기 시작한다. 자유로운 인간은 자기 자신의 원인에 속한다(causi sui). Cf. *Meta.*, I, c.2, 982b26. 또한 I, q.21, a.1, ad3; q.96, a.4; II-II, q.19, a.4도 참조.

quae sunt iuris divini vel naturalis, sibi ipsi providere.[10] Et tunc est inducendus ad fidem non coactione, sed persuasione; et potest etiam invitis parentibus consentire fidei et baptizari: non autem antequam habeat usum rationis. Unde de pueris antiquorum patrum dicitur quod *salvati sunt in fide parentum*[11]: per quod datur intelligi quod ad parentes pertinet providere filiis de sua salute, praecipue antequam habeant usum rationis.[12]

Ad primum ergo dicendum quod in vinculo matrimoniali uterque coniugum habet usum liberi arbitrii, et uterque potest invito altero fidei assentire. Sed hoc non habet locum in puero antequam habeat usum rationis. Sed postquam habet usum rationis, tunc tenet similitudo, si converti voluerit.

Ad secundum dicendum quod a morte naturali non est aliquis eripiendus contra ordinem iuris civilis: puta, si aliquis a suo iudice condemnetur ad mortem temporalem, nullus debet eum violenter eripere. Unde nec aliquis debet irrumpere ordinem iuris naturalis, quo filius est sub cura patris, ut eum liberet a periculo mortis aeternae.

Ad tertium dicendum quod Iudaei sunt servi principum servitute civili, quae non excludit ordinem iuris naturalis vel divini.

Ad quartum dicendum quod homo ordinatur ad Deum per ratio-

---

10. Cf. *Sup.*, q.43, a.2.

요에 의해서가 아니라 설득에 의해서 신앙으로 이끌려야 한다. 그는 부모가 싫어하는데도 신앙에 동의하고 세례를 받을 수 있지만, 이성을 사용하기 이전에는 아니다. 옛 성조들의 아이들에 대해서 '그들은 부모들의 신앙 안에서 구원 받았다'라고 언급된다.[11] 이것을 통해서, 특히 자녀들이 이성을 사용하기 이전에 그들의 구원에 관해서 자녀들을 보살피는 일은 부모에게 속한다는 사실이 이해되기 위해 주어졌다.[12]

[해답] 1. 결혼의 유대 안에서 두 배우자는 자유재량의 사용을 가지며, 다른 이가 싫어하는데도 신앙에 동의할 수 있다. 그러나 이것은 이성을 사용하기 이전의 아이에게는 해당되지 않는다. 그가 이성을 사용한 이후에 비로소 그가 개종하기를 원한다면, 유사한 것이 해당된다.

2. 누구든 자연적인 죽음으로부터 시민법의 질서를 거슬러서 빼내져서는 안 된다. 예를 들어, 어떤 이가 자기 재판관에 의해 현세적 죽음으로 단죄되었다면, 아무도 그를 폭력적으로 빼내서는 안 된다. 따라서 어떤 이도 아들을 영원한 죽음의 위험으로부터 해방시키기 위해, '아들은 아버지의 염려 안에 있다'는 자연법의 질서를 깨뜨려서는 안 된다.

3. 유다인들은 —자연법이나 신법의 질서를 배제하지 않는— 시민적인 종살이에 의해서 제후들의 종이다.

4. 인간은 이성을 통해서 하느님을 지향하고, 이성을 통해서 하느님

---

11. Cf. Magistrum, Sent. IV, d.1, p.2.
12. 이 구절이 보여주듯이, 토마스는 결코 카예타누스와 비앙키(Bianchi)의 주도 아래 주장되었던, 신앙 및 대신해서 바쳐지는 신앙 고백 또는 부모의 기도가 자연적인 상황을 통해서 세례를 받는 일이 방해된 아이의 세례를 대신할 수 있다는 이론의 보증인이라고 불릴 수는 없다. (Cf. J. Bellamy, *DThC* II, pp.364 이하.)

nem, per quam eum cognoscere potest. Unde puer, antequam usum rationis habeat, naturali ordine ordinatur in Deum per rationem parentum, quorum curae naturaliter subiacet; et secundum eorum dispositionem sunt circa ipsum divina agenda.

Ad quintum dicendum quod periculum quod sequitur de praedicatione omissa non imminet nisi eis quibus commissum est officium praedicandi, unde in Ezechiel praemittitur: *Speculatorem dedi te filiis Israel*. Providere autem pueris infidelium de sacramentis salutis pertinet ad parentes eorum. Unde eis imminet periculum si, propter subtractionem sacramentorum, eorum parvuli detrimentum salutis patiantur.

을 인식할 수 있다. 따라서 아이는 이성을 사용하기 전에, 자연적 질서에 따라 부모의 이성을 통해서 하느님을 지향하며, 아이들은 자연적으로 부모의 염려에 종속된다. 그들[부모]의 배정에 따라, 신적인 것 자체에 관해 행해져야 한다.

5. 누락된 설교로부터 따라오는 위험은 오직 설교하는 직무가 부여되었던 이들만을 위협한다. 따라서 에제키엘서 [3장 17절]에서는 "내가 너를 이스라엘의 자녀들에게 파수꾼으로 세웠다"는 말을 앞서 언급했다. 구원의 성사들에 관해서 비신자의 아이들을 미리 돌보는 일은 그들의 부모에게 속한다. 만일 성사들을 생략했기 때문에 그들의 어린 아이들이 구원의 훼손을 겪게 된다면, 그 위험은 부모를 위협할 것이다.

Quaestio XI
DE HAERESI
in quatuor articulos divisa

Deinde considerandum est de haeresi.[1]

Circa quam quaeruntur quatuor.

Primo: utrum haeresis sit infidelitatis species.

Secundo: de materia eius circa quam est.

Tertio: utrum haeretici sint tolerandi.

Quarto: utrum revertentes sint recipiendi.

Articulus 1
Utrum haeresis sit infidelitatis species.

Ad primum sic proceditur. Videtur quod haeresis non sit infidelitatis species.[1]

1. Infidelitas enim in intellectu est, ut supra[2] dictum est. Sed haeresis non videtur ad intellectum pertinere, sed magis ad vim appetiti-

---

1. Cf. q.10, Introd.
1. 이단은 고백한 그리스도인에 의해서 규정된 가톨릭 신앙에 대해 공식적으로 부인하는 행위이다. 이것은 고리대금업과 함께 중세 사람들에 의해서 특별히 타락한 것으로 취급되던 죄로,

제11문
이단에 대하여
(전4절)

이어서 이단(異端, haeresis)에 대해 고찰해야 한다.[1] 이단에 대해서는 다음 네 가지 질문이 제기된다.
1. 이단은 불신앙의 한 종(種)인가?
2. 이단이 다루는 것의 질료에 대하여
3. 이단자들은 용인되어야 하는가?
4. 돌아온 자들은 받아들여져야 하는가?

제1절 이단은 불신앙의 한 종인가?

Parall. Supra, q.10, a.5; infra, q.94, a.1, ad1; *In Sent.*, IV, d.13, q.2, a.1.

[반론] 첫째에 대해서는 다음과 같이 진행된다. 이단은 불신앙의 한 종이 아닌 것처럼 보인다.[1]
1. 위에서[2] 말했듯이, 불신앙은 지성 안에 있기 때문이다. 이단은 지성에 속하는 것이 아니라 오히려 욕구적 능력에 속하는 것처럼 보인

---

1. 이교(離教, schisma)의 죄로부터 구별되어야 한다. 『신학대전』은 이교를 신앙이 아니라, 참사랑의 결과인 평화의 행위와 직접적으로 충돌하는 것으로 취급한다.
2. q.10, a.2.

vam. Dicit enim Hieronymus[3], et habetur in *Decretis*, XXIVa, qu. 3[4]: *Haeresis Graece ab electione dicitur, quod scilicet eam sibi unusquisque eligat disciplinam quam putat esse meliorem*: electio autem est actus appetitivae virtutis, ut supra[5] dictum est. Ergo haeresis non est infidelitatis species.

2. Praeterea, vitium praecipue accipit speciem a fine: unde Philosophus dicit, in V *Ethic.*[6], quod *ille qui moechatur ut furetur, magis est fur quam moechus*. Sed finis haeresis est commodum temporale, et maxime principatus et gloria, quod pertinet ad vitium superbiae vel cupiditatis: dicit enim Augustinus, in libro *de Util. Cred.*[7], quod *haereticus est qui alicuius temporalis commodi, et maxime gloriae principatusque sui gratia, falsas ac novas opiniones vel gignit vel sequitur*. Ergo haeresis non est species infidelitatis, sed magis superbiae.

3. Praeterea, infidelitas, cum sit in intellectu, non videtur ad carnem pertinere. Sed haeresis pertinet ad opera carnis: dicit enim apostolus, *ad Gal.* 5, [19,20][8]: *Manifesta sunt opera carnis, quae sunt fornicatio, immunditia*; et inter cetera postmodum subdit, *dissensiones, sectae*, quae sunt idem quod haereses. Ergo haeresis non est infidelitatis species.

---

3. Hieronymus, *In Gal.*, III, super 5, 19: PL 26, 417 A.
4. Gratianus, *Decretum*, P.II, causa 24, q.3, can.27: *Haeresis*: ed. Richter-Friedberg, t.I, p.997.
5. I-II, q.13, a.1.
6. Aristoteles, *Ethica Nic.*, V, c.2, 1130a24-27; S. Thomas, lect.3, n.916.
7. Augustinus, *De Utilitate Credendi*, c.1, n.1: PL 42, 65.

다. 히에로니무스[3]가 말하기를, 그리고 『법령집』 제24권 제3문[4]에서 언급되듯이, "그리스어 '헤레시스'(이단)는 선택으로부터 언급되는 것으로, 즉 각자가 자신에게 더 좋다고 생각하는 가르침을 선택하는 것을 뜻한다." 그런데 선택은 위에서[5] 말했듯이, 욕구 능력의 행위이다. 그러므로 이단은 불신앙의 한 종이 아니다.

2. 악습은 무엇보다도 목적으로부터 종을 취한다. 따라서 철학자는 『니코마코스 윤리학』 제5권[6]에서, "훔치기 위해서 간통하는 자는 간통자라기보다 오히려 도둑이다."라고 말한다. 그러나 이단의 목적은 현세적 편의이며, 최고로 권세와 영광인데, 그것은 교만과 탐욕의 악습에 속한다. 아우구스티누스는 『믿음의 유익』[7]에서 "이단자는 어떤 현세적 편의를 위해서, 최고로 영광과 권세를 위해서, 거짓되고 새로운 견해들을 만들거나 따르는 자."라고 말하기 때문이다. 그러므로 이단은 불신앙의 종이 아니라 오히려 교만의 한 종이다.

3. 불신앙은 지성 안에 있는 것이기 때문에 육에 속하지 않는 것처럼 보인다. 그러나 이단은 육의 행위에 속한다. 사도는 갈라티아서 5장 [19절 이하][8]에서, "육의 행위는 분명합니다. 그것은 간음, 부정"이라고 말하고, 다른 것들 사이에 나중에 "분열, 분파"라고 덧붙이는데, 분파는 이단과 동일한 것이다. 그러므로 이단은 불신앙의 한 종이 아니다.

---

8. 갈라 5,19-21: "육의 행실은 자명합니다. 그것은 곧 불륜, 더러움, 방탕, 우상 숭배, 마술, 적개심, 분쟁, 시기, 격분, 이기심, 분열, 분파, 질투, 만취, 흥청대는 술판, 그밖에 이와 비슷한 것들입니다. 내가 여러분에게 이미 경고한 그대로 이제 다시 경고합니다. 이런 짓을 저지르는 자들은 하느님의 나라를 차지하지 못할 것입니다."

Sed contra est quod falsitas veritati opponitur. Sed *haereticus est qui falsas vel novas opiniones vel gignit vel sequitur.*[9] Ergo opponitur veritati, cui fides innititur. Ergo sub infidelitate continetur.

Respondeo dicendum quod nomen haeresis, sicut dictum est[10], electionem importat.[11] Electio autem, ut supra[12] dictum est, est eorum quae sunt ad finem, praesupposito fine. In credendis autem voluntas assentit alicui vero tanquam proprio bono, ut ex supradictis[13] patet. Unde quod est principale verum habet rationem finis ultimi: quae autem secundaria sunt habent rationem eorum quae sunt ad finem. Quia vero quicumque credit alicuius dicto assentit, principale videtur esse, et quasi finis, in unaquaque credulitate ille cuius dicto assentitur: quasi autem secundaria sunt ea quae quis tenendo vult alicui assentire. Sic igitur qui recte fidem Christianam habet sua voluntate assentit Christo in his quae vere ad eius doctrinam pertinent. A rectitudine igitur fidei Christianae dupliciter aliquis potest deviare. Uno modo, quia ipsi Christo non vult assentire: et hic habet quasi malam voluntatem circa ipsum finem. Et hoc pertinet ad speciem infidelitatis Paganorum et Iudaeorum. Alio modo, per hoc quod intendit quidem Christo assentire, sed deficit in eligendo ea quibus

---

9. Cf. a.2.
10. obj.1.
11. 그리스어 hairesis, 선택은 haireo, '취(取)하다'에서 유래한다. 이 질문을 위해서는 저자들에 의해서 취해진 유용한 구분, 가톨릭 신앙 조항을 거부하는 죄인 형상적인 이단과 무지 때문에

[재반론] 거짓은 진리에 반대된다. 그런데 이단자는 "거짓되고 새로운 견해들을 만들거나 따르는 자다."[9] 그것은 신앙이 의지하는 진리에 반대되므로 이단은 불신앙 아래 포함된다.

[답변] 방금 말한 바[10]와 같이, 이단이라는 명칭은 선택을 뜻한다.[11] 그런데 선택은 위에서[12] 말했듯이, 목적으로 이끄는 것들과 관련되며 목적을 전제하고 있다. 그런데 믿어져야 하는 것들 안에서 의지는, 위에서 언급했던 것들[13]에서 분명하듯이, 어떠한 참이나 자기에게 고유한 선에 동의한다. 따라서 근원적으로 참인 것은 최종 목적의 의미를 가지지만, 이차적으로 [참인] 것들은 목적으로 이끄는 것들이라는 의미를 가진다.

믿는 사람은 누구나 어떤 이의 말에 동의하기 때문에, 어떠한 신앙심에서이든 근원적인 것 그리고 목적과 같은 것은 그의 말을 동의하게 되는 바로 그 자이고, 마치 2차적인 것은 누군가가 그것들을 붙잡으면서 어떤 이에게 동의하기를 원하는 것들이다. 따라서 올바르게 그리스도교 신앙을 가진 사람은 자기 의지에 의해서, 참되게 그리스도의 가르침에 속하는 것들 안에서 그리스도에게 동의한다.

그리스도교 신앙의 올바름으로부터 어떤 이는 두 가지 방식으로 벗어날 수 있다. 첫째, 그가 그리스도 자체에게 동의하지를 원하지 않기 때문에, 이 자는 목적 자체에 관해서 악한 의지 같은 것을 가지고 있

좋은 신앙 안에서 그것을 받아들이지 않거나 거부하는 질료적인 이단 사이의 구분을 기억해야 한다. 무지는 필연적으로 그렇지는 않더라도 전적으로 나무랄 데 없는 것일 수 있다.
12. I-II, q.13, a.3.
13. q.4, a.3; a.5, ad1.

Christo assentiat: quia non eligit ea quae sunt vere a Christo tradita, sed ea quae sibi propria mens suggerit. Et ideo haeresis est infidelitatis species pertinens ad eos qui fidem Christi profitentur, sed eius dogmata[14] corrumpunt.

Ad primum ergo dicendum quod hoc modo electio pertinet ad infidelitatem sicut et voluntas ad fidem, ut supra[15] dictum est.

Ad secundum dicendum quod vitia habent speciem ex fine proximo, sed ex fine remoto habent genus et causam. Sicut cum aliquis moechatur ut furetur, est ibi quidem species moechiae ex proprio fine et obiecto, sed ex fine ultimo ostenditur quod moechia ex furto oritur, et sub eo continetur sicut effectus sub causa vel sicut species sub genere: ut patet ex his quae supra[16] de actibus dicta sunt in communi. Unde et similiter in proposito finis proximus haeresis est adhaerere falsae sententiae propriae: et ex hoc speciem habet. Sed ex fine remoto ostenditur causa eius, scilicet quod oritur ex superbia[17] vel cupiditate.[18]

---

14. 그리스어 dogma(dokeo에서 유래)는 견해, 교의(教義)를 뜻한다. 교회 안에서 사용될 때에는 규정을 의미하는 것으로 강화되었다. 참조: 사도 16,4: "바오로 일행이 여러 고을을 두루 다니며, 예루살렘에 있는 사도들과 원로들이 정한 규정들을 신자들에게 전해주며 지키게 하였다."
15. 본론 – 이단은 욕구적 능력에 속하지만, 선택하는 것으로서가 아니라 명령하는 것으로서의 욕구적 능력에 속한다. 그것과 반대되는 신앙 또한 의지에 의해서 명령되는데, 그러나 위에서 (q.4, a.2) 언급된 바와 같이 마치 주체 안에 있는 것처럼 지성 안에 존재한다.
16. I-II, q.18, a.7.
17. Cf. q.138, a.2, ad1.

다. 이것은 미신자(未信者)들과 유다인들의 불신앙의 종에 속한다. 둘째, 그리스도에게 동의하기를 지향하지만, 그것에 의해 그리스도에게 동의하게 되는 것들을 선택하는 데 실패하게 되는 경우이다. 그는 참으로 그리스도에 의해서 전수된 것들이 아니라 자기 자신의 정신이 자신에게 불어넣은 것들을 선택하기 때문이다. 따라서 이단은 그리스도에 대한 신앙을 고백하지만, 그의 교의[14]들을 파괴하는 사람들에 속하는 불신앙의 종이다.

[해답] 1. 위에서[15] 말했듯이, 의지가 목적에 속하는 것과 같은 방식으로 선택은 불신앙에 속한다.

2. 악습들은 가장 가까운 목적으로부터 종(種)을 가지지만, 먼 목적으로부터는 유(類)와 원인을 가진다. 이는 어떤 이가 훔치기 위해서 간통할 때, 여기서는 고유한 목적과 대상으로부터 간음이라는 종이 있지만, 최종 목적으로부터 간통이 도둑질로부터 발생하며, 마치 결과가 원인 아래나 종이 유 아래에 포함되는 것처럼 도둑질 아래 포함된다는 사실이 밝혀진다. 이것은 위에서[16] 행위들에 대해 공통적으로 말했던 것들로부터 분명하다. 따라서 여기에 해당되는 경우에도 유사하게 이단의 가장 가까운 목적은 자기 자신의 거짓 언명들을 고수하는 일이고, 이것으로부터 종을 가진다. 그러나 먼 목적으로부터 그 원인이, 즉 교만[17]이나 탐욕[18]으로부터 발생한다는 사실이 밝혀진다.

---

18. 성 바오로 사도의 1티모 6,10: "사실 돈을 사랑하는 것(탐욕)이 모든 악의 뿌리입니다. 돈을 따라다니다가 믿음에서 멀어져 방황하고 많은 아픔을 겪은 사람들이 있습니다."의 말씀에 대해서 성 토마스는 자신의 주해(c.6, lect.2)에서 이렇게 말한다: "그 이유는 다음과 같은데, 신앙의 건전한 가르침을 통해서 사람들이 그치기를 원하지 않는 많은 불법적인 욕심이 금지되고, 사람들은 자신에게 구원의 희망이 될 수 있는 다른 가르침을 발견한다."

Ad tertium dicendum quod, sicut haeresis dicitur ab *eligendo*, ita secta a *sectando*, sicut Isidorus dicit, in libro *Etymol.*[19]: et ideo haeresis et secta idem sunt. Et utrumque pertinet ad opera carnis, non quidem quantum ad ipsum actum infidelitatis respectu proximi obiecti, sed ratione causae: quae est vel appetitus finis indebiti, secundum quod oritur ex superbia vel cupiditate, ut dictum est[20]; vel etiam aliqua phantastica illusio, quae est errandi principium, ut etiam philosophus dicit, in IV *Metaphys.*[21]. Phantasia autem quodammodo ad carnem pertinet, inquantum actus eius est cum organo corporali.[22]

Articulus 2
Utrum haeresis sit proprie circa ea quae sunt fidei.

Ad secundum sic proceditur. Videtur quod haeresis non sit proprie circa ea quae sunt fidei.

1. Sicut enim sunt haereses et sectae in Christianis, ita etiam fuer-

---

19. Isidorus, *Etymologiae*, VIII, c.3, n.4: PL 82, 296 C.
20. ad2.
21. *Meta.*, IV, c.5, 1010b1-3; S. Thomas, lect.14, nn.692-693.

3. 이시도루스는 『어원집』[19]에서, 이단이 선택함으로부터 언급되는 것처럼, 분파는 자름으로부터 언급된다고 말한다. 따라서 이단과 분파는 동일한 것이다. 그 둘은 모두 육의 행위에 속하는데, 가장 가까운 대상의 관점에서 불신앙의 행위 자체에 관한 것이 아니라, 원인이라는 측면에서 그러하다. 이 원인은, 한편으로 방금 언급했듯이[20] 교만이나 탐욕으로부터 발생하는 한에서 부당한 목적을 향한 욕구이거나, 다른 한편으로, 철학자도 『형이상학』 제4권[21]에서 말했듯이, 원리에서 오류를 범하는 것인 어떤 상상력의 착각이다. 그런데 상상은, 그 작용이 육체적 기관과 함께 하는 한에서, 어떤 의미에서는 육에 속한다.[22]

제2절 이단은 고유하게 신앙에 속하는 것들에 관련되는가?

Parall.: *In Sent.*, IV, d.13, q.2, a.1, ad5, 6; *In Ep. I ad Cor.*, c.11, lect.4; *In Ep. ad Titum*, c.3, lect.2.

Doct. Eccl.: 무엇이 이단인가는 『교회법전』(*Cod. Iur. Can.*), 제751조 "이단이란 세례 받은 후 천상적 가톨릭 신앙으로 믿어야 할 어떤 진리를 완강히 부정하거나 그것에 대해 완고히 의심하는 것이다"라는 설명에서 취해질 수 있다. (구법전, 제1325조, 제3항 참조)

[반론] 둘째에 대해서는 다음과 같이 진행된다. 이단은 고유하게 신앙에 속하는 것들과 관련되지 않는 것처럼 보인다.

1. 이시도루스가 『어원집』[1]에서 말하듯이, 그리스도인들 안에서 이

---

22. 내적 감각인 상상에 대해서는 I, q.78, a.4 참조.
1. Isidorus, *Etymologiae*, VIII, c.4: PL 82, 297 B.

unt in Iudaeis et Pharisaeis: sicut Isidorus dicit, in libro *Etymol.*[1]. Sed eorum dissensiones non erant circa ea quae sunt fidei. Ergo haeresis non est circa ea quae sunt fidei sicut circa propriam materiam.

2. Praeterea, materia fidei sunt res quae creduntur. Sed haeresis non solum est circa res, sed etiam circa verba, et circa expositiones sacrae Scripturae. Dicit enim Hieronymus[2] quod *quicumque aliter Scripturam intelligit quam sensus Spiritus Sancti efflagitat, a quo scripta est, licet ab Ecclesia non recesserit, tamen haereticus appellari potest*: et alibi[3] dicit quod *ex verbis inordinate prolatis fit haeresis*. Ergo haeresis non est proprie circa materiam fidei.

3. Praeterea, etiam circa ea quae ad fidem pertinent inveniuntur quandoque sacri Doctores dissentire: sicut Hieronymus[4] et Augustinus[5] circa cessationem legalium. Et tamen hoc est absque vitio haeresis. Ergo haeresis non est proprie circa materiam fidei.

Sed contra est quod Augustinus dicit, contra Manichaeos: *Qui in Ecclesia Christi morbidum aliquid pravumque quid sapiunt, si correcti ut sanum rectumque sapiant, resistant contumaciter, suaque pestifera et mortifera dogmata emendare nolunt, sed defendere persistunt, haeretici sunt.*[6] Sed pestifera et mortifera dogmata non sunt nisi illa quae op-

---

2. Hieronymus, *In Gal.*, III, super 5, 19 sqq.: PL 26, 417 A.
3. *Glossa ordinaria.* super Osee 2, 16 – Cf. Magistrum, *Sent.*, IV, d.13, c.2.
4. Hieronymus, *Epist.* 112, al.89, *ad Augustinum:* PL 22, 921.

단들과 분파들이 있는 것처럼, 유다인과 바리사이들 안에도 이단과 분파가 있었다. 그런데 그들의 분열은 신앙에 속하는 것들에 관한 것이 아니었다. 그러므로 이단은 고유한 질료에 관련되는 것처럼, 신앙에 속하는 것들에 관련되지 않는다.

2. 신앙의 질료는 믿어지는 사물들이다. 그런데 이단은 사물에 관련될 뿐만 아니라, 말씀들과 성경의 해석들과도 관련된다. 히에로니무스[2]는 "성경을 집필한 성령의 의미가 끈질기게 요구하는 것과 다르게 성경을 이해하는 사람은 누구나, 그가 교회로부터 물러나지 않았다고 할지라도 이단이라고 불릴 수 있다."라고 말하기 때문이다. 그는 다른 곳[3]에서 "무질서하게 이야기된 말들로부터 이단이 발생한다"라고 말한다. 그러므로 이단은 고유하게 신앙의 질료와 관련되는 것이 아니다.

3. 신앙에 속하는 것들에 관해서 때때로, 히에로니무스[4]와 아우구스티누스[5]가 법들의 중지에 관해서 그랬던 것처럼, 거룩한 박사들이 분열되는 일이 발견된다. 그럼에도 이것은 이단이라는 악습 없이 존재한다. 그러므로 이단은 고유하게 신앙의 질료에 관련되지 않는다.

[재반론] 반대로 아우구스티누스는 마니교도들을 거슬러서 "그리스도의 교회 안에서 병들고 불량한 어떤 것을 생각하는 자가, 만일 건강하고 올바른 것을 생각하도록 교정되었을 때, 완고하게 저항하면서 자신의 유독하고 치명적인 가르침들을 교정하려 하지 않고 끈질기게 방어하려 든다면, 이런 자가 이단자다."[6]라고 말한다. 그런데 유독하고

---

5. Augustinus, *Epist.* 82, al.19, c.2: PL 33, 281 – Cf. I-II, q.103, a.4, ad1.
6. Augustinus, *De civ. Dei*, XVIII, c.51, n.1: PL 41, 613.

ponuntur dogmatibus fidei, per quam iustus vivit, ut dicitur *Rom.* 1, [17]. Ergo haeresis est circa ea quae sunt fidei sicut circa propriam materiam.

Respondeo dicendum quod de haeresi nunc loquimur secundum quod importat corruptionem fidei Christianae. Non autem ad corruptionem fidei Christianae pertinet si aliquis habeat falsam opinionem in his quae non sunt fidei, puta in geometricalibus vel in aliis huiusmodi, quae omnino ad fidem pertinere non possunt: sed solum quando aliquis habet falsam opinionem circa ea quae ad fidem pertinent. Ad quam aliquid pertinet dupliciter, sicut supra[7] dictum est: uno modo, directe et principaliter, sicut articuli fidei[8]; alio modo, indirecte et secundario, sicut ea ex quibus sequitur corruptio alicuius articuli.[9] Et circa utraque potest esse haeresis, eo modo quo et fides.

Ad primum ergo dicendum quod sicut haereses Iudaeorum et Pharisaeorum erant circa opiniones aliquas ad Iudaismum vel Pharisaeam pertinentes, ita etiam Christianorum haereses sunt circa ea

---

7. I, q.32, a.4.
8. 신앙 조항에 대해서는 II-II, q.1, aa.6-9 참조.
9. 간접적이고 2차적으로 신앙에 속하는 언명들은 신앙이나 자연적 원리로부터 추론적으로 연역된 신학의 결론들이 아니다. 예를 들어, 그리스도가 베틀레헴에서 태어났다든가 세례자 요한이 그의 선구자였다는 등의 역사적인 진리들은 '신학적인 결론들'이라고 불리는 추론들도 아니고—얀센주의 사태 동안에 논쟁점이었던 것과 같이—'교의적인 사실들'도 아니다. 그것들에 대해 모순되는 것은 교회에 의해서 이단(haeresis)으로서가 아니라 단지 '오류'(error)로서 단죄될 뿐이다. 그러나 신앙 조항보다 덜 근원적인 진리들이 부정되는 경우에도 어떤 조항

치명적인 가르침들은 오직, 로마서 1장 [17절]에서 "그것을 통해 의로운 이가 살게 된다"라고 말하듯이, 신앙의 교의들에 반대되는 것들만이 그러하다. 그러므로 이단은 고유한 질료에 관련되는 것처럼, 신앙에 속하는 것들에 관련된다.

[답변] 우리는 이제 그리스도교 신앙의 파괴를 뜻하는 한에서 이단에 대해 말한다. 그런데 어떤 이가 신앙에 속하지 않는 것들, 예를 들어 기하학적인 것들이나 전적으로 신앙에 속할 수 없는, 이런 종류의 다른 것들 안에서 거짓된 견해를 가진다면, 그것은 그리스도교 신앙의 파괴에는 속하지 않는다. 오직 어떤 이가 신앙에 속하는 것들에 관해서 거짓된 견해를 가질 때에만 [이단에 대해서 말한다.] 위에서[7] 말한 바와 같이, 어떤 것은 신앙에 두 가지 방식으로 속한다. 첫째, 직접적이고 근원적으로, 신앙 조항들[8]처럼 [속하는 것이고], 둘째 간접적이고 2차적으로, 그것들로부터 어떤 신앙 조항의 파괴가 따라오는 것들과 [같은 경우이다].[9] 두 가지 모두에 관해서 이단이 있을 수 있고, 그러한 방식으로 신앙도 있을 수 있다.

[해답] 1. 유다교나 바리사이파에 속하는 어떤 견해들에 관해서 유다인들과 바리사이인들의 이단이 있었던 것처럼, 그리스도인들의 이단도 그리스도에 대한 신앙에 관한 것이다.

들의 파괴가 따라온다. 앞선 절에서 말했던 바와 같이 "참으로 그리스도에 의해서 전수된 것들"을 선택하지 않는 이만이 이단자이기 때문이다. 그런데 참으로 그리스도에 의해서 전수된 것은, 비록 신앙 조항보다 아래 있더라도, 신학적인 결론보다 더 뛰어난 것처럼 보인다. Cf. q.1, a.6, ad1; q.2, a.5; Cf. R. Garrigou-Lagrange, OP, *De virtutibus theologicis*, Torino 1949, p.275-276.

quae pertinent ad fidem Christi.

Ad secundum dicendum quod ille dicitur aliter exponere sacram Scripturam quam Spiritus Sanctus efflagitat qui ad hoc expositionem sacrae Scripturae intorquet quod contrariatur ei quod est per spiritum sanctum revelatum. Unde dicitur Ezech. 13, [6][10] de falsis prophetis quod *perseveraverunt confirmare sermonem*, scilicet per falsas expositiones Scripturae. — Similiter etiam per verba quae quis loquitur suam fidem profitetur: est enim confessio actus fidei, ut supra[11] dictum est. Et ideo si sit inordinata locutio circa ea quae sunt fidei, sequi potest ex hoc corruptio fidei. Unde Leo Papa in quadam epistola *ad Proterium episcopum Alexandrinum*[12], dicit: *Quia inimici Christi crucis omnibus et verbis nostris insidiantur et syllabis, nullam illis vel tenuem occasionem demus qua nos Nestoriano sensui congruere mentiantur.*

Ad tertium dicendum quod, sicut Augustinus dicit[13], et habetur in *Decretis*, XXIVa, qu. 3[14]: *Si qui sententiam suam, quamvis falsam atque perversam, nulla pertinaci*[15] *animositate defendunt, quaerunt autem cauta sollicitudine veritatem, corrigi parati cum invenerint, nequaquam sunt inter haereticos deputandi*: quia scilicet non habent electionem contradicentem Ecclesiae doctrinae. Sic ergo aliqui Doc-

---

10. 에제 13,6: "그들은 거짓 환시를 보고 속임수 예언을 하며, 주님이 보내지도 않았는데 주님의 말이라고 하면서, 그 말이 이루어지기를 기다린다."
11. q.3, a.1.
12. *Epist.* 129, ad Proterium, c.2: PL 54, 1076 B.
13. Augustinus, Epist. 43, al.162, c.1, n.1: PL 33, 160.

2. '성경을 성령이 요구하는 것과는 다르게 해석한다'라고 언급되는 저 사람은, 자신의 해석과 성령을 통해 계시된 것이 상충되도록 성경의 해석을 꼬이게 하는 사람이다. 에제키엘서 13장 [6절][10]에서는 거짓 예언자들에 대해 "그들은 즉 성경의 거짓 해석을 통해서, [자신들의] 설교를 확증하려 고집한다"고 말한다. 이와 유사하게 어떤 이는 또한 자신이 하는 말을 통해서 자기 신앙을 고백한다. 위에서[11] 말했듯이, 고백은 신앙의 행위이기 때문이다. 따라서 만일 신앙에 속하는 것들에 관해서 무질서한 언표가 있다면, 이것으로부터 신앙의 파괴가 따라올 수 있다. 레오 교황은 「알렉산드리아의 주교 프로테리우스에게 보낸 편지」[12]에서, "그리스도의 십자가를 거스르는 적들이 우리의 모든 행적과 말에 의해서 그리고 음절들에 의해서 음모를 꾸미기 때문에, 아주 작은 기회도 그들에게 주지 않아야 하는데, 그것에 의해 '우리가 네스토리우스의 견해에 일치한다'라고 거짓말을 할 것이기 때문이다."라고 썼다.

3. 아우구스티누스[13]가 말하는 것처럼, 그리고 『법령집』 제24권 제3문[14]에서 언급된 것처럼, "어떤 이가 ―비록 거짓이고 잘못된 것일지라도― 자기 언명을 완고한 격정[15]으로 옹호하지 않고, 신중한 염려에 의해 진리를 추구하고, 진리가 발견되었을 때 수정될 준비가 되어 있다면, 결코 이단자로 간주해서는 안 된다." 왜냐하면 그들은 교회의 가르침에 모순되는 선택을 가지지 않기 때문이다. 그러므로 어떤 박사들은 한편으로 이렇게 또는 다르게 주장되더라도 신앙에 아무런 관계

---

14. Gratianus, *Decretum*, P.II, causa 24, q.3, can.29: *Dixit Apostolus*: ed. Richter-Friedberg, t.I, p.998.
15. Pertinacia, 완고함, 완강함은 저자들에 의해서 이단의 형상적 요소로 간주된다.

tores dissensisse videntur vel circa ea quorum nihil interest ad fidem utrum sic vel aliter teneatur; vel etiam in quibusdam ad fidem pertinentibus quae nondum erant per Ecclesiam determinata.[16] Postquam autem essent auctoritate universalis Ecclesiae determinata, si quis tali ordinationi pertinaciter repugnaret, haereticus censeretur. Quae quidem auctoritas principaliter residet in Summo Pontifice.[17] Dicitur enim XXIVa, qu. 1[18]: *Quoties fidei ratio ventilatur, arbitror omnes fratres nostros et coepiscopos non nisi ad Petrum, idest sui nominis auctoritatem, referre debere.* Contra cuius auctoritatem nec Hieronymus nec Augustinus nec aliquis sacrorum Doctorum suam sententiam defendit. Unde dicit Hieronymus[19]: *Haec est fides, Papa Beatissime, quam in Catholica didicimus Ecclesia. In qua si minus perite aut parum caute forte aliquid positum est, emendari cupimus a te, qui Petri fidem et sedem tenes. Si autem haec nostra confessio Apostolatus tui iudicio comprobatur, quicumque me culpare voluerit, se imperitum vel malevolum, vel etiam non Catholicum sed haereticum, comprobabit.*[20]

---

16. 신학적인 관점에서 삼위일체에 관한 차이들에 대해서는 I, q.32, a.4 참조.
17. Cf. q.1, a.10.
18. Gratianus, *Decretum*, P.II, causa 24, q.1, can.12: *Quoties*: ed. Richter-Friedberg, t.I, p.970.
19. Cf. Pelagius, *Libellus fidei ad Innocentium*, n.14: PL 45, 1718.
20. 다른 판본에 따라 non me haereticum, comprobabit을 따르면, "내가 이단자임을 확인하지는 못할 것입니다."로 해석된다. 따라서 이 구절에 대해 카예타누스는 다음과 같이 규정한다. 이

가 없는 것들에 관해서, 다른 한편으로 신앙에 속하지만 그것들에 관해 교회를 통해 아직까지 결정되지 않았던 어떤 것들 안에서 분열되었던 것처럼 보인다.[16] 하지만 교회의 보편적인 권위에 의해 결정된 다음에, 누가 그러한 규정에 완고하게 싸운다면 이단자로 간주될 것이다. 그러한 권한은 근원적으로 교황에게 머물러 있다.[17] 『법령집』 제24권 제1문[18]은 다음과 같이 말하기 때문이다: "신앙의 근거가 혼란스럽게 될 때마다, 우리의 모든 형제와 동료 주교들은 오직 베드로에게, 즉 그의 이름의 권위에 따른 결정에 맡겨야만 한다고 생각한다." 그의 권위에 거슬러서는 히에로니무스도, 아우구스티누스도, 거룩한 박사들 중에 어떤 이도 자기 언명을 옹호하지 않았다. 따라서 히에로니무스[19]는 "가장 복되신 교황님, 이것이 우리가 가톨릭 교회 안에서 가르쳤던 신앙입니다. 그 안에서 만일 우연히 덜 전문적이거나 주의 깊지 못하게 어떤 것이 규정되었다면, 우리는 베드로의 신앙과 자리를 가지고 계신 당신에 의해 개선되기를 열망합니다. 만일 우리의 이 고백이 당신의 사도직에 의한 판단으로 확인된다면, 나를 단죄하기를 원하는 사람은 누구나 자신이 무식하거나 악의를 가졌거나, 혹은 가톨릭이 아니라 이단자임을 확인하게 될 것입니다."[20]라고 말한다.

단이 세 가지로, 즉 '신앙에 대한 오류를 고집함'(errore in fide pertinaci)으로 구성되기 때문에, 처음 두 가지, 즉 오류와 신앙의 언명은 지성에 관한 일이지만, 셋째, 즉 완고함은 의지에 관한 일이다. 그리고 이것이 앞선 것들에서 넘어오면서, 마치 의지의 결정이 없는 신앙이 존재하지 않는 것처럼, 그것 없이는 이단이 아닌 이단의 의미 근거를 구성한다.

Articulus 3
Utrum haeretici sint tolerandi.[1]

Ad tertium sic proceditur. Videtur quod haeretici sint tolerandi.

1. Dicit enim apostolus, II *ad Tim.* 2, [24 sqq][2]: *Servum Dei oportet mansuetum esse, cum modestia corripientem eos qui resistunt veritati, ne quando det illis poenitentiam Deus ad cognoscendam veritatem, et resipiscant a laqueis diaboli.* Sed si haeretici non tolerantur, sed morti traduntur, aufertur eis facultas poenitendi. Ergo hoc videtur esse con-

---

1. 이 절은 오직 그 역사적 시기를 유념할 때에만 제대로 평가될 수 있다.
2. 2티모 2,24-26: "주님의 종은 싸워서는 안 됩니다. 오히려 모든 사람에게 친절하고 잘 가르치며 참을성이 있어야 하고, 반대자들을 온유하게 바로잡아주어야 합니다. 그러면 하느님께서

제3절 이단은 용인되어야만 하는가?[1]

Parall.: Supra, q.10, a.8, ad1; *In Sent.*, IV, d.13, q.2, a.3; *Quodlibet.*, X, q.7, a.1; *In Matth.*, cap.13.

Doct. Eccl.: DS 401[=DH -]; 콘스탄츠 공의회의 제15회기(1415년 7월 6일)에 다음과 같은 얀 후스의 오류가 단죄되었다: "교회의 처벌을 통해 교정을 받고 있는 자가 이를 듣지 않으려 하면 세속의 재판에 넘겨야 한다고 주장하는 학자는 이 점에서 분명 대사제들과 율법 학자들과 바리사이들을 따르는 것이다. 그들은 그리스도께서 모든 점에서 이들에게 복종하려고 하지 않으셨으므로 '우리는 누구를 죽일 권한이 없소.'[요한 18,31]라는 말로 그리스도를 세속 재판에 넘겼다. 그러한 자들은 빌라도보다 더 나쁜 살인자다." DS 640[=DH 1214]. Cf. DS 682[=DH 1272]. 레오 10세는 1520년에 마르틴 루터의 이 오류를 단죄했다: "이단자들을 화형에 처하는 것은 성령의 뜻을 거스르는 것이다." DS 773[=DH 1483]. - Vide ID. 1504 sq.[=DH 2604]: 외적 규율을 설정하고 제재 규정을 마련할 때 사용하였던 교회의 권능에 대한 피스토이아 교회회의의 오류들에 대해서 1794년 비오 6세는 'Auctorem fidei'라는 헌장 안에서 단죄했다. 또한 비오 9세는 1864년의 오류목록에서 다음과 같은 명제(제24조)를 단죄했다: "교회는 권한을 행사할 힘이 없으며, 직접적이거나 간접적인 세속적 권한도 보유하지 않는다."(DS 1724[=DH 2924])

[반론] 셋째에 대해서는 다음과 같이 진행된다. 이단자는 용인되어야 하는 것처럼 보인다.

1. 사도는 티모테오 2서 2장 [24-26절][2]에서 다음과 같이 말하기 때문이다: "하느님의 종은 온순해야만 합니다. 절도(節度)있게 진리에 저항하는 이들을 견책함으로써, 하느님께서 그들에게 진리를 인식하도록 회개를 주셨을 때, 그들이 악마의 올가미에서 벗어나 다시 정신을 차리게 됩니다."라고 말한다. 만일 이단자들이 용인되지 않고 사형 판

그들을 회개시키시어 진리를 깨닫게 해주실 수도 있습니다. 또 악마에게 붙잡혀 그의 뜻을 따르던 그들이 정신을 차려 악마의 올가미에서 벗어날 수도 있습니다."

tra praeceptum apostoli.

2. Praeterea, illud quod est necessarium in Ecclesia est tolerandum. Sed haereses sunt necessariae in Ecclesia: dicit enim Apostolus, I *ad Cor.* 11, [19][3]: *Oportet haereses esse, ut et qui probati sunt manifesti fiant in vobis.* Ergo videtur quod haeretici sunt tolerandi.

3. Praeterea, Dominus mandavit, Matth. 13, [30], servis suis ut zizania permitterent crescere usque ad messem, quae est finis saeculi, ut ibidem [v. 39] exponitur. Sed per zizania significantur haeretici, secundum expositionem Sanctorum.[4] Ergo haeretici sunt tolerandi.

Sed contra est quod apostolus dicit, *ad Tit.* 3, [10-11][5]: *Haereticum hominem, post primam et secundam correptionem, devita, sciens quia subversus est qui eiusmodi est.*

Respondeo dicendum quod circa haereticos duo sunt consideranda: unum quidem ex parte ipsorum; aliud ex parte Ecclesiae. Ex parte quidem ipsorum est peccatum per quod meruerunt non solum ab Ecclesia per excommunicationem separari, sed etiam per mortem a mundo excludi. Multo enim gravius est corrumpere fidem, per quam est animae vita, quam falsare pecuniam, per quam temporali vitae subvenitur. Unde si falsarii pecuniae, vel alii malefactores, statim per

---

3. 1코린 11,19: "하기야 여러분 가운데에 분파도 있어야 참된 이들이 드러날 것입니다."
4. Cf. Chrysostom, *In Matth.*, hom.46: PL 58, 475.

결을 받게 된다면, 그들에게 회개의 기회를 빼앗는 것이다. 그러므로 이것은 사도의 명령을 거스르는 것처럼 보인다.

  2. 교회 안에서 필수적인 것은 용인되어야 한다. 그런데 이단들은 교회 안에서 필수적인 것들이다. 사도는 코린토 1서 11장 [19절][3]에서 "검증된 이들이 여러분 안에서 명백하게 되도록 하기 위해서, 이단들이 존재해야만 합니다."라고 말한다. 그러므로 이단자들은 용인되어야 한다.

  3. 주님은 마태오복음서 13장 [30절]에서 자기 종들에게 가라지들도 수확 때까지 함께 자라도록 허용하라고 명령하셨다. 수확이란, 같은 곳에서 설명하듯이 세상의 끝이다. 성인들의 해석에 따르면, 가라지를 통해서 이단자들이 의미된다.[4] 그러므로 이단자들은 용인되어야 한다.

[재반론] 반대로 사도는 티토서 3장 [10-11절][5]에서 "이단적인 사람은 한 번 또 두 번 견책한 다음에 관계를 끊으십시오. 그런 종류의 사람은 전복(顚覆)된 자임을 그대도 압니다."라고 말한다.

[답변] 이단자들에 관해서 두 가지가 고찰되어야 한다. 첫째, 그들 자체의 측면에서, 둘째, 교회의 측면에서. 그들 자체의 측면에서는 죄가 존재하는데, 그 죄로 인하여 그들은 교회로부터 파문을 통해 분리될 뿐만 아니라, 죽음을 통해 세상으로부터 배제되어 마땅하다. 영혼의 생명을 존재하게 하는 신앙을 파괴하는 일은 현세적 삶을 돕는 돈을 위조하는 일보다 훨씬 더 무겁다. 만일 돈을 위조한 자들이나 다른 악

---

5. 티토 3,10-11: "분파를 일으키는 사람에게는 한 번 또 두 번 경고한 다음에 관계를 끊으십시오. 그대도 알다시피 그러한 자는 탈선하여 죄를 지으면서 자신을 단죄하고 있는 것입니다."

saeculares principes iuste morti traduntur; multo magis haeretici, statim cum de haeresi convincuntur, possent non solum excommunicari, sed et iuste occidi.[6]

Ex parte autem Ecclesiae est misericordia, ad errantium conversionem. Et ideo non statim condemnat, sed *post primam et secundam correctionem*, ut apostolus docet.[7] Postmodum vero, si adhuc pertinax inveniatur, Ecclesia, de eius conversione non sperans, aliorum saluti providet, eum ab Ecclesia separando per excommunicationis sententiam; et ulterius relinquit eum iudicio saeculari a mundo exterminandum per mortem. Dicit enim Hieronymus[8], et habetur XXIVa, qu. 3[9]: *Resecandae sunt putridae carnes, et scabiosa ovis a caulis repellenda, ne tota domus, massa, corpus et pecora, ardeat, corrumpatur, putrescat, intereat. Arius in Alexandria una scintilla fuit: sed quoniam non statim oppressus est, totum orbem eius flamma populata est.*

Ad primum ergo dicendum quod ad modestiam illam pertinet ut primo et secundo corripiatur. Quod si redire noluerit, iam pro subverso habetur: ut patet in auctoritate apostoli inducta.[10]

Ad secundum dicendum quod utilitas quae ex haeresibus provenit est praeter haereticorum intentionem: dum scilicet constantia fide-

---

6. Cf. I-II, q.87, a.1; infra, q.64, a.2.
7. s.c.
8. Hieronymus, *In Gal.*, III, super 5, 9: PL 26, 403 B.
9. Gratianus, *Decretum*, P.II, causa 24, q.3, can.16: *Resecandae*: ed. Richter-Friedberg, t.I, p.995.

행을 저지른 사람들이 즉시 세속적인 제후들을 통해 의롭게 사형 판결을 받게 된다면, 이단자들은 훨씬 더, 그들이 이단이라는 사실이 확실해졌을 때 즉시 파문될 뿐만 아니라 의롭게 살해될 수 있을 것이다.[6]

그러나 교회의 측면에서는 오류를 범한 자들의 참회를 향한 자비가 존재한다. 따라서 즉시 단죄되는 것이 아니라, 사도[7]가 가르치듯이 "한 번 또 두 번 견책한 다음에" 단죄된다. 그다음에도 만일 그가 완고하다는 점이 발견되어 교회가 그의 참회를 [더 이상] 희망할 수 없을 때, 그들 파문의 판결을 통해서 교회로부터 분리함으로써 다른 이들의 구원을 보살핀다. 더 나아가 죽음을 통해 그를 세상으로부터 쫓아내도록 세속적인 재판에 그를 남겨놓는다. 왜냐하면 히에로니무스[8]와 『법령집』 제24권 제3문[9]은 다음과 같이 말하기 때문이다: "썩은 살들은 잘라내야 하고, 옴 오른 양은 울타리로부터 쫓아내야 한다. 전체 집, 전체 반죽, 전체 육체, 전체 양떼가 불타고, 파괴되고, 썩고, 죽지 않도록 하기 위해서 [그렇게 해야 한다]. 아리우스는 알렉산드리아에서 하나의 불꽃이었지만, 즉시 억압되지 않았기 때문에 그의 화염이 지구 전체를 황폐하게 만들었다."

[해답] 1. 저 절도(節度)에는 '한 번 또 두 번 견책하는 일'이 속한다. 사도의 권위에 의해 도입된 [구절에서] 분명하듯이, 그가 되돌아오기를 원하지 않는다면, 그는 이미 전복된 것으로 간주되어야 한다.[10]

2. 이단들로부터 나오는 유용성은 이단자들의 의도 바깥에 있는 것이다. 즉 사도가 말하듯이 신자들의 강인함이 확인되고, 아우구스티누

---

10. s.c.

lium comprobatur, ut Apostolus dicit; et ut excutiamus pigritiam, divinas Scripturas sollicitius intuentes, sicut Augustinus dicit.[11] Sed ex intentione eorum est corrumpere fidem, quod est maximi nocumenti. Et ideo magis respiciendum est ad id quod est per se de eorum intentione, ut excludantur; quam ad hoc quod est praeter eorum intentionem, ut sustineantur.[12]

Ad tertium dicendum quod, sicut habetur in *Decretis,* XXIVa, qu. 3[13], *aliud est excommunicatio, et aliud eradicatio. Excommunicatur enim ad hoc aliquis, ut ait Apostolus, 《ut spiritus eius salvus fiat in die Domini》.* — Si tamen totaliter eradicentur per mortem haeretici, non est etiam contra mandatum Domini, quod est in eo casu intelligendum quando non possunt extirpari zizania sine extirpatione tritici: ut supra[14] dictum est, cum de infidelibus in communi ageretur.

Articulus 4
Utrum revertentes ab haeresi sint ab Ecclesia recipiendi.[1]

Ad quartum sic proceditur. Videtur quod revertentes ab haeresi

---

11. Augustinus, *De Gen. contra Manich.,* I, c.1, n.2: PL 34, 173.
12. 사물들에 대한 판단은 그 자체로 있는 것에 따라서 내려져야지, 우연적인 것에 따라 내려져서는 안 된다. I-II, q.71, a.5; Cf. I-II, q.20, a.5; I, q.16, a.1.
13. Gratianus, *Decretum,* P.II, causa 24, q.3, can.37: Notandum: ed. Richter-Friedberg, t.I,

스[11]가 말하듯이 "우리가 우리의 게으름을 벗어버리고, 성경을 더 깊이 통찰하는 일" 등이 그러하다. 그러나 그들의 의도로부터는 가장 큰 손해인 신앙을 파괴하는 일이 [벌어진다]. 따라서 그 자체로 그들의 의도와 관련되는 것이라는 측면에서 그들이 배제되도록 하는 일을, 그들의 의도 바깥에 있는 것에 의해 그들이 인내되도록 하는 일보다 더욱 주목해야 한다.[12]

3. 『법령집』제24권 제3문[13]에서 언급된 것처럼, "파문은 다른 것이고, 근절(根絕)은 또 다른 것이다." 사도가 말했듯이, "그의 영이 주님의 날에 구원을 받게 하기 위하여" 어떤 이는 파문되는 것이다. 만일 이단자들이 죽음을 통해서 완전히 근절(根絕)된다면, 주님의 명령을 거스르는 것은 아니다. 그 명령은, 비신자들에 대해서 공통적으로 다룰 때 위에서[14] 말했듯이, 밀을 뽑아버리는 위험이 없이는 가라지를 뽑을 수 없는 경우에만 해당하는 것으로 이해되어야 하기 때문이다.

제4절 이단으로부터 되돌아온 자들은 교회에 의해서 받아들여져야 하는가?[1]

Parall.: *Quodlibet.*, X, q.7, a.2.

[반론] 넷째에 대해서는 다음과 같이 진행된다. 이단으로부터 되돌아

---

p.1000.
14. q.10, a.8, ad1.
1. 이 절도 오직 그 역사적 시기를 유념할 때에만 제대로 평가될 수 있다.

sint omnino ab Ecclesia recipiendi.

1. Dicitur enim Ierem. 3, [1][2] ex persona Domini: *Fornicata es cum amatoribus multis: tamen revertere ad me, dicit Dominus*. Sed Ecclesiae iudicium est iudicium Dei: secundum illud *Deut*. 1, [17]: *Ita parvum audietis ut magnum, neque accipietis cuiusquam personam: quia Dei iudicium est*. Ergo si aliqui fornicati fuerint per infidelitatem, quae est spiritualis fornicatio, nihilominus sunt recipiendi.

2. Praeterea, Dominus, Matth. 18, [22], Petro mandat ut fratri peccanti dimittat non solum septies, *sed usque septuagies septies*: per quod intelligitur, secundum expositionem Hieronymi[3], quod quotiescumque aliquis peccaverit, est ei dimittendum. Ergo quotiescumque aliquis peccaverit in haeresim relapsus, erit ab Ecclesia suscipiendus.

3. Praeterea, haeresis est quaedam infidelitas. Sed alii infideles volentes converti ab Ecclesia recipiuntur. Ergo etiam haeretici sunt recipiendi.

Sed contra est quod Decretalis dicit[4], quod *si aliqui, post abiurationem erroris, deprehensi fuerint in abiuratam haeresim recidisse, saeculari iudicio sunt relinquendi*. Non ergo ab Ecclesia sunt recipiendi.

---

2. 예레 3,1: "사람들은 이렇게들 말한다. "만일 한 남자가 자기 아내를 내보내고 그 여자가 그에게서 떠나 다른 남자의 아내가 되면 그가 그 여자에게 다시 돌아서겠느냐? 그리되면 저 땅이 몹시 더럽혀지지 않겠느냐?" 그런데 너는 수많은 정부들과 불륜을 저지르고서 나에게 돌아오겠다는 말이냐? 주님의 말씀이다."

3. Hieronymus, *In Matth*., III, super 18, 22: PL 26, 132 C.

온 자들은 교회에 의해서 전적으로 받아들여져야 하는 것처럼 보인다.

1. 예레미야서 3장 [1절]²에서는 주님의 위격으로부터 "너는 수많은 정부(情夫)들과 함께 간음을 저질렀음에도, 나에게 돌아오라, 주님의 말씀이다."라고 말한다. 그런데 교회의 판결은, 신명기 1장 [17절]의 다음과 같은 말씀에 따라 하느님의 판결이다: "너희는 낮은 자의 말이나 높은 자의 말이나 같이 들어주어라, 그것은 하느님의 판결이기 때문에 편견을 갖지 마라." 그러므로 어떤 사람들이 영적인 간음인 불신앙을 통해서 간음을 저질렀다면, 그럼에도 불구하고 받아들여져야 한다.

2. 주님은 마태오복음서 18장 [22절]에서 베드로에게 "죄지은 형제를 일곱 번이 아니라 일흔일곱 번까지라도 용서해야 한다"라고 명령하신다. 히에로니무스의 주해³에 따르면, 어떤 이가 아무리 여러 번 죄를 지었을지라도, 그는 용서받아야 한다. 어떤 이가 아무리 여러 번 이단에 빠져서 죄를 지었을지라도, 그는 교회에 의해서 받아들여져야 한다.

3. 이단은 일종의 불신앙이다. 그런데 참회하기를 원하는 다른 비신자들은 교회에 의해 받아들여진다. 그러므로 이단자들 또한 받아들여져야 한다.

[재반론] 반대로 옛 법령집⁴은 다음과 같이 말한다: "만일 어떤 이가 오류를 맹세하고 그만둔 다음에, 맹세하고 그만둔 이단에 다시 빠졌다고 체포되었다면, 세속적인 판결에 남겨져야 한다." 그러므로 그는 교회에 의해 받아들여져서는 안 된다.

---

4. *Liber Decretal. Gregorii IX*, V, tit.7, c.9: *Ad abolendam*: ed. Richter-Friedberg, t.II, p.781. [b] 그레고리우스 9세(교황 재위 1227-1241년)는 페냐포르트의 성 라이문두스(St Ramon de Penyafort)에게 자신의 이름을 지닌 교황 법령집을 의뢰했고, 그것들은 1234년에 출간되었다.

Respondeo dicendum quod Ecclesia, secundum Domini institutionem, caritatem suam extendit ad omnes, non solum amicos, verum etiam inimicos et persequentes: secundum illud Matth. 5, [44]: *Diligite inimicos vestros, benefacite his qui oderunt vos.*[5] Pertinet autem ad caritatem ut aliquis bonum proximi et velit et operetur.[6] Est autem duplex bonum. Unum quidem spirituale, scilicet salus animae, quod principaliter respicit caritas: hoc enim quilibet ex caritate debet alii velle. Unde quantum ad hoc, haeretici revertentes, quotiescumque relapsi fuerint, ab Ecclesia recipiuntur ad poenitentiam, per quam impenditur eis via salutis.

Aliud autem est bonum quod secundario respicit caritas, scilicet bonum temporale: sicuti est vita corporalis, possessio mundana, bona fama, et dignitas ecclesiastica sive saecularis. Hoc enim non tenemur ex caritate aliis velle nisi in ordine ad salutem aeternam et eorum et aliorum. Unde si aliquid de huiusmodi bonis existens in uno impedire possit aeternam salutem in multis, non oportet quod ex caritate huiusmodi bonum ei velimus, sed potius quod velimus eum illo carere: tum quia salus aeterna praeferenda est bono temporali; tum quia bonum multorum praefertur bono unius. Si autem haeretici revertentes semper reciperentur ut conservarentur in vita et aliis temporalibus bonis, posset in praeiudicium salutis aliorum hoc esse: tum

---

5. Cf. q.25, a.8.
6. Cf. q.59, a.4; q.66, a.6; q.76, a.3.

[답변] 주님의 규정에 따라 교회는 모든 이에게, 친구뿐만 아니라 적과 박해자들에게까지 그의 참사랑을 펼친다. 마태오복음서 5장 [44절]의 "너희의 원수를 사랑하여라. 그리고 너희를 미워하는 이들에게 은혜를 베풀어라."라는 말씀에 따른 것이다.[5] 어떤 이가 이웃의 선을 원하고 행하는 일은 참사랑에 속한다.[6] 그런데 선은 두 가지다. 첫째, 영적인 선, 즉 영혼의 구원이고, 참사랑은 주로 이것을 주목한다. 이것이 누구든지 참사랑으로부터 다른 이에게 원하는 것이어야 하기 때문이다. 따라서 이것에 관해서는, 참회하는 이단자들이 얼마나 자주 다시 빠졌든지 간에, 교회에 의해서 참회하도록 다시 받아들여져야 하며, 이 참회를 통해서 그들에게 구원의 길이 열린다.

그런데 참사랑이 2차적으로 주목하는 다른 선, 즉 육체적 삶, 세속적인 소유, 좋은 명성, 교회적이거나 세속적인 품위 등과 같은 현세적 선이 있다. 이것을 우리는, 그들과 다른 이들의 영원한 구원을 지향하는 경우를 제외하면, 참사랑으로부터 다른 이들에게 원할 필요가 없다. 따라서 만일 한 사람 안에 이런 종류의 선들 중에서 어떤 것이 존재함이 많은 이의 영원한 구원을 방해할 수 있다면, 우리는 참사랑으로부터 이런 종류의 선을 그에게 원하는 것이 아니라 오히려 그가 이것을 가지지 못하기를 원해야만 한다. 한편으로 영원한 구원이 현세적 선보다 우선해야 하기 때문이고, 다른 한편으로 많은 이의 선이 한 사람의 선보다 우선해야 하기 때문이다.

그런데 참회한 이단자들이 생명과 다른 현세적 선들을 보존하는 일을 받게 된다고 가정하면, 다른 이들의 구원에 손해를 입힐 수 있다. 한편으로 그들이 다시 떨어진다면, 다른 이들을 오염시킬 수도 있을 것이기 때문이고, 다른 한편으로 만일 그들이 벌을 받지 않고 빠져나

quia, si relaberentur alios inficerent; tum etiam quia, si sine poena evaderent, alii securius in haeresim relaberentur; dicitur enim *Eccle.* 8, [11]: *Ex eo quod non cito profertur contra malos sententia, absque timore ullo filii hominum perpetrant mala.* Et ideo Ecclesia quidem primo revertentes ab haeresi non solum recipit ad poenitentiam, sed etiam conservat eos in vita; et interdum restituit eos dispensative ad ecclesiasticas dignitates quas prius habebant, si videantur vere conversi. Et hoc pro bono pacis frequenter legitur esse factum. Sed quando recepti iterum relabuntur, videtur esse signum inconstantiae eorum circa fidem. Et ideo ulterius redeuntes recipiuntur quidem ad poenitentiam, non tamen ut liberentur a sententia mortis.

Ad primum ergo dicendum quod in iudicio Dei semper recipiuntur redeuntes: quia Deus scrutator est cordium, et vere redeuntes cognoscit. Sed hoc Ecclesia imitari non potest. Praesumit autem eos non vere reverti qui, cum recepti fuissent, iterum sunt relapsi. Et ideo eis viam salutis non denegat, sed a periculo mortis eos non tuetur.

Ad secundum dicendum quod Dominus loquitur Petro de peccato in eum commisso[7], quod est semper dimittendum, ut fratri redeunti parcatur. Non autem intelligitur de peccato in proximum vel in

---

7. 마태 18,15: "네 형제가 너에게 죄를 짓거든, 가서 단둘이 만나 그를 타일러라. 그가 네 말을

온다고 가정하면, 다른 이들도 더 안전하게 이단에 다시 빠질 수 있기 때문이다. 왜냐하면 코헬렛 8장 [11절]은 "악한 이들을 거슬러 판결이 즉시 집행되지 않기 때문에, 인간의 아들들은 아무런 두려움 없이 악을 저지른다."라고 말하기 때문이다.

따라서 교회는 처음으로 이단에서 참회한 이들을 참회하도록 받아들일 뿐만 아니라 그들을 살도록 보존해야 한다. 그리고 때때로 그들이 참으로 참회한 것으로 보인다면, 그들이 이전에 가졌던 교회적인 품위들을 그들에게 관면(寬免)에 의해 회복시켜주기도 한다. 이것이 평화라는 선을 위해서 자주 이루어졌다고 읽게 된다. 그러나 받아들여졌던 이들이 다시 이단에 빠지게 된다면, 신앙에 관해 그들이 강인하지 못함을 드러내는 표징인 것처럼 보일 것이다. 따라서 더 나아가 되돌아온 이들은 참회를 위해서 다시 받아들여지지만, 그럼에도 사형 판결로부터는 자유로워지지 못한다.

[해답] 1. 하느님의 판결에서 되돌아온 이들은 항상 받아들여진다. 하느님은 마음의 조사자이고 참으로 되돌아온 이들을 아시기 때문이다. 그러나 교회는 이것을 모방할 수 없다. 교회는 되돌아와서 다시 받아들여졌을 때, 또다시 이단에 빠진 자들은 참으로 참회한 것이 아니라고 추측한다. 따라서 교회는 그들에게 구원의 길을 거절하지 않지만, 죽음의 위험으로부터 그들을 보호하지도 않는다.

2. 주님은 베드로에게 그에게 저질러진 죄에 대해서 말씀하신다.[7] 그것은 되돌아온 형제들이 잘 유지되도록 항상 용서되어야 한다. 그러

들으면 네가 그 형제를 얻은 것이다."

Deum commisso, quod *non est nostri arbitrii dimittere*, ut Hieronymus[8] dicit; sed in hoc est lege modus statutus, secundum quod congruit honori Dei et utilitati proximorum.

Ad tertium dicendum quod alii infideles, qui nunquam fidem acceperant, conversi ad fidem nondum ostendunt aliquod signum inconstantiae circa fidem, sicut haeretici relapsi. Et ideo non est similis ratio de utrisque.

---

8. *Glossa ordinaria*, Hieronymus, *super Matth.* 18, 15: PL 114, 146 D.

나 이웃이나 하느님께 저질러진 죄에 대해서는 그렇게 이해될 수 없다. 히에로니무스[8]가 말하듯이, "그것은 우리가 임의로 용서하는 것이 아니기" 때문이다. 그러나 그 안에는, 하느님의 영예와 이웃들의 유용성에 부합하는 한에서 법에 의해 정도가 규정되어 있다.

3. 결코 신앙을 받아들이지 않았던 다른 비신자들이 신앙으로 참회했을 때에는, 그들은 아직 신앙에 관한 강인하지 못함의 어떤 표징을 보여주지 않는다. 따라서 두 경우에 관해서는 비슷한 이유가 없다.

Quaestio XII
DE APOSTASIA[1]
in duos articulos divisa

Deinde considerandum est de apostasia.

Et circa hoc quaeruntur duo.

Primo: utrum apostasia ad infidelitatem pertineat.

Secundo: utrum propter apostasiam a fide subditi absolvantur a dominio praesidentium apostatarum.

Articulus 1
Utrum apostasia pertineat ad infidelitatem.[1]

Ad primum sic proceditur. Videtur quod apostasia non pertineat ad infidelitatem.

1. Illud enim quod est omnis peccati principium non videtur ad infidelitatem pertinere: quia multa peccata sine infidelitate existunt. Sed apostasia videtur esse omnis peccati principium, dicitur enim

---

1. Cf. q.10, Introd.

제12문
배교에 대하여
(전4절)

이어서 배교(背敎, apostasia)에 대해 고찰해야 한다.[1] 배교에 대해서는 다음 두 가지 질문이 제기된다.

1. 배교는 불신앙에 속하는가?
2. 신앙으로부터의 배교 때문에 아랫사람들은 배교한 윗사람들의 지휘권으로부터 해방되는가?

제1절 배교는 불신앙에 속하는가?[1]

Doct. Eccl.: "세례를 받은 다음에 그리스도교 신앙으로부터 전적으로 후퇴하는 자는 배교하는 것이다."(Cod. Iur. Can., 제1325조, 제2항); 신법전 제751조: "배교란 그리스도교 신앙을 전부 포기하는 것"이다.

[반론] 첫째에 대해서는 다음과 같이 진행된다. 배교는 불신앙에 속하지 않는 것처럼 보인다.

1. 모든 죄의 기원인 것은 불신앙에 속하지 않는 것처럼 보이기 때문이다. 많은 죄가 불신앙 없이 실존한다. 그런데 배교는 모든 죄의 기원

---

1. 그리스어 apostasia, 배교는 70인역과 신약성경에 의해서 언제나 종교적 변절의 의미로 사용되었다.

Eccli. 10, [14]²: *Initium superbiae hominis apostatare a Deo;* et postea subditur, [v. 15]: *Initium omnis peccati superbia.* Ergo apostasia non pertinet ad infidelitatem.

2. Praeterea, infidelitas in intellectu consistit.³ Sed apostasia magis videtur consistere in exteriori opere vel sermone, aut etiam in interiori voluntate, dicitur enim *Prov.* 6, [12 sqq.]: *Homo apostata vir inutilis, gradiens ore perverso, annuit oculis, terit pede, digito loquitur, pravo corde machinatur malum, et in omni tempore iurgia seminat.* Si quis etiam se circumcideret, vel sepulcrum Mahumeti adoraret, apostata reputaretur. Ergo apostasia non pertinet directe ad infidelitatem.

3. Praeterea, haeresis, quia ad infidelitatem pertinet, est quaedam determinata species infidelitatis.⁴ Si ergo apostasia ad infidelitatem pertineret, sequeretur quod esset quaedam determinata species infidelitatis. Quod non videtur, secundum praedicta.⁵ Non ergo apostasia ad infidelitatem pertinet.

Sed contra est quod dicitur Ioan. 6, [67]⁶: *Multi ex discipulis eius abierunt retro,* quod est apostatare, de quibus supra [v. 65] dixerat Dominus: *Sunt quidam ex vobis qui non credunt.* Ergo apostasia perti-

---

2. 집회 10,12-13: "인간의 오만은 주님을 저버리는 데서 시작되니 인간의 마음이 그를 지으신 분에게서 멀어진 것이다. 오만의 시작은 죄악이고 오만에 사로잡힌 자는 악취를 뿜어낸다. 이 때문에 주님께서는 큰 재앙을 불러들이시어 그들을 완전히 파멸시키신다."
3. Cf. q.10, a.2.
4. Cf. q.10, a.5.
5. Ibid.
6. 요한 6,64-66: "'그러나 너희 가운데에는 믿지 않는 자들이 있다.' 사실 예수님께서는 믿지 않

인 것처럼 보인다. 집회서 10장 [12-13절]² 에서 "인간이 지닌 교만의 시작은 하느님을 배반하는 일이다"라고 말한다. 그리고 나중에 "모든 죄의 시작은 교만이다"라고 덧붙인다. 그러므로 배교는 불신앙에 속하지 않는다.

2. 불신앙은 지성으로 이루어진다.³ 그런데 배교는 오히려 외적인 행위나 설교로, 혹은 내적인 의지로도 이루어지는 것처럼 보인다. 잠언 6장 [12-14절]은 "배교한 인간, 쓸모없는 사람은 사악한 입을 가지고 돌아다니며, 눈을 찡긋대고, 발을 문지르고, 손가락으로 말한다. 사악한 마음으로 악을 꾸미고, 언제나 싸움의 씨를 뿌린다."고 말하기 때문이다. 만일 누군가 할례를 받거나, 무함마드의 무덤을 경배한다고 가정하면 배교자로 간주될 것이다. 그러므로 배교는 직접적으로 불신앙에 속하지 않는다.

3. 이단은 불신앙에 속하기 때문에, 불신앙의 특정한 종이다.⁴ 만일 배교가 불신앙에 속한다고 가정하면, 불신앙의 특정한 종인 셈이라는 결론이 나올 것이다. 앞에서⁵ 언급된 것에 따라, 그런 것처럼 보이지 않는다. 그러므로 배교는 불신앙에 속하지 않는다.

[재반론] 반대로 요한복음서 6장 [66절]⁶은 "그의 제자들 가운데에서 많은 이가 되돌아갔다", 즉 배교했다고 말하고, 이들에 대해서는 위에서 주님께서 "너희 가운데에는 믿지 않는 자들이 있다"라고 말씀하셨

는 자들이 누구이며 또 당신을 팔아넘길 자가 누구인지 처음부터 알고 계셨던 것이다. 이어서 또 말씀하셨다. "그렇기 때문에, 아버지께서 허락하지 않으시면 아무도 나에게 올 수 없다고 너희에게 말한 것이다." 이 일이 일어난 뒤로, 제자들 가운데에서 많은 사람이 되돌아가고 더 이상 예수님과 함께 다니지 않았다."

net ad infidelitatem.

Respondeo dicendum quod apostasia importat retrocessionem quandam a Deo. Quae quidem diversimode fit, secundum diversos modos quibus homo Deo coniungitur. Primo namque coniungitur homo Deo per fidem; secundo, per debitam et subiectam voluntatem ad obediendum praeceptis eius; tertio, per aliqua specialia ad supererogationem pertinentia, sicut per religionem et clericaturam vel sacrum ordinem. Remoto autem posteriori remanet prius, sed non convertitur. Contingit ergo aliquem apostatare a Deo retrocedendo a religione quam professus est, vel ab ordine quem suscepit: et haec dicitur apostasia religionis seu ordinis. Contingit etiam aliquem apostatare a Deo per mentem repugnantem divinis mandatis: Quibus duabus apostasiis existentibus, adhuc potest remanere homo Deo coniunctus per fidem. Sed si a fide discedat, tunc omnino a Deo retrocedere videtur. Et ideo simpliciter et absolute est apostasia per quam aliquis discedit a fide, quae vocatur apostasia perfidiae. Et per hunc modum apostasia simpliciter dicta ad infidelitatem pertinet.[7]

Ad primum ergo dicendum quod obiectio illa procedit de secunda apostasia, quae importat voluntatem a mandatis Dei resilientem, quae invenitur in omni peccato mortali.

---

7. Cf. I-II, q.84, a.2, ad2.

다. 그러므로 배교는 불신앙에 속한다.

[답변] 배교는 하느님으로부터 일종의 후퇴를 의미한다. 이것은 인간이 하느님과 결합되어 있는 다양한 방식에 따라, 다양한 방식으로 일어난다. 첫째, 즉 인간은 신앙을 통해서 하느님과 결합된다. 둘째, 그의 계명에 복종해야 하는 마땅하고 종속적인 의지를 통해서, 셋째, 어떤 특별한, 가외(加外)로 지불하는 일에 속하는 것, 예를 들어 수도자의 신분 또는 성직이나 성품(聖品)을 통해서 [하느님과 결합된다]. 후차적인 것이 제거되면 선차적인 것이 남지만, 그 반대는 아니다. 그러므로 어떤 이가 서원했던 수도회로부터나 받았던 성품으로부터 물러남으로써 하느님을 배반하는 일이 일어날 수 있다. 이것은 수도회나 성품의 배교라고 불린다. 또한 어떤 이가 신적인 명령들과 상충하는 정신을 통해서 하느님을 배반하는 일이 일어날 수 있다. 이러한 두 가지 배교가 실존할 때도, 아직까지 인간은 신앙을 통해서 하느님과 결합된 채 남아 있을 수 있다.

그러나 만일 그가 신앙으로부터 떨어져 나간다면, 그는 전적으로 하느님으로부터 후퇴한 것처럼 보인다. 따라서 단적으로 그리고 절대적으로 어떤 이가 신앙으로부터 떨어져 나가는 것이 배교이며, 그것은 배반의 배교라 불린다. 이러한 방식을 통해서 단적으로 언급된 배교는 불신앙에 속한다.[7]

[해답] 1. 이 반론은 하느님의 명령들로부터 물러나는 의지를 의미하는 둘째 배교로부터 전개된다. 이것은 모든 사죄(死罪)에서 발견된다.
2. 신앙에는 마음의 신앙심뿐만 아니라, 외적인 말과 행위를 통한 내

q.12, a.1

Ad secundum dicendum quod ad fidem pertinet non solum credulitas cordis, sed etiam protestatio interioris fidei per exteriora verba et facta, nam confessio est actus fidei.[8] Et per hunc etiam modum quaedam exteriora verba vel opera ad infidelitatem pertinent, inquantum sunt infidelitatis signa, per modum quo signum sanitatis sanum dicitur.[9] Auctoritas autem inducta, etsi possit intelligi de omni apostasia, verissime tamen convenit in apostasia a fide. Quia enim fides est *primum fundamentum sperandarum rerum, et sine fide impossibile est placere Deo*[10]; sublata fide, nihil remanet in homine quod possit esse utile ad salutem aeternam; et propter hoc primo dicitur, *Homo apostata vir inutilis.* Fides etiam est vita animae: secundum illud *Rom.* 1, [17]: *Iustus ex fide vivit.*[11] Sicut ergo, sublata vita corporali, omnia membra et partes hominis a debita dispositione recedunt; ita, sublata vita iustitiae, quae est per fidem, apparet inordinatio in omnibus membris. Et primo quidem in ore, per quod maxime manifestatur cor; secundo, in oculis; tertio, in instrumentis motus; quarto, in voluntate, quae ad malum tendit.[12] Et ex his sequitur quod iurgia seminet, alios intendens separare a fide, sicut et ipse recessit.

Ad tertium dicendum quod species alicuius qualitatis vel formae non diversificatur per hoc quod est terminus motus a quo vel ad

---

8. Cf. q.3, a.1.
9. 성 토마스의 전형적인 예는 'Sanum dicitur de urina'(건강은 오줌에 대해서 언급된다)이다. 이에 대해서는 I, q.13, a.5 참조.
10. 히브 11,1.6.
11. 참됨은 형상화된 신앙으로부터 온다(q.4, a.3).

적 신앙의 증언도 또한 속한다. 왜냐하면 고백은 신앙의 행위이기 때문이다.[8] 또한 이러한 방식을 통해서 일종의 외적인 말들이나 행위들이 불신앙에 속한다. 그것들이 건강의 표징이 '건강'이라고 불리는 방식을 통해서[9], 불신앙의 표징인 한에서 그러하다. 그러나 도입된 권위는, 비록 모든 배교에 대해서 이해될 수 있을지라도, 그럼에도 가장 참되게는 신앙으로부터의 배교에 적합하다. 왜냐하면 "신앙은 희망되어야 하는 사물들의 첫째 실체이고 신앙 없이는 하느님 마음에 드는 일이 불가능하기"[10] 때문이다. 신앙이 제거되면, 인간 안에는 영원한 구원을 위해 유용할 수 있는 아무것도 남지 않는다. 이것 때문에 우선 "배교한 인간은 쓸모없는 사람이다"라고 말한다. 또한 로마서 1장 [17절]의 "의로운 이가 신앙으로부터 살게 된다"[11]라는 말씀에 따라, 신앙은 영혼의 생명이다. 그러므로 육체적 생명이 제거되면 인간의 모든 지체와 부분들이 마땅한 상태로부터 물러나는 것처럼, 신앙을 통해서 존재하는 '정의의 생명'이 제거되면, 모든 지체들의 무질서가 드러난다. 첫째, 그것을 통해 마음이 가장 명백해지는 입 안에서, 둘째, 눈 안에서, 셋째, 운동의 도구들 안에서, 넷째, 악으로 기울어지는 의지 안에서 드러난다.[12] 이것들로부터, 그는 자기 자신이 물러났던 것처럼, 다른 이들을 신앙으로부터 분리시키려고 의도하면서, 싸움의 씨를 뿌린다는 사실이 귀결된다.

3. 어떤 성질이나 형상의 종은 그것이 운동의 출발점이나 종국점이라는 사실을 통해서 다양화되는 것이 아니라, 오히려 그 반대로 그 끝

---

12. 의지는 여기서 신체적 기관이나 지체로서 고찰되는 것이 아니다. 그것이 마지막 자리에서 언급된다는 사실은 그 나열이 바깥으로부터 안으로 들어가면서 모든 운동의 동력, 즉 의지의 정신적인 힘에 이르기까지 나아간다는 사실에 기인한다.

quem: sed potius e converso secundum terminos motuum species attenduntur.¹³ Apostasia autem respicit infidelitatem ut terminum ad quem est motus recedentis a fide. Unde apostasia non importat determinatam speciem infidelitatis, sed quandam circumstantiam aggravantem: secundum illud II Petr. 2, [21]: *Melius erat eis veritatem non cognoscere quam post agnitam retroire*.¹⁴

Articulus 2
Utrum princeps propter apostasiam a fide amittat dominium in subditos, ita quod ei obedire non teneantur.

Ad secundum sic proceditur. Videtur quod princeps propter apostasiam a fide non amittat dominium in subditos, quin ei teneantur obedire.

1. Dicit enim Ambrosius¹ quod *Iulianus Imperator, quamvis esset apostata, habuit tamen sub se Christianos milites, quibus cum dicebat:* 《*Producite aciem pro defensione reipublicae*》, *obediebant ei*. Ergo propter apostasiam principis subditi non absolvuntur ab eius dominio.

---

13. Cf. q.61, a.1, ad4; q.118, a.6, ad2; I-II, q.18, a.2; ad3; etc.
14. 배교 또는 신앙으로부터의 일탈은 죄스러운 행위로서 다른 운동들과 비슷하게 고찰되어야 한다. 즉 그것은 두 가지 측면으로부터 규정된다. 첫째, 그 운동이 향하고 있는 대상 또는 목적에 의해서, 둘째, 그것으로부터 운동이 시작되는 출발점으로부터 규정된다. 죄는 이미 각주 q.6, a.2, 각주13과 q.10, a.5, 각주13에서 말한 바와 같이 어떤 금지된 것으로 향하는 것과 명령된 선으로부터 돌아서는 두 가지 측면을 포괄하고 있다. 이단자와 배교자는 그러나 그리스도교 신앙으로부터 벗어나서 불신앙으로 움직인다. 하나는 더 많이 다른 하나는 신앙을 더 적

에 따라 운동의 종이 결정된다.[13] 그러나 배교는 불신앙을 신앙으로부터 물러나는 운동의 종국점으로서 간주한다. 따라서 베드로 2서 2장 [21절]의 "그들에게는 알아차린 다음에 되돌아가는 것보다는, 진리를 인식하지 못하는 일이 더 나았을 것입니다"라는 말씀에 따라, 배교는 불신앙의 특정한 종이 아니라 일종의 가중(加重)하는 주변 조건을 뜻한다.[14]

제2절 신앙으로부터의 배교 때문에 제후는 아랫사람들에 대한 지휘권을 상실해서, 그들이 더 이상 그에게 복종할 의무가 없는가?

[반론] 둘째에 대해서는 다음과 같이 진행된다. 신앙으로부터의 배교 때문에 제후가 아랫사람들에 대한 지휘권을 상실해서, 그들이 더 이상 그에게 복종할 의무가 없게 되지는 않는 것처럼 보인다.

1. 암브로시우스[1]는 "율리아누스 황제는 비록 배교자였음에도 불구하고, 자신 아래 그리스도교 군인들을 가지고 있었다. 그가 그들에게 '국가의 방어를 위해서 전열(戰列)을 만들어라!'라고 말했을 때, 그들은 그에게 복종했다."라고 말한다. 그러므로 제후의 배교 때문에 아랫사람들이 그의 지휘권으로부터 해방되지 않는다.

게 부정한다는 사실은 순수하게 외적인 것일 뿐이다. 실제로는 둘 모두 그리스도교 신앙의 덕을 거부한다. 배교를 이단으로부터 구별하는 차이는 따라서 본질적인 차이에서가 아니라 죄를 가중하게 한다는 측면에서 고찰될 수 있다.(cf. 위에 언급한 각주들 참조)

1. Cf. Gratianum, *Decretum*, P.II, causa 11, q.3, can.94: *Iulianus*: ed. Richter-Friedberg, t.I, p.669. - Cf. Augustinus, *Enarr. in Psalm.*(in Psalm. 124,3): PL 37, 1654.

2. Praeterea, apostata a fide infidelis est. Sed infidelibus dominis inveniuntur aliqui sancti viri fideliter servisse: sicut Ioseph Pharaoni, et Daniel Nabuchodonosor, et Mardochaeus Assuero. Ergo propter apostasiam a fide non est dimittendum quin principi obediatur a subditis.

3. Praeterea, sicut per apostasiam a fide receditur a Deo, ita per quodlibet peccatum. Si ergo propter apostasiam a fide perderent principes ius imperandi subditis fidelibus, pari ratione propter alia peccata hoc amitterent. Sed hoc patet esse falsum. Non ergo propter apostasiam a fide est recedendum ab obedientia principum.

Sed contra est quod Gregorius VII dicit[2]: *Nos, sanctorum praedecessorum statuta tenentes, eos qui excommunicatis fidelitate aut sacramento sunt constricti, Apostolica auctoritate a sacramento absolvimus, et ne sibi fidelitatem observent omnibus modis prohibemus, quousque ad satisfactionem veniant.* Sed apostatae a fide sunt excommunicati, sicut et haeretici: ut dicit Decretalis *Ad Abolendam*.[3] Ergo principibus apostatantibus a fide non est obediendum.

---

2. Gratianum, *Decretum*, P.II, causa 15, q.6, can.4: *Nos sanctorum*: ed. Richter-Friedberg, t.I, p.756. - Cf. *Synodum Romanam* IV (a.1078): ed. I. D. Mansi, t.XX, p.506, 514. 교황 그레고리오 7세(Gregorius VII, 교황 재위 1073-85), 힐데브란트(Hildebrand)는 황제 하인리히 4세를 카노사에서 무릎 꿇렸다.

2. 신앙으로부터의 배교자는 비신자이다. 그런데 비신자 주인들에게 어떤 거룩한 사람들이 신실하게 봉사했던 사실이 발견된다. 예컨대, 요셉은 파라오에게, 다니엘은 네부카드네자르에게, 마르도케우스(모르도카이)는 아수레우스(크세르크세스)에게 봉사했다. 그러므로 신앙으로부터의 배교 때문에 아랫사람들이 제후에게 복종해야 한다는 사실이 포기되지 말아야 한다.

3. 신앙으로부터의 배교를 통해서 하느님으로부터 물러나게 되는 것처럼, 임의의 죄를 통해서도 그러하다. 만일 신앙으로부터의 배교 때문에 제후들이 신자인 아랫사람들에게 명령할 권한을 상실한다고 가정하면, 같은 이유로 다른 죄들 때문에도 이 권한을 잃어버리는 셈이 될 것이다. 그러나 이것이 거짓임은 분명하다. 그러므로 신앙으로부터의 배교 때문에 제후에 대한 복종이 사라져서는 안 된다.

[재반론] 반대로 그레고리오 7세[2]는 "우리는 거룩한 선임자들의 규정들을 지키면서, 파문당한 자들에게 충성이나 거룩한 서약에 의해 구속된 이들을, 사도적 권위에 의해 거룩한 서약으로부터 해방시킨다. 그리고 그들이 보속(補贖)하러 올 때까지, 그자들에게 충성을 지키지 않도록 모든 방법에 의해 금지한다."라고 말한다. 그런데 『옛 법령집』[3], '없어져야 할 것들'에 관한 장에서 말하듯이, 신앙으로부터의 배교자들은 이단자들과도 같이 파문된다. 그러므로 신앙으로부터 배교한 제후들에게 복종해서는 안 된다.

---

3. *Liber Decretal. Gregorii IX*, V, tit.7, c.9: ed. Richter-Friedberg, t.II, p.780.

Respondeo dicendum quod, sicut supra[4] dictum est, infidelitas secundum seipsam non repugnat dominio, eo quod dominium introductum est de iure gentium[5], quod est ius humanum; distinctio autem fidelium et infidelium est secundum ius divinum, per quod non tollitur ius humanum. Sed aliquis per infidelitatem peccans potest sententialiter ius dominii amittere, sicut et quandoque propter alias culpas. Ad Ecclesiam autem non pertinet punire infidelitatem in illis qui nunquam fidem susceperunt: secundum illud apostoli, I *ad Cor.* 5, [12]: *Quid mihi de his qui foris sunt iudicare?* Sed infidelitatem illorum qui fidem susceperunt potest sententialiter punire. Et convenienter in hoc puniuntur quod subditis fidelibus dominari non possint: hoc enim vergere posset in magnam fidei corruptionem; quia, ut dictum est[6], *homo apostata suo corde machinatur malum et iurgia seminat*, intendens homines separare a fide. Et ideo quam cito aliquis per sententiam denuntiatur excommunicatus propter apostasiam a

---

4. q.10, a.10.
5. '만민법'(ius gentium)이란 용어 아래 소위 일반적인 일치를 통해서 도입되었다가 다시 그러한 동의를 통해서 변화되거나 폐기될 수 있는 국제법과 같은 것이 이해되어서는 안 된다. 모든 민족에게 기준이 되는 법은 그것의 현존을 자유로운 동의에 의존하는 것이 아니라 인간 본성의 타락으로부터 유래하는 필연성에 의존하고 있다. 따라서 그것은 국제법과 같이 다르거나 다를 수 있는 그런 법이 아니라, 반드시 그래야만 하는 법이다. 그렇지 않다면 인간들 사이에 정의는 도대체 존재할 수 없을 것이기 때문이다. 지상의 재물들에 대한 인간의 열정적인 애착을 통해서 동료 인간들의 생활 관계를 축소시킬 위험이 발생한다. 이러한 위험 가능성은 사유재산권을 통해서만 제거될 수 있다. 이것은, 만일 인간이 죄를 짓지 않았다고 가정한다면, 그 자체로 지상의 재물들에 대해 정의로운 사용이 이루어졌을 것이기 때문에, 필수적이지 않았을 것이다. 그것은 지배권에도 비슷하게 적용된다. 확실히 순수하고 손상되지 않은 본성의 상태에서도 개인 재산은 배제되지 않았고, 상급자와 하급자의 구별도 유용했을 것이다. 그러나 사유재산과 지배상태가 가져오는 것과 같이 법적인 영역에서 극단적인 분리의 필요는 필연

[답변] 위에서⁴ 말한 바와 같이, 불신앙은 그 자체로 지휘권과 충돌하지 않는다. 지휘권은 인간의 법인 만민법에 관해서 도입되었기 때문이다.⁵ 그러나 신자들과 비신자들 사이의 구분은 신법(神法)에 따른 것이고, 이 신법을 통해서 인간적 법은 파기되지 않는다. 불신앙을 통해서 죄를 지은 어떤 이는, 때때로 다른 죄악들 때문에 그럴 수 있는 것처럼, 판결에 의해서 주인의 권리를 잃어버릴 수 있다. 하지만 결코 신앙을 받아들인 적이 없었던 이들 안에 있는 불신앙을 벌하는 일은 교회에 속하지 않는다. 이는 코린토 1서 5장 [12절의] "밖에 있는 이들에 대해서 판단하는 일이 나와 무슨 상관이 있습니까?"라는 말씀에 따른 것이다. 그러나 교회는 신앙을 받아들였던 이들의 불신앙을 판결에 의해 처벌할 수 있다. 그들은 신자인 아랫사람에게 지휘권을 행사할 수 없도록 처벌되는 것이 적절하다. 이것은 신앙을 크게 파괴하는 경향이 있을 수 있기 때문이다. "배교한 인간, 쓸모없는 사람은 사악한 마음으로 악을 꾸미고, 언제나 싸움의 씨를 뿌린다."라고 앞서 말한 바⁶와 같이, 사람들을 신앙으로부터 분리하기를 의도하기 때문이다. 따라서 어떤 이가 판결을 통해서 신앙으로부터의 배교 때문에 파문되도록 통지

적으로 존재하지 않았을 것이다. 만민법은 따라서 한편으로 인간 본성 안에 기초를 지니고 있고, 다른 한편으로 인간의 개입을 근거로 현실화되었다. 그것은 자의적인 것이 아니고, 즉 단순한 동의를 통해서 규정된 것이 아니지만, 그럼에도 이것이 자유로운 동의에 근거하고 있는 소위 국제법과는 달리 무엇보다도 부득이 하게 인간에 의해서 도입되었다. 만민법은 민족들 사이에 임의의 유용성에 기여하는 것이 아니라, 인간 본성의 권력 자체를 통해서 요구되는 것이며, 무엇보다도 자연법과는 달리 본성 그 자체를 통해서가 아니라, 인간의 죄를 통해서 이루어진 그러한 본성을 통해서 요구된다. 만민법은 따라서 자연법과 인간적인 규약이 연결되어 있는 혼합법이다. 그러나 인간적으로 도입된 법이라는 관점이 절박한데, 첫째로 인간적인 죄—무엇보다도 먼저 일반적인 본성의 죄(원죄)가 이러한 법적인 규제를 필수적으로 만드는 한에서, 그리고 둘째로 인간적인 이성이 이 법을 열어야만 하는 한에서 그렇다(cf. I-II, q.95, a.4). 이 두 번째 이유가 토마스에게서는 표준적인 것이다.

6. a.1, c & ad2.

q.12, a.2

fide, ipso facto eius subditi sunt absoluti a dominio eius et iuramento fidelitatis quo ei tenebantur.[7]

Ad primum ergo dicendum quod illo tempore Ecclesia, in sui novitate, nondum habebat potestatem terrenos principes compescendi. Et ideo toleravit fideles Iuliano Apostatae obedire in his quae non erant contra fidem, ut maius fidei periculum vitaretur.[8]

Ad secundum dicendum quod alia ratio est de aliis infidelibus, qui nunquam fidem susceperunt, ut dictum est.[9]

Ad tertium dicendum quod apostasia a fide totaliter separat hominem a Deo, ut dictum est[10]: quod non contingit in quibuscumque aliis peccatis.

---

7. 파문할 수 있는 교황의 권리는 성 토마스가 집필할 당시 서구에서 인정되었던 제도이고 인정법의 부분이었으며, 때때로 효과적으로 실행되었다. 그것은 그 제도가 정치적인 시대착오가 된 이후에도 계속해서 선포되었다. 그것은 보니파시오 8세(Bonface VIII)가 필립 4세(Philip the Fair)에게 패배한 이후 그리고 근대 국가가 형성된 이후에 결코 회복되지 못했다.
만민법은 본래 낯선 사람들과 다른 국적을 지닌 사람들을 고려한 로마 법체계의 일부였다. 『신학대전』 안에서 그것은 자연법과 실행된 인정법 사이의 경계 위에 결과적으로 놓여 있는 것으로 취급되었다. Cf. I-II, q.95, a.4; II-II, q.57, a.3.

되자마자, 그의 아랫사람들은 그의 지휘권과 그와 맺었던 충성의 맹세로부터 해방된다.[7]

[해답] 1. 저 당시에 새로 설립된 교회는 아직 세상의 제후들을 억제할 권세를 가지지 못했다. 따라서 교회는 신앙의 더 큰 위험을 피하기 위해서, 신자들이 배교자 율리아누스에게 신앙을 거스르지 않는 것들 안에서 순종하도록 용인했다.[8]

2. 방금[9] 말했듯이, 결코 신앙을 받아들이지 않았던 다른 비신자들에 대해서는 다른 논거가 있다.

3. 이미[10] 말했듯이, 신앙으로부터의 배교는 인간을 하느님으로부터 전적으로 분리시킨다. 이것은 다른 임의의 죄들에서는 일어나지 않는다.

---

8. Cf. q.10, a.8, ad1.
9. 본론.
10. a.1.

Quaestio XIII
DE BLASPHEMIA IN GENERALI
in quatuor articulos divisa

Deinde considerandum est de peccato blasphemiae, quod opponitur confessioni fidei.[1] Et primo, de blasphemia in generali; secundo, de blasphemia quae dicitur peccatum in Spiritum Sanctum.[2]

Circa primum quaeruntur quatuor.

Primo: utrum blasphemia opponatur confessioni fidei.

Secundo: utrum blasphemia semper sit peccatum mortale.

Tertio: utrum blasphemia sit maximum peccatorum.

Quarto: utrum blasphemia sit in damnatis.

Articulus 1
Utrum blasphemia opponatur confessioni fidei.[1]

Ad primum sic proceditur. Videtur quod blasphemia non opponatur confessioni fidei.

---

1. Cf. q.10, Introd.
2. q.14.
1. 그리스어 blasphemia는 신약성경 안에서 하느님을 거스르는 불경한 연설을 뜻한다. 저자들은 일반적으로 독성을 두 번째 계명 아래에서 다루거나 종교와 관련된 덕을 거스르는 죄로서 취급한다. 독성이라는 짜릿한 흥분을 맛보기 위해서는 한 사람이 신자가 되어야만 한다고 말

제13문
독성의 죄 일반에 대하여
(전4절)

이어서 신앙 고백에 반대되는 독성(blasphemia)의 죄에 대해 고찰해야 한다.¹ 첫째, 독성 일반에 대해서, 둘째, 성령을 거스르는 죄라고 불리는 독성에 대해서.² 그리고 첫째에 대해서는 다음 네 가지 질문이 제기된다.

1. 독성은 신앙 고백에 반대되는가?
2. 독성은 항상 사죄(死罪)인가?
3. 독성은 가장 큰 죄인가?
4. 독성은 단죄된 이들 안에 존재하는가?

제1절 독성은 신앙 고백에 반대되는가?¹

[반론] 첫째에 대해서는 다음과 같이 진행된다. 독성은 신앙 고백에 반대되지 않는 것처럼 보인다.

하곤 했다. 이것은 하느님을 '조롱하는 독성'(blasphemia derisiva)과 '저주하는 독성'(blasphemia imprecativa)의 경우에는 사실이다. 이 절의 주제인 독성은 더 깊게 들어간다. 하느님을 그의 탁월함과 어울리지 않는 어떤 것으로 묘사하고 이것을 그를 혐오하는 느낌과 함으로써 마땅한 신앙 고백을 거스르는 '불신적인 또는 이단적인 독성'(blasphemia infidelis sive haereticalis)을 뜻한다.

1. Nam blasphemare est contumeliam vel aliquod convicium inferre in iniuriam creatoris. Sed hoc magis pertinet ad malevolentiam contra Deum quam ad infidelitatem. Ergo blasphemia non opponitur confessioni fidei.

2. Praeterea, *ad Ephes.* 4, super illud [V. 31][2], *Blasphemia tollatur a vobis,* dicit Glossa[3]: *quae fit in Deum vel in sanctos.* Sed confessio fidei non videtur esse nisi de his quae pertinent ad Deum, qui est fidei obiectum. Ergo blasphemia non semper opponitur confessioni fidei.

3. Praeterea, a quibusdam[4] dicitur quod sunt tres blasphemiae species: quarum una est cum attribuitur Deo quod ei non convenit; secunda est cum ab eo removetur quod ei convenit; tertia est cum attribuitur creaturae quod Deo appropriatur. Et sic videtur quod blasphemia non solum sit circa Deum, sed etiam circa creaturas. Fides autem habet Deum pro obiecto. Ergo blasphemia non opponitur confessioni fidei.

Sed contra est quod apostolus dicit, I *ad Tim.* 1, [13][5]: *Prius fui blasphemus et persecutor;* et postea subdit: *ignorans feci in incredulitate.* Ex quo videtur quod blasphemia ad infidelitatem pertineat.

---

2. 에페 4,31: "모든 원한과 격분과 분노와 폭언과 중상을 온갖 악의와 함께 내버리십시오."
3. *Glossa Lombardi*: PL 192, 208 B.
4. Cf. Alexandrus Halens., *Summa Theol.*, P.II, q.131, membr.2: Ad Claras Aquas, t.III, p.464.

1. 왜냐하면 독성은 창조주를 부정하면서 모욕이나 어떤 비방을 퍼붓는 것이기 때문이다. 그런데 이것은 불신앙에 속하기보다는 오히려 하느님을 거스르는 적의(敵意)에 속한다. 그러므로 독성은 신앙 고백의 반대가 아니다.

　2. 에페소서 4장 [31절][2]의 "독성을 여러분으로부터 내버리십시오"라는 말씀에 대해 주해서[3]는 "이것은 하느님이나 성인들에 대해 행하는 것이다"라고 말한다. 그러나 신앙 고백은 오직 신앙의 대상인 하느님에 속하는 것들에만 관한 것처럼 보인다. 그러므로 독성은 항상 신앙 고백에 반대되지 않는다.

　3. 어떤 이들[4]에 의해서 독성에는 세 종류가 있다고 언급된다. 그것들 중 첫째는 하느님께 부합하지 않는 것을 그분께 귀속시킬 때, 둘째는 그분께 부합하는 것을 그분으로부터 제거할 때, 셋째는 그분께 고유한 것으로 귀속되는 것을 피조물에게 귀속시킬 때 [벌어진다.] 그래서 독성은 하느님께 관한 것뿐만 아니라, 피조물에도 관한 것처럼 보인다. 그런데 신앙은 하느님을 대상으로 하므로 독성은 신앙 고백의 반대가 아니다.

　[재반론] 반대로 사도는 티모테오 1서 1장 [13절][5]에서 "나는 독성자요 박해자였습니다"라고 말하고 나중에 "모르는 자로서 나는 나의 불신앙 안에서 그 일을 했습니다"라고 덧붙인다. 이것으로부터 독성은 불신앙에 속하는 것처럼 보인다.

5.　1티모 1,13: "나는 전에 그분을 모독하고 박해하고 학대하던 자였습니다. 그러나 내가 믿음이 없어서 모르고 한 일이기 때문에, 하느님께서는 나에게 자비를 베푸셨습니다."

Respondeo dicendum quod nomen blasphemiae importare videtur quandam derogationem alicuius excellentis bonitatis, et praecipue divinae. Deus autem, ut Dionysius dicit, I cap. *de Div. Nom.*[6], est ipsa essentia bonitatis. Unde quidquid Deo convenit pertinet ad bonitatem ipsius; et quidquid ad ipsum non pertinet longe est a ratione perfectae bonitatis, quae est eius essentia. Quicumque igitur vel negat aliquid de Deo quod ei convenit, vel asserit de eo quod ei non convenit, derogat divinae bonitati. Quod quidem potest contingere dupliciter: uno quidem modo, secundum solam opinionem intellectus; alio modo, coniuncta quadam affectus detestatione, sicut e contrario fides Dei per dilectionem perficitur ipsius.[7] Huiusmodi igitur derogatio divinae bonitatis est vel secundum intellectum tantum; vel etiam secundum affectum. Si consistat tantum in corde, est cordis blasphemia. Si autem exterius prodeat per locutionem, est oris blasphemia. Et secundum hoc blasphemia confessioni opponitur.

Ad primum ergo dicendum quod ille qui contra Deum loquitur convicium inferre intendens, derogat divinae bonitati non solum secundum veritatem intellectus[8], sed etiam secundum pravitatem voluntatis detestantis et impedientis pro posse divinum honorem. Quod est blasphemia perfecta.

Ad secundum dicendum quod sicut Deus in sanctis suis laudatur,

---

6. Dionysius, *De div. nom.*, c.1: PG 3, 593 C; S. Thomas, lect.3, n.88. Cf. I, q.6, a.3.

[답변] 독성이란 명칭은 어떠한 탁월한 선성이나 무엇보다도 신적 선성의 경멸을 의미한다. 디오니시우스가 『신명론』 제1장[6]에서 말했듯이, 하느님은 선성의 본질 자체이시다. 따라서 하느님께 부합하는 것은 무엇이든지 그분의 선성에 속한다. 그리고 그분께 속하지 않는 것은 무엇이든지 더 이상, 그분의 본질인 '완전한 선성'으로부터 아주 먼 것이다. 따라서 하느님께 부합하는 어떤 것을 그분에 대해 부정하거나, 그분께 부합하지 않는 것을 그분에 관해 주장하는 사람은 누구나 신적 선성을 경멸하는 것이다.

이것은 두 가지 방식으로 발생할 수 있다. 첫째, 단지 지성의 견해에 따라, 둘째, 감정의 어떤 증오와 결합된 채로 [발생한다]. 마치 이와는 반대로 하느님에 대한 신앙은 그에 대한 사랑을 통해서 완성되는 것과 같다.[7] 따라서 신적 선성에 대한 이런 종류의 경멸은 한편으로 단지 지성에 따르거나, 다른 한편으로 감정에도 따른다. 만일 단지 마음으로 이루어진다면, 마음의 독성이다. 그러나 말을 통해서 바깥으로 나온다면, 입의 독성이다. 그리고 이에 따른 독성은 신앙 고백에 반대된다.

[해답] 1. 비방을 퍼부을 것을 의도하면서 하느님을 거슬러 말하는 이는 신적 선성을 단지 지성의 진리[8]에 따라서만이 아니라, 할 수 있는 대로 신적 영예를 증오하고 방해하는 사악한 의지에 따라서 경멸한다. 이것이야말로 완전한 독성이다.

2. 마치 하느님께서 성인들 안에서 작용하신 행위들이 칭송받는 한

---

7. Cf. q.4, a.3.
8. 판본에 따라 '지성의 거짓'(falsitatem) 또는 '지성의 헛됨'(vanitatem) 등으로 해석될 수도 있다.

inquantum laudantur opera quae Deus in sanctis efficit; ita et blasphemia quae fit in sanctos ex consequenti in Deum redundat.

Ad tertium dicendum quod secundum illa tria non possunt, proprie loquendo, distingui diversae species peccati blasphemiae. Attribuere enim Deo quod ei non convenit, vel removere ab eo quod ei convenit, non differt nisi secundum affirmationem et negationem. Quae quidem diversitas habitus speciem non distinguit: quia per eandem scientiam innotescit falsitas affirmationum et negationum, et per eandem ignorantiam utroque modo erratur, cum n*egatio probetur per affirmationem*, ut habetur I *Poster.*⁹. Quod autem ea quae sunt Dei propria creaturis attribuantur, ad hoc pertinere videtur quod aliquid ei attribuatur quod ei non conveniat. Quidquid enim est Deo proprium est ipse Deus: attribuere ergo id quod Dei proprium est alicui creaturae est ipsum Deum dicere idem creaturae.

Articulus 2
Utrum blasphemia semper sit peccatum mortale.

Ad secundum sic proceditur. Videtur quod blasphemia non semper sit peccatum mortale.

---

9. Aristoteles, *Analytica Posteriora*, I, c.25, 86b28; S. Thomas, lect.39, n.7.

에서, 하느님이 그의 성인들 안에서 칭송을 받는 것처럼, 성인들에 관해서 일어난 독성은 결과적으로 하느님께로 되돌아간다.

3. 고유하게 말하자면, 저 세 가지에 따라 독성이라는 죄의 다양한 종이 구분될 수는 없다. 왜냐하면 하느님께 부합하지 않는 것을 그분께 귀속시키는 일이나 그분께 부합하는 것을 그분으로부터 제거하는 일은 오직 긍정과 부정에 따라서만 다르기 때문이다. 이러한 차이는 습성의 종을 구분하지 않는다. 『분석론 후서』 제1권[9]에서 언급되었듯이, 부정은 긍정을 통해서 논증되므로, 동일한 지식을 통해서 긍정과 부정의 거짓을 알고, 동일한 무지를 통해서 두 방식으로 모두 오류를 범하기 때문이다. 하느님의 고유한 것들을 피조물에게 귀속시키는 일은, 그분께 부합하지 않는 어떤 것을 그에게 귀속시키는 일에 속하는 것처럼 보인다. 하느님께 고유한 것은 무엇이든지 하느님 자체이므로 하느님께 고유한 것을 어떤 피조물에게 귀속시키는 일은 '하느님 자신이 피조물과 같다'고 말하는 것이기 때문이다.

제2절 독성은 항상 사죄인가?

Parall.: *In Ep. ad Col.*, c.3, lect.2.

[반론] 둘째에 대해서는 다음과 같이 진행된다. 독성은 항상 사죄(死罪)가 아닌 것처럼 보인다.

q.13, a.2

1. Quia super illud *ad Col.* 3, [8][1], *Nunc autem deponite vos* etc., dicit Glossa[2]: *Post maiora prohibet minora.* Et tamen subdit de blasphemia. Ergo blasphemia inter peccata minora computatur, quae sunt peccata venialia.

2. Praeterea, omne peccatum mortale opponitur alicui praecepto Decalogi. Sed blasphemia non videtur alicui eorum opponi. Ergo blasphemia non est peccatum mortale.

3.. Praeterea, peccata quae absque deliberatione committuntur non sunt mortalia, propter quod primi motus non sunt peccata mortalia: quia deliberationem rationis praecedunt, ut ex supradictis[3] patet. Sed blasphemia quandoque absque deliberatione procedit. Ergo non semper est peccatum mortale.

Sed contra est quod dicitur *Levit.* 24, [16]: *Qui blasphemaverit nomen domini, morte moriatur.* Sed poena mortis non infertur nisi pro peccato mortali. Ergo blasphemia est peccatum mortale.

Respondeo dicendum quod, sicut supra[4] dictum est, peccatum mortale est per quod homo separatur a primo principio spiritualis vitae, quod est caritas Dei. Unde quaecumque caritati repugnant, ex suo genere sunt peccata mortalia.[5] Blasphemia autem secundum

---

1. 콜로 3,8: "그러나 이제는 분노, 격분, 악의, 중상, 또 여러분의 입에서 나오는 수치스러운 말 따위는 모두 버리십시오."

1. 콜로새서 3장 [8절]¹의 "이제 여러분은 기타 등등을 모두 버리십시오"라는 말씀에 대한 주해²에서 "더 중요한 것들을 금지한 다음에 더 작은 것들을 금지한다."라고 말한다. 그러면서 [후자에다] 독성을 덧붙인다. 그러므로 독성은 경미한 죄인 더 작은 죄들 사이에 나열된다.

2. 모든 사죄는 어떠한 십계명에 반대된다. 그러나 독성은 그것들 중 어떤 것에도 반대되지 않는 것처럼 보이므로 사죄가 아니다.

3. 숙고 없이 저질러지는 죄들은 사죄가 아니다. 위에서³ 언급했던 것들로부터 분명하듯이, 첫째 움직임은 이성의 숙고에 선행하기 때문에 사죄가 아니다. 그런데 독성은 때때로 숙고 없이 진행되므로 독성이 항상 사죄인 것은 아니다.

[재반론] 반대로 레위기 24장 [16절]에서는 "주님의 이름을 모독하는 자는 사형을 받아야 한다."라고 말한다. 사형이라는 벌은 오직 사죄에만 내려지므로 독성은 사죄다.

[답변] 위에서⁴ 말한 바와 같이, 사죄는 그것을 통해서 하느님의 참사랑인 영적 생명의 첫 원리로부터 인간을 분리시키는 것이다. 따라서 참사랑에 상충하는 것은 무엇이든지, 그 유(類)로부터 사죄이다.⁵ 그런

---

2. *Glossa ordinaria*: PL 114, 614 C; Lombardi: PL 192, 281 C. – Cf. Ambrosiastr., *In Col.*, super 3, 8: PL 17, 435 C.
3. I-II, q.74, a.3, ad3; a.10.
4. I-II, q.72, a.5.
5. 하나의 죄는, 만일 그것이 대상으로부터, 따라서 그 본질을 이루는 것으로부터 무거운 죄들인 경우에, 유에 따라 또는 종에 따라 사죄이다. 그 죄의 감경(減輕)은 거기서 주체적인 조건에 따라 가능한데, 예를 들어 그 대상을 향하는 데 있어서 인식, 주의 또는 갈망 등에 있어서 방해되었을 때 이루어진다.

genus suum repugnat caritati divinae: quia derogat divinae bonitati, ut dictum est[6], quae est obiectum caritatis. Et ideo blasphemia est peccatum mortale ex suo genere.

Ad primum ergo dicendum quod Glossa illa non est sic intelligenda quasi omnia quae subduntur sint peccata minora. Sed quia, cum supra non expressisset nisi maiora, postmodum etiam quaedam minora subdit, inter quae etiam quaedam de maioribus ponit.

Ad secundum dicendum quod, cum blasphemia opponatur confessioni fidei, ut dictum est[7], eius prohibitio reducitur ad prohibitionem infidelitatis, quae intelligitur in eo quod dicitur: *Ego sum Dominus Deus tuus* etc.[8]

Vel prohibetur per id quod dicitur: *Non assumes nomen Dei tui in vanum.*[9] Magis enim in vanum assumit nomen Dei qui aliquod falsum de Deo asserit quam qui per nomen Dei aliquod falsum confirmat.[10]

Ad tertium dicendum quod blasphemia potest absque deliberatione ex subreptione procedere dupliciter. Uno modo, quod aliquis non advertat hoc quod dicit esse blasphemiam. Quod potest contingere cum aliquis subito ex aliqua passione in verba imaginata prorumpit, quorum significationem non considerat. Et tunc est peccatum ve-

---

6. a.1.
7. Ibid.
8. 탈출 20,2: "나는 너를 이집트 땅, 종살이하던 집에서 이끌어낸 주 너의 하느님이다."

데 독성은 자기 유에 따라 신적 참사랑에 상충한다. 위에서[6] 말했듯이, 그것은 참사랑의 대상인 신적 선성을 경멸하기 때문이다. 따라서 독성은 그 유로부터 사죄이다.

[해답] 1. 저 주해는 마치 덧붙여지는 모든 것이 더 작은 죄들이라는 식으로 이해되어서는 안 된다. 위에서는 오직 더 중요한 것들만이 표현되었기 때문에 나중에 다시 몇몇 더 작은 것들이 덧붙여졌는데, 그것들 사이에는 더 중요한 것들 중에 어떤 것도 포함되어 있기 때문이다.

2. 위에서[7] 말했듯이, 독성이 신앙 고백에 반대되기 때문에 그것의 금지는 "나는 주님, 너의 하느님이다..."[8]에서 언급되는 것 안에서 이해되는 불신앙의 금지로 환원된다. 또는 "너의 하느님의 이름을 헛되이 불러서는 안 된다"[9]라는 언급을 통해서 금지된다. 하느님의 이름을 통해서 어떤 거짓된 것을 확증하는 사람보다, 하느님에 대해서 거짓된 어떤 것을 주장하는 사람이, 하느님의 이름을 더욱 헛되이 부르는 것이기 때문이다.[10]

3. 독성은 부지중에 숙고 없이 두 가지 방식으로 발생될 수 있다. 첫째, 어떤 이가 자신이 말하는 이것이 독성이라는 것에 주의를 기울이지 않는 경우다. 이것은 어떤 이가 그 의미를 그가 고찰하지 못한 상상에 떠오른 말들로 갑자기 어떤 정념으로부터 쏟아낼 때 벌어질 수 있다. 그런 경우에 그것은 경미한 죄이며, 고유하게 독성의 의미를 가지

---

9. 탈출 20,7: "주 너의 하느님의 이름을 부당하게 불러서는 안 된다. 주님은 자기 이름을 부당하게 부르는 자를 벌하지 않은 채 내버려두지 않는다."
10. Cf. I-II, q.100, a.5, obj.3 & ad3.

niale: et non habet proprie rationem blasphemiae. — Alio modo, quando advertit hoc esse blasphemiam, considerans significata verborum. Et tunc non excusatur a peccato mortali: sicut nec ille qui ex subito motu irae aliquem occidit iuxta se sedentem.

Articulus 3
Utrum peccatum blasphemiae sit maximum peccatum.

Ad tertium sic proceditur. Videtur quod peccatum blasphemiae non sit maximum peccatum.

1. *Malum* enim *dicitur quod nocet,* secundum Augustinum, in *Enchirid.*[1]. Sed magis nocet peccatum homicidii, quod perimit vitam hominis, quam peccatum blasphemiae, quod Deo nullum nocumentum potest inferre. Ergo peccatum homicidii est gravius peccato blasphemiae.

2. Praeterea, quicumque peierat inducit Deum testem falsitati, et ita videtur eum asserere esse falsum. Sed non quilibet blasphemus usque ad hoc procedit ut Deum asserat esse falsum. Ergo periurium est gravius peccatum quam blasphemia.

3. Praeterea, super illud Psalm., *Nolite extollere in altum cornu vestrum* [Ps. 74, 4-5], dicit Glossa[2]: *Maximum est vitium excusationis*

---

1. Augustinus, *Enchiridion,* c.12: PL 40, 237. - Cf. *De mor. Man.*, II, c.3, n.5: PL 32, 1346.

지 않는다. 둘째, 그가 단어들이 의미하는 것들을 고찰하면서 이것이 독성이라는 것을 아는 경우다. 그런 경우에는, 마치 분노에 갑자기 사로잡혀 어떤 이를 죽인 사람과 같이 사죄로부터 용서되지 못한다.

제3절 독성의 죄는 가장 큰 죄인가?

Parall.: III, q.80, a.5; *In Sent.*, IV, d.9, a.3, qc.3; *De malo*, q.2, a.10.

[반론] 셋째에 대해서는 다음과 같이 진행된다. 독성의 죄는 가장 큰 죄가 아닌 것처럼 보인다.

1. 아우구스티누스의 『라우렌티우스에게 보낸 길잡이』[1]에 따르면, "해치는 것을 악이라고 부른다." 그런데 독성의 죄보다 사람의 생명을 죽이는 살인의 죄가 더 많이 해친다. 독성은 하느님께 결코 해를 끼칠 수 없기 때문이다. 그러므로 살인의 죄가 독성보다 더 무거운 죄다.

2. 거짓 맹세하는 사람은 누구든지, 하느님을 거짓의 증인으로 이끌어 들인다. 그는 하느님이 거짓이라고 주장하는 것처럼 보인다. 그러나 어떠한 독성자도 하느님이 거짓이라고 주장하는 데까지 나아가지는 않는다. 그러므로 거짓 맹세가 독성보다 더 무거운 죄다.

3. 시편 [75(74)장 6절]의 "너희 뿔을 높이 쳐들지 마라"는 말씀에 대한 주해[2]는 "가장 큰 악은 죄를 변명하는 것이다."라고 말한다. 그러므

---

2. *Glossa ordinaria*: PL 113, 962 D; *Lombardi*: PL 191, 700 C. – Cf. Cassidorus, *In Psalm.*, super Ps.74, 4: PL 24, 247 C.

peccati. Non ergo blasphemia est maximum peccatum.

Sed contra est quod Isaiae 18, super illud, [v. 2][3] *Ad populum terribilem* etc., dicit Glossa[4]: *Omne peccatum, blasphemiae comparatum, levius est.*

Respondeo dicendum quod, sicut supra[5] dictum est, blasphemia opponitur confessioni fidei. Et ideo habet in se gravitatem infidelitatis. Et aggravatur peccatum si superveniat detestatio voluntatis; et adhuc magis si prorumpat in verba; sicut et laus fidei augetur per dilectionem et confessionem. Unde, cum infidelitas sit maximum peccatum secundum suum genus, sicut supra[6] dictum est, consequens est quod etiam blasphemia sit peccatum maximum, ad idem genus pertinens et ipsum aggravans.

Ad primum ergo dicendum quod homicidium et blasphemia si comparentur secundum obiecta in quae peccatur, manifestum est quod blasphemia, quae est directe peccatum in Deum, praeponderat homicidio, quod est peccatum in proximum. Si autem comparentur secundum effectum nocendi, sic homicidium praeponderat: plus enim homicidium nocet proximo quam blasphemia Deo. Sed quia in gravitate culpae magis attenditur intentio voluntatis perversae quam

---

3. 이사 18,2: "사신들을 바다로, 왕골 배에 태워 물 위로 보내는 땅! 너희 날쌘 특사들아, 가거라, 훤칠하고 말쑥한 겨레에게로. 어디에서나 두려움을 일으키는 민족, 강줄기가 여러 갈래로

로 독성은 가장 큰 죄가 아니다.

[재반론] 반대로 이사야서 18장 [2절]³의 "저 무시무시한 민족에게로 기타 등등"의 말씀에 대한 주해⁴는 "독성과 비교해서 모든 죄는 더 가볍다"라고 말한다.

[답변] 위에서⁵ 말한 바와 같이, 독성은 신앙 고백에 반대된다. 따라서 그것은 그 자체로 불신앙의 무거움을 가지고 있다. 만일 의지의 증오가 수반된다면 죄는 더욱 무거워진다. 게다가 만일 말로 쏟아져 나오면 더더욱 무거워진다. 이는 마치 신앙의 칭송이 사랑과 고백을 통해서 증대되는 것과 같다. 따라서 위에서⁶ 말한 바와 같이, 불신앙이 자기 유에 따라 가장 큰 죄이기 때문에, 또한 독성은 동일한 유에 속하면서 자신을 더욱 무겁게 하는 것이기 때문에, 가장 큰 죄이다.

[해답] 1. 살인과 독성은, 만일 죄가 범해지는 대상에 따라 비교된다면, 직접적으로 하느님을 향한 죄인 독성이 이웃을 향한 죄인 살인보다 더 무겁다. 그러나 해를 끼침의 결과에 따라 비교된다면 살인이 더 무겁다. 독성이 하느님을 해치는 것보다 살인이 이웃을 더 많이 해치기 때문이다. 그러나 죄과의 무거움에서는, 위에서⁷ 언급된 것들로부터 분명하듯이, 사악한 의지의 의도가 행위의 결과보다 더욱 주목되기

뿥은 땅에 사는 강력하고 승승장구하는 겨레에게로."
4. *Glossa ordinaria*: PL 113, 1259 D. - Cf. Hieronymus, *in Isaiam*. 18,2: PL 24, 247 C.
5. a.1.
6. q.10, a.3.
7. I-II, q.73, a.8.

effectus operis, ut ex supradictis[7] patet; ideo, cum blasphemus intendat nocumentum inferre honori divino, simpliciter loquendo gravius peccat quam homicida. Homicidium tamen primum locum tenet in peccatis inter peccata in proximum commissa.[8]

Ad secundum dicendum quod super illud *ad Ephes.* 4, [31], *Blasphemia tollatur a vobis*, dicit Glossa[9]: *Peius est blasphemare quam peierare*. Qui enim peierat non dicit aut sentit aliquid falsum de Deo, sicut blasphemus: sed Deum adhibet testem falsitati non tanquam aestimans Deum esse falsum testem, sed tanquam sperans quod Deus super hoc non testificetur per aliquod evidens signum.

Ad tertium dicendum quod excusatio peccati est quaedam circumstantia aggravans omne peccatum, etiam ipsam blasphemiam. Et pro tanto dicitur esse maximum peccatum, quia quodlibet facit maius.

Articulus 4
Utrum damnati blasphement.[1]

Ad quartum sic proceditur. Videtur quod damnati non blasphement.

1. Detinentur enim nunc aliqui mali a blasphemando propter timorem futurarum poenarum. Sed damnati has poenas experiuntur,

---

8. Cf. q.79, a.3; q.154, a.3 c; I-II, q.100, a.6.

때문에, 따라서 독성자는 신적인 영예에 해를 끼치기를 의도하므로, 단적으로 말해서 살인보다 더 무겁게 죄를 짓는 것이다. 그럼에도 살인은 이웃에게 저질러지는 죄들 중에서 첫째 자리를 차지한다.[8]

2. 에페소서 4장 [31절]의 "독성을 당신으로부터 내버리십시오"라는 말씀에 대한 주해[9]에서 "독성은 거짓 맹세보다 더 나쁘다"라고 말한다. 거짓 맹세를 하는 자는 독성자처럼 하느님에 대해서 잘못된 어떤 것을 말하거나 생각하지 않으며, 오히려 그는 신이 거짓 증인이라고 생각하는 것이 아닌 것처럼, 하느님이 이것에 대해서 어떤 명백한 표징을 통해서 증언하시지 않으리라는 희망 안에서 하느님을 거짓의 증인으로 부르기 때문이다.

3. 죄에 대한 변명은 모든 죄를 더 무겁게 하는 일종의 주변 조건이며 또한 독성 자체도 [더 무겁게 한다]. 바로 그러한 이유로, 그것은 무엇이든지 더 많게 하는 것이기 때문에 가장 큰 죄라고 불린다.

제4절 단죄된 자들은 독성을 범하는가?[1]

[반론] 넷째에 대해서는 다음과 같이 진행된다. 단죄된 자들은 독성을 범하지 않는 것처럼 보인다.

1. 이제 어떤 악한 이들은 독성으로부터 미래에 내려질 벌들에 대한 두려움 때문에 독성에 빠지지 않고 남아 있게 된다. 그러나 단죄된 이

---

9. *Glossa ordinaria*: PL 114, 597 B. - Cf. Augustinus, *Contra Mend.*, c.19, n.39: PL 40, 545.
1. 이 절의 결론들은 전제들의 관점과 형식적인 수단들을 모두 유지하고 있다.

unde magis eas abhorrent. Ergo multo magis a blasphemando compescuntur.

2. Praeterea, blasphemia, cum sit gravissimum peccatum, est maxime demeritorium. Sed in futura vita non est status merendi neque demerendi. Ergo nullus erit locus blasphemiae.

3. Praeterea, *Eccle.* 11, [3] dicitur quod *in quocumque loco lignum ceciderit, ibi erit:* ex quo patet quod post hanc vitam homini non accrescit nec meritum nec peccatum quod non habuit in hac vita.[2] Sed multi damnabuntur qui in hac vita non fuerunt blasphemi. Ergo nec in futura vita blasphemabunt.

Sed contra est quod dicitur *Apoc.* 16, [9]: *Aestuaverunt homines aestu magno, et blasphemaverunt nomen domini habentis potestatem super has plagas:* ubi dicit Glossa[3] quod *in Inferno positi, quamvis sciant se pro merito puniri, dolebunt tamen quod Deus tantam potentiam habeat quod plagas eis inferat.* Hoc autem esset blasphemia in praesenti. Ergo et in futuro.

Respondeo dicendum quod, sicut dictum est[4], ad rationem blasphemiae pertinet detestatio divinae bonitatis. Illi autem qui sunt in Inferno retinebunt perversam voluntatem, aversam a Dei iustitia,

---

2. Cf. q.18, a.3, obj.3.
3. *Glossa ordinaria* super *Apoc.* 16, 21: PL 114, 739 B.
4. aa. 1 & 3.

들은 이 벌을 이미 체험하고 있고, 따라서 그것들을 더욱 싫어한다. 그러므로 그들은 독성으로부터 훨씬 더 억제될 것이다.

2. 독성은 가장 무거운 죄이기 때문에, 과실(過失) 중에 가장 큰 것이다. 그러나 미래의 삶 안에는 공로가 될 또는 과실이 될 상태가 없다. 그러므로 독성에는 아무런 자리가 없을 것이다.

3. 코헬렛 11장 [3절]에서는 "나무가 쓰러지는 장소가 어디든지, 그 나무는 거기에 남아 있을 것이다"라고 말한다. 이로부터 이 삶 다음에는 인간에게 그가 이 삶 안에서 가지지 않았던 공로도 증대되지 않고 벌도 증대되지 않는다.[2] 이 삶 안에서 독성을 범하지 않았던 많은 이들이 단죄되었다. 그러므로 미래의 삶 안에서도 독성을 하지 않을 것이다.

[재반론] 반대로 요한묵시록 16장 [9절]의 "사람들은 뜨거운 열에 의해서 타 버렸습니다. 이러한 재앙들에 대한 권능을 지니신 주님의 이름을 모독했습니다."라는 말씀에 대해 주해[3]는 "지옥 안에 있는 이들은 공로에 따라 자신들이 벌 받는 것을 알면서도 불구하고, 하느님이 그들에게 재앙을 내릴 권능을 가지고 있다는 사실에 슬퍼한다."라고 말한다. 이것은 현세에서 독성일 것이다. 그러므로 미래에도 그러할 것이다.

[답변] 위에서[4] 말한 바와 같이, 독성의 의미에는 신적 선성에 대한 증오가 속한다. 그런데 지옥 안에 있는 저 사람들에게는 하느님의 정의로부터 등을 돌리는 사악한 의지가 남아 있다. 그들은 그것 때문에 벌 받고 있는 것을 사랑하고, 가능하다면 그것을 사용하기 원하고, 이

in hoc quod diligunt ea pro quibus puniuntur, et vellent eis uti si possent, et odiunt poenas quae pro huiusmodi peccatis infliguntur; dolent tamen de peccatis quae commiserunt, non quia ipsa odiant, sed quia pro eis puniuntur.[5] Sic ergo talis detestatio divinae iustitiae est in eis interior cordis blasphemia. Et credibile est quod post resurrectionem erit in eis etiam vocalis blasphemia, sicut in sanctis vocalis laus Dei.

Ad primum ergo dicendum quod homines deterrentur in praesenti a blasphemia propter timorem poenarum quas se putant evadere. Sed damnati in Inferno non sperant se posse poenas evadere. Et ideo, tanquam desperati, feruntur ad omne ad quod eis perversa voluntas suggerit.

Ad secundum dicendum quod mereri et demereri pertinent ad statum viae. Unde bona in viatoribus sunt meritoria, mala vero demeritoria. In beatis autem bona non sunt meritoria, sed pertinentia ad eorum beatitudinis praemium. Et similiter mala in damnatis non sunt demeritoria, sed pertinent ad damnationis poenam.[6]

Ad tertium dicendum quod quilibet in peccato mortali decedens fert secum voluntatem detestantem divinam iustitiam quantum ad aliquid.[7] Et secundum hoc poterit ei inesse blasphemia.

---

5. Cf. Sup., q.98, a.2; III, q.86, a.1.
6. Cf. Sup., q.98, a.6.

러한 종류의 죄에 대해서 내려진 벌을 미워한다. 그들은 자신들이 저질렀던 죄에 대해 슬퍼하는데, 그 죄를 미워하기 때문이 아니라, 그것 때문에 벌 받기 때문에 슬퍼하는 것이다.[5] 그러한 신적 정의에 대한 증오는 그들 안에서 마음의 내적인 독성이다. 그리고 부활한 다음에는 그들 안에서, 성인들이 목소리로 하느님을 칭송하는 것처럼, 목소리로도 독성을 범할 것이라고 믿을 수 있다.

[해답] 1. 인간들은 현세에서 그들이 빠져나올 수 있으리라고 생각하는 벌들에 대한 두려움 때문에 독성에서 멀어지게 된다. 그런데 지옥에 있는 단죄된 이들은 빠져나오는 일을 희망하지 못한다. 따라서 마치 절망한 이들처럼, 사악한 의지가 그들에게 제안하는 모든 것에 사로잡힌다.

2. 공로와 과실은 나그네의 상태에 속한다. 따라서 나그네들에게 있는 선은 공로가 되지만, 악은 과실이 된다. 그런데 복된 이들 안에 있는 선은 공로가 되는 것이 아니라 그들이 지닌 참행복의 상급에 속하는 것이다. 이와 유사하게 단죄된 이들 안에 있는 악은 과실이 아니라 단죄의 벌에 속한다.[6]

3. 사죄 안에서 죽는 이들은 누구든지 어떤 것에 관한 신적 정의를 증오하는 의지를 자신과 함께 가져간다.[7] 이에 따라 그들에게는 독성이 내재할 수 있을 것이다.

---

7. Cf. I-II, q.87, aa.3 & 5.

Quaestio XIV
DE BLASPHEMIA IN SPIRITUM SANCTUM
in quatuor articulos divisa

Deinde considerandum est in speciali de blasphemia in Spiritum Sanctum.[1]

Et circa hoc quaeruntur quatuor.

Primo: utrum blasphemia vel peccatum in spiritum sanctum sit idem quod peccatum ex certa malitia.

Secundo: de speciebus huius peccati.

Tertio: utrum sit irremissibile.

Quarto: utrum aliquis possit peccare in spiritum sanctum a principio, antequam alia peccata committat.

Articulus 1
Utrum peccatum in Spiritum Sanctum sit idem quod peccatum ex certa malitia.[1]

Ad primum sic proceditur. Videtur quod peccatum in spiritum

---

1. Cf. q.13, Introd.
1. '어떤 악의로부터'(ex certa malitia) 오는 죄는 ex industria, 즉 근면, 부지런함, 고의로 저지르는 죄이다. I-II, q.78. 이것은 무지로부터 또는 나약함으로부터 오는 죄와는 대비된다. I-II, qq.

제14문
성령을 거스르는 독성에 대하여
(전4절)

이어서 성령을 거스르는 독성(blasphemia)에 대해 특별하게 고찰해야 한다.[1] 이것에 대해서는 다음 네 가지 질문이 제기된다.

1. 성령을 거스르는 독성이나 죄는 어떤 악의로부터 오는 죄와 동일한가?
2. 이 죄의 종들에 대하여.
3. 이 죄는 용서받을 수 없는가?
4. 어떤 이가 다른 죄들을 저지르기 전에 처음으로 성령을 거슬러 죄를 범할 수 있는가?

제1절 성령을 거스르는 죄는 어떤 악의로부터 오는 죄와 동일한가?[1]

Parall.: *In Sent.*, II, d.43, a.1, 2; *De malo*, q.2, a.8, ad4; q.3, a.14; *Quodlibet.*, II, q.8, a.1; *In Matth.*, c.12; *In Ep. ad Rom.*, c.2, lect.1.

[반론] 첫째에 대해서는 다음과 같이 진행된다. 성령을 거스르는 죄

---

76 & 77 참조.

q.14, a.1

sanctum non sit idem quod peccatum ex certa malitia.

1. Peccatum enim in Spiritum Sanctum est peccatum blasphemiae: ut patet Matth. 12, [31].² Sed non omne peccatum ex certa malitia est peccatum blasphemiae: contingit enim multa alia peccatorum genera ex certa malitia committi. Ergo peccatum in Spiritum Sanctum non est idem quod peccatum ex certa malitia.

2. Praeterea, peccatum ex certa malitia dividitur contra peccatum ex ignorantia et contra peccatum ex infirmitate.³ Sed peccatum in spiritum sanctum dividitur contra peccatum in filium hominis, ut patet Matth. 12, [32]. Ergo peccatum in Spiritum Sanctum non est idem quod peccatum ex certa malitia, quia quorum opposita sunt diversa, ipsa quoque sunt diversa.

3. Praeterea, peccatum in Spiritum Sanctum est quoddam genus peccati cui determinatae species assignantur. Sed peccatum ex certa malitia non est speciale genus peccati, sed est quaedam conditio vel circumstantia generalis quae potest esse circa omnia peccatorum genera. Ergo peccatum in spiritum sanctum non est idem quod peccatum ex certa malitia.

Sed contra est quod Magister dicit, 43 dist. II lib. *Sent.*, quod ille peccat in Spiritum Sanctum *cui malitia propter se placet*. Hoc autem

---

2. 마태 12,32: "사람의 아들을 거슬러 말하는 자는 용서받을 것이다. 그러나 성령을 거슬러 말하는 자는 현세에서도 미래에서도 용서받지 못할 것이다."

는 어떤 악의로부터 오는 죄와 동일하지 않은 것처럼 보인다.

1. 마태오복음서 12장 [32절][2]에서 분명하듯이, 성령을 거스르는 죄는 독성의 죄이다. 그런데 어떤 악의로부터 오는 모든 죄가 독성의 죄는 아니다. 죄의 다른 많은 종류가 어떤 악의로부터 저질러지기 때문이다. 그러므로 성령을 거스르는 죄는 어떤 악의로부터 오는 죄와 동일한 것이 아니다.

2. 어떤 악의로부터 오는 죄는 무지로부터 오는 죄나 나약함으로부터 오는 죄를 거슬러서 구분된다.[3] 그러나 성령을 거스르는 죄는 마태오복음서 12장 [32절]에서 분명하듯이, 사람의 아들을 거스르는 죄와 구분된다. 그러므로 성령을 거스르는 죄는 어떤 악의로부터 오는 죄와 동일한 것이 아니다. 그것들의 반대들이 상이한 것은 그것 자체 역시 상이하기 때문이다.

3. 성령을 거스르는 죄는 특정한 종들이 지정되는 일종의 죄의 유(類)이다. 그런데 어떤 악의로부터 오는 죄는 죄의 특별한 유가 아니라 죄의 모든 유와 관련될 수 있는 일종의 조건이나 일반적인 주변 조건이다. 그러므로 성령을 거스르는 죄는 어떤 악의로부터 오는 죄와 동일한 것이 아니다.

[재반론] 반대로 스승[페트루스 롬바르두스]은 『명제집』 제2권 제43구분에서 "악의 그 자체에 대해 기뻐하는 사람은 성령을 거슬러서 죄를 짓는다."라고 말한다. 이것은 어떤 악의로부터 죄를 짓는 일이다.

---

3. Cf. I-II, q.78, a.1.

est peccare ex certa malitia. Ergo idem videtur esse peccatum ex certa malitia quod peccatum in spiritum sanctum.

Respondeo dicendum quod de peccato seu blasphemia in Spiritum Sanctum tripliciter aliqui loquuntur.[4] Antiqui enim doctores, scilicet Athanasius, Hilarius, Ambrosius, Hieronymus et Chrysostomus[5] dicunt esse peccatum in Spiritum Sanctum quando, ad litteram, aliquid blasphemum dicitur contra Spiritum Sanctum: sive *Spiritus Sanctus* accipiatur secundum quod est nomen essentiale conveniens toti Trinitati, cuius quaelibet persona et spiritus est et sanctus; sive prout est nomen personale unius in Trinitate personae.[6] Et secundum hoc distinguitur, Matth. 12, [32], blasphemia in Spiritum Sanctum contra blasphemiam in Filium hominis. Christus enim operabatur quaedam humanitus, comedendo, bibendo et alia huiusmodi faciendo; et quaedam divinitus, scilicet Daemones eiiciendo, mortuos suscitando, et cetera huiusmodi; quae quidem agebat et per virtutem propriae divinitatis, et per operationem Spiritus Sancti, quo secundum humanitatem erat repletus. Iudaei autem primo quidem dixerant blasphemiam in Filium hominis, cum dicebant eum *voracem, potatorem vini et publicanorum amatorem*, ut habetur Matth.

---

4. 세 가지 방식들 중에서 첫째는 신약성경의 텍스트에 근접한 것으로 보인다. 둘째는 단순하고 설득력 있다. 셋째는 정교하고, 12세기 신학 발전의 특징을 지닌다.
5. Athanasius, *Fragm. in Matth.*, super 12, 32: PG 27, 1385 D; Hilarius, *In Matth.*, super 12, 32: PL 9, 989 B; Ambrosius, *Super Lucam*, VII, super 12, 10: PL 15, 1729 BD; Hieronymus, *In Matth.*, II, super 12, 32: PL 26, 81 A; Chrysostomus, *In Matth.*, hom.41, n.3: PG 57, 449. 아

제14문 제1절

그러므로 어떤 악의로부터 오는 죄는 성령을 거스르는 죄와 동일한 것처럼 보인다.

[답변] 성령을 거스르는 죄나 독성에 대해서 어떤 이들은 세 가지 방식으로 말한다.[4] 옛 박사들, 즉 아타나시우스, 힐라리우스, 암브로시우스, 히에로니무스와 크리소스토무스는[5], 문자 그대로 성령을 거슬러서 어떤 독성이 언급되었을 때, 성령을 거스르는 죄라고 부르기 때문이다. 한편으로 성령은 — 그것의 어떤 위격이든지 영이기도 하고 거룩하기도 한 — 삼위일체 전체에 부합하는 본질적 명칭인 한에서 받아들여진다. 다른 한편으로 삼위일체 안의 한 위격의 위격적 명칭인 것처럼 받아들여진다.[6] 그리고 이에 따라 마태오복음서 12장 [32절]은 성령을 거스르는 독성을 사람의 아들을 거스르는 독성으로부터 구분한다. 그리스도는 먹고, 마시고, 다른 이러한 종류의 행위를 함으로써 어떤 인성에 의해 작용했다. 반면에 악령을 추방하고, 죽인 이들을 소생시키고, 이런 종류의 다른 것들을 행함으로써 어떤 신성에 의해 작용한다. 이러한 일들을 [그리스도는] 한편으로 고유한 신성의 능력을 통해서, 다른 한편으로 인성에 따라 그를 충만하게 채웠던 성령의 작용을 통해서 행했다. 그러나 유다인들은 우선, 마태오복음서 11장 [19절]에서 언급되듯이, 그를 "먹보요 포도주의 술꾼이며 세리의 친구들"이라고 말했을 때 사람의 아들을 거슬러 독성을 말했다. 그다음에, 그리스도가

타나시우스, 알렉산드리아의 주교(373년 사망), 힐라리우스, 푸아티에의 주교(367년 사망), 암브로시우스, 밀라노의 주교(397년 사망), 히에로니무스(420년 사망), 요한 크리소스토무스, 콘스탄티노폴리스의 주교(407년 사망).
6. 삼위일체에 적용되는 본질적 명칭과 위격적 명칭에 대해서는 I, q.31, aa. 3-4; I, q.36, a.1 참조.

11, [19]. Postmodum autem blasphemaverunt in Spiritum Sanctum, dum opera quae ipse operabatur virtute propriae divinitatis et per operationem Spiritus Sancti, attribuebant principi daemoniorum. Et propter hoc dicuntur in spiritum sanctum blasphemasse.

Augustinus autem, in libro *de Verb. Dom.*[7], blasphemiam vel peccatum in Spiritum Sanctum dicit esse finalem impoenitentiam, quando scilicet aliquis perseverat in peccato mortali usque ad mortem. Quod quidem non solum verbo oris fit, sed etiam verbo cordis et operis, non uno sed multis. Hoc autem verbum, sic acceptum, dicitur esse contra Spiritum Sanctum, quia est contra remissionem peccatorum, quae fit per Spiritum Sanctum, qui est caritas Patris et Filii.[8] Nec hoc Dominus dixit Iudaeis quasi ipsi peccarent in Spiritum Sanctum: nondum enim erant finaliter impoenitentes. Sed admonuit eos ne, taliter loquentes, ad hoc pervenirent quod in Spiritum Sanctum peccarent. Et sic intelligendum est quod dicitur Marc. 3. ubi, postquam dixerat [v. 29], *Qui blasphemaverit in Spiritum Sanctum* etc., subiungit [v. 30] Evangelista: *Quoniam dicebant, Spiritum immundum habet.*

Alii[9] vero aliter accipiunt, dicentes peccatum vel blasphemiam in Spiritum Sanctum esse quando aliquis peccat contra appropriatum

---

7. Augustinus, *De verb. Dom.*, serm.71, al.11, cc.12-15: PL 38, 455-459.
8. Cf. I, q.37, a.1; III, q.3, a.8, ad3. 성령이 참사랑이라는 사실은 명백하다. 참사랑을 통해서 교회 안에서 죄인들의 용서가 이루어진다. 따라서 죄인들의 용서는, 요한 20,22의 말씀에 따라, 성령에게 고유화된 결과이다: "성령을 받아라. 너희가 누구의 죄든지 용서해주면 그가 용서를 받을 것이고, 그대로 두면 그대로 남아 있을 것이다." 그러므로 죽을 때까지 죄를 고집

고유한 신성의 능력에 의해 그리고 성령의 작용을 통해서 작용했던 행위들을 악령들의 원리에 귀속시키는 동안, 유다인들은 성령을 거슬러 독성을 범했던 것이다. 이것 때문에 그들은 성령을 거슬러 독성을 범한 셈이라고 언급된다.

아우구스티누스는 『주님의 말씀』[7]에서 성령을 거스르는 독성이나 죄는 마지막 참회하지 않음이며, 즉 어떤 이가 죽을 때까지 사죄 안에서 고집할 때 [일어난다고 말한다]. 그것은 단지 입에서 나오는 말에 의해서만이 아니라, 마음의 말과 행위에 의해서도 일어나며, 단지 하나에 의해서가 아니라 많은 것에 의해서 일어난다. 그러나 그렇게 받아들여진 이 말은, 성부와 성자의 참사랑인 성령을 통해서 일어나는 죄인들의 용서를 거스르기 때문에, 성령을 거스른다고 언급된다.[8] 주님께서는 유다인들에게 마치 이들이 성령을 거슬러 죄를 지은 것처럼 말씀하지 않으셨는데, 그들이 아직 최종적으로 참회하지 않은 이들이 아니었기 때문이다. 그러나 그분은 그렇게 말씀하시면서, 그들이 성령을 거슬러 죄를 범하는 데까지 도달하지 않도록 경고하셨다. 마르코복음서 3장 [29-30절]에서 "성령을 모독하는 자는 기타 등등"이라고 말한 다음에, 복음사가가 "그들이 '그가 더러운 영을 가졌다'고 말하였기 때문이다"라는 말을 덧붙였다는 사실은 그렇게 이해되어야만 한다.

그러나 다른 이들[9]은 다르게 받아들이는데, 성령을 거스르는 죄나 독성은, 어떤 이가 성령의 고유성인 선을 거슬러 죄를 지었을 때라고

하면서 마음으로, 말로, 행위로 죄인들의 용서를 거부하는 이는 성령 안에서 용서받을 수 없다고 말해지는 것이다. 따라서 아우구스티누스에 따라 죽을 때까지 고집하며 참회하지 않음은 성령을 거스르는 죄이다. *De Malo* q.3, a.14 참조.

9. Cf. Richardus a S. Victore, *De Spiritu Blasphemiae*: PL 196, 1187 CD.

bonum Spiritus Sancti, cui appropriatur bonitas, sicut Patri appropriatur potentia et Filio sapientia.[10] Unde peccatum in Patrem dicunt esse quando peccatur ex infirmitate; peccatum autem in Filium, quando peccatur ex ignorantia; peccatum autem in Spiritum Sanctum, quando peccatur ex certa malitia, idest ex ipsa electione mali, ut supra[11] expositum est. Quod quidem contingit dupliciter. Uno modo, ex inclinatione habitus vitiosi, qui malitia dicitur: et sic non est idem peccare ex malitia quod peccare in Spiritum Sanctum. Alio modo contingit ex eo quod per contemptum abiicitur et removetur id quod electionem peccati poterat impedire: sicut spes per desperationem, et timor per praesumptionem, et quaedam alia huiusmodi, ut infra[12] dicetur. Haec autem omnia quae peccati electionem impediunt, sunt effectus Spiritus Sancti in nobis. Et ideo sic ex malitia peccare est peccare in spiritum sanctum.[13]

Ad primum ergo dicendum quod, sicut confessio fidei non solum consistit in protestatione oris, sed etiam in protestatione operis; ita etiam blasphemia Spiritus Sancti potest considerari et in ore et in

---

10. 신성의 완전함이 한 위격에 고유한 것으로 귀속되는 것에 대해서는 I, q.39, aa.7-8 참조.
11. I-II, q.78, aa.1 & 3.
12. a.2.
13. "악의로부터 죄를 짓는 이는 그의 의지가 연결된 악의를 지닌 어떤 선으로 그 자체로 기울어지고 있다. 이것은 두 가지 방식으로 일어난다. 왜냐하면 자연적인 사물들에서도 두 가지로 어떤 것이 움직여지기 때문이다. 한편으로, 무거운 것이 아래로 움직이는 것처럼, 경향 때문에, 다른 한편으로 물이 깨진 항아리로부터 흘러나오는 것처럼, 방해하는 것의 제거 때문에 움직여진다. 의지도 획득된 습성의 고유한 경향으로부터 이런 종류의 선으로 움직여질 때가

말한다. 성부에게는 권능이 고유화되고 성자에게는 지혜가 고유화되는 것처럼 성령에게는 선성이 고유화된다.[10] 따라서 성부를 거스르는 죄는 나약함으로부터 죄를 지었을 때라고 말하지만, 성자를 거스르는 죄는 무지로부터 죄를 지었을 때라고 말한다. 성령을 거스르는 죄는 어떤 악의로부터, 즉 위에서[11] 설명했듯이, 악의 선택 자체로부터 죄를 지었을 때라고 말한다.

그런데 이것은 두 가지 방식으로 일어난다. 첫째, 악의라고 불리는 악한 습성의 경향으로부터 일어나는데, 이 경우에는 악으로부터 죄를 범하는 일이 성령을 거슬러 죄를 범하는 일과 동일하지 않다. 둘째, 죄의 선택을 방해할 수 있었을 것, 예를 들어 아래에서[12] 말할 것처럼, 절망을 통해 희망을, 오만을 통해 두려움을, 그리고 이러한 종류의 다른 것들을, 경멸을 통해서 버리거나 제거함으로써 일어난다. 그러나 죄의 선택을 방해하는 이 모든 것은 우리 안에 있는 성령의 결과이다. 따라서 이 경우에는 악의로부터 죄를 범하는 일이 성령을 거슬러 죄 짓는 일이다.[13]

[해답] 1. 신앙 고백이 단지 입의 증언만이 아니라 행위의 증언으로도 이루어지는 것처럼, 성령을 거스르는 독성 또한 입 안에서, 마음 안

있고, 그러나 인간을 죄로부터 떠나게 하는 희망이나 하느님에 대한 두려움이나 성령의 다른 선물들처럼 죄를 금지하던 것의 제거로부터 움직여질 때도 있다. 이런 종류의 성령의 밧줄들로부터 벗어나기 때문에 죄를 짓는 경향을 지니며 그의 의지가 성령을 거스르는 사람은 고유하게 성령을 거스르는 죄를 짓는다. 그렇기 때문에 스승의 『명제집』 제2권 제43구분을 통해서 분명한 것처럼, 절망이나 오만이나 고집과 이런 종류의 것들은 성령을 거스르는 죄의 종이라고 규정된다. 넓게 말해서 습성의 경향으로부터 죄를 짓는 사람도 성령을 거스르는 죄를 짓는다고 말할 수 있다. 그도 또한 결과적으로 성령의 선함을 거스르기 때문이다."(*De Malo* q.3, a.14) corde et in opere.

Ad secundum dicendum quod secundum tertiam acceptionem blasphemia in Spiritum Sanctum distinguitur contra blasphemiam in Filium hominis secundum quod Filius hominis est etiam Filius Dei, idest D*ei virtus et Dei sapientia*[14]. Unde secundum hoc, peccatum in Filium hominis erit peccatum ex ignorantia vel ex infirmitate.

Ad tertium dicendum quod peccatum ex certa malitia secundum quod provenit ex inclinatione habitus, non est speciale peccatum, sed quaedam generalis peccati conditio. Prout vero est ex speciali contemptu effectus Spiritus Sancti in nobis, habet rationem specialis peccati. Et secundum hoc etiam peccatum in Spiritum Sanctum est speciale genus peccati. ─ Et similiter secundum primam expositionem. ─ Secundum autem secundam expositionem, non est speciale genus peccati: nam finalis impoenitentia potest esse circumstantia cuiuslibet generis peccati.

Articulus 2
Utrum convenienter assignentur sex species peccati in Spiritum Sanctum.

Ad secundum sic proceditur. Videtur quod inconvenienter assignentur sex species peccati in Spiritum Sanctum: scilicet desperatio,

---

14. Cf. 1코린 1,24: "그렇지만 유다인이든 그리스인이든 부르심을 받은 이들에게 그리스도는 하느님의 힘이시며 하느님의 지혜이십니다."

에서, 그리고 행위 안에서 고찰될 수 있다.

2. 세 번째 해석에 따라 성령을 거스르는 독성은, 사람의 아들이 또한 하느님의 아들, 즉 하느님의 힘과 하느님의 지혜인 한에서[14], 사람의 아들을 거스르는 독성으로부터 구분된다. 따라서 이것에 따라 사람의 아들을 거스르는 죄는 무지로부터 혹은 나약함으로부터 오는 죄일 것이다.

3. 어떤 악의로부터 오는 죄는, 습성의 경향으로부터 나오는 한에서, 특수한 죄가 아니라 죄의 어떤 일반적인 조건이다. 그러나 우리 안에 있는 성령의 결과에 대한 특별한 경멸로부터 그것이 오는 한에서 그것은 죄의 특별한 의미를 가진다. 이것에 따라 성령을 거스르는 죄는 죄의 특수한 유(類)이다. 첫 번째 해석에 따르면 이와 유사하다. 그러나 두 번째 해석에 따르면, 죄의 특수한 유는 아니다. 최종적으로 참회하지 않음은 죄의 어떤 유든지 지니는 주변 조건일 수 있기 때문이다.

제2절 성령을 거스르는 죄의 여섯 가지 종(種)은 적절하게 지정되었는가?

Parall.: Infra, q.36, a.4, ad2; *In Sent.*, II, d.43, a.3; *In Matth.*, c.12; *In Ep. ad Rom.*, c.2, lect.1.

[반론] 둘째에 대해서는 다음과 같이 진행된다. 성령을 거스르는 죄의 여섯 가지 종, 즉 절망, 오만, 참회하지 않음, 완고함, 알려진 진리에 대한 공격, 형제에게 주어진 은총에 대한 질투 등은 적절하게 지정

praesumptio, impoenitentia, obstinatio, impugnatio veritatis agnitae et invidentia fraternae gratiae; quas species ponit Magister, 43 dist. II lib. *Sent.*

1. Negare enim divinam iustitiam vel misericordiam ad infidelitatem pertinet. Sed per desperationem aliquis reiicit divinam misericordiam, per praesumptionem autem divinam iustitiam. Ergo unumquodque eorum potius est species infidelitatis quam peccati in Spiritum Sanctum.

2. Praeterea, impoenitentia videtur respicere peccatum praeteritum, obstinatio autem peccatum futurum. Sed praeteritum vel futurum non diversificant speciem virtutis vel vitii: secundum enim eandem fidem qua credimus Christum natum, antiqui crediderunt eum nasciturum. Ergo obstinatio et impoenitentia non debent poni duae species peccati in Spiritum Sanctum.

3. Praeterea, *veritas et gratia per Iesum Christum facta est,* ut habetur Ioan. 1, [17]. Ergo videtur quod impugnatio veritatis agnitae et invidentia fraternae gratiae magis pertineant ad blasphemiam in Filium hominis quam ad blasphemiam in Spiritum Sanctum.

4. Praeterea, Bernardus dicit, in libro *de Dispensat. et Praecept.*[1], quod *nolle obedire est resistere Spiritui Sancto.* Glossa[3] etiam dicit, *Levit.* 10[2], quod *simulata poenitentia est blasphemia Spiritus Sancti.* Schis-

---

1. Bernardus, *De Dispensatione et Praecepto*, c.11, n.26: PL 182, 876 B.
2. 레위 10,16: "모세는 속죄 제물로 바친 숫염소가 어찌 되었는지 조사해 보았다. 그랬더니 그

되지 않은 것처럼 보인다.

1. 이러한 종들을 스승[페트루스 롬바르두스]이 『명제집』 제2권 제43구분에서 제시한다. 신적 정의나 자비를 부정하는 일은 불신앙에 속한다. 그러나 어떤 이는 절망을 통해서는 신적 자비를 거부하고, 오만을 통해서는 신적 정의를 거부한다. 그러므로 그것들 중에서 무엇이든지 성령을 거스르는 죄들이라기보다 오히려 불신앙의 종이다.

2. 참회하지 않음은 과거의 죄와 관련되지만, 완고함은 미래의 죄와 관련되는 것처럼 보인다. 그런데 과거 또는 미래는 덕의 종이나 악습의 종을 다수화하지 않는다. 우리에게 그리스도가 태어났음을 믿도록 하는 동일한 신앙에 따라, 옛 사람들은 그가 태어나리라는 것을 믿었기 때문이다. 그러므로 완고함과 참회하지 않음이 성령을 거스르는 죄의 두 가지 종으로 제시되어서는 안 된다.

3. 요한복음서 1장 [17절]에서 언급되었듯이, "진리와 은총은 예수 그리스도를 통해서 만들어졌다." 그러므로 알려진 진리에 대한 공격과 형제에게 주어진 은총에 대한 질투는 성령을 거스르는 독성에 속하기보다는 사람의 아들에 대한 독성에 속하는 셈이다.

4. 베르나르두스는 『관면과 계명』[1] 안에서 "복종하지 않는 것은 성령에 저항하는 일이다"라고 말한다. 또한 레위기 10장 [16절][2]에 대한 주해[3]에서 "위장된 참회는 성령에 대한 독성이다"라고 말한다. 이교(離教) 또한 직접적으로 교회가 일치하도록 만드는 성령에 반대하는 것

것은 이미 타 버린 뒤였다. 그래서 모세는 아론의 남은 두 아들 엘아자르와 이타마르에게 화를 내며 말하였다."

3. *Glossa ordinaria*. - Cf. Hesychium, *In Lev.*, II, super 10, 16: PG 93, 901 D.

ma etiam videtur directe opponi Spiritui Sancto, per quem Ecclesia unitur. Et ita videtur quod non sufficienter tradantur species peccati in Spiritum Sanctum.

Sed contra, Augustinus dicit, in libro *de fide ad Petrum*[4], quod illi qui desperant de indulgentia peccatorum, vel qui sine meritis de misericordia Dei praesumunt, peccant in Spiritum Sanctum. Et in *Enchiridio*[5] dicit quod *qui in obstinatione mentis diem claudit extremum, reus est peccato in Spiritum Sanctum.* Et in libro *de Verb. Dom.*[6] dicit quod impoenitentia est peccatum in Spiritum Sanctum. Et in libro *de Serm. Dom. in Monte*[7] dicit quod *invidiae facibus fraternitatem impugnare* est peccare in Spiritum Sanctum. Et in libro *de Unico Bapt.*[8] dicit quod *qui veritatem contemnit, aut circa fratres malignus est, quibus veritas revelatur; aut circa Deum ingratus, cuius inspiratione Ecclesia instruitur;* et sic videtur quod peccet in Spiritum Sanctum.

Respondeo dicendum quod, secundum quod peccatum in Spiritum Sanctum tertio modo accipitur[9], convenienter praedictae species ei assignantur. Quae distinguuntur secundum remotionem vel contemptum eorum per quae potest homo ab electione peccati impediri.

---

4. Fulgentius, *De fide ad Petrum*, c.3, n.38: PL 65, 690 D.
5. Augustinus, *Enchiridion*, c.83: PL 40, 272.
6. Augustinus, *De Verb. Dom.*, serm.71, al.11, c.12, n.20; 13, n.23; 21, n.34: PL 38, 455, 457, 464

처럼 보인다. 그래서 성령을 거스르는 죄들의 종들은 충분하게 전수된 것처럼 보이지 않는다.

[재반론] 반대로 아우구스티누스는 『부제 베드로에게 보낸 신앙론』[4]에서 "죄의 사면에 대해서 절망하는 사람들이나 공로 없이 주님의 자비에 대해 추정하는 사람들은 성령을 거슬러 죄를 짓는다."라고 말한다. 『라우렌티우스에게 보낸 길잡이』[5]에서는 "정신의 완고함 안에서 마지막 날을 닫는 사람은 성령을 거스르는 죄를 지은 죄인이다." 그리고 『주님의 말씀』[6]에서는 "참회하지 않음은 성령을 거슬러 죄를 짓는 일이다."라고 말한다. 또한 『주님의 산상 설교』[7]에서는 "시기의 횃불에 의해 형제애를 공격하는 일"은 성령을 거슬러 죄를 짓는 일이라고 말한다. 『하나인 세례』[8]에서는 "진리를 경멸하는 사람이나 진리가 계시된 형제들에 관해서 악의적인 사람이나 교회가 가르칠 수 있도록 영감을 주는 하느님에 관해서 감사하지 않는 사람은" 그렇게 성령을 거슬러 죄를 짓는 것처럼 보인다고도 하였다.

[답변] 성령을 거스르는 죄가 세 번째 방식으로 취해지는 한에서[9] 앞서 언급된 종들은 그것에 적절하게 지정되었다. 인간이 죄를 선택하는 것을 방해할 수 있는 것들을 제거하거나 경멸함에 따라서 그 종들은 구분된다. 이것들은 한편으로 신적인 심판의 측면에서, 다른 한편

---

7. Augustinus, *De Sermone Domini in Monte*, I, c.22, n.73: PL 34, 1266.
8. Augustinus, *De Baptismo contra Donatistas*, VI, c.35, n.67: PL 43, 219.
9. Cf. a.1.

Quae quidem sunt vel ex parte divini iudicii; vel ex parte donorum ipsius; vel etiam ex parte ipsius peccati. Avertitur enim homo ab electione peccati ex consideratione divini iudicii, quod habet iustitiam cum misericordia, et per spem, quae consurgit ex consideratione misericordiae remittentis peccata et praemiantis bona, et haec tollitur per desperationem[10], et iterum per timorem, qui insurgit ex consideratione divinae iustitiae punientis peccata; et hic tollitur per praesumptionem[11], dum scilicet aliquis se praesumit gloriam adipisci sine meritis, vel veniam sine poenitentia.

Dona autem Dei quibus retrahimur a peccato sunt duo. Quorum unum est agnitio veritatis, contra quod ponitur impugnatio veritatis agnitae, dum scilicet aliquis veritatem fidei agnitam impugnat ut licentius peccet. — Aliud est auxilium interioris gratiae: contra quod ponitur invidentia fraternae gratiae, dum scilicet aliquis non solum invidet personae fratris, sed etiam invidet gratiae Dei crescenti in mundo.[12]

Ex parte vero peccati duo sunt quae hominem a peccato retrahere possunt. Quorum unum est inordinatio et turpitudo actus, cuius consideratio inducere solet in homine poenitentiam de peccato commisso. Et contra hoc ponitur impoenitentia: non quidem eo modo quo dicit permanentiam in peccato usque ad mortem, sicut supra[13]

---

10. Cf. infra, q.20.
11. Cf. infra, q.21, a.1.

으로 하느님의 선물들의 측면에서, 또 다른 한편으로 죄 자체의 측면에서 존재한다. 인간은 죄를 선택하는 것으로부터 –자비와 정의를 함께 가지고 있는 – 신적인 심판을 고찰하면서 등을 돌릴 수 있기 때문이다. 한편으로 죄를 용서하시고 선을 보상해주시는 자비를 고찰하면서 함께 일어나는 희망을 통해서 [죄의 선택에서 멀어질 수 있는데], 이것은 절망[10]을 통해서 제거된다. 다른 한편으로 죄를 벌하는 신적 정의에 대한 고찰로부터 일어나는 두려움을 통해서 또 다시 [멀어질 수 있는데], 이것은—어떤 이가 공로 없이도 영광을 받으리라고 감히 추정하거나 참회 없이도 사면을 받으리라고 생각할 때—오만[11]을 통해서 제거된다.

죄로부터 물러나게 하는 하느님의 선물은 두 가지다. 그것들 중에 첫째는 진리의 인정인데, 이것을 거슬러서 인정된 진리에 대한 공격이 제시된다. 즉 어떤 이가 더욱 자유롭게 죄를 짓기 위해서 신앙에 관해 인정했던 진리를 공격할 때 [일어난다]. 둘째는 내적 은총의 도움인데, 이것을 거슬러서는 형제에게 주어진 은총에 대한 질투가 제시된다. 즉 어떤 이가 형제의 인격을 질투할 뿐만 아니라 세상 안에서 커지는 하느님의 은총까지도 질투하는 때 [일어난다.][12]

그러나 죄의 측면에서는 두 가지가 인간을 죄로부터 물러나게 할 수 있다. 그것들 중에 첫째는 행위의 무질서함과 추함인데, 이것에 대해 고찰하는 일은 인간 안에서 저질러진 참회로 종종 이끌게 되어 있다. 이것을 거슬러서는 참회하지 않음이 제시되는데, 위에서[13] '참회하지

---

12. Cf. q.36, a.4, ad2.
13. a.1.

impoenitentia accipiebatur (sic enim non esset speciale peccatum, sed quaedam peccati circumstantia); sed accipitur hic impoenitentia secundum quod importat propositum non poenitendi. — Aliud autem est parvitas et brevitas boni quod quis in peccato quaerit, secundum illud *Rom.* 6, [21]: *Quem fructum habuistis in quibus nunc erubescitis?* Cuius consideratio inducere solet hominem ad hoc quod eius voluntas in peccato non firmetur. Et hoc tollitur per obstinationem: quando scilicet homo firmat suum propositum in hoc quod peccato inhaereat. — Et de his duobus dicitur Ierem. 8, [6]: *Nullus est qui agat poenitentiam super peccato suo, dicens, Quid feci?* Quantum ad primum; *Omnes conversi sunt ad cursum quasi equus impetu vadens ad praelium,* quantum ad secundum.

Ad primum ergo dicendum quod peccatum desperationis vel praesumptionis non consistit in hoc quod Dei iustitia vel misericordia non credatur: sed in hoc quod contemnatur.

Ad secundum dicendum quod obstinatio et impoenitentia non solum differunt secundum praeteritum et futurum: sed secundum quasdam formales rationes ex diversa consideratione eorum quae in peccato considerari possunt, ut dictum est.[14]

Ad tertium dicendum quod gratiam et veritatem Christus fecit per dona Spiritus Sancti, quae hominibus dedit.

---

14. 본론. - Cf. eq quae dicta sunt I-II, q.79, a.3 de *excaecatione* et *induratione cordis*.

않음'이 취해졌던 것처럼(그럴 경우 그것은 특별한 죄가 아니라, 죄와 관계된 일종의 주변 조건인 셈이다), 죽을 때까지 죄 안에 머물러 있음을 말하는 것이 아니라, 참회하지 않겠다는 결정을 내포하는 한에서의 '참회하지 않음'으로 취해지는 것이다. 둘째는 로마서 6장 [21절]의 "여러분이 지금은 부끄럽게 여기는 것들 안에서 무슨 열매를 거두었습니까"라는 말씀에 따라 어떤 이가 죄 안에서 찾는 선의 나약함과 짧음이다. 이것에 대한 고찰은 인간을 죄 안에 있는 그의 의지가 굳건하지 않도록 종종 이끌게 된다. 이것은 완고함을 통해서 제거되는데, 즉 인간이 죄를 고수하려는 자신의 결정에 굳게 머물 때 [일어난다.] 이 두 가지에 대해서 예레미야서 8장 [6절]에서는 "아무도 '내가 이런 일을 저지르다니!' 하며 자신의 죄에 대해 참회하지 않는다"라고 말하는데, 이것은 첫째와 관련된다. 또한 "모두 제 길로 돌아서니 싸움터로 내닫는 말과도 같다."라는 말씀은 둘째와 관련된다.

[해답] 1. 절망이나 오만의 죄는 하느님의 정의나 자비를 믿지 않는 것이 아니라, 이것을 경멸하는 것으로 구성된다.

2. 완고함과 참회하지 않음은 과거와 미래에 따라서 구분될 뿐만 아니라, 방금 말한 바와 같이, 죄 안에서 고찰될 수 있는 것들에 대한 다양한 고찰의 측면에서 오는 어떤 형상적 근거에 따라서 구분된다.[14]

3. 그리스도는 은총과 진리를 성령이 인간들에게 주신 성령의 선물을 통해서 만드셨다.

4. '복종하려 들지 않음'은 완고함에 속하고[15], 위장된 참회는 '참회

---

15. Cf. q.105, a.2, ad2.

Ad quartum dicendum quod nolle obedire pertinet ad obstinationem[15]; simulatio poenitentiae ad impoenitentiam; schisma ad invidentiam fraternae gratiae, per quam membra Ecclesiae uniuntur.[16]

Articulus 3
Utrum peccatum in Spiritum Sanctum sit irremissibile.

Ad tertium sic proceditur. Videtur quod peccatum in spiritum sanctum non sit irremissibile.

1. Dicit enim Augustinus, in libro *de Verb. Dom.*[1]: De nullo desperandum est quandiu patientia Domini ad poenitentiam adducit. Sed si aliquod peccatum esset irremissibile, esset de aliquo peccatore desperandum. Ergo peccatum in spiritum sanctum non est irremissibile.

2. Praeterea, nullum peccatum remittitur nisi per hoc quod anima sanatur a Deo. Sed *omnipotenti medico nullus insanabilis languor occurrit*: sicut dicit Glossa[2] super illud Psalm. [Ps. 102, 3], *Qui sanat omnes infirmitates tuas*. Ergo peccatum in Spiritum Sanctum non est irremissibile.

3. Praeterea, liberum arbitrium se habet ad bonum et ad malum.

---

16. 이교(離教)에 대해서는 infra, q.39 참조.
1. Augustinus, *De Verb. Dom.*, serm.71, al.11, c.13, n.21: PL 38, 457.

하지 않음'에, 이교(離敎)는—교회의 지체들을 일치시키는—'형제들에게 주어진 은총'에 대한 질투에 속한다.[16]

제3절 성령을 거스르는 죄는 용서받을 수 없는가?

Parall.: III, q.86, a.1, ad2, 3; *In Sent.*, II, d.43, a.4; *De veritate*, q.24, a.11, ad7; *De malo*, q.3, a.15; *Quodlibet.*, II, q.8, a.1; *In Matth.*, c.12; *In Ep. ad Rom.*, c.2, lect.1.

[반론] 셋째에 대해서는 다음과 같이 진행된다. 성령을 거스르는 죄는 용서받을 수 있는 것처럼 보인다.

1. 아우구스티누스는 『주님의 말씀』[1]에서 "주님의 인내가 참회로 그를 이끄는 동안 누구에 대해서도 절망해서는 안 된다."라고 말한다. 만일 어떤 죄가 용서받을 수 없다고 가정하면, 어떤 죄에 대해서는 절망해야 하는 셈이다. 그러므로 성령을 거스르는 죄는 용서받을 수 있다.

2. 어떤 죄도 영혼이 하느님으로부터 치유되지 않는다면 용서되지 못한다. 그런데 전능한 의사는 "네 모든 나약함들을 낫게 하시는 분"이라는 저 시편 [103(102)장 3절]의 말씀에 대한 주해[2]에서 말하는 것처럼, "전능한 의사에게 치유할 수 없는 나약함이란 일어나지 않는다." 그러므로 성령을 거스르는 죄는 용서될 수 있다.

3. 자유재량은 선이나 악 모두와 관련된다. 그런데 나그네의 상태가

---

2. Lombardi: PL 191, 920 A. - Cf. Augustinus, *Enarr. in Psalm.*, super Psalm. 102,3: PL 37, 1319.

q.14, a.3

Sed quandiu durat status viae, potest aliquis a quacumque virtute excidere, cum etiam Angelus de caelo ceciderit: unde dicitur *Iob* 4, [18-19]: *In angelis suis reperit pravitatem, quanto magis qui habitant domos luteas?*[3]. Ergo pari ratione potest aliquis a quocumque peccato ad statum iustitiae redire. Ergo peccatum in Spiritum Sanctum non est irremissibile.

Sed contra est quod dicitur Matth. 12, [32]: *Qui dixerit verbum contra Spiritum Sanctum, non remittetur ei neque in hoc saeculo neque in futuro.* Et Augustinus dicit, in libro *de Serm. Dom. in Monte*[4], quod *tanta est labes huius peccati quod humilitatem deprecandi subire non potest.*

Respondeo dicendum quod secundum diversas acceptiones peccati in Spiritum Sanctum[5], diversimode irremissibile dicitur. Si enim dicatur peccatum in Spiritum Sanctum finalis impoenitentia, sic dicitur irremissibile quia nullo modo remittitur. Peccatum enim mortale in quo homo perseverat usque ad mortem, quia in hac vita non remittitur per poenitentiam, nec etiam in futuro dimittetur.[6]

Secundum autem alias duas acceptiones dicitur irremissibile, non quia nullo modo remittatur: sed quia, quantum est de se, habet meritum ut non remittatur. Et hoc dupliciter. Uno modo, quantum ad poenam. Qui enim ex ignorantia vel infirmitate peccat, minorem

---

3. 테만 사람 엘리파즈의 첫째 담론으로부터 인용됨.
4. Augustinus, *De Sermone Domini in Monte*, I, c.22, n.74: PL 34, 1266.

지속되는 동안, 어떤 이도 일종의 덕으로부터 떨어질 수 있다. 천사들도 하늘로부터 떨어졌기 때문이다. 따라서 욥기 4장 [18-19절]에서는 "그분은 그분의 천사들 안에서도 악의를 발견하시는데, 토담집에 사는 자들은 얼마나 더 큰 [악의를 가질까]?"[3]라고 말한다. 그러므로 성령을 거스르는 죄는 용서받을 수 있다.

[재반론] 반대로 마태오복음서 12장 [32절]에서는 "성령을 거슬러 말하는 자는 현세에서도 미래에서도 용서받지 못할 것이다."라고 말한다. 아우구스티누스는 『주님의 산상설교』[4]에서 "저 흠은 너무나 커서 간청해야 하는 겸손에 들어갈 수 없다"라고 말한다.

[답변] 성령을 거스르는 죄에 관한 다양한 해석에 따라[5] 다양한 방식으로 용서받을 수 없다고 말한다. 만일 성령을 거스르는 죄가 최종적인 '참회하지 않음'을 말한다면, 그것은 결코 용서받을 수 없기 때문에 '용서받을 수 없다'고 말하는 것이다. 인간이 죽을 때까지 고수하고 있는 사죄(死罪)는 용서받을 수 없는데, 그것은 이 삶 안에서 참회를 통해 용서받지 못하고, 미래에도 사해지지 않을 것이기 때문이다.[6]

그런데 다른 두 가지 해석에 따라서도 용서받을 수 없다고 말한다. 결코 용서받을 수 없기 때문이 아니라, 그 자체에 관해서 용서받을 수 있는 공로를 가지고 있지 않기 때문이다. 이것은 두 가지로 [일어난다]. 첫째, 벌에 관해서. 무지나 나약함으로부터 죄를 짓는 사람은 더

---

5. Cf. a.1.
6. Cf. I-II, q.87, a.3.

poenam meretur: qui autem ex certa malitia peccat, non habet aliquam excusationem unde eius poena minuatur. Similiter etiam qui blasphemabat in Filium hominis, eius divinitate nondum revelata, poterat habere aliquam excusationem propter infirmitatem carnis quam in eo aspiciebat, et sic minorem poenam merebatur: sed qui ipsam divinitatem blasphemabat, opera Spiritus Sancti Diabolo attribuens, nullam excusationem habebat unde eius poena diminueretur. Et ideo dicitur, secundum expositionem Chrysostomi[7], hoc peccatum Iudaeis non remitti neque in hoc saeculo neque in futuro, quia pro eo passi sunt poenam et in praesenti vita per Romanos, et in futura vita in poena Inferni. Sicut etiam Athanasius[8] inducit exemplum de eorum parentibus, qui primo quidem contra Moysen contenderunt propter defectum aquae et panis, et hoc dominus sustinuit patienter, habebant enim excusationem ex infirmitate carnis. Sed postmodum gravius peccaverunt quasi blasphemantes in Spiritum Sanctum, beneficia Dei qui eos de Aegypto eduxerat, idolo attribuentes, cum dixerunt[9]: *Hi sunt dii tui, Israel, qui te eduxerunt de terra Aegypti.* Et ideo Dominus et temporaliter fecit eos puniri, quia *ceciderunt in die illo quasi tria millia hominum*[10]; et in futurum eis poenam comminatur, dicens[11]: *Ego autem in die ultionis visitabo hoc*

---

7. Chrysostomus, *In Matth.*, hom.41, n.3: PG 57, 449
8. Athanasius, Epist. 4, *ad Serapionem*, n.16: PG 26, 662 B.
9. 탈출 32,4: "아론이 그 금을 그들 손에서 받아 거푸집에 부어 수송아지 상을 만들자 사람들이 외쳤다. '이스라엘아, 이분이 너를 이집트 땅에서 데리고 올라오신 너의 신이시다.'"

적은 벌을 받을 만하다. 그러나 어떤 악의로부터 죄를 짓는 사람은 그 벌이 감소될 수 있는 어떤 핑계를 가지고 있지 않다. 이와 유사하게 그의 신성이 아직 계시되지 않았을 때 사람의 아들에 관해 신성을 모독했던 사람은, 그분 안에서 그가 바라보았던 육의 나약함 때문에 어떤 핑계를 가질 수 있었을 것이고, 그래서 더 적은 벌을 받을 것이다. 그러나 성령의 행위를 악령에게 귀속시키면서 신성 자체를 모독했던 사람은 결코 그의 벌을 감소시켰을 핑계를 가질 수 없다. 따라서 크리소스토무스의 해석[7]에 따라, 유다인들의 이 죄는 이 세상에서는 물론 미래에도 용서받지 못한다. 현재 삶에서는 로마인들을 통해서, 미래의 삶에서는 지옥의 벌 안에서 그들에게 벌이 주어지기 때문이다. 또한 아타나시우스[8]가 그들의 조상들에 대해 예로 들었던 것처럼, 그들은 우선 모세를 거슬러서 물과 빵의 결핍 때문에 불평했고, 이것을 주님께서는 인내로이 참으셨다. 그들은 육의 나약함으로부터 핑계를 가지고 있었기 때문이다. 그러나 그들이 자신들을 이집트로부터 이끌어 내셨던 하느님의 은총을 우상에게 귀속시키면서, "이분이 너를 이집트 땅에서 이끌어 내신 너의 신이시다."[9]라고 말했을 때 마치 성령을 거슬러 독성을 하는 이들처럼 더욱 무거운 죄를 범했다. 따라서 주님께서는 한편으로 그들을 현세적으로 벌 받도록 만드셔서, 그날에 3000명 가량의 사람들을 죽이셨고[10], 다른 한편으로 "나는 미래의 내 복수의 날에 그들의 이 죄를 징벌할 것이다"라고 말씀하시면서[11], 미래에 그들

---

10. 탈출 32,28: "레위의 자손들은 모세가 분부한 그대로 하였다. 그날 백성 가운데에서 삼천 명 가량이나 쓰러졌다."
11. 탈출 32,34: "이제 너는 가서 내가 너에게 일러 준 곳으로 백성을 이끌어라. 보아라, 내 천사가 네 앞에 서서 나아갈 것이다. 그러나 내 징벌의 날에 나는 그들의 죄를 징벌하겠다."

q.14, a.3

peccatum eorum.

Alio modo potest intelligi quantum ad culpam: sicut aliquis dicitur morbus incurabilis secundum naturam morbi, per quem tollitur id ex quo morbus potest curari, puta cum morbus tollit virtutem naturae, vel inducit fastidium cibi et medicinae; licet etiam talem morbum Deus possit curare. Ita etiam peccatum in Spiritum Sanctum dicitur irremissibile secundum suam naturam, inquantum excludit ea per quae fit remissio peccatorum. Per hoc tamen non praecluditur via remittendi et sanandi omnipotentiae et misericordiae Dei, per quam aliquando tales quasi miraculose[12] spiritualiter sanantur.[13]

Ad primum ergo dicendum quod de nemine desperandum est in hac vita, considerata omnipotentia et misericordia Dei. Sed considerata conditione peccati, dicuntur aliqui *filii diffidentiae*, ut habetur *ad Ephes.* 2, [2][14].

---

12. Cf. I-II, q.113, a.10.
13. "성령을 거스르는 죄와 다른 사죄 사이에는 다음과 같은 차이가 있다. 성령을 거스르는 죄는 죄로부터 물러날 수 있음을 직접적으로 배제하지만, 다른 사죄는 직접적으로 이것을 배제하는 것이 아니라, 어떠한 딸린 것으로서 배제한다. 죽어 마땅하게 죄를 짓는 모든 이는, 절망하는 이처럼 자비를 배제하거나 신적 은총의 확산에 대해 고통을 받는 이처럼 은총을 배제하며 그렇게 다른 것들에 대해서도 마찬가지다. 이것 때문에 이런 종류의 죄는 용서받을 수 없다고 불리고, 죄인의 측면에서 치료될 수 없는 병이라고 불린다. 왜냐하면 그것은 용서와 치료를 일으키는 것들을 제거하고, 결과적으로 다른 이들에게서 치료의 원리를 제거하기 때문이다."(이 절에 대한 카예타누스의 주해) - 또한 트리엔트 공의회 교리서의 내용(Cathechismus Conc. Trid., P.II, c.5, sect.19, Patavii, 1930, p.225f.)도 깊이 생각해야 한다: "성경 안에서(1열왕 15,24; 2마카 9,13; 히브 12,17) 우리는 어떤 이들이 열렬하게 애원할지라도 주님으로부터 자비를 성취하지 못한다는 사실을 읽는다. 그러나 그 이유 때문에 우리는 그들이 참으로 그리고 영혼으로부터 범죄를 참회하지 않았다는 사실을 알게 된다. 어떤 죄들은 용서받지 못한다는 사실을 긍정하는 것처럼 보이는 이런 종류의 언명들이 성경이나 교황문헌에서 등장할 때(Cf.

제14문 제3절

에게 [내릴] 벌을 위협하셨다.

둘째, [용서받을 수 없음]은 죄악에 관해서 이해될 수 있다. 마치 어떤 이가 - 병이 치료될 수 있는 것을 제거해버리는 - [바로 그] 병의 본성에 따라서, 예를 들어 병이 본성의 [저항] 능력을 제거해버리거나, 혹은 음식이나 약의 혐오로 이끌었을 때, 비록 하느님은 그러한 병을 치유하실 수 있을지라도 [어떤] 병이 치유될 수 없다고 말하는 것과 같다. 그렇게 성령을 거스르는 죄도 또한, 그것이 죄의 용서를 일으킬 수 있는 것들을 배제하는 한에서, 그 본성에 따라 용서받을 수 없다고 언급된다. 그럼에도 이것을 통해서 하느님의 전능과 자비를 통해 용서하고 치유하는 길이 차단된 것은 아니다. 하느님은 때때로 기적인 것처럼[12] 영적으로 그러한 것들도 치유하시기 [때문이다.][13]

[해답] 1. 하느님의 전능과 자비를 고찰하면서는, 현세에서 어떤 사람에 대해서도 절망해서는 안 된다. 그러나 죄의 조건을 고찰하면, 에페소서 2장 [2절][14]에서 언급되었듯이, 어떤 이는 "불신의 자식들"이라

마태 12,31-32; 마르 3,28-30; 루카 12,10; 또한 히브 6,4-6; 10,26; 1요한 5,16), 그것들은 용서를 간청해서 얻는 일이 대단히 어렵다는 사실로 이해되도록 해석되어야 한다. 왜냐하면 어떤 질병은 치유가 불가능한 것이라고 불리는데, 병자가 치유하는 약의 힘을 혐오하는 정념을 가지고 있기 때문이다. 그래서 어떤 것은 구원의 고유한 치료제인 하느님의 은총을 배척하기 때문에, 용서되지 못하고 사면되지 못하는 죄의 유(類)인 것이다. 이 언명은 아우구스티누스가 언급한 바 있다(주님의 산상 설교, I.I, c.22, n.74; ML 34, 1266): "저 죄에 속하는 흠은 비록 그의 죄가 나쁜 양심을 알아보고, 알려주도록 강요할지라도, 간청하는 이의 겸손을 감당할 수 없게 할 정도이다." 저 말씀들은 올바르게 이해되어야 하는데, 다른 곳에서 아우구스티누스는 다음과 같이 말하기 때문이다: 정신의 흠에 의해서 저토록 흉악한 상태에서 이 삶을 마치게 된다면, 이 삶 안에서 이루어진 가장 나쁜 것에 대해서도―절망하지 않는 것에 대해 어리석게 기도하지 않을 정도로―절망하지 말아야 하기 때문이다.
14. 에페 2,2: "그 안에서 여러분은 한때 이 세상의 풍조에 따라, 공중을 다스리는 지배자, 곧 지금도 순종하지 않는 자들 안에서 작용하는 영을 따라 살았습니다."

Ad secundum dicendum quod ratio illa procedit ex parte omnipotentiae Dei: non secundum conditionem peccati.

Ad tertium dicendum quod liberum arbitrium remanet quidem semper in hac vita vertibile: tamen quandoque abiicit a se id per quod verti potest ad bonum, quantum in ipso est.[15] Unde ex parte sua peccatum est irremissibile, licet Deus remittere possit.

Articulus 4
Utrum homo possit primo peccare in Spiritum Sanctum, non praesuppositis aliis peccatis.

Ad quartum sic proceditur. Videtur quod homo non possit primo peccare in Spiritum Sanctum, non praesuppositis aliis peccatis.[1]

1. Naturalis enim ordo est ut ab imperfecto ad perfectum quis moveatur. Et hoc quidem in bonis apparet, secundum illud *Proverb.* 4, [18]: *Iustorum semita quasi lux splendens crescit et proficit usque ad perfectum diem.* Sed perfectum dicitur in malis quod est maximum

---

15. Cf. q.137, a.4; I, q.64, a.2; I-II, q.114, a.9; III, q.79, a.6, ad1; q.86, a.1.
1. 카예타누스가 주해했던 것처럼, 여기서는 "인간이 다른 죄를 저지르기 이전에 성령을 거스르는 죄를 지을 수 있는가 하는 질문이 아니라, 죄로부터 깨끗한 인간이, 참회 또는 세례적인 결백함을 통해서 또는 결코 사죄(死罪)를 저지르지 않음을 통해서도, 처음으로 성령을 거슬러 죄를 지을 수 있는가 하는 질문이 관건이다. 그리고 저자가 의도했던 이 의미를 문헌은 완전한

고 불린다.

2. 저 논거는 죄의 조건에 따라서가 아니라 하느님의 전능의 측면에서 진행된다.

3. 자유재량은 현세에서 항상 변화 가능한 것으로 남아 있지만, 그럼에도 때때로 그 자체인 한에서 선으로 변화시킬 수 있는 것이 자신으로부터 벗어나기도 한다.[15] 따라서 비록 하느님은 용서하실 수 있을지라도, 죄는 그 자체의 측면에서는 용서받을 수 없다.

제4절 인간은 처음으로 성령을 거슬러 죄를 지을 수 있는가?

Parall.: *In Sent.*, II, d.43, a.5; *De virtutibus*, q.2, a.13, ad1.

[반론] 넷째에 대해서는 다음과 같이 진행된다. 인간은 다른 죄들이 전제되지 않는다면, 처음으로 성령을 거슬러 죄를 지을 수 없는 것처럼 보인다.[1]

1. 자연적 질서는 어떤 것이 불완전한 것에서 완전한 것으로 움직이는 것이기 때문이다. 잠언 4장 [18절]의 "의인들의 통로는 빛나는 빛과 같아서 한낮이 될 때까지 점점 커지고 완성된다."라는 말씀에 따라, 이것은 선한 것들 안에서 확실하다. 그러나 철학자가 『형이상학』 제5권

사람들과 악하게 준비된 자들의 경우에 다양한 방식으로 대답하면서 명백하게 한다. 이들 중에 어떤 이는 고백과 통회 이전에 절망과 불신앙과 색욕 등에 익숙해서, 많은 어려움 없이 반복해서 성령을 모독한다. 이는 앞선 악행들이 남아 있어서 이것으로 준비되어 있기 때문이다."

malum, ut patet per philosophum, in V *Metaphys.*². Cum igitur peccatum in Spiritum Sanctum sit gravissimum, videtur quod homo ad hoc peccatum perveniat per alia peccata minora.

2. Praeterea, peccare in Spiritum Sanctum est peccare ex certa malitia, sive ex electione. Sed hoc non statim potest homo, antequam multoties peccaverit: dicit enim Philosophus, in V *Ethic.*³, quod, si homo possit iniusta facere, non tamen potest statim operari sicut iniustus, scilicet ex electione. Ergo videtur quod peccatum in spiritum sanctum non possit committi nisi post alia peccata.

3. Praeterea, poenitentia et impoenitentia sunt circa idem. Sed poenitentia non est nisi de peccatis praeteritis. Ergo etiam neque impoenitentia, quae est species peccati in Spiritum Sanctum. Peccatum ergo in Spiritum Sanctum praesupponit alia peccata.

Sed contra est quod *facile est in conspectu Dei subito honestare pauperem*, ut dicitur *Eccli.* 11, [23]⁴. Ergo e contrario possibile est, secundum malitiam Daemonis suggerentis, ut statim aliquis inducatur in gravissimum peccatum, quod est in Spiritum Sanctum.⁵

Respondeo dicendum quod, sicut dictum est⁶, peccare in Spiritum

---

2. *Meta.*,V, c.16, 1021b25-30; S. Thomas, lect.18, n.1039.
3. Aristoteles, *Ethica Nic.*, V, cc.10 & 13, 1134a17-23; 1137a4-9; S. Thomas, lect.11, nn.1000-1001; lect.15, n.1074.
4. 집회 11,21: "주님 보시기에는 가난한 이를 순식간에 부자로 만드는 것이 쉽기 때문이다."

에서² 분명히 말하듯이, 악들 안에서 완성된 것은 가장 큰 악이다. 그러므로 성령을 거스르는 죄는 가장 무거운 것이기 때문에, 인간은 더 작은 다른 죄들을 통해서 이 죄에 도달하게 되는 것처럼 보인다.

2. 성령을 거슬러 죄를 짓는 일은 어떤 악의로부터 죄를 짓거나, 선택으로부터 죄를 짓는 것이다. 그런데 인간은 이것을, 여러 차례 죄를 짓기 이전에 즉시 할 수 없다. 철학자는 『니코마코스 윤리학』 제5권에서³ "사람이 불의한 것들을 저지를 수 있지만, 즉시 불의한 사람이 하는 것처럼", 즉 선택으로부터 "행위할 수는 없다."라고 말하기 때문이다. 그러므로 성령을 거스르는 죄는 오직 다른 죄들 다음에만 저질러질 수 있다.

3. 참회와 '참회하지 않음'은 같은 것에 관련된다. 그런데 참회는 오직 과거의 죄들에 관한 것이다. 성령을 거스르는 죄의 한 종인 '참회하지 않음'도 오직 [과거의 죄들에 관한 것이다.] 그러므로 성령을 거스르는 죄는 다른 죄들을 전제한다.

[재반론] 반대로 집회서 11장 [22절]⁴에서 말하듯이, "하느님의 면전에서는 가난한 사람을 갑자기 영예롭게 하는 일이 쉬운 것이다." 그러므로 거꾸로 유혹하는 악령의 악의에 따라서는 어떤 이가 성령을 거스르는 가장 무거운 죄로 갑자기 인도되는 일이 가능하다.⁵

[답변] 위에서⁶ 말한 것처럼, 성령을 거슬러 죄를 짓는 일은 한 가지

---

5. '재반론'(sed contra)은 일반적으로 엄격한 증명이 아니고, 종종 권위에 또는 추천하는 논증에 의존하는 입장 표명이다. 그러나 때때로 여기에서처럼, 어느 정도 강제성을 띠기도 한다.
6. a.1.

Sanctum uno modo est peccare ex certa malitia. Ex certa autem malitia dupliciter peccare contingit, sicut dictum est.[7] Uno modo, ex inclinatione habitus: quod non est proprie peccare in Spiritum Sanctum. Et hoc modo peccare ex certa malitia non contingit a principio: oportet enim actus peccatorum praecedere ex quibus causetur habitus ad peccandum inclinans.[8]

Alio modo potest aliquis peccare ex certa malitia abiiciendo per contemptum ea per quae homo retrahitur a peccando: quod proprie est peccare in Spiritum Sanctum, sicut dictum est.[9] Et hoc etiam plerumque praesupponit alia peccata: quia sicut dicitur *Proverb.* 18, [3], *impius, cum in profundum peccatorum venerit*[10]*, contemnit.* Potest tamen contingere quod aliquis in primo actu peccati in Spiritum Sanctum peccet per contemptum: tum propter libertatem arbitrii; tum etiam propter multas dispositiones praecedentes; vel etiam propter aliquod vehemens motivum ad malum et debilem affectum hominis ad bonum. Et ideo in viris perfectis hoc vix aut nunquam accidere potest quod statim a principio peccent in Spiritum Sanctum. Unde dicit Origenes, in I *Periarch.*[11]: *Non arbitror quod aliquis ex his qui in summo perfectoque gradu constiterint, ad subitum evacuetur aut decidat: sed paulatim ac per partes eum decidere necesse est.* — Et eadem ratio est si peccatum in Spiritum Sanctum accipiatur ad litteram pro

---

7. a.1.
8. Cf. I-II, q.51, a.2.
9. a.1.

방식으로 어떤 악의로부터 죄를 짓는 일이다. 그런데 이미[7] 말한 것처럼, 어떤 악의로부터는 두 가지로 죄를 짓는 일이 일어난다. 첫째, 습성의 경향으로부터 일어나는데, 이것은 고유하게 성령을 거슬러 죄를 짓는 일은 아니다. 이 방식으로 어떤 악의로부터 죄를 짓는 일은 처음부터 일어나지 않는다. 죄를 짓도록 하는 경향을 지닌 습성을 야기하는 죄인들의 행위가 선행해야만 하기 때문이다.[8]

둘째, 어떤 이는 인간이 죄를 범하는 것으로부터 물러나게 하는 것들을 멸시하며 버림으로써, 어떤 악의로부터 죄를 범하는 일이 가능하다. 위에서[9] 말한 바와 같이, 이것이 고유하게 성령을 거슬러 죄를 짓는 일이다. 이것은 또한 잠언 18장 [3절][10]에서 "불경한 자는 죄인들의 심연에 왔을 때 멸시한다."라고 말하는 것처럼, 대부분 다른 죄들을 전제한다.

그럼에도 어떤 이가 성령을 거스르는 죄의 첫 번째 행위 안에서 멸시를 통해서 죄를 짓는 일이 발생할 수 있다. 때로는 자유재량 때문에, 때로는 선행하는 많은 상태 때문이기도 하고, 혹은 인간의 악으로의 강렬한 어떤 충동이나 선을 향한 나약한 감정 때문에도 [죄가 바로 발생할 수 있다.] 따라서 완전한 사람들 안에서는 거의 또는 결코 시작하자마자 성령을 거슬러 죄를 짓는 일을 발생시킬 수 없다. 오리게네스는 『원리론』 제1권[11]에서 "나는 매우 높고 완성된 단계에 서 있던 사람들 중에 어떤 이가 갑자기 실패하거나 타락하는 일을 생각할 수 없다. 그는 반드시 천천히 그리고 단계적으로 떨어진다."라고 말한다.

---

10. 잠언 18,3: "악인이 오면 멸시도 오고 수치와 함께 치욕도 온다."
11. Origenes, *Peri Archon*, I, c.3, n.8: PG 11, 155 C. [b] 오리게네스(254년 사망)는 알렉산드리아의 성경 비판가, 신학자, 영적 저술가이다.

blasphemia Spiritus Sancti. Talis enim blasphemia de qua Sominus loquitur, semper ex malitiae contemptu procedit.

Si vero per peccatum in Spiritum Sanctum intelligatur finalis impoenitentia, secundum intellectum Augustini, quaestionem non habet[12]: quia ad peccatum in Spiritum Sanctum requiritur continuatio peccatorum usque in finem vitae.

Ad primum ergo dicendum quod tam in bono quam in malo, ut in pluribus, proceditur ab imperfecto ad perfectum, prout homo proficit vel in bono vel in malo. Et tamen in utroque unus potest incipere a maiori quam alius. Et ita illud a quo aliquis incipit, potest esse perfectum in bono vel in malo secundum genus suum; licet sit imperfectum secundum seriem processus hominis in melius vel in peius proficientis.

Ad secundum dicendum quod ratio illa procedit de peccato ex malitia quando est ex inclinatione habitus.

Ad tertium dicendum quod, si accipiatur impoenitentia secundum intentionem Augustini, secundum quod importat permanentiam in peccato usque in finem, sic planum est quod impoenitentia praesupponit peccata, sicut et poenitentia. Sed si loquamur de impoenitentia habituali, secundum quod ponitur species peccati in Spiritum Sanctum, sic manifestum est quod impoenitentia potest esse etiam ante

---

12. 즉 만일 성령을 거스르는 죄를 통해서 '최종적으로 참회하지 않음'(finalis impoenitentia)이 이해

만일 성령을 거스르는 죄가 성령에 대한 독성을 위해 문자적으로 취해진다면, 같은 이유가 [적용된다.] 주님께서 말씀하셨던 그러한 독성은, 항상 멸시하는 악의로부터 전개되기 때문이다.

그러나 만일 아우구스티누스의 이해에 따라, 성령을 거스르는 죄가 최종적인 '참회하지 않음'으로 이해된다면, 질문 자체가 성립하지 않는다.[12] 성령을 거스르는 죄는 삶의 끝까지 죄들의 지속을 요구하기 때문이다.

[해답] 1. 선 안에서와 같이 악 안에서도, 일반적으로 불완전한 것으로부터 완전한 것으로 진행한다. 인간이 선 안에서나 악 안에서 완성되는 것도 마찬가지다. 그럼에도 두 경우에서 모두 한 사람은 다른 사람보다 더 많은 것에서 시작할 수 있다. 따라서 어떤 이가 시작하는 저것이 그 유(類)에 따라 선이나 악 안에서 완성된 것일 수 있다. 비록 더 좋은 것이나 더 나쁜 것으로 완성되어 가는 인간의 일련의 진행에 따라서는 불완전한 것일지라도 말이다.

2. 저 논거는 악의로부터 오는 죄가 습성의 경향으로부터 오는 것일 때 그 죄로부터 진행된다.

3. 만일 '참회하지 않음'이 아우구스티누스의 의도에 따라 마지막까지 죄에 집착하는 것을 의미하는 한에서 취해진다면, 참회하지 않음은 또한 참회처럼, 죄들을 전제하는 것이 분명하다. 그러나 만일 우리가, 성령을 거스르는 죄의 종이 제시되는 한에서, 습성적인 참회하지 않음에 대해서 말한다면, 참회하지 않음은 또한 죄 이전에도 존재할 수 있

된다면, 인간은 다른 죄들을 전제함이 없이 처음으로 성령을 거슬러서 죄를 지을 수는 없다.

peccata: potest enim ille qui nunquam peccavit habere propositum vel poenitendi vel non poenitendi, si contingeret eum peccare.

다는 점이 명백하다. 결코 죄를 짓지 않은 저 사람이, 만일 그가 죄를 짓는 일이 발생했다고 가정하면, 참회할 것인지 아니면 참회하지 않을 것인지 하는 결심을 가질 수 있기 때문이다.

Quaestio XV
DE CAECITATE MENTIS ET HEBETUDINE SENSUS
in tres articulos divisa

Deinde considerandum est de vitiis oppositis scientiae et intellectui.[1] Et quia de ignorantia, quae opponitur scientiae, dictum est supra[2], cum de causis peccatorum ageretur; quaerendum est nunc de caecitate mentis et hebetudine sensus, quae opponuntur dono intellectus.

Et circa hoc quaeruntur tria.

Primo: utrum caecitas mentis sit peccatum.

Secundo: utrum hebetudo sensus sit aliud peccatum a caecitate mentis.

Tertio: utrum haec vitia a peccatis carnalibus oriantur.[3]

Articulus 1
Utrum caecitas mentis sit peccatum.

Ad primum sic proceditur. Videtur quod caecitas mentis non sit peccatum.

---

1. Cf. q.10, Introd.
2. I-II, q.76.

제15문
정신의 맹목과 감각의 우둔함에 대하여
(전3절)

이어서 지식 및 통찰의 선물과 반대되는 악습들에 대해 고찰해야 한다.[1] 지식에 반대되는 무지에 대해서는, 죄들의 원인에 대해 다룰 때 위에서[2] 이미 말했기 때문에, 이제 통찰의 선물에 대해서 반대되는 정신의 맹목(盲目)과 감각의 우둔함에 대해서 다루어야 한다.

이것에 대해서는 다음 세 가지 질문이 제기된다.

1. 정신의 맹목은 죄인가?
2. 감각의 우둔함은 정신의 맹목과는 다른 죄인가?
3. 이 악습들은 육적인 죄로부터 발생하는가?[3]

제1절 정신의 맹목은 죄인가?

[반론] 첫째에 대해서는 다음과 같이 진행된다. 정신의 맹목은 죄가 아닌 것처럼 보인다.

1. 죄로부터 용서받게 하는 것은 죄가 아닌 것처럼 보이기 때문이다.

---

3. 이 문제는 서구의 금욕적이고 신비적인 전통 안에서 공경되고 영향력이 강했던 그레고리오 대 교황(604년 사망)의 가르침과 용어들을 받아들여 스콜라적으로 해석한 것이다.

1. Illud enim quod excusat a peccato non videtur esse peccatum. Sed caecitas excusat a peccato: dicitur enim Ioan. 9, [41]: *Si caeci essetis, non haberetis peccatum*. Ergo caecitas mentis non est peccatum.

2. Praeterea, poena differt a culpa. Sed caecitas mentis est quaedam poena: ut patet per illud quod habetur Isaiae 6, [10]: *Excaeca cor populi huius;* non enim esset a Deo, cum sit malum, nisi poena esset.[1] Ergo caecitas mentis non est peccatum.

3. Praeterea, omne peccatum est voluntarium, ut Augustinus dicit.[2] Sed caecitas mentis non est voluntaria: quia ut Augustinus dicit, X *Confess.*[3], *cognoscere veritatem lucentem omnes amant;* et *Eccle.* 11, [7] dicitur: *Dulce lumen, et delectabile oculis videre solem*. Ergo caecitas mentis non est peccatum.

Sed contra est quod Gregorius, XXXI *Moral.*[4], caecitatem mentis ponit inter vitia quae causantur ex luxuria.

Respondeo dicendum quod sicut caecitas corporalis est privatio eius quod est principium corporalis visionis, ita etiam caecitas mentis est privatio eius quod est principium mentalis sive intellectualis visionis. Cuius quidem principium est triplex. Unum quidem est lumen naturalis rationis. Et hoc lumen, cum pertineat ad speciem animae

---

1. Cf. I-II, q.79, a.3.
2. Augustinus, *De vera religione*, c.14, n.27: PL 34, 133.

제15문 제1절

그런데 맹목은 죄로부터 용서받게 한다. 요한복음서 9장 [41절]에서는 "너희가 눈먼 사람이었으면 오히려 죄가 없었을 것이다."라고 말하기 때문이다. 그러므로 정신의 맹목은 죄가 아니다.

2. 벌은 죄과와 다르다. 그런데 이사야서 6장 [10절]에서 "이 백성의 마음을 눈멀게 하여라"라고 말한 것을 통해 분명하듯이, 정신의 맹목은 일종의 벌이다. 그것은 악이기 때문에 만일 벌이 아니라면 하느님으로부터 오지 않을 것이기 때문이다.[1] 그러므로 정신의 맹목은 죄가 아니다.

3. 아우구스티누스가 말하듯이[2] 모든 죄는 의지적인 것이다. 그런데 정신의 맹목은 의지적인 것이 아니다. 아우구스티누스가 『고백록』 제10권[3]에서 말하듯이, "모든 이가 빛나는 진리를 인식하는 일을 사랑하고", 코헬렛 11장 [7절]에서 말하듯이 "빛은 달콤한 것, 눈으로 태양을 봄은 즐거운 것"이기 때문이다. 그러므로 정신의 맹목은 죄가 아니다.

[재반론] 반대로 그레고리우스는 『욥기의 도덕적 해설』 제31권[4]에서 정신의 맹목을 색욕으로부터 야기되는 악습들 사이에 놓는다.

[답변] 육체적인 맹목이 육체적 봄의 원리가 되는 것이 결여된 것처럼, 정신의 맹목도 또한 정신적 혹은 지성적 봄의 원리가 되는 것이 결여된 것이다. 그러한 원리는 세 가지이다. 첫째, 그것은 이성의 자연적 빛이다. 이 빛은 이성적 영혼의 종에 속하기 때문에 결코 영혼으로부

---

3. Augustinus, *Confess.*, X, c.23, n.34: PL 32, 794.
4. Gregorius, *Moralia*, XXXI, c.45, al.17, in vet.31, n.88: PL 76, 621 B. - Cf. infra, q.153, a.5.

rationalis, nunquam privatur ab anima.⁵ Impeditur tamen quandoque a proprio actu per impedimenta virium inferiorum, quibus indiget intellectus humanus ad intelligendum, sicut patet in amentibus et furiosis, ut in Primo⁶ dictum est.

Aliud autem principium intellectualis visionis est aliquod lumen habituale naturali lumini rationis superadditum. Et hoc quidem lumen interdum privatur ab anima. Et talis privatio est caecitas quae est poena, secundum quod privatio luminis gratiae quaedam poena ponitur.⁷ Unde dicitur de quibusdam, *Sap.* 2, [21]: *Excaecavit illos malitia eorum.*

Tertium principium visionis intellectualis est aliquod intelligibile principium per quod homo intelligit alia. Cui quidem principio intelligibili mens hominis potest intendere vel non intendere. Et quod ei non intendat contingit dupliciter. Quandoque quidem ex hoc quod habet voluntatem spontanee se avertentem a consideratione talis principii: secundum illud Psalm. [Ps. 35,4]⁸: *Noluit intelligere ut bene ageret.* Alio modo, per occupationem mentis circa alia quae magis diligit, quibus ab inspectione huius principii mens avertitur, secundum illud Psalm. [Ps. 57, 9]⁹: *Supercecidit ignis,* scilicet concupiscentiae, *et non viderunt solem.* Et utroque modo caecitas mentis est peccatum.¹⁰

---

5. Cf. I-II, a.85, a.2.
6. I, q.84, aa.7-8.
7. Cf. I-II, q.79, a.3.
8. 시편 36(35),4: "그 입에서 나오는 말은 죄와 간계. 그는 슬기롭고 착하게 행동하기를 그만두었다."

터 결여될 수 없다.⁵ 그럼에도 때때로 인간 지성이 이해하기 위해서 필요로 하는 하위의 힘들의 방해를 통해서 그 고유한 행위로부터 방해된다. 제I부에서⁶ 말했듯이, 그것은 미친 자들이나 발광하는 자들에게서 분명하다.

지성적 봄의 둘째 원리는 이성의 자연적 빛에 부가된 습성적인 어떤 빛이다. 그리고 이 빛은 때때로 영혼에서 결여된다. 그러한 결여는, 은총의 빛의 결여가 일종의 벌로서 규정되는 한에서 벌인 맹목이다.⁷ 따라서 어떤 이들에 대해서 지혜서 2장 [21절]은 "그들의 악의가 그들의 눈을 멀게 한 것이다."라고 말한다.

지성적 봄의 셋째 원리는 인간이 다른 것들을 이해하도록 만들어주는 어떤 가지적인 원리이다. 그 가지적 원리에 대해서 인간의 정신은 지향하거나 지향하지 않을 수 있다. 그것에 대해 지향하지 않는 일은 두 가지 방식으로 일어난다. 시편 [36(35)장 4절]⁸의 "착하게 행동하는 일을 이해하기를 원하지 않았다"라는 말씀에 따라, 자발적으로 그러한 원리에 대한 고찰로부터 등을 돌리는 의지를 가졌다는 사실로부터 [일어난다.] 다른 방식으로, 시편 [58(57)장 9절]⁹의 "불이, 즉 욕망의 불이, [그들] 위에 떨어졌고, 그들은 태양을 보지 못했다"라는 말씀에 따라, 그가 더욱 사랑하는 다른 것들에 관해서 정신이 사로잡혀 있기 때문에, 정신이 이 원리를 고찰하는 일로부터 돌아서게 된다. 이 두 경우에 모두 정신의 맹목은 죄가 된다.¹⁰

---

9. 시편 58(57),9: "녹아내리는 달팽이처럼, 햇빛을 못 보는, 유산된 태아처럼 되게 하소서."
10. 그러므로 죄가 되는 정신의 맹목은, 한편으로 정신의 자연적인 맹목으로부터 다른 한편으로 벌의 의미를 가지고 있는 그것으로 구별되는데, 이것은 어떤 지성적인 원리의 의지적인 결핍이다. 이 원리를 통해서 인간은 자신의 영적인 구원에 유익한 다른 것들을 이해하거나 적어도 이해하도록 준비된다.

Ad primum ergo dicendum quod caecitas quae excusat a peccato est quae contingit ex naturali defectu non potentis videre.

Ad secundum dicendum quod ratio illa procedit de secunda caecitate, quae est poena.

Ad tertium dicendum quod intelligere veritatem cuilibet est secundum se amabile. Potest tamen per accidens esse alicui odibile, inquantum scilicet per hoc homo impeditur ab aliis quae magis amat.[11]

Articulus 2
Utrum hebetudo sensus sit aliud a caecitate mentis.

Ad secundum sic proceditur. Videtur quod hebetudo sensus non sit aliud a caecitate mentis.

1. Unum enim uni est contrarium. Sed dono intellectus opponitur hebetudo, ut patet per Gregorium, in II *Moral.*[1]; cui etiam opponitur caecitas mentis, eo quod intellectus principium quoddam visivum designat. Ergo hebetudo sensus est idem quod caecitas mentis.

2. Praeterea, Gregorius, in XXXI *Moral.*[2], de hebetudine loquens, nominat eam *hebetudinem sensus circa intelligentiam*. Sed hebetari sensu circa intelligentiam nihil aliud esse videtur quam intelligendo

---

11. Cf. I-II, q.29, a.5, c & ad2.
1. Gregorius, *Moralia*, II, c.49, al.27, in vet.36, n.77: PL 75, 592 D.

[해답] 1. 죄로부터 용서받게 하는 맹목은 볼 수 없는 사람의 자연본성적인 결함으로부터 발생하는 맹목이다.

2. 저 논거는 벌인 두 번째 맹목으로부터 전개된다.

3. 진리를 통찰하는 일은 그 자체로 누구에게든지 사랑받을 수 있다. 그럼에도 우유적으로는 어떤 이에게 미움 받을 수도 있는데, 즉 이것을 통해서 그가 더욱 사랑하는 다른 것들[을 가지는 일이] 방해받는 한에서 그러하다.[11]

제2절 감각의 우둔함은 정신의 맹목과는 다른 죄인가?

[반론] 둘째에 대해서는 다음과 같이 진행된다. 감각의 우둔함은 정신의 맹목과는 다르지 않은 것처럼 보인다.

1. 하나에게는 [오직] 하나만이 상반되기 때문이다. 그런데 그레고리우스가 『욥기의 도덕적 해설』 제2권[1]에서 분명히 하듯이, 통찰의 선물에는 우둔함이 반대된다. 그것에는 또한 정신의 맹목도 반대되는데, 통찰은 일종의 봄의 원리라고 지시되기 때문이다. 그러므로 감각의 우둔함과 정신의 맹목이라는 것은 동일한 것이다.

2. 그레고리우스는 『욥기의 도덕적 해설』 제31권[2]에서 우둔함에 대해 말하면서, 그것을 "통찰에 관한 감각의 우둔함"이라고 명명한다. 그런데 통찰에 관해 감각의 우둔함이란, 정신의 맹목에 속하는 이해를

---

2. Gregorius, *Moralia*, XXXI, c.45, al.17, in vet.31, n.88: PL 76, 621 B.

deficere, quod pertinet ad mentis caecitatem. Ergo hebetudo sensus idem est quod caecitas mentis.

3. Praeterea, si in aliquo differunt, maxime videntur in hoc differre quod caecitas mentis est voluntaria, ut supra[3] dictum est, hebetudo autem sensus est naturalis. Sed defectus naturalis non est peccatum. Ergo secundum hoc hebetudo sensus non esset peccatum. Quod est contra Gregorium[4], qui connumerat eam inter vitia quae ex gula oriuntur.

Sed contra est quod diversarum causarum sunt diversi effectus. Sed Gregorius, XXXI *Moral.*[5], dicit quod hebetudo mentis oritur ex gula, caecitas autem mentis ex luxuria. Ergo sunt diversa vitia.

Respondeo dicendum quod hebes acuto opponitur. Acutum autem dicitur aliquid ex hoc quod est penetrativum. Unde et hebes dicitur aliquid ex hoc quod est obtusum, penetrare non valens. Sensus autem corporalis per quandam similitudinem penetrare dicitur medium inquantum ex aliqua distantia suum obiectum percipit; vel inquantum potest quasi penetrando intima rei percipere. Unde in corporalibus dicitur aliquis esse acuti sensus qui potest percipere sensibile aliquod ex remotis, vel videndo vel audiendo vel olfaciendo; et e contrario

---

3. a.1.
4. a.1. - Cf. infra, q.148, a.6.

결여함과 결코 다른 것이 아니다. 그러므로 감각의 우둔함은 정신의 맹목과 동일하다.

3. 만일 그것들이 어떤 점에서 차이가 난다면, 위에서[3] 말한 바와 같이 정신의 맹목은 의지적이지만 감각의 우둔함은 자연적이라는 사실 안에서 차이가 나는 것처럼 보인다. 이에 따라 감각의 우둔함은 죄가 아닐 것이다. 그런데 이것은 탐식(貪食)으로부터 발생하는 악습들 사이에 그것을 열거하고 있는 그레고리우스[4]에게 반대된다.

[재반론] 반대로 다양한 원인들에게는 다양한 결과들이 속한다. 그레고리우스는 『욥기의 도덕적 해설』 제31권[5]에서 정신의 우둔함은 탐식으로부터 발생하지만, 정신의 맹목은 색욕으로부터 [발생한다]고 말한다. 그러므로 그것들은 상이한 악습들이다.

[답변] 우둔함은 날카로움에 반대된다. 그런데 날카로움은 그것에 의해 관통할 수 있는 어떤 것을 말하고, 우둔함은 그것에 의해 무디고 관통할 수 없는 어떤 것을 말한다. 육체적 감각은 일종의 유사성을 통해서 중간을 관통한다고 말하는데, 한편으로 일정한 거리로부터 자기 대상을 지각하는 한에서, 다른 한편으로 사물의 가장 작은 것들을 관통하는 것처럼 지각하는 한에서 관통한다고 말한다. 따라서 육체적인 것들 안에서는 멀리서부터, 혹은 보면서, 혹은 들으면서, 혹은 냄새 맡으면서 감각될 수 있는 어떤 것을 지각할 수 있는 어떤 이가 날카로운 감각을 가졌다고 말한다. 이와는 반대로 오직 가까운 곳에서 커다

---

5. Ibid.

dicitur sensu hebetari qui non percipit nisi ex propinquo et magna sensibilia.

Ad similitudinem autem corporalis sensus dicitur etiam circa intelligentiam esse aliquis sensus, qui est aliquorum *primorum extremorum*, ut dicitur in VI *Ethic.*⁶: sicut etiam sensus est cognoscitivus sensibilium quasi quorundam principiorum cognitionis. Hic autem sensus qui est circa intelligentiam non percipit suum obiectum per medium distantiae corporalis, sed per quaedam alia media: sicut cum per proprietatem rei percipit eius essentiam, et per effectus percipit causam.⁷ Ille ergo dicitur esse acuti sensus circa intelligentiam qui statim ad apprehensionem proprietatis rei, vel etiam effectus, naturam rei comprehendit, et inquantum usque ad minimas conditiones rei considerandas pertingit. Ille autem dicitur esse hebes circa intelligentiam qui ad cognoscendam veritatem rei pertingere non potest nisi per multa ei exposita, et tunc etiam non potest pertingere ad perfecte considerandum omnia quae pertinent ad rei rationem.⁸

Sic igitur hebetudo sensus circa intelligentiam importat quandam debilitatem mentis circa considerationem spiritualium bonorum: caecitas autem mentis importat omnimodam privationem cognitionis ipsorum. Et utrumque opponitur dono intellectus, per quem

---

6. Aristoteles, *Ethica Nic.*, VI, c.12, 1143a26-29; S. Thomas, lect.9, n.1245.
7. 여기에 요약되어 있는 생각은 아리스토텔레스에 따라 지성적인 인간이 또한 감각적인 인간이며, 도덕적 판단이 원리의 이해를(제1 또는 기본적인, to proton) 사태의 지각(궁극적인 개별자 또는 개인, to ekaston)과 연결된다고 논증한다. Cf. Aristoteles, *Ethica Nic.*, VI, c.8 & 11,

랗게 감각될 수 있는 것들을 지각하는 사람을 감각적으로 우둔하다고 말한다.

육체적 감각과의 유사성에 의해서 또한 통찰에 관해서도 어떤 감각이 있다고 말한다. 『니코마코스 윤리학』 제6권[6]에서 언급되었듯이, 감각은 어떤 첫째인 것과 마지막인 것에 속하는데, 감각은 감각 가능한 것들을 인식할 수 있는 것이면서 마치 인식의 어떤 원리에도 관련된다. 그런데 통찰에 관한 이 감각은 물체적인 거리의 매개를 통해서 자기 대상을 지각하는 것이 아니라, 일종의 다른 매개들을 통해서 지각한다. 마치 사물의 특성을 통해서 그 본질을 지각하거나 결과를 통해서 원인을 지각하듯이 말이다.[7] 그러므로 사물의 특성이나 결과를 파악하고, 사물의 본성을 포착하고, 또한 사물의 가장 작은 조건들에 이르기까지 고찰하는 데 도달하는 한에서 그런 사람을 이해력(intelligentia)에 관해 날카로운 감각을 가졌다고 말한다. 그런데 오직 그에게 제시된 많은 것을 통해서만 사물의 진리를 인식하는 데 도달할 수 있고, 또한 그 경우에도 사물의 의미에 속하는 모든 것을 완전하게 고찰하는 데는 도달할 수 없는 사람을 이해력에 관해 우둔하다고 말한다.[8]

따라서 이렇게 이해력에 관한 감각의 우둔함은 영적인 선들의 고찰에 관해서 정신의 어떤 약함을 내포하지만, 정신의 맹목은 그러한 것들에 관한 인식의 전폭적인 결여를 내포한다. 그리고 그 둘 모두 통찰의 선물에 반대되며, 그 선물을 통해 인간은 영적인 선들을 파악하면

1142a26 & 1143a35. 현명의 부분인 정신(nous)에 대해서는 II-II, q.49, a.2, ad1 참조. 현재의 절은 성 토마스가 수용된 전통(여기서는 그레고리오 대 교황의 영성)을 얼마나 쉽게 다시 부활한 아리스토텔레스주의로 변형시켰는지에 대한 좋은 예이다.

8. Cf. q.8, a.6, ad1.

homo spiritualia bona apprehendendo cognoscit et ad eorum intima subtiliter penetrat. Habet autem hebetudo rationem peccati sicut et caecitas mentis: inquantum scilicet est voluntaria, ut patet in eo qui, affectus circa carnalia, de spiritualibus subtiliter discutere fastidit vel negligit.⁹

Et per hoc patet responsio ad obiecta.

Articulus 3
Utrum caecitas mentis et hebetudo sensus oriantur ex peccatis carnalibus.¹

Ad tertium sic proceditur. Videtur quod caecitas mentis et hebetudo sensus non oriantur ex vitiis carnalibus.

1. Augustinus enim, in libro *Retract.*³, retractans illud quod dixerat in *Soliloq.*², *Deus, qui non nisi mundos verum scire voluisti*, dicit quod *responderi potest multos etiam non mundos multa vera scire*. Sed homines maxime efficiuntur immundi per vitia carnalia. Ergo caecitas

---

9. Cf. a.1.
1. 직접적으로 육의 쾌락, 즉 촉각(tactus)이라는 신체 감각의 쾌락과 관련되는 육적인 죄들은 '감각적 쾌락'(delectatio sensibilis), 즉 감각적 인식의 쾌락과 혼동되어서는 안 된다. Cf. I-II, q.31, a.6; II-II, q.141, a.4.

서 인식하고, 그것들의 가장 내밀한 것들까지 섬세하게 관통한다. 그러나 우둔함은 정신의 맹목과 같이, 그것이 의지적인 한에서 죄의 의미를 가진다. 이것은 육적인 것들에 관한 감정에 빠져서, 영적인 것들에 대해 섬세하게 토론하는 것을 혐오하거나 무시하는 사람 안에서 분명하다.[9]

[해답] 이것을 통해서 반론들에 대한 해답은 분명하다.

제3절 정신의 맹목과 감각의 우둔함은 육적인 죄로부터 발생하는가?[1]

Parall.: infra, q.153, a.5.

[반론] 셋째에 대해서는 다음과 같이 진행된다. 정신의 맹목과 감각의 우둔함은 육적인 악습으로부터 발생하지 않는 것처럼 보인다.

1. 아우구스티누스는 『독백』[2]에서 "오직 깨끗한 사람만이 참을 알기를 원하셨던 하느님"이라고 말했던 것을 『재론고』[3]에서 재론(再論)하면서 "깨끗하지 않은 많은 이도 참된 많은 것을 알 수 있다"라고 답해야 하리라고 말한다. 그런데 인간은 육적인 악습들을 통해서 가장 불결하게 된다. 그러므로 정신의 맹목과 감각의 우둔함은 육적인 악습들에

---

2. Augustinus, *Soliloquiae*, I, c.1, n.2: PL 32, 870.
3. Augustinus, *Retractationes*, I, c.4, n.2: PL 32, 589.

mentis et hebetudo sensus non causantur a vitiis carnalibus.

2. Praeterea, caecitas mentis et hebetudo sensus sunt defectus quidam circa partem animae intellectivam; vitia autem carnalia pertinent ad corruptionem carnis. Sed caro non agit in animam, sed potius e converso. Ergo vitia carnalia non causant caecitatem mentis et hebetudinem sensus.

3. Praeterea, unumquodque magis patitur a propinquiori quam a remotiori. Sed propinquiora sunt menti vitia spiritualia quam carnalia.[4] Ergo caecitas mentis et hebetudo sensus magis causantur ex vitiis spiritualibus quam ex vitiis carnalibus.

Sed contra est quod Gregorius, XXXI *Moral.*[5], dicit quod hebetudo sensus circa intelligentiam oritur ex gula, caecitas mentis ex luxuria.

Respondeo dicendum quod perfectio intellectualis operationis in homine consistit in quadam abstractione a sensibilium phantasmatibus.[6] Et ideo quanto intellectus hominis magis fuerit liber ab huiusmodi phantasmatibus, tanto potius considerare intelligibilia poterit et ordinare omnia sensibilia: sicut et Anaxagoras dixit quod oportet intellectum esse immixtum ad hoc quod imperet, et agens oportet quod dominetur super materiam ad hoc quod possit eam movere.[7]

---

4. 영적 죄와 육적 죄들에 대해서는 II-II, q.72, a.2 참조.
5. Gregorius, *Moralia*, XXXI, c.45, al.17, in vet.31, n.88: PL 76, 621 B. - Cf. infra, q.148, a.6; q.153, a.5.

의해 야기되지 않는다.

2. 정신의 맹목과 감각의 우둔함은 지성적 영혼 부분에 관한 일종의 결함이다. 그런데 육적인 악습들은 육의 타락에 속한다. 육이 영혼에 작용하는 것이 아니라, 오히려 그 반대이다. 그러므로 육적인 악습은 정신의 맹목과 감각의 우둔함을 야기하지 않는다.

3. 무엇이든지 더 먼 것보다는 더 가까운 것에 의해서 더 많이 영향을 받는다. 그런데 정신에 더 가까운 것들은 육적인 악습보다 정신적인 악습들이다.[4] 그러므로 정신의 맹목과 감각의 우둔함은 육적인 악습보다는 정신적인 악습으로부터 더 많이 야기된다.

[재반론] 반대로 그레고리우스는 『욥기의 도덕적 해설』 제31권[5]에서, '통찰에 관한 감각의 우둔함은 탐식으로부터, 정신의 맹목은 색욕으로부터 발생한다'고 말한다.

[답변] 인간 안에서 지성적 작용의 완성은 감각적인 것의 표상들로부터 일종의 추상으로 이루어진다.[6] 따라서 인간의 지성은 이런 종류의 표상들로부터 더 많이 자유로울수록, 가지적인 것들을 더욱더 고찰할 수 있고 모든 감각 가능한 것에 질서를 부여할 수 있다. 아낙사고라스도 지성은 명령하기 위해서 혼합되지 않아야 하고, 작용자는 질료를 움직일 수 있기 위해서 질료 위에서 지배해야 한다고 말했다.[7] 그런데 쾌락은 어떤 이가 즐거워하고 있는 것들에게 지향을 적용한다는 것이

---

6. Cf. I, q.85, a.1.
7. Cf. Aristoteles, *Physica*, VIII, c.5, 256b24-27; S. Thomas, lect.9, n.9. 아낙사고라스(기원전

Manifestum est autem quod delectatio applicat intentionem ad ea in quibus aliquis delectatur: unde Philosophus dicit, in X *Ethic.*[8], quod unusquisque ea in quibus delectatur optime operatur, contraria vero nequaquam vel debiliter.[9] Vitia autem carnalia, scilicet gula et luxuria, consistunt circa delectationes tactus, ciborum scilicet et venereorum, quae sunt vehementissimae inter omnes corporales delectationes.[10] Et ideo per haec vitia intentio hominis maxime applicatur ad corporalia, et per consequens debilitatur operatio hominis circa intelligibilia, magis autem per luxuriam quam per gulam, quanto delectationes venereorum sunt vehementiores quam ciborum.[11] Et ideo ex luxuria oritur caecitas mentis, quae quasi totaliter spiritualium bonorum cognitionem excludit: ex gula autem hebetudo sensus, quae reddit hominem debilem circa huiusmodi intelligibilia. Et e converso oppositae virtutes, scilicet abstinentia et castitas, maxime disponunt hominem ad perfectionem intellectualis operationis. Unde dicitur Dan. 1, [17] Squod *pueris his,* scilicet abstinentibus et continentibus, *dedit Deus scientiam et disciplinam in omni libro et sapientia.*

Ad primum ergo dicendum quod, quamvis aliqui vitiis carnalibus

---

428년 사망)는 페리클레스의 친구이다. 아리스토텔레스는 그에 앞서서 술에 취한 듯 떠들어대던 사람들로부터 정신이 맑은 사람처럼 우뚝 서 있었다고 말한다. Aristoteles, *Met.*, I, c.3, 984b.15. 그는 사물들의 원천이 사랑이나 싸움이 아니라 정신(Nous)이라고 가르쳤다. 그가 정신을 비물체적인 힘으로 이해했는가는 논란의 여지가 있다.

8. Aristoteles, *Ethica Nic.*, X, c.5, 1175a30-b16; S. Thomas, lect.7, nn.2042-2047.
9. Cf. I-II, q.33, a.3, 4. '쾌락의 느낌' 아래 사람들은 처음부터 육적인 쾌락을 생각할 필요는 없

명백하다. 따라서 철학자는 『니코마코스 윤리학』 제10권[8]에서 '누구든지 쾌락을 느끼는 것들을 가장 잘 작용하지만, 상반되는 것들은 결코 [작용하지 않거나] 또는 약하게 작용하다'고 말한다.[9]

　육적인 악습들, 즉 탐식과 색욕은 촉각의 쾌락들, 즉 모든 육체적인 쾌락 중에서 가장 강력한 것인 음식과 색욕에 관한 쾌락으로 이루어진다.[10] 따라서 이 악습을 통해서 인간의 지향은 가장 크게 육체적인 것들에 적용되고, 결과적으로 가지적인 것들에 관한 인간의 작용은 약해진다. 색욕에 관한 쾌락들이 음식에 관한 쾌락보다 더욱 강력한 만큼 탐식을 통해서보다는 색욕을 통해서 더욱 약해진다.[11] 따라서 마치 영적인 선들에 관한 인식을 전적으로 배제하는 정신의 맹목은 색욕으로부터 발생한다. 탐식으로부터는 이런 종류의 가지적인 것들에 관해 인간을 약하게 만드는 감각의 우둔함이 발생한다. 이와는 거꾸로 반대되는 덕들, 즉 절제와 정결은 인간을 지성적 작용의 완전성으로 준비시킨다. 따라서 다니엘서 1장 [17절]에서는 '이 아이들, 즉 금욕적이고 자제하는 이들에게, 하느님은 지식과 모든 책에 대한 이해, 그리고 지혜를 주셨다'고 말한다.

[해답] 1. 비록 육적인 악습들에 예속된 어떤 이들도 때때로 자연적

다. 쾌락이 과거의 것에 대한 기억 안에서 또는 미래의 것에 대한 희망 안에서, 또는 정신적인 쾌락이거나 비정신적인 쾌락이거나 관계없이, 우리의 원함은 가장 강력한 원동력이다. 선의 소유에서 정신적인 쾌락이 의문시되는 한에서, 윤리학, 우선 그리스도교 윤리학을 위해서 기본이 되는 참행복에 관한 생각 이외에 다른 것을 다루는 것이 아니다.

10. Cf. q.141, a.4; I-II, q.31, a.6.
11. Cf. q.151, a.3, ad2; q.155, a.2, ad4.

subditi possint quandoque subtiliter aliqua speculari circa intelligibilia, propter bonitatem ingenii naturalis vel habitus superadditi; tamen necesse est ut ab hac subtilitate contemplationis eorum intentio plerumque retrahatur propter delectationes corporales. Et ita immundi possunt aliqua vera scire[12], sed ex sua immunditia circa hoc impediuntur.

Ad secundum dicendum quod caro non agit in partem intellectivam alterando ipsam: sed impediendo operationem ipsius per modum praedictum.

Ad tertium dicendum quod vitia carnalia, quo magis sunt remota a mente, eo magis eius intentionem ad remotiora distrahunt. Unde magis impediunt mentis contemplationem.

---

12. Cf. I-II, q.109, a.1.

인 선한 재주와 부가된 선한 습성 때문에 가지적인 것들에 관해서 어떤 것들을 섬세하게 관상할 수 있을지라도, 그들의 의도는 관상의 이 섬세함으로부터는, 대부분 육체적인 쾌락 때문에 반드시 제한된다. 따라서 깨끗하지 않은 이들도 어떤 참들을 알 수 있지만[12], 그의 불결함으로부터 이것에 관해서는 방해받는다.

2. 육은 지성적인 부분을 변화시킴으로써 작용하는 것이 아니라, 앞서 언급된 방식을 통해서 그 작용을 방해함으로써 작용한다.

3. 육적인 악습들은 정신으로부터 더 멀면 멀수록, 더 먼 곳으로 향하는 정신의 지향을 더욱 분산시킨다. 따라서 그것들은 정신의 관상을 더욱 방해한다.

Quaestio XVI
DE PRAECEPTIS FIDEI, SCIENTIAE ET INTELLECTUS
in duos articulos divisa

Deinde considerandum est de praeceptis pertinentibus ad praedicta.[1]

Et circa hoc quaeruntur duo.

Primo: de praeceptis pertinentibus ad fidem.

Secundo: de praeceptis pertinentibus ad dona scientiae et intellectus.

Articulus 1
Utrum in veteri lege debuerint dari praecepta credendi.

Ad primum sic proceditur. Videtur quod in veteri lege dari debuerint praecepta credendi.

1. Praeceptum enim est de eo quod est debitum et necessarium. Sed maxime necessarium est homini quod credat: secundum illud *Heb.* 11, [6]: *Sine fide impossibile est placere Deo.* Ergo maxime opor-

---

1. Cf. q.1, Introd. 『신학대전』 제2부 제2편은 각각의 덕에 대한 노고를 관련된 구약성경의 계명들에 대한 고찰로 마친다. 그 고찰은 일차적 내용으로서가 아니라 당연한 귀결로서 제시된다. 방법론은 윤리신학의 후대 작품들의 방법론으로부터 구별되는데, 후자는 보다 법적인 성격을 띠고 있고 '계명에 대하여'(De Praeceptis)라는 체계적 구조를 지니고 있다. 효과적인 법제정

제16문
신앙, 지식, 통찰에 관련된 계명에 대하여
(전2절)

이어서 앞서 언급된 것들에 속하는 계명들에 대해 고찰해야 한다.[1] 이것에 대해서는 다음 두 가지 질문이 제기된다.

1. 신앙에 속하는 계명들에 대하여
2. 지식의 선물과 통찰의 선물에 속하는 계명들에 대하여

제1절 신앙에 관한 계명이 구약 안에 주어졌어야 하는가?

Parall.: I-II, q.100, a.4, ad1; infra, q.22, a.1, *ScG*, III, 118.

[반론] 첫째에 대해서는 다음과 같이 진행된다. 신앙에 관한 계명이 구약 안에 주어졌어야 하는 것처럼 보인다.

1. 계명은 마땅히 그래야 할 것과 필수적인 것에 대해서 존재하기 때문이다. 그런데 히브리서 11장 [6절]의 "믿음이 없이는 하느님 마음에 들 수 없습니다."라는 말씀에 따라, 인간에게는 그가 믿어야 하는 것이 가장 필수적이다. 그러므로 무엇보다도 신앙에 관한 계명이 주어져야

은 공동체 안에서의 어떤 사회적이고 정치 이전의 만장일치를 전제하고 있기 때문에, 그것은 하느님의 백성과 관련된다. 지금 다루는 문제는 법의 계명이 어떻게 은총의 생활 안에서 핵심적인 것이 아니라 파생적인 것인지를 잘 보여줄 것이다.

tuit praecepta dari de fide.

2. Praeterea, novum Testamentum continetur in veteri sicut figuratum in figura, ut supra[1] dictum est. Sed in novo Testamento ponuntur expressa mandata de fide: ut patet Ioan.14, [1]: *Creditis in Deum, et in me credite*. Ergo videtur quod in veteri lege etiam debuerint aliqua praecepta dari de fide.

3. Praeterea, eiusdem rationis est praecipere actum virtutis et prohibere vitia opposita. Sed in veteri lege ponuntur multa praecepta prohibentia infidelitatem: sicut *Exod.* 20, [3][2]: *Non habebis deos alienos coram me*; et iterum *Deut.* 13, [1-3][3] mandatur quod non audient verba prophetae aut somniatoris qui eos de fide Dei vellet divertere. Ergo in veteri lege etiam debuerunt dari praecepta de fide.

4. Praeterea, confessio est actus fidei, ut supra[4] dictum est. Sed de confessione et promulgatione fidei dantur praecepta in veteri lege: mandatur enim *Exod.* 12, [26-27][5] quod filiis suis interrogantibus rationem assignent paschalis observantiae; et *Deut.* 13[6] mandatur quod ille qui disseminat doctrinam contra fidem occidatur. Ergo lex vetus praecepta fidei debuit habere.

---

1. I-II, q.107, a.3.
2. 탈출 20,3: "너에게는 나 말고 다른 신이 있어서는 안 된다."
3. 신명 13,1-3: "내가 너희에게 명령하는 모든 말을 명심하여 실천해야 한다. 거기에 무엇을 보태서도 안 되고 빼서도 안 된다. 너희 가운데에서 예언자나 환몽가가 나타나 너희에게 표징이나 기적을 예고하고, 그가 말한 표징이나 기적이 일어나더라도, 너희가 알지 못하는 '다른 신들을 따라 그들을 섬기자.' 하고 그가 말하거든..."
4. q.3, a.1.
5. 탈출 12,26-27: "너희 자녀들이 너희에게 '이 예식은 무엇을 뜻합니까?' 하고 물으면, 이렇게

만 한다.

2. 위에서[1] 말했듯이, 신약은 구약 안에, 원본(原本)이 전형(典型) 안에 있는 것처럼 내포된다. 요한복음서 14장 [1절]의 "하느님을 믿고 또 나를 믿어라."라는 말씀에서 분명하듯이, 신약 안에는 신앙에 대한 분명한 계명들이 제시된다. 그러므로 구약 안에도 또한 신앙에 대한 어떤 계명들이 주어져야만 했던 것처럼 보인다.

3. 덕의 실행을 명령하는 일과 반대되는 악습을 금지하는 일은 동일한 의미에 속한다. 그런데 구약에는 불신앙을 금지하는 많은 계명들이 제시되어 있다. 마치 탈출기 20장 [3절][2]의 "너는 내 앞에서 다른 신들을 가져서는 안 된다."라는 말씀이나, 신명기 13장 [1-3절][3]에서 '하느님에 관한 신앙으로부터 그들을 떠나게 만들기를 원하는 예언자나 환몽가의 말들을 듣지 말아야 한다'고 명령되는 것처럼 그러하다. 그러므로 구약 안에도 또한 신앙에 대한 계명들이 주어져야만 했다.

4. 위에서[4] 말했듯이, 고백은 신앙의 행위이다. 그런데 신앙의 고백과 공포(公布)에 대해서는 구약 안에서도 계명들이 주어졌다. 탈출기 12장 [26-27절][5]은 '자기 자녀들이 물을 때 파스카를 지켜야 하는 이유를 지정해주어야 한다'고 명령하고, 신명기 13장 [7-9절][6]은 '신앙을 거스르는 가르침을 씨 뿌리려 하는 자는 죽여야 한다'고 명령하기 때

대답하여라. '그것은 주님을 위한 파스카 제사이다. 그분께서는 이집트인들을 치실 때, 이스라엘 자손들의 집을 거르고 지나가시어, 우리 집들을 구해주셨다.' 그러자 백성은 무릎을 꿇고 경배하였다."

6. 신명 13,7-9: "너희의 동복형제나 너희의 아들이나 딸이나 너희 품의 아내나 너희 목숨과도 같은 친구가 은근히 너희를 꾀면서, 너희도 너희 조상들도 알지 못하던 '다른 신들을 섬기러 가자.' 하는 경우가 있을 것이다. 그 신들은 땅의 한쪽 끝에서 다른 쪽 끝까지, 가까이 있든 멀리 있든, 너희 주위에 있는 민족들의 신이다. 그런 경우에 너희는 그의 말을 받아들이지도 듣지도 말아야 한다. 그를 동정하지도 불쌍히 여기지도 말며 그를 감싸주지도 말아야 한다."

q.16, a.1

5. Praeterea, omnes libri veteris Testamenti sub lege veteri continentur: unde Dominus, Ioan. 15, [25], dicit in lege esse scriptum, *Odio habuerunt me gratis*, quod tamen scribitur in Psalmo [34, 19].[7] Sed *Eccli.* 2. [8] dicitur: *Qui timetis dominum, credite illi.* Ergo in veteri lege fuerunt praecepta danda de fide.

Sed contra est quod apostolus, *ad Rom.* 3, [27], legem veterem nominat *legem factorum*, et dividit eam contra *legem fidei*. Ergo in lege veteri non fuerunt praecepta danda de fide.

Respondeo[8] dicendum quod lex non imponitur ab aliquo domino nisi suis subditis: et ideo praecepta legis cuiuslibet praesupponunt subiectionem recipientis legem ad eum qui dat legem. Prima autem subiectio hominis ad Deum est per fidem: secundum illud *Heb.* 11, [6]: *Accedentem ad Deum oportet credere quia est.* Et ideo fides praesupponitur ad legis praecepta.[9] Et propter hoc *Exod.* 20, [2] id quod est fidei praemittitur ante legis praecepta, cum dicitur: *Ego sum Dominus Deus tuus, qui eduxi te de terra Aegypti.* Et similiter *Deut.* 6, [4] praemittitur: *Audi, Israel, Dominus Deus tuus unus est*: et postea statim incipit agere de praeceptis. Sed quia in fide multa continen-

---

7. 시편 69(68),5: "저를 까닭 없이 미워하는 자들이 제 머리카락보다 더 많습니다. 저를 파멸시키려는 자들, 음흉한 제 원수들이 힘도 셉니다. 제가 빼앗지도 않았는데 물어내라 합니다."
8. 이 절과 이어지는 절에서 스콜라학적인 틀을 성경의 텍스트에 부합하도록 만들려는 시도는 어느 정도 부자연스러워 보일 수 있을 것이다. 그러나 적어도 그것은 기대에 부합하는 것이고, '거룩한 가르침'(sacra doctrina)과 '성서'(sacra pagina)의 지속적인 동일시에 대한 증언이다.

문이다. 그러므로 구약은 신앙에 관한 계명들을 가져야 했다.

5. 구약의 모든 책들은 옛 법 아래 내포된다. 따라서 주님은 요한복음서 15장 [25절]에서 "율법에 '그들은 까닭 없이 저를 미워하였습니다.'라고 기록되었다"고 말씀하시고, 이것은 시편[7]에도 기록되어 있다. 그런데 집회서 2장 [8절]에서는 "주님을 경외하는 이들아, 그분을 믿어라."고 말한다. 그러므로 구약 안에는 신앙에 대한 계명들이 주어져야만 했다.

[재반론] 반대로 사도는 로마서 3장 [27절]에서 구약을 "행위의 법"이라고 부르고, 그것을 "신앙의 법"과 구분한다. 그러므로 구약 안에 신앙에 대한 계명들이 주어질 필요는 없었다.

[답변][8] 법은 어떤 주인에 의해서 오직 자기 아랫사람에게 제정된다. 따라서 어떠한 법의 계명이든지 법을 수용하는 자가 법을 주는 이에게 종속됨을 전제한다. 하느님에 대한 인간의 첫 번째 종속은, 히브리서 11장 [6절]의 "하느님께 나아가는 사람은 그분께서 존재하신다는 것을 믿어야 합니다"라는 말씀에 따라, 신앙을 통한 것이다. 따라서 법의 계명에는 신앙이 전제된다.[9] 이것 때문에 탈출기 20장 [2절]에서 "나는 너를 이집트 땅에서 이끌어 낸 주 너의 하느님이다"라고 말했을 때, 신앙에 속하는 것을 법의 계명들에 앞서 다루었다. 이와 유사하게 신명기 6장 [4절]에서 "이스라엘아, 들어라! 너의 주 하느님은 한 분이시다."라고 앞서 다루고 그 다음에 즉시 계명들에 대해서 다루는 일을 시

---

9. Cf. I-II, q.100, a.4.

tur ordinata ad fidem qua credimus Deum esse, quod est primum et principale inter omnia credibilia, ut dictum est[10]; ideo, praesupposita fide de Deo, per quam mens humana Deo subiiciatur, possunt dari praecepta de aliis credendis, sicut Augustinus dicit, super *Ioan.*, quod plurima sunt nobis de fide mandata, exponens[11] illud, *Hoc est praeceptum meum.* Sed in veteri lege non erant secreta fidei populo exponenda. Et ideo, supposita fide unius Dei, nulla alia praecepta sunt in veteri lege data de credendis.[12]

Ad primum ergo dicendum quod fides est necessaria tanquam principium spiritualis vitae. Et ideo praesupponitur ad legis susceptionem.

Ad secundum dicendum quod ibi etiam Dominus praesupponit aliquid de fide, scilicet fidem unius Dei, cum dicit, *Creditis in Deum*: et aliquid praecipit, scilicet fidem Incarnationis, per quam unus est Deus et homo; quae quidem fidei explicatio pertinet ad fidem novi Testamenti. Et ideo subdit: *et in me credite.*

Ad tertium dicendum quod praecepta prohibitiva respiciunt pecca-

---

10. q.1, a.7.
11. Augustinus, *Super Joannem,* Tract.83, super 15, 12, n.3: PL 35, 1846.
12. 『대이교도대전』에서 성 토마스는 다음과 같이 진행한다: "이것에 대한 신적인 법의 의도는 무엇보다도 먼저 인간이 하느님과 결합하는 일이다. 그런데 인간은 가장 강력하게 하느님과 사랑을 통해서 결합한다. 신적인 법의 의도는 무엇보다도 먼저 사랑하도록 규정되는 일이 필수적이다."(c.116) 그리고 그다음에 신적인 법에 의해서 하느님에 대한 사랑만이 아니라, 이웃에 대한 사랑도 의도된다는 사실이 증명되었다.(cc.116 & 117) "이것으로부터 신적인 법을 통해서 인간들은 올바른 신앙의 의무를 진다"라는 결론이 나온다.(c.118) 일차적으로 우리를 하느님

작했다.

위에서[10] 말했듯이, 신앙 안에는 모든 믿을 수 있는 것들 중에서 첫째이고 근원적인 하느님이 존재하심을 우리가 믿도록 만드는 신앙으로 지향된 많은 것이 내포되기 때문에, 인간의 정신이 하느님께 복종하도록 만드는 하느님에 대한 신앙을 전제하면서, 다른 믿어야 하는 것들에 대한 계명이 주어질 수 있다. 그래서 아우구스티누스는 요한복음서 [15장 12절]의 "이것이 나의 계명이다"라는 말씀을 주해[11]하면서, 우리에게 신앙에 대해 명령된 많은 것들이 존재한다고 말한다. 그러나 옛 법에서는 신앙의 비밀들이 백성에게 드러내질 필요가 없었다. 따라서 하나의 하느님에 관한 신앙을 전제하면서, 옛 법 안에는 믿어야만 하는 것들에 대해서 아무런 다른 계명들도 주어지지 않았다.[12]

[해답] 1. 신앙은 영적인 삶의 원리로서 필수적이다. 따라서 법의 수용에 전제되어야 한다.

2. 그곳에 주님도 또한, "하느님을 믿어라"라고 말했을 때 신앙에 대한 어떤 것, 즉 유일한 하느님에 대한 신앙을 전제하고, 어떤 것, 즉 하느님과 인간을 하나로 만드는 육화에 대한 신앙을 명령한다. 그런데 이러한 신앙에 대한 설명은 신약의 신앙에 속한다. 주님은 "또 나를 믿어라"라는 말을 덧붙인다.

3. 금지하는 계명들은 덕을 파괴하는 죄들과 관련된다. 위에서[13] 말

에 대한 사랑으로 이끌었던 신적인 법은, 이차적으로 또한 그것 없이는 우리가 하느님을 사랑할 수 없는 올바른 신앙으로 이끈다. 이것과 결론을 위해서 도입된 다른 세 가지 논증들에 의해서 어떤 부가 결론이 도출된다(c.118 마지막): 그러나 이것을 통해서 다음과 같이 말하는 사람들의 오류가 배제된다: 어떠한 믿음으로 하느님을 섬길지라도 인간의 구원과 아무 관련이 없다. 즉 부정적 무신론과 다르지 않은 종교적 무관심주의(Indifferentismus)가 배제된다.

ta, quae corrumpunt virtutem. Virtus autem corrumpitur ex particularibus defectibus, ut supra[13] dictum est. Et ideo, praesupposita fide unius Dei, in lege veteri fuerunt danda prohibitiva praecepta, quibus homines prohiberentur ab his particularibus defectibus per quos fides corrumpi posset.

Ad quartum dicendum quod etiam confessio vel doctrina fidei praesupponit subiectionem hominis ad Deum per fidem. Et ideo magis potuerunt dari praecepta in veteri lege pertinentia ad confessionem et doctrinam fidei quam pertinentia ad ipsam fidem.[14]

Ad quintum dicendum quod in illa etiam auctoritate praesupponitur fides per quam credimus Deum esse: unde praemittit, *Qui timetis Deum,* quod non posset esse sine fide. Quod autem addit, *credite illi,* ad quaedam credibilia specialia referendum est, et praecipue ad illa quae promittit Deus sibi obedientibus. Unde subdit: *et non evacuabitur merces vestra.*

---

13. q.10, a.5.
14. Finis praecepti non cadit sub lege.(계명의 끝은 법 아래에 있지 않다.) 법의 목적은 그 내용 안에 포함되지 않는다. 신앙은 특별히, 다른 대신덕들처럼 직접적으로 법 제정의 사태보다 더욱 깊이 위치한 가치들과 관련된다. 이것이 구약성경의 율법에도 적용됨은 I-II, q.100, aa.9-10.

했듯이, 덕은 특수한 결함들로부터 파괴된다. 따라서 하나의 하느님에 대한 신앙을 전제하면서, 옛 법 안에는 '금지하는 계명들'이 주어져야만 했는데, 이 계명들에 의해서 인간은 신앙을 파괴하도록 만들 수 있는 이 특수한 결함들로부터 금지되었다.

4. 신앙의 고백이나 가르침 또한 인간이 신앙을 통해 하느님께 종속하는 것을 전제한다. 따라서 옛 법 안에는 신앙 자체에 속하는 계명들보다, 신앙의 고백과 가르침에 속하는 계명들이 더욱 주어질 수 있었을 것이다.[14]

5. 저 권위[있는 구절] 안에서도 하느님이 존재하심을 우리가 믿도록 만드는 신앙이 전제되어 있다. [그 구절은] "하느님을 경외하는 이들아"라는 말을 앞서 다루는데, 이것은 신앙이 없이는 존재할 수 없을 것이다. 그러나 "그분을 믿어라."라는 말을 덧붙이는데, 이것은 일종의 특수한 믿을 수 있는 것들과, 그리고 주로 하느님께서 자신에게 복종하는 이들에게 약속하신 것들과 관련되어야 한다. 따라서 [그 구절은] "너희의 상급은 없어지지 않으리라."라는 말을 덧붙인다.

참조. 복음에 나오는 새로운 법은 일차적으로 오직 확장된 의미에서만 '법'이다. 비록 부차적으로 신앙과 행위를 위한 규정들을 포함할지라도 말이다. Cf. I-II, q.106, a.1; q.107, a.4; q.108, a.1. 법을 지킴으로써 인간들이 얼마나 선해질 수 있는가에 대해서는 I-II, q.92, a.1 참조.

Articulus 2
Utrum in veteri lege convenienter tradantur praecepta pertinentia ad scientiam et intellectum.

Ad secundum sic proceditur. Videtur quod in veteri lege inconvenienter tradantur praecepta pertinentia ad scientiam et intellectum.

1. Scientia enim et intellectus ad cognitionem pertinent. Cognitio autem praecedit et dirigit actionem. Ergo praecepta ad scientiam et intellectum pertinentia debent praecedere praecepta pertinentia ad actionem. Cum ergo prima praecepta legis sint praecepta Decalogi, videtur quod inter praecepta Decalogi debuerunt tradi aliqua praecepta pertinentia ad scientiam et intellectum.

2. Praeterea, disciplina praecedit doctrinam: prius enim homo ab alio discit quam alium doceat. Sed dantur in veteri lege aliqua praecepta de doctrina: et affirmativa, ut praecipitur *Deut.* 4, [9][1]: *Docebis ea filios ac nepotes tuos;* et etiam prohibitiva, sicut habetur *Deut.* 4, [2]: *Non addetis ad verbum quod vobis loquor, neque auferetis ab eo.* Ergo videtur quod etiam aliqua praecepta dari debuerint inducentia hominem ad addiscendum.

3. Praeterea, scientia et intellectus magis videntur necessaria sacerdoti quam regi: unde dicitur Malach. 2, [7]: *Labia sacerdotis custo-*

---

1. 신명 4,9: "너희는 오로지 조심하고 단단히 정신을 차려, 너희가 두 눈으로 본 것들을 잊지 않도록 하여라. 그것들이 평생 너희 마음에서 떠나지 않게 하여라. 또한 자자손손에게 그것들을 알려주어라."

제2절 옛 법 안에 지식과 통찰에 속하는 계명들이 적절하게 전수되었는가?

[반론] 둘째에 대해서는 다음과 같이 진행된다. 옛 법 안에 지식과 통찰에 속하는 계명들이 부적절하게 전수된 것처럼 보인다.

1. 지식과 통찰은 인식에 속한다. 그런데 인식은 행위에 선행하고 행위를 다스린다. 지식과 통찰에 속하는 계명들은 행위에 속하는 계명들에 선행해야 한다. 법의 첫째 계명들은 십계명이기 때문에, 십계명 중에서 지식과 통찰에 속하는 어떤 계명이 전수되었어야만 하는 것처럼 보인다.

2. 배움은 가르침에 선행한다. 인간은 다른 이를 가르치기에 앞서 다른 이로부터 배우기 때문이다. 옛 법 안에는 가르침에 대한 어떤 계명들이 주어졌는데, 그것들은 한편으로 신명기 4장 [9절]¹에서 "그것들을 너의 자식들과 손자들에게 가르쳐주어라"라고 명령하듯이 긍정적인 계명이기도 하다. 또한 신명기 4장 [2절]에서 "내가 너희에게 말한 단어에 무엇을 보태서도 안 되고 그것으로부터 빼서도 안 된다."라고 언급되듯이, 금지하는 계명이기도 하다. 그러므로 인간을 배움으로 이끄는 어떤 계명들도 주어졌어야 하는 것처럼 보인다.

3. 지식과 통찰은 왕보다 사제에게 더욱 필수적인 것처럼 보인다. 말라키서 2장 [7절]에서 "사제의 입술은 지식을 지키고, 사람들은 그의 입으로부터 법을 찾는다"라고 말하고, 호세아서 4장 [6절]에서는 "네가 지식을 배척했기 때문에, 나도 너를 배척하여 네가 나에게 사제직을 수행하지 못하게 하리라"라고 말한다. 그런데 신명기 17장 [18-19

diunt scientiam, et legem requirunt ex ore eius; et Osee 4, [6] dicitur: *Quia scientiam repulisti, repellam te et ego, ne sacerdotio fungaris mihi.* Sed regi mandatur quod addiscat scientiam legis: ut patet *Deut.* 17, [18-19].[2] Ergo multo magis debuit praecipi in lege quod sacerdotes legem addiscerent.

4. Praeterea, meditatio eorum quae ad scientiam et intellectum pertinent non potest esse in dormiendo. Impeditur etiam per occupationes extraneas. Ergo inconvenienter praecipitur, *Deut.* 6, [7]: *Meditaberis ea sedens in domo tua, et ambulans in itinere, dormiens atque consurgens.* Inconvenienter ergo traduntur in veteri lege praecepta ad scientiam et intellectum pertinentia.

Sed contra est quod dicitur *Deut.* 4, [6][3]: *Audientes universi praecepta haec, dicant: En populus sapiens et intelligens.*

Respondeo dicendum quod circa scientiam et intellectum tria possunt considerari: primo quidem, acceptio ipsius; secundo, usus eius; tertio vero, conservatio ipsius. Acceptio quidem scientiae vel intellectus fit per doctrinam et disciplinam. Et utrumque in lege praecipitur. Dicitur enim *Deut.* 6, [6][4]: *Erunt verba haec quae ego praecipio tibi, in*

---

2. 신명 17,18-19: "임금은 왕위에 오르면, 레위인 사제들 앞에서 이 율법의 사본을 책에 기록해야 한다. 그리고 그것을 자기 곁에 두고 평생토록 날마다 읽으면서, 주 자기 하느님을 경외하는 법을 배우고, 이 율법의 모든 말씀과 이 규정을 명심하여 실천해야 한다."
3. 신명 4,6: "너희는 그것들을 잘 지키고 실천하여라. 그리하면 민족들이 너희의 지혜와 슬기를

절][2]에서 분명하듯이, 왕에게는 법의 지식을 배우도록 명령되었다. 그러므로 훨씬 더 많이 사제들이 법을 배워야 하도록 법 안에서 명령되었어야만 한다.

4. 지식과 통찰에 속하는 것들에 대한 명상은 잠자는 때에는 존재할 수 없다. 그것은 또한 외부적인 업무들을 통해서 방해된다. 그러므로 신명기 6장 [7절]은 "너희는 그것들을 집에 앉아 있을 때나, 여행하러 걸을 때나, 잠잘 때나 일어나 있을 때나 명상하여라"라고 부적절하게 명령한다. 그러므로 옛 법 안에서는 지식과 통찰에 속하는 계명들이 부적절하게 전수되었다.

[재반론] 반대로 신명기 4장 [6절][3]에서는 "이 모든 계명을 듣는 이들은, '봐라, 지혜롭고 슬기로운 민족이다!'라고 말할 것이다"라고 말한다.

[답변] 지식과 통찰에 관해서는 세 가지가 고찰될 수 있다. 첫째, 그것의 수용; 둘째, 그것의 사용; 셋째, 그것의 보존이다. 지식이나 통찰의 수용은 가르침과 배움을 통해서 이루어진다. 이 둘 모두가 법 안에서 명령된다. 신명기 6장 [6절][4]에서는 "내가 너에게 명령하는 이 말들은 너의 마음 안에 있어야 한다"라고 말한다. 이것은 배움에 속하는데, 언급된 것들에 자기 마음을 적용하는 것은 제자들에게 속하기 때문이

보게 될 것이다. 그들은 이 모든 규정을 듣고, '이 위대한 민족은 정말 지혜롭고 슬기로운 백성이구나.' 하고 말할 것이다."
4. 신명 6,6-7: "오늘 내가 너희에게 명령하는 이 말을 마음에 새겨 두어라. 너희는 집에 앉아 있을 때나 길을 갈 때나, 누워 있을 때나 일어나 있을 때나, 이 말을 너희 자녀에게 거듭 들려주고 일러주어라."

corde tuo, quod pertinet ad disciplinam: pertinet enim ad discipulum ut cor suum applicet his quae dicuntur. Quod vero subditur [v. 7]: *Et narrabis ea filiis tuis*, pertinet ad doctrinam. — Usus vero scientiae vel intellectus est meditatio eorum quae quis scit vel intelligit. Et quantum ad hoc subditur [ib.]: *Et meditaberis sedens in domo tua*, etc. — Conservatio autem fit per memoriam. Et quantum ad hoc subdit [v. 8-9]: *Et ligabis ea quasi signum in manu tua, eruntque et movebuntur inter oculos tuos, scribesque ea in limine et ostiis domus tuae.*[5] Per quae omnia iugem memoriam mandatorum Dei significat: ea enim quae continue sensibus nostris occurrunt, vel tactu, sicut ea quae in manu habemus; vel visu, sicut ea quae ante oculos mentis sunt continue; vel ad quae oportet nos saepe recurrere, sicut ad ostium domus; a memoria nostra excidere non possunt. Et *Deut.* 4, [9] manifestius dicitur: *Ne obliviscaris verborum quae viderunt oculi tui, et ne excidant de corde tuo cunctis diebus vitae tuae.* — Et haec etiam abundantius in novo testamento, tam in doctrina evangelica quam apostolica, mandata leguntur.

Ad primum ergo dicendum quod, sicut dicitur *Deut.* 4, [6], *haec est vestra sapientia et intellectus coram populis*: ex quo datur intelligi quod scientia et intellectus fidelium Dei consistit in praeceptis legis. Et ideo primo sunt proponenda legis praecepta; et postmodum ho-

---

5. 신명 6,8-9: "또한 이 말을 너희 손에 표징으로 묶고 이마에 표지로 붙여라. 그리고 너희 집 경계와 대문에도 써놓아라."

다. 그러나 "너희 자녀들에게 그것들을 말해주어라"라고 덧붙이는 것은 가르침에 속한다.

지식이나 통찰의 사용은 알거나 이해한 것들에 관해서 명상하는 일이다. 이것에 관해서는 "너의 집에 앉아 있을 때나 기타 등등 명상하여라"라고 덧붙인다.

그러나 보존은 기억을 통해서 이루어진다. 이것에 관해서는 "[이 말을] 너희 손에 표징으로 묶고 너희 눈들 사이에 존재하고 움직여져야 하며, 그리고 너희 집 경계와 대문에도 써놓아라."[5]라고 덧붙인다. 이 모든 것을 통해서 하느님 명령들의 지속적인 기억이 지시된다. 그것들은 지속적으로 우리의 감각에 의해서 일어나는 것들이기 때문이다. 그것이 우리가 손 안에 가지고 있는 그것들처럼 촉각에 의해서 일어나든, 아니면 정신의 눈앞에 지속적으로 존재하는 그것들처럼 시각에 의해서 일어나든, 아니면 집의 대문에서처럼 우리가 종종 되돌아와 하는 것에서 일어나든, 그것들은 우리의 기억으로부터 떨어져 나갈 수 없다. 신명기 4장 [9절]은 "너의 눈들이 보았던 말씀들을 잊지 않도록 하고, 그것들이 너의 삶의 전체 날들에 걸쳐서 너의 마음에서 떨어져 나가지 않게 하여라."라고 더욱 분명하게 말한다. 이것들은 신약의 복음적 가르침 안에서뿐만 아니라 사도적 가르침 안에서도 더욱 풍부하게 명령된 것으로 읽힌다.

[해답] 1. 신명기 4장 [6절]에서 "이것이 민족들 앞에 있는 너희의 지혜와 통찰이다"라고 말하는 것처럼, 이로부터 '하느님 신자들의 지식과 통찰이 법의 계명들로 구성된다'라는 사실이 이해되도록 주어진다. 따라서 우선 법의 계명들이 제시되어야 하고, 그 다음에 인간들은 그

mines sunt inducendi ad eorum scientiam vel intellectum. Et ideo praemissa praecepta non debuerunt poni inter praecepta Decalogi, quae sunt prima.

Ad secundum dicendum quod etiam in lege ponuntur praecepta pertinentia ad disciplinam, ut dictum est.[6] Expressius tamen praecipitur doctrina quam disciplina, quia doctrina pertinet ad maiores, qui sunt sui iuris, immediate sub lege existentes, quibus debent dari legis praecepta: disciplina autem pertinet ad minores[7], ad quos praecepta legis per maiores debent pervenire.

Ad tertium dicendum quod scientia legis est adeo annexa officio sacerdotis ut simul cum iniunctione officii intelligatur etiam et scientiae legis iniunctio. Et ideo non oportuit specialia praecepta dari de instructione sacerdotum. Sed doctrina legis Dei non adeo est annexa regali officio: quia rex constituitur super populum in temporalibus. Et ideo specialiter praecipitur ut rex instruatur de his quae pertinent ad legem Dei per sacerdotes.

Ad quartum dicendum quod illud praeceptum legis non est sic intelligendum quod homo dormiendo meditetur de lege Dei: sed quod dormiens, idest vadens dormitum, de lege Dei meditetur; quia ex hoc etiam homines dormiendo nanciscuntur meliora phantasmata, secundum quod pertranseunt motus a vigilantibus ad dormientes, ut patet per Philosophum, in I *Ethic.*[8] — Similiter etiam mandatur ut

---

6. 답변.

것들의 지식이나 통찰로 이끌려야 한다. 따라서 앞서 다루어진 계명들은 첫 번째인 십계명의 계명들 사이에 제공될 필요가 없었다.

2. 위에서[6] 말했듯이, 법 안에는 또한 배움에 속하는 계명들도 제시된다. 그럼에도 배움보다는 가르침이 더욱 분명하게 명령된다. 가르침은 자립적이고 직접적으로 법 아래 있을 수 있는 윗사람들에게 속하고, 그들에게 법의 계명들이 주어져야만 하지만, 배움은 아랫사람들에게 속하는데[7], 이들에게는 법의 계명이 윗사람들을 통해서 도달해야 하기 때문이다.

3. 법의 지식은 사제의 직무와 긴밀하게 연결되어 있어서, 직분에 임명됨과 동시에 법에 관한 지식에 대한 임명으로도 이해된다. 따라서 사제들의 훈련에 대해서는 특별한 계명들이 주어질 필요가 없었다. 신법에 대한 가르침은 왕의 직분과는 그만큼 연결되어 있지 않다. 왕은 현세적인 것들 안에서 백성 위에 제정되었기 때문이다. 따라서 신법에 속하는 것들에 대해서는 사제들을 통해서 왕이 교육받도록 특별하게 명령되었다.

4. 법의 저 계명은 인간이 잠자면서 신법에 대해 명상해야 한다는 식으로가 아니라, 자는 이, 즉 자러 가는 이가 신법에 대해서 명상해야 한다는 식으로 이해되어야 한다. 철학자의 『니코마코스 윤리학』 제1권[8]을 통해 분명하듯이, 이것으로부터 인간들은, 깨어있는 상태의 운동들이 잠자는 상태로 넘어가는 한에서, 잠자면서 더 나은 표상들을 우연히 얻기 때문이다. 이와 유사하게, 자기의 모든 행동 안에서 어떤

---

7. Cf. supra, q.2, a.6.
8. Aristoteles, *Ethica Nic.*, I, c.13, 1102b9-12; S. Thomas, lect.20, nn.234-235.

in omni actu suo aliquis meditetur de lege, non quod semper actu de lege cogitet, sed quod omnia quae facit secundum legem moderetur.

이가 법에 대해 명상하도록 명령을 받았는데, 이는 항상 현실적으로 법에 대해 생각하라는 것이 아니라, 그가 행하는 모든 것을 법에 따라 조정해야 한다는 것이다.

《주제 색인》

가라지(zizania) 131, 133, 137, 197, 201
가르침(doctrina) 155, 169, 179, 187, 189, 309, 315, 319, 321, 323
가중(加重)하는 주변조건(circumstantia aggravans) 219
가톨릭 교회(Ecclesia Catholica) 193
가톨릭 박사(doctor catholicus) 169
가톨릭 신자(catholicus) 101, 103, 125
간음(fornicatio) 179, 183, 203
간음인(moechus) 203
간통(adulterium) 103, 161, 179, 183
갈망(desiderium) 29, 91
감각(sensus) 7, 9, 97, 287, 293, 295, 297, 299, 301
감독권(praelatio) 147, 151, 153, 155, 157
감사(gratia) 137, 263
감정(affectus) 29, 43, 45, 231, 281, 299
강인하지 못함(inconstantia) 207, 209
강인함(constantia) 199
거룩한 서약(sacramentum) 221
거짓 예언자(falsus propheta) 191
거짓(falsum, falsitas) 97, 159, 179, 181, 183, 189, 191, 221, 233, 237, 239
거짓의 증인(testis falsitatis) 239, 243
건강(sanitas) 79, 217
건전한 가르침(doctrina sana) 131
게으름(pigritia) 201
결과적으로(consequenter) 79, 233, 303
결론(conclusio) 69, 111, 213
결정(determinatio) 11, 113, 115, 125, 153, 193, 219, 267
결핍(privatio) 167, 169, 273

결함(defectus) 41, 57, 293, 301, 315
결혼의 유대(vinculum matrimoniale) 165, 173
겸손(humilitas) 271, 275
경건(pietas) 61, 75
경계(limen) 321
경멸(derogatio) 231, 237, 257, 259, 263, 267
경외(timor) 37, 311, 315
계명(praeceptum) 215, 307, 309, 311, 313, 315, 317, 319, 323
계약(foedus) 143
계약의 피(sanguinis testamenti) 99
고귀성(dignitas) 21
고백(confessio) 83, 121, 135, 183, 191, 193, 217, 241, 309
고유하게(proprie) 41, 63, 65, 79, 89, 185~193, 233, 237, 281
고유한 것(proprium, 특성) 35, 64, 65, 233
고유한 질료(propria materia) 187, 189
곧은 것(rectum) 77
공격(impugnatio) 259, 261, 263, 265
공경(효경, pietas) 37
공동생활(convictus) 77, 157
공로(meritum) 45, 79, 245, 247, 263, 265, 271
공로가 되는 행위(operum meritorium) 107
공의회(concilium) 85, 105, 125, 131, 133, 147, 195, 274
공통적 명칭(nomen commune) 65
공포(公布, promulgatio) 309
과실(過失, demeritorium) 245, 247
관면(寬免, dispensatio) 207
관상(觀想, contemplatio) 81, 305
관통함(penetratio) 37
교만(superbia) 27, 91, 179, 183, 185, 213
교제(conversatio) 77, 83, 141, 143, 145, 147, 157

교제하는 일(communicare) 141, 145

교환 가능한 것들(convertibilia) 65

교황(Papa) 191, 193

교회법(canon) 125, 153, 165

교회의 관습(Ecclesiae consuetudo) 169

교회의 판결(iudicium Ecclesiae) 141, 143, 203

구별(distinctio) 5, 35, 37, 39, 59, 145, 151, 153, 155

구약(vetus Testamentum) 121, 123, 307, 309, 311

구원(salus) 23, 27, 85, 163, 167, 173, 199, 201, 205

구원의 길(via salutis) 205, 207

구원의 성사(sacramentum salutis) 175

구원의 훼손(detrimentum salutis) 175

국가의 방어(defensio reipublicae) 219

굽은 것(obliquum) 77

권능(potentia) 195, 245, 257

권력(potestas) 153, 167

권세(principatus) 179, 225

권위(auctoritas) 137, 153, 169, 193, 199, 217, 221, 315

규율의 엄중함(severitas disciplinae) 137

그 자체로(per se) 15, 17, 21, 35, 67, 153, 201, 223, 241, 293

그리스도(Christus) 23, 31, 85, 91, 135, 137, 139, 181, 183, 189, 195, 253, 261, 267

그리스도교 신앙(fides Christiana) 115, 135, 143, 181, 183, 189, 211

그리스도의 십자가(crux Christi) 191

그리스인들(Graeci) 127

근거(ratio) 21, 117, 131, 193, 267

근절(根絶, eradicatio) 201

금욕(abstinentia) 303

금지(prohibitio) 101, 129, 131, 137, 141, 143, 145, 147, 157, 159, 161, 183, 221, 235, 237, 309, 313, 315, 317

금지하는 계명(praeceptum prohibitum) 313, 315, 317
긍정(affirmatio) 233, 317
긍정적인 계명(praeceptum affirmativum) 317
기억(memoria) 321
기예(ars) 149
기적(miraculum) 60, 275, 308
기준(mensura) 99, 222
기초(fundamentum) 39, 49
기하학(geometria) 189
깨끗함(munditia) 43, 45, 47

나그네의 상태(status viae) 247, 269
나무(lignum) 157, 245
나약함(infirmitas) 251, 257, 259, 267, 269, 271, 273
나팔(tuba) 167
날카로움(acuitas, acutum) 41, 295
내적 은총의 도움(auxilium interioris gratiae) 265
논거(ratio) 17, 47, 59, 67, 91, 225, 277, 283, 293
논증(argumentum) 125, 127, 233
누룩(fermentum) 143
능력(potentia) 7, 21, 37, 43, 45, 51, 53, 57, 95, 121, 129, 177, 179, 253, 255, 275

단순한 자들(simplices) 127, 129
단식(ieiunium) 73
단일성(unitas) 111, 119
단적으로(simpliciter) 5, 67, 99, 125, 215, 243
단죄된 자(damnatus) 243-247
대문(ostium) 21
대상(obiectum) 7, 25, 51, 63, 79, 111, 117, 183, 185, 229, 237, 241

대신덕(virtus theologica) 3, 61, 93, 101 → 신학적 덕
더러운 영(spiritus immundus) 255
덕(virtus) 3, 19, 31, 33, 35, 37, 43, 45, 51, 53, 57, 61, 87, 105, 113, 117, 119, 131, 261, 271, 303, 309, 313, 315
덜(minus) 101, 121, 193
덫(muscipula) 79
도구(instrumentum) 149, 171, 217
도덕적 덕(virtus moralis) 61, 113
도둑(fur) 179
독성(blasphemia) 83, 135, 226, 247, 248, 285
동의(assensus) 33, 39, 41, 53, 57, 59, 95, 97, 173, 181, 183
동의하는 일(assentire) 41, 95,
동의하지 않는 일(dissentire) 95, 97
두려움(terror, metus, timor) 137, 149, 207, 243, 247, 257, 265

마니교도들(Manichaei) 123, 187
마음의 독성(cordis blasphemia) 231
마음의 정화(purifixatio cordis) 43
마음의 조사자(scurator cordium) 207
만민법(ius gentiaum) 223
매개(medium) 10, 297
매매(mercatio) 153
매질(plaga) 99
매춘부(meretrix) 161
맹목(盲目, caecitas) 286-305
멸망(perditio) 139
멸시(contemptus) 89. 93, 97, 149, 151, 281, 283
명령(imperium) 95, 141, 145, 147, 49, 151, 197, 201, 203, 215, 221, 301, 309, 313, 317, 319, 321, 323, 325
명상(contemplatio) 319, 321, 323, 325

명예(honor) 149
모순(contradictio) 15, 137, 191
모욕(contumelia) 103, 155, 165, 229
목적(finis) 21, 31, 33, 41, 49, 51, 53, 61, 72, 79, 107, 109, 179, 181, 183, 185
무거움(gravitas) 123, 241
무덤(sepulcrum) 213
무상은총(gratia gratis data) 61
무지(ignorantia) 35, 41, 73, 83, 103, 233, 251, 257, 259, 271, 287
무질서한 언표(inordinata locutio) 191
무질서한 토론(disputatio inordinata) 129
미래(futurum) 47, 79, 243, 245, 261, 267, 271, 273
미신자(paganus) 85, 115, 119-123, 127, 141, 143, 145, 163, 183
미친 자(amens) 291
믿는 일(credere) 133, 135, 139
밀(triticum) 133, 137, 201

바른길(via recta) 75
바리사이들(Pharisaei) 187, 189, 195
박해(persecutio) 99, 135, 205
반죽(massa) 143, 199
반항(renisus) 103, 115, 121, 123
발(pes) 79, 147, 213
발광하는 자(furiosus) 291
배교(apostasia) 83, 210-225
배반의 배교(apostasia perficiae) 215
배우자(coniux) 165, 173
배움(disciplina) 317, 319, 323
뱃속(venter) 73
벌(poena) 79, 123, 143, 145, 147, 167, 205, 223, 237, 243, 245, 247, 265, 271, 273, 275, 289, 291

법들의 중지(cessatio legalium) 187
법의 계명(praeceptum legis) 307, 311, 321, 323
법의 수용(legis susceptio) 313
법의 지식(scientia legis) 319, 323
변명(excusatio) 239, 243
병(morbus) 119, 187, 275
보상(praemium) 45, 79, 265
보석금(pretium) 153
보존(conservatio) 129, 205, 207, 319, 321
복수의 날(dies ultionis) 273
복종(oboedientia) 149, 195, 215, 219, 221, 261, 267, 313, 315
복종하려들지 않음(nolle oboedire) 267
본질적 명칭(nomen essentiale) 253
본향(本鄕, patria) 47
부모 권한의 권리(ius patriae potestatis) 165, 169
부정(immunditia) 179, 305
부정(否定, negatio) 89, 91, 2339
부주의한 담화(incauta locutio) 129
부활(ressurectio) 247, 297
분노(ira) 239
분별없는 침묵(indiscretum silentium) 129
분열(dissentio) 177, 187, 193
분파(secta) 179, 185, 187
불결함(immunditia) 305
불꽃(scintilla) 199
불신앙(infidelitas) 82-175, 177-185, 203, 211, 213, 215, 217, 219, 223, 229, 237, 241, 261, 279, 309
불신의 자식들(filii diffidentiae) 275
불완전(imperfectus) 15, 17, 277, 283
불의(iniuria) 71, 125, 153, 167, 169, 279

비교(comparatio) 83, 115, 121, 159, 241
비방(convicium) 229, 231
비신자(infidelis) 83-89, 99, 103, 105-109, 111, 124-175, 201, 209, 221, 223
비유 9
비탄(luctus) 77, 79, 81
빛나는 진리(veritas lucens) 289
빛의 천사(angelus lucis) 93
뿔(cornu) 239

사도(apostolus) 13, 21, 87, 97, 103, 125, 129, 139, 141, 143, 149, 151, 165, 179, 195, 197, 199, 201, 229, 311, 321
사도적 가르침(doctrina apostolica) 149, 321
사도적 권위(Apostolica auctoritas) 221
사라센족(Saraceni) 141
사람의 아들(Filius hominis) 251, 253, 259, 261, 273
사랑(amor, dilectio) 21, 39, 73, 231, 241
사물(res) 7, 9, 15, 49, 63, 65, 67, 69, 71, 81, 153, 187, 201, 217, 295, 297
사변(speculatio) 3, 17, 35, 37, 41, 53, 55, 71, 73, 77, 81
사변적 인식(cognitio speculativa) 37, 41, 53
사변적 지식(intellectus speculativus) 77
사슬(vincula) 137
사악한 마음(pravum cor) 223
사용(usus) 81, 141, 169, 171, 173, 175, 319, 321
사제(sacerdos) 317, 319, 323
사죄(死罪, peccatum mortale) 107, 215, 227, 232, 239, 247, 255, 271
사탄(Satanas) 93, 97
사형이라는 벌(poena mortis) 235
살인(homicidium) 239, 241, 243
삼단논법(syllogismus) 57
삼위일체(Trinitas) 15, 253

상급(praemium) 247, 315
상상(phantasia) 185, 237
상상력의 착각(phantastica illusio) 185
상태(dispositio) 3, 17, 97, 107, 167, 217, 245, 247, 269, 281, 323
새로운 견해(nova opinio) 179
새로움(novitas) 91
색욕(luxuria) 95, 289, 295, 301, 303
서원하는 일(vovere) 139
선(bonum) 25, 71, 77, 79, 105, 107, 113, 117, 121, 161, 163, 181, 05, 207, 247, 255, 265, 267, 277, 81, 283, 297, 303
선물(donum) 2-53, 54-81, 265, 267, 287, 297, 307
선성(bonitas) 231, 237, 245, 257
선임자(praedecessor) 221
선차적인 것(prius) 49, 105, 215
선택(electio) 95, 179, 181, 185, 191, 257, 263, 265, 279
설교(praedicatio) 93, 167, 175, 191, 213
설득(persuasio) 135, 173
설전(舌戰, contentio verborum) 125, 129
섬세함(subtilitas) 305
성경의 해석(expositio sacreae Scripturae) 187
성급함(praecipitatio) 35, 41
성도(sanctus) 149, 151
성령(Spiritus Sanctus) 4-11, 17, 23, 25, 27, 31, 43, 45, 51, 55, 57, 59, 187, 91, 195, 227, 248-285
성령을 거스르는 죄(peccatum in Spiritum Sanctum) 227, 248-279, 281, 283
성령의 능력(virtus Spiritus Sancti) 51
성령의 선물(donum Spiritus Sancti) 3, 4-11, 17, 23, 31, 43, 55, 57, 59, 71, 267
성령의 열매(fructus Spiritus Sancti) 3, 51
성령의 의미(sensus Spiritus Sancti) 187
성령의 작용(operatio Spiritus Sancti) 253, 255

성부(Pater) 255, 257

성사(sacramenta) 103, 131. 175

성인(Sanctus) 57, 61, 131, 133, 197, 229, 231, 233, 247

성자(Filius) 15, 255, 257

성자의 위격(persona Filii Dei) 121

성질(qualitas) 7, 217

세금(tributum) 155

세례(baptismus) 85, 131, 165, 167, 169, 171, 185, 211

소작인(colonus) 149

손해(damnum) 79, 205

수용(acceptio) 319

수확(messis) 137, 197

숙고(deliberatio) 125, 235, 237

순종, 복종(obedientia) 149, 195, 215, 219, 221, 225, 261, 267, 313, 315

슬픔(tristitia) 77

습성(habitus) 5, 33, 35, 69, 75, 233, 281, 283, 291, 305

습성의 경향(inclinatio habitus) 257, 259, 283

시간(tempus) 145, 169

시민법(ius civilis) 171, 173

식사(coena) 141

식탁(mensa) 141

신법(ius divinum) 151, 171, 173, 211, 223, 323

신분(conditio) 145, 153, 215

신성(Divinitas) 121, 253, 255, 273

신앙 고백, 신앙의 고백(confessio fidei) 173, 183, 191, 227, 229, 231, 237, 241, 257, 309, 315

신앙 조항(fides articulus) 35, 189

신앙에 속하는 것들(ea quae sunt fidei) 97, 103, 123, 125, 129, 185, 187, 189, 191

신앙은 희망되어야 하는 사물들의 첫째 실체이고 신앙 없이는 하느님 마음에 드는 일이 불가능하다(Fides est primum fundamentum sperandarum rerum et sine fide

　　　　impossibile est placere Deo) 217
신앙을 가질 수 있음(posse habere fidem) 87
신앙의 교의(dogma fidei) 189
신앙의 규범(regula fidei) 91
신앙의 대상(obiectum fidei) 63, 229
신앙의 덕(virtus fidei) 3, 31, 43, 57
신앙의 법(lex fidei) 311
신앙의 비밀(secretum fidei) 313
신앙의 성사(sacramentum fidei) 103
신앙의 열매(fructus fidei) 49, 51
신앙의 올바름(rectitudo fidei) 181
신앙의 위험(periculum fidei) 171
신앙의 증언(testimonium fidei) 217
신앙의 진리(veritas fidei) 59, 111, 119, 129, 163
신앙의 질료(materia fidei) 187
신앙의 파괴(corruptio fidei) 189, 191
신앙의 행위(actus fidei) 105, 191, 217, 309
신앙의 확실성(certitudo fidei) 49, 51, 53, 73
신앙의 훼손(detrimentum fidei) 171
신자(fidelus) 57, 87, 99, 101, 103, 125, 141, 143, 145, 147, 149, 151, 153, 155,
　　　　157, 169, 199, 221, 223, 225, 321
신적 다스림(divinum regimen) 161
신적 단일성(unitas divina) 119
신적 선성(bonitas divina) 231, 237, 245
신적 영예(honor divinus) 231
신적 정의(divina iustitia) 247, 261, 265
신적 지식(divina scientia) 59
신적 참사랑(caritas divina) 237
신적인 것(res divina) 39, 55, 63, 67, 69, 81, 89, 175
신적인 명령(divinum mandatum) 215

신적인 선(bonum divinum) 79
신적인 심판(divinum iudicium) 263, 265
신적인 의지(voluntas divina) 133
신전(templum) 161
신학적 덕(virtus theologica) → 대신덕
실천적 인식(cognitio practica) 71, 73
실체(substantia) 217
심사숙고(deliberatio) 41
심연(profundum) 281
심판관(iudex) 77
십계명(decalogus) 235, 317, 323
싸움(iurgium) 213, 217, 223
싸움터(praelium) 267

아는 일(scire) 61, 67
아랫사람(subditus) 153, 157, 211, 219, 221, 223, 225, 311, 323
악(malum) 77, 93, 7, 101, 113, 117, 121, 161, 163, 181, 207, 213, 217, 223, 239, 243, 247, 251, 257, 269, 279, 281, 283, 289
악령(daemon) 253, 255, 273, 279
악마(diabolus) 195
악습(vitium) 83, 87, 93, 113, 117, 119, 179, 183, 187, 261, 287, 289, 295, 299, 301, 303, 305, 309
악의 선택(electio mali) 257
악의(malitia) 193, 249, 251, 253, 57, 259, 263, 271, 273, 279, 281, 283, 291
악한 설득(mala persuasio) 135
알렉산드리아(Alexandria) 199
앎(notitia) 57
암묵적 신앙(fides implicita) 88
양(ovis) 199
어둠(tenebrae) 25

어떤 악의(certa malitia) 249, 251, 257, 259, 273, 279, 281
어리석음(stultia), 35
어머니 마음의 고통(dolor maternis cordis) 139
언명(enuntiabilia) 15, 97, 117, 119, 145, 183, 191, 193
업무(occupatio) 157, 319
연회(convivium) 73
열매(fructus) 3, 48-53, 267
염려(sollicitudo) 171, 173, 175, 191
영감(inspiratio) 263
영광(gloria) 179, 265
영예(honor) 209, 231, 243
영원법(lex aeterna) 21, 23
영적 즐거움(spirituale gaudium) 79
영적 판단(iudicium spirituale) 143
영적 평화(spiritualis pax) 79
영적인 벌(poena spirtitualis) 147
영혼의 구원(salus animae) 205
영혼의 생명(vita animae) 197, 217
예언(prophetia) 29, 33
예언자(propheta) 191 309
예표(豫表, figura) 115, 123, 163
옛 법(vetus lex) 311, 313, 315, 317, 319
오류(error) 31, 45, 79, 5, 93, 105, 111, 115, 117, 119, 123, 127, 129, 131, 147, 159, 185, 195, 199, 203, 233
오만(praesumptio) 257, 259, 261, 265, 267
오만불손(incrudelitas) 99
오점(macula) 167
올가미(laques) 195
올바른 의도(intentio recta) 105
올바름(rectitudo) 25, 75, 113, 181

옹호자(defensor) 137
완고함(obstinatio) 259, 261, 263, 267
완성(perfectio) 11, 21, 31, 43, 45, 47, 51, 57, 59, 61, 79, 89, 97, 231, 277, 279, 281, 283, 301
완전한 선성(bonitas perfecta) 231
왕(rex) 157, 167, 317, 319, 323
외부적인 업무(occupatio externea) 319
욕구 능력(appetitivus virtus) 179
욕구(appetitus) 29, 37, 45, 49, 53, 95, 177, 179, 185
용기(fortitudo) 37, 113, 157
용서(remissio) 85, 89, 99, 103, 203, 207, 209, 239, 249, 255, 265, 269, 271, 273, 275, 277, 287, 289, 293
우둔함(hebetudo) 23, 27, 35, 41, 83, 287, 293, 295, 297, 299, 301, 303
우상숭배(idolatria) 143, 145, 159
우유(偶有, accidens) 7
우유적으로(per accidens) 293
원본(原本, figuratum) 309
원인의 질서에 따라 판단의 질서가 존재해야만 한다(secundum ordinem causarum oportet esse ordinem iudiciorum) 65
원조들의 죄(peccatum primi parentis) 89
월경(mensis) 143
위격(位格, persona) 121, 133, 203, 253
위격적 명칭(nomen personale) 253
위안(consolatio) 79
위장된 참회(simulata poenitentia) 261, 267
윗사람(praesidens) 211, 323
유(類)(genus) 7, 65, 101, 183, 235, 251, 259, 283
유다인(Judaei) 115, 121, 123, 127, 133, 135, 137, 141, 143, 145, 153, 157, 159, 161, 163, 165, 167, 169, 173, 183, 187, 253, 255, 273
유사성(similitudo) 59, 295, 297

유용성(utilitas) 163, 199
육의 타락(corruptio carnis) 301
육체적 기관(organum corporale) 185
육화(Incarnatio) 15, 313
은총(gratia) 3, 11, 23, 25, 27, 29, 31, 33, 57 75, 85, 87, 105, 107, 151, 259, 261, 265, 267, 269,
은총은 자연보다 더 완전하다(gratia est perfectior quam natura) 57
은총의 도움(auxilium gratiae) 265
은총의 선물(donum gratiae) 11
은총의 습성(habitus gratiae) 75
은총의 주입(infusio gratiae) 75
음절(syllaba) 191
의견(consilium) 35, 37
의견(opinio) 37
의도(intentio) 95, 105, 109, 117, 127, 199, 201, 217, 231, 241, 283, 305
의로운 이가 신앙으로부터 살게 된다(Iustus ex fide vivit) 217
의미(ratio) 9, 33, 41, 51, 53, 65, 81, 89, 93, 97, 103, 117, 123, 181, 187, 237, 245, 297
의사(medicus) 269
의심(dubitatio) 125, 127
의인(iustus) 75, 277
의지(voluntas) 7, 11, 25, 27, 51, 93, 95, 97, 133, 135, 139, 181, 183, 213, 215, 217, 231, 241, 245, 247, 267, 291
의지의 대상(obiectum voluntatis) 25
의지의 멸시(contemptus voluntatis) 97
의지의 올바름(rectitudo voluntatis) 25
의지의 의도(intentio voluntatis) 241
이교(離敎, schisma) 137, 261, 269
이단(haeresis) 83, 119, 121, 176-225
이단으로부터 되돌아온 자(revertens) 200-209

이단자(haereticus) 99, 101, 115, 119, 121, 123, 133, 135, 137, 139, 145, 163, 177, 179, 181, 187, 191, 193, 195, 197, 199, 203, 205, 21
이성의 선물(donum rationis) 7
이성의 숙고(deliberatio rationis) 235
이성의 자연적 빛(lux naturalis rationis) 289, 291
이집트(Aegyptus) 273, 311
이해의 완전성(perfectio intellectus) 53
인간적 다스림(humanum regimen) 161
인간적 법(ius humanum) 151, 153, 223
인격체(persona) 143
인내(patientia) 159, 201, 69
인성(humanitas) 121, 253
인식(cognitio) 5, 7, 9, 15, 17, 21, 23, 25, 35, 37, 39, 41, 53, 59, 67, 69, 101, 103, 109, 113, 21, 97, 303, 317
인식의 확실성(certitudo cognitionis) 59
인식적 능력(vis cogitativa) 37
일반적인 명칭(generalis nomen) 101
입의 독성(oris blasphemia) 231

자발적인 것(voluntarium) 87
자비(misericordia) 99, 199, 261, 265, 267, 275
자선(eleemosyna) 107
자연법(ius naturalis) 171, 173
자연적 습성(naturalis habitus) 35
자연적 이성(naturalis ratio) 19, 23, 57, 109, 151
자연적 정의(iustitia naturalis) 171
자연적 질서(naturalis ordo) 175, 277
자유재량(liberum arbitrium) 171, 173, 269, 277, 281
작용(operatio) 19, 21, 39, 45, 73, 77, 109, 113, 149, 185, 253, 255, 301, 303, 305
작용자(agens) 301

작은 것(parvum) 235, 237, 295
장소(locus) 245
재앙(plaga) 245
재주(ingenium) 305
재치권(裁治權, iurisdictio) 151
재판(negotium) 131, 151, 173, 195, 199
적의(敵意, malevolentia) 229
전례(ritus) 85, 159, 161, 163
전복(顚覆, subversio) 125, 145, 157, 197
전열(戰列, acies) 219
전제(praeambula) 31, 45
전형(典型, figura) 309
절도(furtum) 161
절도(節度, modestia) 195, 199
절제(temperantia) 113, 303
정념(passio) 237
정부(情夫, amator) 203
정욕(libido) 163
정의(iustitia) 65, 121, 171, 247, 261, 265, 267
정의의 길(via iustitiae) 121
정의의 생명(vita iustitiae) 217
정화(purificatio) 43, 45
정화작용(depuratio) 45
제1원리(principium primum) 35, 41
제1진리(veritas prima) 39, 63, 73, 111, 117
제안된 것(propositum) 27, 33, 37, 39, 41, 45, 53, 59
제자(disciplus) 15, 213, 319
제작자(artifex) 149, 157
제후(princeps) 149, 153, 161, 167, 169, 173, 199, 219, 221, 225
조명(illuminatio) 19, 31, 33

조수(minister) 149, 157
종(servus) 147, 149, 153
종(species) 111, 113, 115, 117, 177, 179, 183, 213, 217, 219, 233, 251, 259, 261, 263, 279
종국점(terminus ad quem) 217, 219
종살이(servitus) 149, 153, 159, 173
종살이의 멍에(iugum servi) 149, 159
종속(subiectio) 91, 149, 153, 157, 175, 215, 311, 315
종족(gens) 145
죄, 범죄(peccatum) 71, 83, 85, 87, 89, 91, 93, 95, 99, 101, 105, 107, 109, 115, 117, 119, 121, 123, 161, 169, 197, 221, 227, 235, 237, 239, 241, 243, 245, 249, 251, 253, 255, 257, 259, 261, 263, 267, 269, 271, 273, 275, 277, 279, 281, 283, 287, 289, 291, 295
죄과(culpa) 123, 143, 241, 289
죄의 기원(peccati principium) 211
죄종(罪宗, vitium capitale) 87, 93
죄짓는 자(peccans) 117
주님(Dominus) 7, 15, 31, 75, 89, 137, 145, 147, 153, 155, 197, 201, 203, 205, 207, 213, 263, 273, 283, 311, 313
주님의 위격(persona Domini) 203
주석(glossa) 51
주인(dominus) 133, 141
주체(subiectum) 83, 93, 95
죽음(mors) 167, 173, 197, 199, 201, 207
죽음의 위험(periculum mortis) 167, 173, 207
준비(dispositio) 25, 73, 131, 191, 303
중간(medium) 295
즐거움(gaudium) 51, 77, 79,
증명(demonstratio) 57, 127, 137
증오(odium) 79, 119, 121, 231, 245, 247,

지구 전체(totus orbis) 199
지도(directio) 39
지루함(taedium) 77
지성의 견해(opinio intellectus) 231
지성의 빛(lumen intellectus) 9
지성의 진리(veritas intellectus) 231
지성의 행위(actus intellectus) 95
지성적 덕(virtus intellectualis) 19, 35, 61
지성적 봄(intellectualis visio) 289, 291
지성적 영혼(anima intellectiva) 301
지식(scientia) 3, 13, 35, 37, 39, 41, 49, 53, 54-81, 233, 287, 303, 307, 317, 319, 321, 323
지식의 선물(donum scientiae) 3, 39, 53, 54-81, 307
지옥(infernus) 245, 247, 273
지혜(sapientia) 7, 35, 37, 39, 41, 49, 63, 67, 69, 79, 81, 257, 259,
지휘관(praefectus) 157
지휘권(dominium) 147, 151, 153, 157, 211, 219, 223, 225
직관, 봄(visio) 21, 29, 39, 43, 45, 47, 59
직무(negotium) 151, 175, 323,
직분(officium) 323 → 직무
진리에 대한 고찰(consideratio veritatis) 77, 79
진리의 인정(agnitio veritatis) 265
진행(processus) 235, 283
질료(materia) 69, 111, 113, 177, 187, 189, 301
질료적 원리(principium materiale) 111
질병(morbus) 119
질서(ordo) 277
질투(invidia) 259, 261, 265, 269
짧음(brevitas) 267

차이(differentia) 7, 41, 111

참(verum) 181, 299

참사랑(caritas) 25, 27, 29, 67, 87, 117, 205, 235, 237, 255

참사랑을 가질 수 있음(posse habere caritatem) 87

참사랑의 대상(caritatis obiectum) 237

참사랑의 선물(donum caritatis) 25, 27

참여된 유사성(participata similitudo) 59

참행복(beatitudo) 3, 9, 21, 43, 45, 55, 75, 77, 79, 81, 247

참회(poenitentia) 145, 155, 163, 199, 205, 207, 209, 261, 265, 267, 269, 271, 279, 283, 285

참회하지 않음(impoenitentia) 255, 259, 261, 263, 265, 267, 271, 279, 283

창조된 사물(res creata) 63, 67, 69

창조주(Creator) 165, 229

처형상태(reatus) 167

천국의 문(ianua caeli) 167

천사(angelus) 93, 95, 97, 271

촉각(tactus) 303, 321

최고선, 최고 선성(bonitas summa) 117, 161

추론(discursus) 5, 11, 59

추상(abstractio) 301

추정(coniectura) 79, 263, 265

추함(turpitudo) 265

축제(festivitas) 161

출발점(terminus a quo) 217

충성(忠誠, fidelitas) 221, 225

칙령(ordinatio) 153

친밀성(familiaritas) 145

침묵(taciturnitas) 129

칭송(laus) 231, 233, 241, 247

칼(gladium) 167
쾌락(delectatio) 301, 303, 305
큰 것(magnum) 83, 99, 101, 245

타락(perversitas) 45, 95, 101, 301
타락한 의지(perversa voluntas) 95
탁월성(excellentia) 11, 21
탐식(gula) 95, 295, 301, 303,
탐욕(cupiditas) 179, 183, 185
태생노예(vernaculus) 153
태양(sol) 289, 291
토담집(domus lutea) 271
통로(semita) 277
통찰(이해)(intellectus) 2-53, 57, 59, 73, 75, 81, 83, 287, 293, 297, 301, 307, 317, 319, 321, 323
특별한 명칭(speciale nomen) 65, 67
특수한 결함(particularis defectus) 315

파문(excommunicatio) 85, 105, 131, 137, 143, 145, 197, 199, 201, 221
파문의 언명(excommunicationis sententia) 145
파수꾼(speculator) 175
파스카(pascha) 309
파악(apprehensio) 41, 297
판결(sententia) 125, 141, 143, 145, 151, 153, 199, 203, 207, 223
판결권(iudicium) 147
판단(iudicium) 37, 39, 41, 59, 65, 67, 69, 75, 79, 99, 101, 131, 143, 145, 193, 223
판단의 질서(ordo iudiciorum) 65
평가(aestimatio) 31, 33
표상(phantasmata) 45, 301, 323

표징(signum) 207, 209, 217, 243, 321
품위(dignitas) 149, 205, 207,
피조물(creatura) 5, 39, 41, 79, 81, 229, 233
필연성(necessitas) 145
핑계(excusatio) 273

하나를 향한 질서(ordo ad unum) 119
하느님에 대한 관상(contemplatio Dei) 81
하느님을 기쁘시게 만드는 은총(gratia gratum faciens) 27, 29, 31, 33
하느님의 권위(auctoritas Dei) 153
하느님의 명령(mandatum Dei) 215
하느님의 본질(Dei essentia) 5
하느님의 선물(donum Dei) 265
하느님의 아들(Filius Dei) 99, 259
하느님의 영예(honor Dei) 209
하느님의 위격(persona Dei) 133
하느님의 은총(gratia Dei) 273
하느님의 이름(nomen Dei) 237
하느님의 자녀(filius Dei) 153
하느님의 전능(omnipotentia Dei) 275, 277
하느님의 종(servus Dei) 195
하느님의 지혜(Dei sapientia) 259
하느님의 집(domus Dei) 133
하느님의 참사랑(caritas Dei) 235
하느님의 판결(iudicium Dei) 203, 207
하느님의 힘(Dei virtus) 259
학문(scientia) 63, 69
할례(circumcisio) 213
해방(liberatio) 139
해석(acceptio) 259, 271

행위(actus) 19, 21, 23, 39, 71, 77, 83, 95, 105, 107, 109, 157, 179, 183, 185, 191, 213, 215, 217, 231, 241, 253, 255, 257, 259, 265, 273, 279, 281, 309, 317

행위, 업적(opus) 105, 107, 109

행위의 법(lex factorum) 311

허영(inanis gloria) 91

현명(prudentia) 108, 297

현세(hoc saeculum) 245, 247, 271, 275, 277

현세적 삶(vita temporalis) 197

현세적 선(bonum temporale) 117, 205

현세적 편의(commodum temporale) 179

현세적 판단(iudicium temporale) 145

혐오(fastidium) 275

형상적 근거(ratio formalis) 117, 267

형상적 대상(formale obiectum) 111, 117

형상적 원리(principium formale) 111

형상화하다(informare) 163, 167

형제애(fraternitas) 263

혼인(connubium) 143

화염(flamma) 199

확고함(firmitas) 129, 131

확실성(certitudo) 49, 51, 53, 59, 65, 67, 73

확실한 판단(certum iudicium) 59, 65, 75

환몽가(somniator) 308

환원(resolutio) 87, 93, 237

황제의 집(Caesaris domus) 149, 157

횃불(fax) 263

회개(poenitentia) 195, 197

획득된 지식(scientia acquisita) 63

후차적인 것(posterius) 49, 105

후퇴(retrocessio) 211, 215
훈련(instructio) 323
흠(labes) 271
희망(spes) 131, 199, 243, 257, 265

《인명 색인》

그라티아누스(Gratianus) 97
그레고리우스(Gregorius) 13, 17, 23, 25, 31, 35, 41, 73, 91, 129, 161, 189, 293, 295, 301
그레고리오 7세(Gregorius VII) 221
기욤 도세르(Guillaume d'Auxerre) 36
네로(Nero) 149
네부카드네자르(Nabuchodonosor) 221
네스토리우스(Nestorius) 121
다마셰누스, 요한(Joannes Damascenus) 87
다니엘(Daniel) 221
다윗(David) 139
디오클레티아누스 황제(Diocletianus) 157
레오 교황(Leo Papa) 191
롬바르두스, 페트루스(Petrus Lombardus) 251, 261
루이 9세(St Louis IX) 134
마르도케우스(모르도카이) 221
마르치아누스 황제(Martianus Augustus) 125
막시무스, 고백자(Maximus the Confessor) 5
모세(Moyses) 273
무함마드(Mahumetus) 213
바오로 사도(Paulus) 139
바르트(K. Barth) 52, 53
베드로(Petrus) 109, 193, 203, 207
보니파시오 8세(Bonface VIII) 224
비앙키(Bianchi) 173
사울(Saulus) 127
세바스티아누스(Sebastianus) 157

솔로몬(Salomon) 157
실베스테르(Sylvester) 169
아낙사고라스(Anaxagoras) 301
아리우스(Arius) 121, 199
아수레우스(크세르크세스) 221
아우구스티누스(Augustinus) 13, 21, 23, 25, 29, 33, 45, 57, 61, 63, 71, 73, 77, 87, 91, 93, 97, 99, 115, 133, 137, 139, 161, 169, 179, 187, 191, 193, 239, 255, 263, 269, 271, 283, 289, 299, 313
아타나시우스(Athanasius) 253, 273
암브로시우스(Ambrosius) 169, 219
압살롬(Absalom) 139
오리게네스(Origenes) 281
요셉 221
위-디오니시우스(Pseudo-Dionysius) 4, 5
율리아누스 황제(Iulianus Imperator) 219, 225
이시도루스(Isidorus) 185
존 위클리프 147
카예타누스(Cajetanus) 72, 115, 134, 173, 192, 274, 276
코르넬리우스(Cornelius) 107, 109
콘스탄티누스 황제(Constantinus Augustus) 169
크리소스토무스(Chrysostomus) 133, 141, 253
테오도시우스 황제(Theodosius) 169
토마스 아퀴나스(Thomas Aquinas) 5
티루스의 왕(rege Tyri) 157
포르피리오스(Porphyrios) 64
프란치스코 데 비토리아(Francisco de Vitoria) 135
필립 4세(Philip the Fair) 224
하인리히 4세 220
히에로니무스(Hieroniums) 169, 179, 187, 193, 199, 203, 209, 253
힐라리우스(Hilarius) 253

《고전작품 색인》

그라티아누스
『교령집』(*Decretum*) 97, 133, 161

그레고리우스 마뉴스/그레고리오 대교황
『욥기의 도덕적 해설』(*Moralia*) 13, 17, 23, 25, 31, 35, 71, 73, 289, 293, 295, 301
『사목 규칙』(*Regulae Pastoralis*) 129

다마셰누스
『정통신앙론』(*De fide orthodoxa*) 5, 87

디오니시우스
『신명론』(神名論, *De divinis nominibus*) 5, 113, 231

레오 교황
「알렉산드리아의 주교 프로테리우스에게 보낸 편지」(Epistola ad Proterium Episcopum Alexandrinum) 191

롬바르두스
『명제집』(*Libri Sententiarum*) 251, 261

베르나르두스
『관면과 계명』(*De Dispensatione et Praecepto*) 261

아리스토텔레스
『니코마코스 윤리학』(*Ethica Nic.*) 5, 19, 113, 179 279, 297, 303, 323
『분석론 후서』(*Analytica Posteriora*) 57, 233

『영혼론』(*De Anima*) 7, 25, 77

『자연학』(*Physica*) 69

『정치학』(*Politica*) 149

『형이상학』(*Metaphysica*) 185, 277

아우구스티누스

『고백록』(*Confessiones*) 289

『독백』(*Soliloquiae*) 299

『두 영혼』(*De Duabus Animis*) 93

『라우렌티우스에게 보낸 길잡이』(*Enchiridion*) 239, 263

『믿음의 유익』(*De Utilitate Credendi*) 179

『부제 베드로에게 보낸 신앙론』(*De fide ad Petrum*) 263

『빈첸티우스에게 보낸 편지』(*Ad Vincentium. Epist.*) 137

『삼위일체론』(*De Trinitate*) 21, 23, 57, 63

『성도들의 예정』(*De Praedestinatioe Sanctorum*) 87

『신국론』(*De Civitate Dei*) 161

『아우구스티누스와 보니파티우스 방백의 편지』(*Ad Bonifacium Comitem. Epist*) 139

『여든세 가지 다양한 질문』(*Octoginta trium Quaest.*) 13

『이단론』(*De Haeresibus*) 115

『재론고』(*Retractiones*) 299

『주님의 말씀』(*De Verb. Dom.*) 255, 263, 269

『주님의 산상설교』(*De Sermone Domini in Monte*) 45, 77, 271

『질서론』(*De Ordine*) 161

『하나인 세례』(*De Baptismo contra Donatistas*) 263

오리게네스

『원리론』(*Peri Archon*) 281

이시도루스

『어원집』(*Etymologiae*) 185

《성경 색인》

〈신약〉

갈라티아서 21, 51, 159, 179
로마서 39, 63, 87, 105, 159, 189, 217, 267, 311
루카복음서 133
마태오복음서 29, 131, 197, 203, 205, 251, 252, 253, 271
베드로 1서 131, 149
베드로 2서 121, 218
사도행전 43, 127
에페소서 23, 229, 243
요한 1서 27
요한묵시록 245
요한복음서 25, 31, 89, 99, 213, 261, 289, 309
코린토 1서 141, 143, 151, 165, 197, 223
코린토 2서 93
콜로새서 235
티모테오 1서 149, 229
티모테오 2서 125, 195
티토서 131, 197
필리피서 13, 149
히브리서 99, 307, 311

〈구약〉

다니엘서 29, 303
레위기 143, 235, 261
말라키서 317
시편 19, 25, 29, 239, 269, 291, 311
신명기 99, 143, 203, 309, 317, 319, 321

에제키엘서 133, 175, 191
예레미야서 203, 267
열왕기 상권 157
욥기 271
이사야서 7, 29, 49, 57, 89, 241, 289
잠언 277, 281
지혜서 75, 77, 79, 291
집회서 213, 279, 311
코헬렛 207, 245, 289
탈출기 309, 311
호세아서 317

■ 지은이: 토마스 아퀴나스(S. Thomas Aquinas)

성 토마스 아퀴나스는 1244/5년 이탈리아 중남부의 귀족 가문에서 태어나 도미니코 수도회에 입회하였고, 때 묻지 않은 '천사적' 순수함과 진리에 대한 지칠 줄 모르는 열정으로 13세기라는 역사상 드문 정치적-사상적 격변기를 헤쳐나갔다. 그는 아리스토텔레스의 대부분의 작품들과 복음서 및 바오로의 주요 서간들에 대해 주해서를 집필하였고, 『대이교도대전』과 『토론문제집』 등 중요한 저작들을 남겼다. 특히 그리스 철학의 제학파와 아랍 세계의 선진 이슬람 문명 등 당대까지 유럽에 전해져 서로 충돌하던 다양한 사상들을 그리스도교 진리의 빛 속에서 웅장하게 체계적으로 종합한『신학대전』(Summa Theologiae)은 인류 문화사적 걸작으로 꼽힌다. 그는 1274년 리옹공의회에 참석하러 가던 길에 중병을 얻어 포사노바에서 선종하였다.

1879년 교황 레오 13세는 회칙『영원하신 아버지』를 통해 토마스의 사상을 가톨릭교회의 공식 학설로 공표하였다.

■ 옮긴이: 박승찬

서울대학교 식품공학과를 졸업한 뒤, 가톨릭대학교 신학부에서 신학을 공부하던 중 중세철학에 관심을 가지게 되었다. 독일 프라이부르크대학에서 석사와 박사학위(중세철학 전공)를 받았다. 현재 가톨릭대학교 철학과 교수이며 김수환추기경연구소장을 맡고 있다. 성심대학원장, 한국중세철학회장, 한국가톨릭철학회장을 역임했다.

그는 생각하는 힘을 키워주는 강의로 유명하다. 그의 '중세철학사' 강의는 2012년 11월에 SBS와 대학교육협의회에서 공동으로 주관하는 "대학 100대 명강의"로 선정되었다. 또한 JTBC 차이나는 클라스 〈중세 천년의 빛과 그림자〉, EBS 통찰, 클래스e 〈중세의 위대한 유산〉 등의 방송 출연, 한겨레신문 연재, 다양한 강연활동을 통해 사람들이 중세에 대해 갖는 편견을 깨고 중세철학이 지닌 매력과 그 깊이를 알리는 데 주력하고 있다.

저서로는『서양 중세의 아리스토텔레스 수용사』,『생각하고 토론하는 서양 철학 이야기 ②: 중세-신학과의 만남』,『철학의 멘토, 멘토의 철학』,『아우구스티누스에게 삶의 길을 묻다』,『중세의 재발견』 등이 있으며, 역서로는 라틴어 원문에서 번역한『모놀로기온 & 프로슬로기온』(캔터베리의 안셀무스),『신학요강』,『대이교도대전 II』,『존재자와 본질』,『신학대전 제31권: 신앙』(토마스 아퀴나스),『토마스 아퀴나스의 형이상학』 등이 있다.

■ 진리의 협력자들

가르멜수도회(윤주현 신부) 가톨릭교리신학원(최승정 신부-김진태 신부) 가톨릭출판사(홍성학 신부) 강윤희신부 †곽성명마티아 교리48기(김순진 요안나) 구요비주교 기쁜소식(전갑수 사장) 김경애유스타 김남필아가다 김두라소화데레사 김명순소피아 김미라크레센시아 김미리파비올라 김미숙도미나 김복원요안나 김수남글라라 김영남신부 김영진신부 김영희글라라 김운장(대화제약 회장) 김운회주교 김웅태신부 김월자안젤라 김은주율리아나 김장이베로니카 김정렬사도요한 김정이이네스 김정임세실리아 김종국신부 김철련스테파노 김청자아가다 김항희마르타 김해영아나다시아 김혜경세레나 김혜경아네스 김효숙노엘라 김훈겸신부 김희중대주교 로사리오 성모의 도미니코수녀회(오하정 수녀) 마천동성당(장강택 신부) 목동성당(민병덕 신부) 문정동성당(이철호 신부) 박동균신부 박무학신부 박상수신부 박영규사도요한 박용선소화데레사 박정자소화데레사 박종호시몬 박찬윤신부 박표열정혜엘리사벳 박현숙글라라 방배4동성당(최동진 신부-이동익 신부) 방배동성당(안병철 신부) 배기현주교 배옥순시모니아 분당성마리아성당(윤종대 신부) 사랑의시튼수녀회(김영선 수녀) 상도동성당(곽성민 신부) 서명숙루치아 서인숙아네스 서초동성당(이찬일 신부) 서호숙데레사 세종로성당(박동균 신부) 성도미니코선교수녀회(안소근 수녀) 손삼석주교 손윤정마리아 손희송주교 송기인신부 송인섭안드레아 신수정비비안나 신옥현루시아 심상태몬시뇰 양정희루시아 여규태요셉 염수정추기경 오금동성당(박희원 신부) 오승원신부 원종철신부 위재숙아나다시아 유경촌주교 유덕희(경동제약 회장) 유식용(일도TCS 회장) 유영숙스콜라스티카 †윤정자님파 이경상신부 이계숙루시아 이동익신부 이동호신부 이문동성당(박동호 신부) 이민주신부 이명순토마스 이범현신부 이병호주교 이선용알베르토 이영기실비아 이완숙미카엘라 이용훈주교 이윤하신부 †이정국미카엘 이정석요한 이종상요셉 이종진사도요한 이 진안드레아 이준영아우구스티노 이화주가브리엘라 이효재로마노 임경희미카엘라 잠실7동성당(김종수 신부) 잠원동성당(박항오 신부) 장석호모세 장우일레오 장춘복세바스티아나 장혜순카타리나 (재)신학과사상(백운철 신부) 전상순요안나 전상직(더맨 회장) 절두산순교지성당(정연정 신부) 정달용신부 정미애율리안나 정순택대주교 정복신안나 †정영숙(다빈치 회장) 정의채몬시뇰 정종휴암브로시오 †정진석추기경 조 광이냐시오 조규만주교 조선영카타리나 조신호델피노 조용주마리안나 조욱현신부 차상금이사벨 청담동성당(김민수 신부) 최명주율리아 최미묘본다 최학분에디타 하계동성당(김웅태 신부) 학교법인가톨릭학원(김영국 신부) 한무숙문학관(김호기 박사) 혜화동성당(홍기범 신부) 홍순자요셉피나 황예성세실리아

지금까지 출간된 분책(2022년 현재)

- 제1권(I, qq.1-12), [하느님의 존재], 정의채 옮김, 1985, 3판 2014, 751쪽.
  제1문 거룩한 가르침에 관하여. 제2문 신론-하느님이 존재하는가. 제3문 하느님의 단순성에 대하여. 제4문 하느님의 완전성에 대하여. 제5문 선 일반에 대하여. 제6문 하느님의 선성에 대하여. 제7문 하느님의 무한성에 대하여. 제8문 사물에 있어서의 하느님의 실재에 대하여. 제9문 하느님의 불변성에 대하여. 제10문 하느님의 영원성에 대하여. 제11문 하느님의 일체성(단일성)에 대하여. 제12문 하느님은 우리에게 어떻게 인식되는가에 대하여.

- 제2권(I, qq.13-19), [하느님의 생명], 정의채 옮김, 1993, 2판 2014, 572쪽.
  제13문 하느님의 명칭에 대하여. 제14문 하느님의 지식에 대하여. 제15문 이데아에 대하여. 제16문 진리에 대하여. 제17문 허위에 대하여. 제18문 하느님의 생명에 대하여. 제19문 하느님의 의지에 대하여.

- 제3권(I, qq.20-30), [하느님의 작용과 위격], 정의채 옮김, 1994, 2판 2000, 495쪽.
  제20문 하느님의 사랑에 대하여. 제21문 하느님의 정의와 자비에 대하여. 제22문 하느님의 섭리에 대하여. 제23문 예정에 대하여. 제24문 생명의 책에 대하여. 제25문 하느님의 능력에 대하여. 제26문 하느님의 지복에 대하여. 제27문 하느님의 위격들의 발출에 대하여. 제28문 하느님 안에서의 관계들에 대하여. 제29문 하느님의 위격들에 대하여. 제30문 하느님 안에서의 위격들의 복수성에 대하여.

- 제4권(I, qq.31-38), [위격들의 구별], 정의채 옮김, 1997, 293쪽.
  제31문 하느님 안에서 단일성 혹은 복잡성에 속하는 것들에 대하여. 제32문 하느님의 위격들의 인식에 대하여. 제33문 성부의 위격에 대하여. 제34문 성자의 위격에 대하여. 제35문 모습(혹은 모상)에 대하여. 제36문 성령의 위격에 대하여. 제37문 사랑이라는 성령의 명칭에 대하여. 제38문 은사라는 성령의 명칭에 대하여.

- 제5권(I, qq.39-43), [위격들의 관계], 정의채 옮김, 1998, 345쪽.
  제39문 본질과 비교된 위격들에 대하여. 제40문 관계들 내지는 고유성들과의 비교에 있어서의 위격들에 대하여. 제41문 인식 표징적(혹은 식별 표징적) 작용들과의 비교에 있어서의 위격들에 대하여. 제42문 하느님의 위격들 상호간의 동등성과 유사성에 대하여. 제43문 하느님의 위격들의 파견에 대하여.

- 제6권(I, qq.44-49), [창조], 정의채 옮김, 1999, 339쪽.
  제44문 피조물들의 하느님으로부터의 발출과 모든 유의 제1원인에 대하여. 제45문 사물들의 제1근원으로부터의 유출의 양태에 대하여. 제46문 창조된 사물들의 지속의 시작에 대하여. 제47문 사물들의 구별 일반에 대하여. 제48문 사물들의 구별에 대한 각론. 제49문 악의 원인에 대하여.

- 제7권(I, qq.50-57), [천사], 윤종국 옮김, 정의채 감수, 2010, 379쪽.
  제50문 천사의 실체 자체에 대하여. 제51문 천사와 물체의 비교에 대하여. 제52문 장소에 대한 천사의 비교에 대하여. 제53문 천사의 장소적 운동에 대하여. 제54문 천사의 인식 작용에 대하여. 제55문 천사의 인식 수단에 대하여. 제56문 비물질적 사물의 일부에서 얻는 천사의 인식에 대하여. 제57문 질료적 사물들의 성찰에 따른 천사의 인식에 대하여.

- 제8권(I, qq.58-64), [천사의 활동], 강윤희 옮김, 2020, 368쪽.
  제58문 천사의 인식 양태에 대하여. 제59문 천사의 의지에 대하여. 제60문 천사의 사랑 혹은 애정에 대하여. 제61문 천사가 본성적 존재로 창조되었음에 대하여. 제62문 천사가 은총과 영광의 상태로 완성됨에 대하여. 제63문 천사의 악의와 탓에 대하여 제64문 악령들의 형벌에 대하여.

- 제9권(I, qq.65-74), [우주 창조], 김춘오 옮김, 정의채 감수, 2010, 424쪽.
  제65문 물체적 피조물들의 창조 작업에 대하여. 제66문 구별에 대한 피조물의 질서에 대하여. 제67문 자체 안에서의 구별 작업에 대하여. 제68문 둘째 날의 작업에 대하여. 제69문 셋째 날의 작업에 대하여. 제70문 넷째 날에 대한 장식 작업에 대하여. 제71문 다섯째 날에 대하여. 제72문 여섯째 날에 대하여. 제73문 일곱째 날에 속한 어떤 것에 대하여. 제74문 공통적인 것들 안에서 모든 일곱 날에 대하여.

- 제10권(I, qq.75-78), [인간], 정의채 옮김, 2003, 383쪽.
제75문 인간론: 영적 실체와 물체적 실체로 복합된 인간에 대하여. 제76문 혼의 신체와의 하나됨(합일)에 대하여. 제77문 혼의 능력 일반에 속하는 것들에 대하여. 제78문 혼의 개별적 능력들에 대하여.

- 제11권(I, qq.79-83), [인간 영혼의 능력], 정의채 옮김, 2003, 320쪽.
제79문 지성적 능력들에 대하여. 제80문 욕구적 능력 일반에 대하여. 제81문 감성적 능력에 대하여. 제82문 의지에 대하여. 제83문 자유의사에 대하여.

- 제12권(I, qq.84-89), [인간의 지성], 정의채 옮김, 2013, 511쪽.
제84문 신체와 결합된 영혼은 어떻게 자신보다 하위에 있는 물체적인 것들을 인식하는가. 제85문 지성 인식의 양태와 서열에 대하여. 제86문 우리 지성은 질료적 사물들에 있어 무엇을 인식하는가. 제87문 지성적 혼은 어떻게 자기 자신과 자기 안에 있는 것들을 인식하는가. 제88문 인간 혼은 어떻게 자기의 상위에 있는 것들을 인식하는가. 제89문 분리된 영혼의 인식에 대하여.

- 제13권(I, qq.90-102), [하느님의 모상으로 창조된 인간], 김율 옮김, 2008, 505쪽.
제90문 인간 혼의 첫 산출에 대하여. 제91문 첫 인간의 신체의 산출에 대하여. 제92문 여자의 산출에 대하여. 제93문 인간의 산출 목적 또는 결말에 대하여. 제94문 첫 인간의 지성 상태와 조건에 대하여. 제95문 첫 인간의 의지에 관련된 사항들, 곧 은총과 정의에 대하여. 제96문 무죄의 상태에서 인간이 가지고 있던 지배권에 대하여. 제97문 첫 인간의 상태에서 개인의 보존. 제98문 종의 보존에 대하여. 제99문 태어났을 자손의 신체적 조건에 대하여. 제100문 태어났을 자손의 정의의 조건에 대하여. 제101문 태어났을 자손의 지식의 조건에 대하여. 제102문 인간의 거처, 곧 낙원에 대하여.

- 제14권(I, qq.103-114), [하느님의 통치], 이상섭 옮김, 2009, 607쪽.
제103문 사물들의 통치 일반에 대하여. 제104문 하느님 통치의 특수한 결과들에 대하여. 제105문 하느님에 의한 피조물들의 변화에 대하여. 제106문 한 피조물은 다른 피조물들을 어떻게 움직이는가. 제107문 천사들의 말에 대하여. 제108문 위계와 질서에 따르는 천사들의 질서지움에 대하여. 제109문 악한 천사들의 질서지움에 대하여. 제110문 물체적 피조물들에 대한 천사들의 통할에 대하여. 제111문 인간들에 대한 천사들의 작용에 대하여. 제112문 천사들의 파견에 대하여. 제113문 선한 천사들의 보호에 대하여. 제114문 마귀들의 공격에 대하여.

- 제15권(I, qq.115-119), [우주의 질서], 김정국 옮김, 2010, 307쪽.
  제115문 물체적 피조물의 작용에 대하여. 제116문 숙명에 대하여. 제117문 인간의 작용과 관련된 것에 대하여. 제118문 혼과 관련한 인류의 번식에 대하여. 제119문 육체에 관련된 인류의 번식에 대하여.

- 제16권(I-II, qq.1-5), [행복], 정의채 옮김, 2000, 417쪽.
  제1문 인간의 궁극 목적에 대하여. 제2문 인간의 행복이 있는 것들에 대하여. 제3문 행복이란 무엇인가. 제4문 행복을 위해 요구되는 것들에 대하여. 제5문 행복에의 도달에 대하여.

- 제17권(I-II, qq.6-17), [인간적 행위], 이상섭 옮김, 2019, xlviii-444쪽.
  제6문 의지적인 것과 비의지적인 것에 대하여. 제7문 인간적 행위의 상황들에 대하여. 제8문 의지에 대하여, 의지는 무엇을 대상으로 갖는가? 제9문 의지의 동인에 대하여. 제10문 의지가 움직여지는 방식에 대하여. 제11문 향유라는 의지 작용에 대하여. 제12문 지향에 대하여. 제13문 수단과 관련된 의지의 작용인 선택에 대하여. 제14문 선택에 앞서는 숙고에 대하여. 제15문 수단과 관련된 의지 작용인 동의에 대하여. 제16문 수단과 관련된 의지의 작용인 사용에 대하여. 제17문 의지에 의해 명령된 작용에 대하여.

- 제18권(I-II, qq.18-21), [도덕성의 원리], 이재룡 옮김, 2019, lx-264쪽.
  제18문 인간적 행위에서의 선성과 악성에 대하여. 제19문 의지의 내적 행위의 선성과 악성에 대하여. 제20문 인간의 외적 행위의 선성과 악성에 대하여. 제21문 인간적 행위의 귀결들과 그 선성 또는 악성에 대하여.

- 제19권(I-II, qq.22-30), [정념], 김정국 옮김, 2020, l-270쪽.
  제22문 영혼의 정념의 주체에 대하여. 제23문 정념 상호간의 차이에 대하여. 제24문 영혼의 정념들에 있어서 선과 악에 대하여. 제25문 정념들 상호간의 질서에 대하여. 제26문 사랑에 대하여. 제27문 사랑의 원인에 대하여. 제28문 사랑의 결과에 대하여. 제29문 미움에 대하여. 제30문 욕망에 대하여.

- 제20권(I-II, qq.31-39), [쾌락], 이재룡 옮김, 2020, lviii-236쪽.
  제31문 쾌락 그 자체에 대하여. 제32문 쾌락의 원인에 대하여. 제33문 쾌락의 결과에 대하여. 제34문 쾌락의 선성과 악성에 대하여. 제35문 고통 또는 슬픔 그 자체에 대하여. 제36문 슬픔 또는 고통의 원인에 대하여. 제37문 고통 또는 슬픔의 결과에 대하여. 제38문 슬픔 또는 고통의 결과에 대하여. 제39문 슬픔 또는 고통의 선성과 악성에 대하여.

- 제21권(I-II, qq.40-48), [두려움과 분노], 채이병 옮김, 2020, lxii-278쪽.
  제40문 분노적 정념들에 대하여. 먼저 희망과 절망에 대하여. 제41문 두려움 그 자체에 대하여. 제42문 두려움의 대상에 대하여. 제43문 두려움의 원인에 대하여. 제44문 두려움의 결과에 대하여. 제45문 담대함에 대하여. 제46문 분노 그 자체에 대하여. 제47문 분노를 일으키는 원인과 그 대처 수단에 대하여. 제48문 분노의 결과에 대하여.

- 제22권(I-II, qq.49-54), [습성], 이재룡 옮김, 2020, lviii-234쪽.
  제49문 습성의 실체 자체에 대하여. 제50문 습성의 주체에 대하여. 제51문 습성의 생성 원인에 대하여. 제52문 습성의 성장에 대하여. 제53문 습성의 소멸과 약화에 대하여. 제54문 습성의 구별에 대하여.

- 제23권(I-II, qq.55-67), [덕], 이재룡 옮김, 2020, lxxvi-558쪽.
  제55문 덕의 본질에 대하여. 제56문 덕의 주체에 대하여. 제57문 지성적 덕의 구별에 대하여. 제58문 도덕적 덕과 지성적 덕의 구별에 대하여. 제59문 도덕적 덕과 정념 사이의 구별에 대하여. 제60문 도덕적 덕들 상호간의 구별에 대하여. 제61문 추요덕에 대하여. 제62문 대신덕에 대하여. 제63문 덕의 원인에 대하여. 제64문 덕의 중용에 대하여. 제65문 덕들 사이의 상호 연관성에 다하여. 제66문 덕들의 동등성에 대하여. 제67문 후세에서의 덕의 지속에 대하여.

- 제24권(I-II, qq.68-70), [성령의 선물], 채이병 옮김, 2020, liv-152쪽.
  제68문 선물들에 대하여. 제69문 참행복에 대하여. 제70문 성령의 열매에 대하여.

- 제25권(I-II, qq.71-80), [죄], 안소근 옮김, 2020, l-452쪽.
  제71문 악습과 죄 자체에 대하여. 제72문 죄의 구별에 대하여. 제73문 죄들의 상호 비교에 대하여. 제74문 죄의 주체에 대하여. 제75문 죄의 일반적 원인에 대하여. 제76문 죄의 특수 원인에 대하여. 제77문 감각적 욕구 편에서 본 죄의 원인에 대하여. 제78문 죄의 원인인 악의에 대하여. 제79문 죄의 외부적 원인에 대하여(1): 하느님. 제80문 죄의 외부적 원인에 대하여(2): 악마

- 제26권(I-II, qq.81-85), [원죄], 정현석 옮김, 2021, lii-191쪽.
  제81문 인간 편에서의 원죄의 원인에 대하여. 제82문 원죄의 본질에 대하여. 제83문 원죄의 주체에 대하여. 제84문 어떤 죄가 죄의 원인이 된다는 점에서 죄의 원인에 대하여. 제85문 죄의 결과에 대하여.

- 제27권(I-II, qq.86-89), [죄의 결과], 윤주현 옮김, 2021, xlviii-164쪽.
  제86문 죄의 흠결에 대하여. 제87문 벌의 죄책에 대하여. 제88문 경죄와 사죄에 대하여. 제89문 경죄 자체에 대하여.

- 제28권(I-II, qq.90-97), [법], 이진남 옮김, 2020, l-289쪽.
  제90문 법의 본질에 대하여. 제91문 법의 종류에 대하여. 제92문 법의 효력에 대하여. 제93문 영원법에 대하여. 제94문 자연법에 대하여. 제95문 인정법에 대하여. 제96문 인정법의 효력에 대하여. 제97문 법의 개정에 관하여.

- 제29권(I-II, qq.98-105) [옛 법], 이경상 옮김, 2021, lxiv-608쪽.
  제98문 옛 법에 대하여. 제99문 옛 법의 규정들에 대하여. 제100문 옛 법의 도덕적 규정들에 대하여. 제101문 예식 규정들에 대하여. 제102문 예식 규정들의 원인에 대하여. 제103문 예식 규정들의 기한에 대하여. 제104문 사법 규정들에 대

하여. 제105문 사법 규정들의 근거에 대하여.

■ 제30권(I-II, qq.106-114), [새 법과 은총], 이재룡 옮김, 2021, lxxviii-570쪽.
제106문 복음의 새 법에 대하여. 제107문 새 법과 옛 법의 비교에 대하여. 제108문 새 법의 내용에 대하여. 제109문 은총의 필요성에 대하여. 제110문 은총의 본질 대하여. 제111문 은총의 구분에 대하여. 제112문 은총의 원인에 대하여. 제113문 은총의 효과인 불경한 자의 의화에 대하여. 제114문 공로에 대하여.

■ 제31권(II-II, qq.1-7), [신앙], 박승찬 옮김, 2022, cxiv-412쪽.
제1문 신앙의 대상에 대하여. 제2문 신앙의 내적 행위에 대하여. 제3문 신앙의 외적인 행위에 대하여. 제4문 신앙의 덕 자체에 대하여. 제5문 신앙을 지닌 이들에 대하여. 제6문 신앙의 원인에 대하여. 제7문 신앙의 효과에 대하여.

■ 제32권(II-II, qq.8-16), [신앙(II)], 박승찬 옮김, 2022, xlix-366쪽.
제8문 통찰의 선물에 대하여. 제9문 지식의 선물에 대하여. 제10문 불신앙 일반에 대하여. 제11문 이단에 대하여. 제12문 배교에 대하여. 제13문 독성의 죄 일반에 대하여. 제14문 성령을 거스르는 독성에 대하여. 제15문 정신의 맹목과 감각의 우둔함에 대하여. 제16문 신앙, 지식, 통찰에 관련된 계명에 대하여.

■ 제33권(II-II, qq.17-22), [희망], 이재룡 옮김, 근간.
제17문 희망 그 자체에 대하여. 제18문 희망의 주체에 대하여. 제19문 두려움의 선물에 대하여. 제20문 절망에 대하여. 제21문 자만에 대하여. 제22문 희망과 두려움에 속하는 계명들에 대하여.

■ 제34권(II-II, qq.23-33), [참사랑], 안소근 옮김, 2022, lvi-604쪽.
제23문 참사랑 그 자체. 제24문 참사랑의 주체. 제25문 참사랑의 대상. 제26문 참사랑의 질서. 제27문 참사랑의 주요 행위인 사랑. 제28문 즐거움. 제29문 평화. 제30문 자비. 제31문 선행. 제32문 자선. 제33문 형제적 교정.

■ 제35권(II-II, qq.34-44), [참사랑(II)], 안소근 옮김, 2022, lii-322쪽.

제34문 미움에 대하여. 제35문 나태에 대하여. 제36문 질투에 대하여. 제37문 불화에 대하여. 제38문 논쟁에 대하여. 제39문 이교에 대하여. 제40문 전쟁에 대하여. 제41문 싸움에 대하여. 제42문 반란에 대하여. 제43문 걸림돌에 대하여. 제44문 참사랑의 계명들에 대하여.